普通高等教育农业农村部“十三五”规划教材

信息系统研究方法与建模

Research Methods and Modeling for Information System

张小栓　傅泽田　李鑫星　主　编
肖新清　李志刚　郑永军　副主编

中国农业大学出版社
·北京·

内 容 简 介

本书围绕信息系统研究方法论，介绍了从研究问题和选题开始到最终论文写作、学术报告与答辩的整个流程，共分为4篇15章，包括：第一篇信息系统研究方法论概论（第1章），第二篇信息系统研究过程（第2～8章），包括研究问题与选题、文献综述、研究设计、研究方法（数据获取与建模）；第三篇信息系统研究写作技巧（第9～13章），包括项目申请书（开题报告）写作、学位论文写作、英文论文写作、专利答复与写作、学术报告与答辩；第四篇信息系统研究案例（第14～15章），用于阐述上述研究方法论与写作技巧在实际中的应用。本书内容丰富、新颖，涉及面广，分析阐述深入，理论联系实际。

本书可作为高等院校信息系统、机电工程、测控技术、农业工程、计算机、食品质量安全类学科高年级本科生及相关研究方向研究生的教材或学习参考书，也可作为相关领域教学、科研人员及广大信息工作者的参考用书。

图书在版编目(CIP)数据

信息系统研究方法与建模 / 张小栓，傅泽田，李鑫星主编. --北京：中国农业大学出版社，2021.11

ISBN 978-7-5655-2659-6

Ⅰ.①信… Ⅱ.①张… ②傅… ③李… Ⅲ.①信息系统-研究 Ⅳ.①G202

中国版本图书馆 CIP 数据核字(2021)第 237126 号

书　　名　信息系统研究方法与建模

作　　者　张小栓　傅泽田　李鑫星　主编

策划编辑　童　云　赵　艳　　　　**责任编辑**　赵　艳

封面设计　郑　川

出版发行　中国农业大学出版社

社　　址　北京市海淀区圆明园西路2号　　　　**邮政编码**　100193

电　　话　发行部 010-62733489，1190　　　　读者服务部 010-62732336

编辑部 010-62732617，2618　　　　出　版　部 010-62733440

网　　址　http://www.caupress.cn　　　　**E-mail**　cbsszs@cau.edu.cn

经　　销　新华书店

印　　刷　北京虎彩文化传播有限公司

版　　次　2021年12月第1版　　2021年12月第1次印刷

规　　格　170 mm×228 mm　　16开本　　23.75印张　　450千字

定　　价　76.00元

编写人员

主　　编　张小栓　傅泽田　李鑫星

副 主 编　肖新清　李志刚　郑永军

编写人员　（按姓氏拼音排序）

冯建英（中国农业大学）

傅泽田（中国农业大学）

李鑫星（中国农业大学）

李志刚（石河子大学）

马瑞芹（中国农业大学）

齐　林（北京信息科技大学）

史　博（中国农业大学）

王　想（中国农业大学）

王百川（中国农业大学烟台研究院）

魏广芬（山东工商学院）

肖新清（中国农业大学）

张小栓（中国农业大学）

郑永军（中国农业大学）

审　　稿　谭　彧（中国农业大学）

前言

本书是在张小栓等编著的《信息管理和信息系统研究方法论》基础上，集成近10年教学和科研经验，参考国内外一些有代表性的教材和大量文献资料编写而成，以满足新时期不同层次和学时的教学要求。

与前作相比较，本次编写重点完成以下6个方面：

(1)考虑信息管理方面的研究完全可以借鉴管理科学或社会科学领域的研究方法论，而信息系统则是技术与管理交叉学科，更需要一个交叉型的研究方法论。因此，本次编写重点集中于信息系统研究方法论的梳理和阐述。

(2)针对信息系统在线化和实时化，逐渐形成基于物联网的信息系统或测控系统的趋势，研究设计和方法中增加和扩充了关于基于传感感知需求的参数可操作化设计、用于数据获取的传感感知模型、用于数据处理的控制建模、信息系统多元体系结构设计等内容，并将原先建模部分分成了3章：系统建模、测控建模和数据建模。

(3)针对信息系统论文写作结构与传统自然科学无法完全匹配的问题，结合编者经验，分析了信息系统论文的2种基本结构类型(IMRaD和SDLC)和1种"理论-实证"结构，并基于研究成果导向，给出了2种结构互换的原则与基本方法。

(4)针对信息系统类发明专利的高被驳回率问题，系统分析了专利被驳回的原因和答复中存在的问题，总结并提出了18字答复技巧；结合发明专利写作的基本原则和答复技巧，给出了一些考虑答复导向条件下的写作技巧。

(5)为了更好地理解原理和方法，在讲解时主要是简单介绍了相关原理与方法，然后引用大量的案例，通过分析和解释案例来加强对相关方法的理解。同时，最后两章选取了2个大案例。这些案例重点解释了模糊概念的可操作化设计、基于物联网的数据获取与建模、传统数据获取方法与建模等方面。

(6)考虑到各章节内容平衡，一些共性方法或技巧分布到各章描述。例如，"研究领域和研究方向"互换，应该在第2章就可以用到，但考虑到申请书写作的完整性，这部分放在了第9章；写作修改技巧可以应用到申请书、论文、专利等多个方面，但被安排在了第 10 章。希望读者在阅读时能够前后贯通应用起来。

本书按照“概论—研究过程—写作技巧—案例”思路进行编写，共分为 4 篇 15 章，包括：第一篇信息系统研究方法论概论（第 1 章），描述了研究方法的 6 个主要特征，特别是研究成果和研究创新性。第二篇信息系统研究过程（第 2～8 章）：遵循着研究过程，分章讲解了研究问题与选题、文献综述、研究设计、研究方法（数据获取与建模），重点从信息系统建模、测控建模、数据分析与挖掘建模等多方面阐述了信息系统研究所涉及的模型；第三篇信息系统研究写作技巧（第 9～13 章），介绍了从项目申请书（开题报告）写作到学位论文、英文论文和发明专利答复，最后学术报告与答辩准备等技巧；第四篇信息系统研究案例（第 14～15 章），着重选取了 2 个典型案例用于对研究方法进行实例分析。

本书由张小栓教授、傅泽田教授、李鑫星副教授担任主编。其中，由张小栓教授和傅泽田教授完成了全书稿的统稿和修订。按照本书各章顺序，编写分工如下：第 1 章由李鑫星撰写；第 2 章由肖新清撰写；第 3 章由马瑞芹撰写；第 4 章由张小栓、李志刚撰写；第 5 章由张小栓撰写；第 6 章由李鑫星撰写；第 7 章由王想撰写；第 8 章由冯建英撰写；第 9 章由张小栓、李志刚撰写；第 10 章由肖新清撰写；第 11 章由张小栓、魏广芬撰写；第 12 章由王百川撰写；第 13 章由史博撰写；第 14 章由马瑞芹、王想撰写；第 15 章由冯建英撰写。郑永军、齐林完成了案例选择和初步分析等工作。中国农业大学研究生张梦杰、傅轶凡、杜佳诚、穆泊宇、马殿坤等参与了书稿材料的收集和整理等工作，在此表示感谢！

本书为普通高等教育农业农村部“十三五”规划教材，并获得了食品质量与安全北京实验室的支持。

本书内容多为编者团队多年的实践经验总结，难免有疏漏或不妥之处，敬请各位读者批评指正，并请将意见发送至 zhxshuan@cau.edu.cn。

编　者

2021 年 6 月

目录

第一篇 信息系统研究方法论概论

第1章 信息系统研究方法论基本概念 …… 3

1.1 信息系统概念、作用与发展趋势 …… 3

1.2 科学研究与研究方法论概论 …… 9

1.3 信息系统研究目的与研究成果 …… 13

1.4 信息系统研究过程 …… 16

1.5 信息系统研究范式 …… 18

1.6 信息系统研究参与者与研究伦理 …… 20

第二篇 信息系统研究过程

第2章 信息系统研究问题与选题 …… 25

2.1 信息系统研究问题、类型与来源 …… 25

2.2 信息系统研究选题原则、创新性和方法 …… 28

2.3 信息系统研究问题描述与分解 …… 34

2.4 信息系统科研选题过程——基于研究生视角 …… 38

第3章 信息系统研究文献综述 …… 43

3.1 文献综述的基本概念 …… 43

3.2 文献检索策略与技巧 …… 47

3.3 文献鉴别与阅读 …… 51

3.4 文献综述写作要求和技巧 …… 54

3.5 文献管理工具 …… 65

第 4 章　信息系统研究设计 …… 67
4.1　信息系统研究设计的基本概念 …… 67
4.2　信息系统研究问题细化 …… 72
4.3　信息系统研究的理论化(理论框架设计) …… 75
4.4　信息系统研究的可操作化(变量与指标设计) …… 79
4.5　信息系统研究的测量评价 …… 90
4.6　信息系统研究设计案例分析 …… 93
第 5 章　信息系统研究方法(一)——研究方式、数据获取和处理 …… 97
5.1　信息系统研究方式分类 …… 97
5.2　信息系统研究方式(一):调查、案例和实验 …… 100
5.3　信息系统研究方式(二):设计与创作研究 …… 104
5.4　信息系统研究的数据获取(一):传统获取方法 …… 109
5.5　信息系统研究的数据获取(二):信息获取技术 …… 114
5.6　信息系统数据处理与建模过程 …… 118
第 6 章　信息系统研究方法(二)——系统建模和数据可视 …… 123
6.1　信息系统分析的关键模型 …… 123
6.2　信息系统设计的关键模型 …… 130
6.3　信息系统实施与评价关键模型 …… 136
6.4　信息系统数据可视化 …… 141
第 7 章　信息系统研究方法(三)——感知控制和决策建模 …… 151
7.1　信息系统传感/感知模型 …… 151
7.2　信息系统控制模型 …… 160
7.3　信息系统决策模型 …… 165
第 8 章　信息系统研究方法(四)——数据挖掘建模与分析 …… 181
8.1　信息系统数据建模与分析概述 …… 181
8.2　信息系统数据挖掘建模与分析方法 …… 184
8.3　信息系统数据挖掘与分析实例 …… 193

第三篇　信息系统研究写作技巧

第 9 章　信息系统项目申请书(开题报告)写作 …… 201
9.1　项目申请书的基本结构 …… 201

9.2 信息系统申请书写作(一):基本信息 …… 204
9.3 信息系统申请书写作(二):立论依据 …… 208
9.4 信息系统申请书写作(三):研究方案 …… 216
9.5 信息系统申请书写作(四):研究基础及工作条件 …… 227
9.6 信息系统申请书的评价 …… 230

第10章 信息系统学位论文写作 …… 233

10.1 信息系统学位论文通用格式与要求 …… 233
10.2 信息系统学位论文结构 …… 238
10.3 信息系统学位论文写作过程与要求 …… 241
10.4 信息系统学位论文修改 …… 247
10.5 信息系统学位论文评阅 …… 251

第11章 信息系统英文论文基本结构和写作技巧 …… 253

11.1 信息系统英文论文结构与转化方法 …… 253
11.2 信息系统英文论文写作的基本要求 …… 262
11.3 信息系统英文论文写作、投稿与修改 …… 268

第12章 信息系统发明专利答复和基于答复导向的写作技巧 …… 277

12.1 发明专利审查和答复基本原则 …… 277
12.2 信息系统发明专利答复技巧 …… 285
12.3 信息系统发明专利审查答复稿的模板 …… 297
12.4 基于答复导向的信息系统发明专利写作技巧 …… 302

第13章 信息系统学术报告与答辩 …… 309

13.1 学术报告 …… 309
13.2 学位论文答辩 …… 312
13.3 学术型PPT制作 …… 315
13.4 如何听学术报告 …… 322

第四篇 信息系统研究案例

第14章 信息系统研究案例(一)——可穿戴建模 …… 327

14.1 案例背景与描述 …… 327
14.2 活羊运输应激的信号检测与建模方法 …… 328

14.3 实验方案与实地跟踪 …… 336

14.4 结果讨论与分析 …… 337

14.5 结论 …… 344

第 15 章 信息系统研究案例(二)——可持续建模 …… 345

15.1 案例导读:农业生产系统可持续性评价及信息化的难点 …… 345

15.2 设施葡萄种植可持续性评价的概念化建模 …… 346

15.3 设施葡萄种植可持续性评价的研究设计与测量方案 …… 349

15.4 设施葡萄生产可持续性评估系统设计 …… 356

15.5 系统开发及应用 …… 359

参考文献 …… 363

第一篇

信息系统研究方法论概论

第1章　信息系统研究方法论基本概念

信息系统日益普遍化。因此，信息系统领域的学习者和研究者，必须熟练掌握并灵活运用科学有效的研究方法，使研究活动达到正确的目标。与此同时，信息系统研究方法论本身也是信息系统学科（研究方向）的研究内容之一，是学科体系的重要组成部分，即研究方法论本身既具有工具性，也具有对象性。因此，认识和掌握信息系统研究方法论，有利于培养信息系统领域研究人员的科学研究思维、创新意识与创新能力，提高其科学研究素养和分析解决问题能力。

本章首先介绍信息系统的基本概念和发展趋势，研究与研究方法论的概念，然后阐述信息系统研究方法论中的相关概念。

1.1　信息系统概念、作用与发展趋势

1.1.1　信息系统的定义和类型

信息系统是一系列相互关联的、可以收集（输入）、操作与存储（处理）、传播（输出）数据和信息，并提供反馈机制以实现其目标的元素或组成部分的系统。从技术角度讲，信息系统是基于计算机技术、网络互联技术、现代通信技术和各种软件技术，进行信息收集、传输、加工、存储、更新和维护，提供信息服务集成化的人机系统。因此，信息系统是以信息现象和信息过程为主导特征的系统，它对信息的组织活动分别是输入、处理和输出（图1.1）。

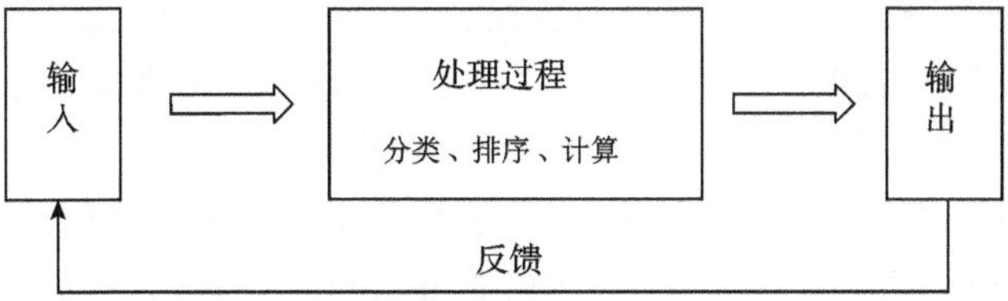

图1.1　信息系统的基本结构

①输入：捕获或收集来自研究对象内部或外部环境的原始数据。

②处理：将原始输入的数据转换成更具有意义的形式。

③输出：将经过处理的信息反馈给控制系统或用于管理活动中。

经典的信息系统可以分为 3 类：管理信息系统、决策支持系统和专家系统（表 1.1）。

表 1.1 信息系统 3 种基本类型的特点对比

类型	所解决的问题	输入信息	处理	输出信息	基本结构
MIS	结构化问题	综合的事务数据；大量数据；简单模型	例行报告；简单模型；统计分析	总结和例外的报告	数据库＋人机交互
DSS	半结构化问题	优化的数据和分析模型；定量数据	交互式的模拟、分析管理决策建模	特殊报告；决策分析；回答	模型库＋数据库＋人机交互
ES	非结构化问题	外部内部；定性知识	图形；模拟；交互式；定性和定量推理	规划；询问回答；解释机制	知识库＋推理机＋解释机制＋数据库＋人机交互

(1)管理信息系统(management information system，MIS)。管理信息系统是为了实现组织整体管理目标，对管理信息进行系统化综合处理，辅助各级管理人员进行管理决策的信息处理系统。重点强调的是：如何收集、整理相关信息，进行初步统计分析，根据需求生成报表。其中，定期报表包括预先确定范围的信息，以固定的时间间隔生成；而需求报表只是在用户需要时才生成；例外报告则包括那些与事先确定的条件不符的一系列事务的列表。其基本特征如下。

①面向管理：信息的决策有效性、数据与系统模型。

②综合性：人机系统、部门之间的无缝集成。

③适应性和易用性：模块化设计（模块的相对独立性）、人机界面友好。

④信息是资源：信息不但用于计划和控制，而且用于知识提取。

(2)决策支持系统(decision support system，DSS)。决策支持系统是综合利用大量数据，有机组合众多模型，通过人机交互，辅助各级决策者实现科学决策的系统（图 1.2)。进一步讲，DSS 以管理科学、运筹学、控制论、领域知识为基础，以计算机技术、模拟技术和信息技术为手段，面对半结构化的决策问题，提供智能决策支持活动的计算机系统。因此，DSS 在为用户提供的决策支持、开发方法、系统组成等方面与 MIS 不同：MIS 帮助企业“将事情做正确”，侧重于生成各种报告；而 DSS 则帮助管理人员“做正确的事情”，其关键在于决策的有效性，重点是支持而不是代替管理人员做决策。其主要任务如下。

①分析和识别问题，描述和表达决策问题以及决策知识。

②形成候选的决策方案。

③构造决策问题的求解模型。

④建立评价决策问题的各种准则。

⑤多方案、多目标、多准则情况下的比较和优化。

⑥综合分析：情景分析、影响分析、影响程度分析。

(3)专家系统(expert system，ES)。专家系统是具有大量的某个领域专家水平的知识与经验，并运用这些知识和人类专家解决问题的思路和方法来处理领域实际问题的智能计算机程序系统(图 1.3)。也就是说，专家系统是应用人工智能技术和计算机技术，根据某领域一个或多个专家提供的知识经验，进行推理和判断，以便解决那些需要人类专家处理的复杂问题。其特点如下。

①拥有大量的规律性知识。

②知识处理的特点：知识包括事实和规则，适合于符号处理、推理过程不固定形式，能得出未知的事实。

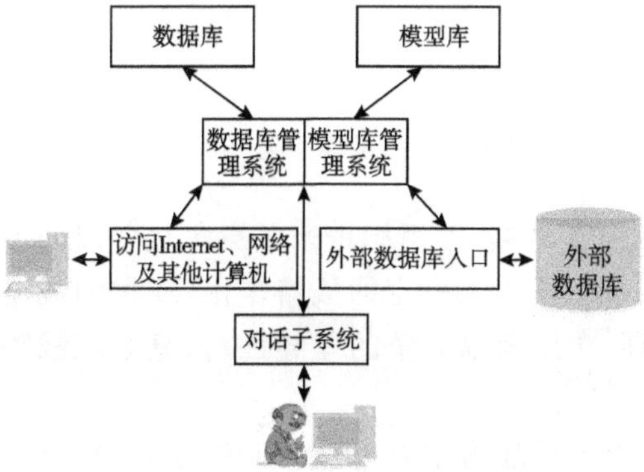

图 1.2　决策支持系统的基本结构

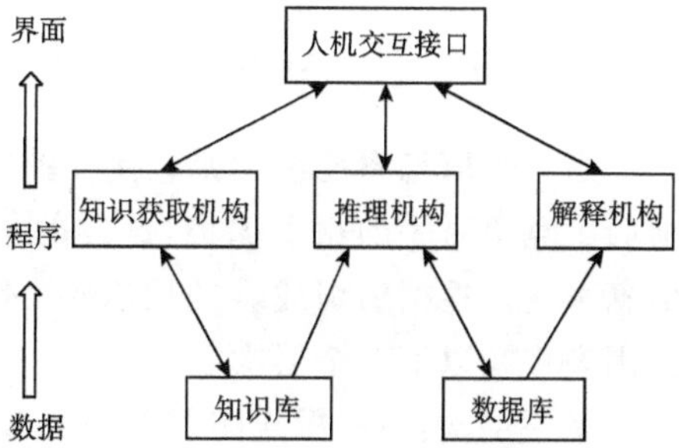

图 1.3　专家系统的基本结构

1.1.2　信息系统的管理学定义与战略作用

现代组织面临着全球化的经济竞争，包括资源、市场和收入等，只有通过有效的信息系统才能随时了解和掌握不断变化的内、外部信息，为组织提供针对性和实时性的处理方案，进而提高生产效率和工作效率。因此，从管理角度来看，信息系统是组织管理上针对环境带来的挑战而做出的基于信息系统的(解决问题)方案。这种战略作用的实施效率不仅受信息技术的影响，也受管理制度和组织结构等多个维度影响(图 1.4)。也就是说,一个信息系统的有效设计与实施,首先必须理解组织所面临的环境、组织结构、功能和政策、现有的工作流程和决策机制等,理解组织所面临问题的关键所在及解决机制和方案;然后,分析当前信息技术在所面临问题的不同维度上提供相应程度的支持,以及信息技术采纳后给组织所带来的机遇。

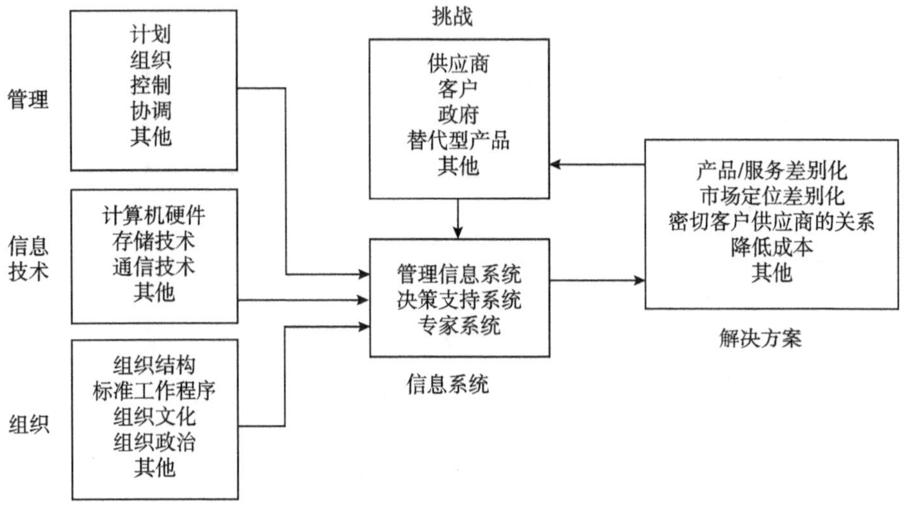

图 1.4　信息系统的管理学定义和战略作用机理

当一个信息系统影响或直接支持组织经营战略,为组织带来了竞争优势或间接削弱了竞争对手的竞争优势,这样的信息系统具有了一定的战略作用,或称为战略信息系统。根据组织战略的层次性、不同层次所面临竞争的差异性,信息系统战略作用表现在以下 3 个层次。

第一层次:业务层战略与信息系统。业务层战略主要解决的问题是:在特定的产品或服务市场上,组织如何有效地与对手进行竞争。常用的战略包括差异化战略、目标聚焦战略和成本领先战略。在本层次,基本的分析工具是价值链模型。首先,利用价值链分析组织中与竞争战略关联的活动,确定信息系统可能给组织经营战略提供最大程度支持的关键应用点。当一个信息系统能够帮助达到组织与竞争对手相比较可以提供更多价值或以低价提供同质产品时,组织就赢得了竞争优势,信息系统就产生了战略作用。

第二层次:企业层战略与信息系统。企业层战略主要解决的问题是:协调各个战略业务单元实现整个企业利润最大化。通常采用的战略包括协同战略和核心竞争力战略。信息系统通过将组织中各独立单元的流程有效衔接,实现协作管理,降低运行成本;同时,有效识别内、外环境,识别、培育和提升核心竞争能力。

第三层次:行业层(或供应链层)战略与信息系统。行业层战略需要解决的关键问题是:组织与行业内外企业如何进行竞争或合作。在本层次,基本的分析工具是波特五力模型。组织首先通过分析 5 个方面竞争作用力,然后通过信息系统实现供应链内或供应链与供应链之间的协同和集成运作,提高组织的竞争优势。

案例 1.1　食品质量安全追溯概念和功能演化过程(图 1.5)

基于 ISO 9000:2000 关于可追溯(traceability)的基本定义如下。

(1)通过记录的信息来追踪一个实体的历史、使用或位置(Ability to trace the history, use or location of an entity by means of recorded information)。

(2)能够跟踪食品在生产、加工和销售的特定阶段的流动(Ability to follow the movement of food through specified stages of production, processing and distribution)。

可以看出,最初的可追溯概念更多强调的是对数据的跟踪、记录和溯源,甚至没有强调是否为电子化的系统。随后,在实践过程中逐渐引入信息技术,而成了一种电子化的追溯系统。但这种电子化追溯系统更像一个管理信息系统或者更初级的数据处理系统。假设,某食品企业的经营策略是开拓新的细分市场,成为供应链的领导者,或者是提高市场进入壁垒。在其实施电子化食品质量安全可追溯系统的初期,当竞争对手尚没有实施可追溯系统时:

第一,企业以产品具有可追溯功能为战略依托,实施产品差异化战略,提高市场占有率,或为竞争对手进入相应市场形成新的技术壁垒。

第二,引入传感器监测、统计过程控制、故障树分析等工业领域的质量管理控制技术和手段,实现食品质量安全动态智能跟踪与溯源,改善供应链内部物流控制和信息流共享,提高供应链效率。即此时的可追溯系统具备了决策支持系统与专家系统功能,成了一种智能化的可追溯系统,实现了质量安全管理从被动式(fire-fighting)走向主动式(proactive)。

第三,通过供应链利益相关者之间信息共享的互信机制提高供应链透明度和降低交易成本,促使静态、复杂的供应链结构向着动态、稳定的供应链结构转化,提升企业所在供应链的竞争力,并且能够为企业市场差异化战略提供支持,应对各种相关贸易壁垒。在此情景中,所实施的可追溯系统完美地契合企业的产品经营战略,可以称为战略信息系统。整体演化过程参见图 1.5。

图 1.5　食品质量安全可追溯概念和功能演化过程

1.1.3　信息系统的发展趋势

从信息系统基本定义可以看出，原有的定义和类型更多强调的是数据处理，而较少强调数据是否自动化处理、决策是否自动化执行。但随着组织所面临着多源化信息、多属性决策等，以及物联网、人工智能、大数据、自动控制等技术的发展，信息系统具有以下几个趋势。

1. 在信息获取与处理方面，呈现实时化和在线化趋势

当前的信息系统主要是通过网络、软件等信息技术（information technology，IT）基础设施，将人与人互相连接起来，实现人与人之间的信息交互和共享。随着物联网、智能传感和可穿戴设备等技术发展，信息系统正在从“人人相联”向“物物相联”迈进，从互联网时代迈向物联网时代。在物联化信息系统中，信息系统连接的节点不再局限为人类，更多的是人与物之间的连接及物与物之间的连接。所以，信息获取时，各种智能设备可能夜以继日地在采集数据并上传到信息系统中，由此带来的海量数据将可以分析挖掘出更多的有价值的信息。与此同时，IT 基础设施的外延进一步扩大，能够进行信息采集传输和处理的智能设备成为信息系统的重要组成部分。信息的终端消费者不再局限为人类，而是包括了更多智能终端设备，它们将检测出所需的任何信息，对环境中各种状态和指标变动做出更为灵敏和实时的反应。

2. 在信息系统体系结构方面，呈现集成化和融合化趋势

随着数据量的增大，对大数据进行处理需要信息系统在运行时依靠多种互不相同的科学技术来实现，推动信息系统向集成化方向发展。相应地，随着系统集成技术的发展，集成技术和方法也逐步地运用到信息系统中，实现多功能集成，形成了集

成化信息系统。从结构上看，信息系统不再明确区分 3 种系统，而是融合为智能系统(具体名称表现为智能决策系统、专家决策系统、监测系统、测控系统等)，以主动性、自适应性、自组织性、柔性为特征，能够自动获取各种类型数据(定性和定量)，具有自学习和思维模拟活动，解决各种问题(结构化、半结构化和非结构化)。

3. 在信息系统服务方面，呈现测控一体化趋势

信息物理系统(cyber physical system，CPS)在环境感知的基础上，深度融合计算、通信和控制能力的可控可信可扩展的网络化物理设备系统，通过计算进程和物理进程相互影响的反馈循环实现深度融合和实时交互来增加或扩展新的功能，以安全、可靠、高效和实时的方式检测或者控制一个物理实体。可以说，CPS 是一种人为物理系统或者说是一种将人类和物理世界相结合的更为复杂的系统(胡心专，2013；杜建国，2018)。

1.2　科学研究与研究方法论概论

“研究(research)”一词在日常生活中应用极为广泛，经常涵盖了多方面的含义。在本书中是指科学研究(academic research)。

1.2.1　科学研究的定义与特征

科学研究是有条理地组织执行“发现、辨识、解释或解决问题”的过程。在此过程中获取新知识，满足特定用户需求，并且能够对所获得知识的可靠性进行严谨的检验。引用 Briony J. Oates(2009)的定义：研究是创造新的知识，使用一个适当的过程，以满足用户需求(Research is the creation of new knowledge, using an appropriate process, to the satisfaction of the users' requirement)。从这个定义可以看出，科学研究具有 3 个方面的含义：首先，研究必须具有一定的目的，用于满足用户的某些需求；其次，作为一种知识获取的途径，研究遵循一定的顺序或一系列步骤；最后，研究的目的是获得新的知识(尚未被人认识)，且这个知识必须是可靠的(可根据推理或证据向他人证明)。

这个定义可以用以下 8 个方面的特征进一步阐述。

(1)研究起源于问题。

(2)研究需要有一个与其相关的明确的目标。

(3)研究的整个过程需要有一个科学的计划。

(4)研究通常把主课题分解成若干个易于把握的子课题。

(5)研究是由具体的研究问题以及针对它的疑问和假设所引导的。

(6)研究工作必须要接受某些关键性的假设。

(7)研究中首先要做的是搜集那些解决问题所需的资料,并对它们做出阐释。

(8)研究从它的本质来说是循环而无止境的,或更准确地说是螺旋形的。

理解科学研究要注意以下 2 个区别。

第一,科学研究与学习的区别。一般来讲,人类获取知识的途径可划分为两大类:一类是学习,掌握现有的知识;另一类是发现和探索新的知识。各级学校的教学以传授现有知识为主,而研究机构则以探索新知识为主,两者相互联系和依存。现有知识是研究的基础,研究则是新知识的来源。

第二,科学研究与日常解题的区别。两者同样是根据一定的资料解决相应问题。但解题关注的是寻找解决方案,而研究更多关注的是"发现问题—分析问题—解决问题—检验解决方案"的全过程训练与思维模式。

1.2.2 科学研究的构成

不同科学研究项目在其复杂性和时间性上各不相同。但是一般都具有 6 个主要构成,即 6Ps。任何科研项目进行时,都必须首先思考这些构成。

第一构成:研究目的(purpose)。科学研究的原因,研究问题的重要性与预期目标。

第二构成:研究成果(product)。研究的最终产出,特别是科研人员对相应领域的知识贡献,包括研究目的完成情况的解释和一些非预期结果的描述。研究成果可以表述为:新的或改进的证据、新的或改进的方法、新的或改进的理论或概念、新的或改进的实体产品。

第三构成:研究过程(process)。任何科研项目都必须执行从问题提出到最终解决问题的一系列活动(参见章节 1.3.2)。这个过程源于假设演绎法,包括观察与问题提出、理论框架构建、研究方式、数据生成方法选择、数据分析与处理、结论(包括研究的不足之处)等。简单来讲,研究过程是"研究问题—获取信息/数据—解释信息/数据"(图 1.6)。

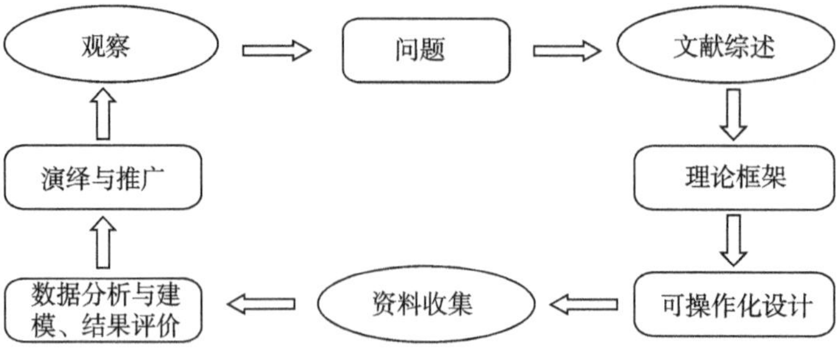

图 1.6 科学研究过程

第四构成：研究参与者(participant)。科研项目中直接与间接涉及的人员，包括科研人员、调研对象、投稿期刊的编辑等。分析与理解研究参与者有助于科研人员处理研究的道德问题，防止给研究参与者带来物理的、精神的或社会的损害。

第五构成：研究范式(paradigm)。科研人员在研究过程中所遵循的领域思考模式与规范。主要功能是：第一，规范功能。模式是某个学科领域的共同传统，提供了共同的理论模型和解决问题的框架；第二，纲领功能。范式对科学共同体的工作有定向作用，在一定意义上限制了科学工作的范围，促使科学工作细致而深入地开展；第三，认识功能。掌握范式有助于科研人员识别应该解决的科学问题，找到解决这些问题的途径。

第六构成：研究表述(presentation)。研究成果被推广与宣传的方式与方法。

1.2.3 研究方法与方法论

研究方法是用于完成一个既定目标的具体技术、工具和程序。科学研究方法的特点是客观、实证与规范。研究方法论是某特定领域一般的研究途径，用于综合运用众多研究方法，系统地、具有严密逻辑性地考察、分析和解决问题。可见，研究方法是研究方法论中的一个子集。也就是说，研究方法论是“思”与“行”的结合。“思”则谓“理论的创建(theoretical construction)”；“行”，则可视为“实证的(empirical examination)”过程。“思”与“行”构成求知的活动，其产物即为“知识(knowledge)”。

科学研究方法根据认识发展与深化，可分为感性(或经验)方法(如调查法、观察法、实验法)和理性方法(如数学方法、思维方法)。从宏观层次上，研究方法按照方法普适程度的高低，可分为 3 个层次：第一层次是哲学方法，适用于一切领域。因为任何一个学科门类都有一座通向哲学的桥梁。哲学的核心内容是世界观和认识论，哲学方法就是人们利用世界观层次的某些规律性认识去认识世界。哲学方法既适用于对同一层次对象的进一步研究，也适用于较低层次对象的研究方法。第二层次是一般性研究方法(如数学、逻辑学)，适用于自然科学和社会科学。第三层次是具体研究方法。它们属于各门科学本身的研究对象。

1.2.4 科学研究类型

现实生活中问题错综复杂，任何一个复杂的问题都可以从不同观察角度和不同层次去研究，求得新的发现。探索新知识的视角和层次不同，研究方法便各具特色。根据研究方法选取的差异，可以将科学研究归结为如下不同的类型。

1. 基础研究和应用研究

科学研究按功能可分为基础研究和应用研究。基础研究是对新理论、新原理的探讨，目的在于发现新的科学规律，为新的技术发明和创造提供理论前提，如量子计算。应用研究是把基础研究发现的新理论应用于特定目标的研究，是基础研究的继续，目的在于为基础研究的成果开辟具体的应用途径，使之转化为实用技术。

(1)应用研究强调实用性，重现实效益，研究明确问题，强调应用理论来解决实际问题。

(2)基础研究旨在发现理论，不强调实际应用，往往着眼于长远效益，涉及问题也较广。

(3)应用基础研究则介于二者中间，针对具体实际应用目的或目标，为获得应用原理(机理、规律)性新知识的研究。

2. 描述研究、解释研究和预测研究

根据研究的目的，可以分为描述研究、解释研究和预测研究。

(1)描述研究。通过对材料和数据进行系统化整理，正确描述某些总体或某种现象的特征或全貌，以发现其规律和特征。研究回答“who/what/where/how much”之类的问题，旨在将现象和事件描述和识别清楚。

(2)解释研究。研究回答为什么之类的问题，描述清楚现象和事件以后，深入探索现象和事件之间的联系(因果研究与相关分析)，对描述出来的事实、相关关系进行因果解释，探寻现象背后的原因，揭示现象发生或变化的内在规律。

(3)预测研究。说明研究对象将来的状态，是在这两种研究的基础上的进一步深化。只有在对研究对象的现状、发展变化的规律及其因果链条有比较明确了解的基础上，才能对未来的状况进行科学预测研究。

3. 理论研究和实证研究

根据不同的研究性质，可以分为理论研究和实证研究。

(1)理论研究是指以揭示某种现象本质及规律为主要目的的研究，是在以往有关理论的基础上进行的拓展和延伸，一般都需要具有明确的研究假设，在研究过程中检验假设，以此来发展理论，拓展人们的认识或知识。

(2)实证研究是指为提出解决某种问题的具体方案而进行的证实性研究，具有明确指向性的应用目的，它不关注如何去发展并完善理论，而只是关注搜集必要的信息并以此得出解决问题的切实有效的措施和方案。

案例 1.2 食品冷链物流品质检测研究

食品冷链物流品质检测涉及食品科学、农业工程和农业信息学等多个领域，研究思路不一样，所体现的研究属性也不一样。例如，运用蛋白质组学、转录组学等技术从微观层面研究不同农产品产后生理变化及调控机理，是一种基础研究，同时也是一种理论研究。如何应用一种传感器对某一个特定农产品冷链过程品质变化进行监测，就是一种应用性和实证性研究，主要目的是通过实际冷链过程监测验证品质变化规律与调控路径的有效性。为了评估和预测冷链物流品质动态变化，研究如何构建有效精准的冷链"温度信号—气体信号—时间演化—品质变化"动态耦合模型，实现冷链过程品质感知则更多是一种应用基础研究，也可以是理论与实证交叉研究。

1.3　信息系统研究目的与研究成果

根据信息系统基本定义及发展趋势，信息系统领域的研究内容主要是利用计算机、物联网等，借助经济管理学和所应用领域的原理，采用各种信息加工、处理、分析技术与研究方法，研究信息生命周期、信息行为，解决组织所面临的问题。

1.3.1　信息系统研究目的

从信息系统战略作用可以看出，信息系统研究强调的首先是特定领域问题分析和管理，然后才是所选用的解决方案是基于信息技术的方案，也就是通过信息技术解决管理问题，并且突出了系统的概念，强调在解决管理问题时必须应用系统化的工程技术理论方法，评价、选定和规划实施方案等。

所以，从本质上讲，信息系统领域研究更多是一种应用型或应用基础型，总是以特定领域问题为导向的。在这个过程中需要一系列的研究方法。信息系统研究方法论则是对信息系统中一般研究途径的描述与研究，侧重于新的知识与信息的形成过程，既提供应用知识，又提供对相关学科的新的理解与认识。

1.3.2　信息系统研究成果

信息系统研究结果一般是与信息技术相关的产品或方案中的一种或者某几种（图 1.7）。

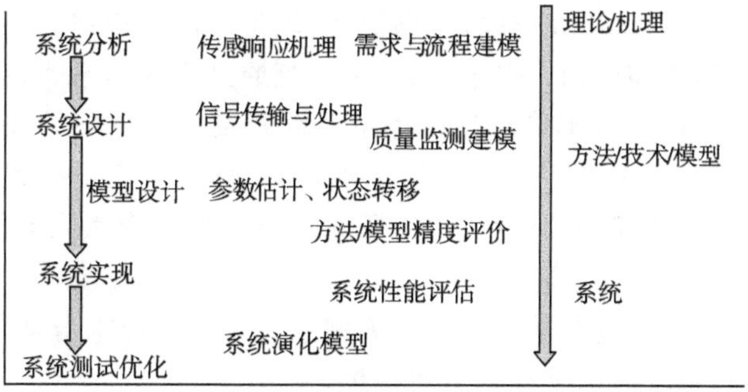

图 1.7　基于信息系统开发过程的研究成果分析

第一类成果:理论。此处的理论可以是一种应用于特定 IT 领域中的理论、概念结构或词汇表。例如,物联网技术在信息系统领域应用越来越多,物联网技术如何影响信息系统结构、开发过程等,都值得探讨和研究。理论也可以是对后续方法和模型在宏观上的一个总结。例如,冷链物流品质多参数感知理论,就是描述如何通过微环境参数和品质参数监测,建立微环境信号或品质指示信号与品质表征参数之间的耦合模型,进而实现冷链物流过程品质动态测量。

第二类成果:模型。一种用于描述现状的概念和解决问题的方案的混合物。例如,Wang(2017)针对冷链物流品质监测提出一种基于气体感知的品质预测模型。该模型包括了气体感知机理,信号处理方法,以及"气体信号-品质变化"耦合模型。基于此模型,就可以通过传感器监测冷链物流气体成分,实现冷链物流品质动态预测。

第三类成果:方法。使用信息技术解决实际问题的模型开发过程,包括数学算法、概念化模型和数据处理流程等。例如,Xiao(2017)针对冷链质量动态检测中传感器高功耗低寿命问题,提出了一种考虑能量高效应用的冷链参数感知方法。测试表明,所构建方法能够用于提高冷链过程中质量管控关键参数监测的效率,降低传感器功耗,延长传感器寿命。Feng(2019)针对传统 HACCP 体系缺乏自适应动态调整机制等缺陷,提出了一种无线传感器网络(wireless sensor network,WSN)和知识建模条件下冷冻水产品物流过程质量管控建模的思路与框架,以 WSN 为动态数据来源,通过解析 HACCP 控制规则,实现了控制关键点的自适应动态调整。

第四类成果:系统原型。一种用于测试以上概念、模型与方法的原型系统(设备、装置)。实际上,前 3 类成果最终都会体现在一个系统原型里面。否则,无法进行实证或验证。例如,Wang(2017)开发了一种基于多传感器的鲜食葡萄冷链监测系统;Xiao(2017)所提出的能量节约型感知方法最终需要应用在冷链监测系统,以体现方法的实用性。

1.3.3 信息系统研究成果的创新性

进一步分析信息系统研究成果,可以发现:理论、方法或模型的创新性是显而易见的,而且也容易理解和认知。但是,当讨论系统原型作为信息系统研究成果之一,分析其在新知识贡献方面,不能仅仅是信息系统开发中所体现的技术性,这样与计算机应用或电子信息等专业没有根本的区别,不能称为研究。因此,就需要根据信息系统在整个研究中所起到的作用,讨论研究对新知识的贡献或创新之处。一般来讲,有以下 3 个情况。

第一种情况,信息系统是整个研究的关键点。信息系统本身就是研究的创新之处。这就要求信息系统必须具有如下的新意。

(1)如果是在一个新的领域开发信息系统,科研人员必须讨论使用信息技术在新领域遇到的问题以及解决问题的过程与能力。例如，Li(2009)描述了应用原型法开发水产养殖决策支持系统的整个过程，并重点讨论了基于原型法挖掘和分析用户需求演化过程。Wang(2017)运用多气体传感器系统开发了葡萄冷链物流监测系统，提高了冷链物流追溯性和透明度，重点强调了葡萄冷链物流气体监测中存在的气体含量微量化、信号微弱等特性。

(2)如果是应用新的理论或技术开发信息系统。通常情况下，一种新的理论可能来源于其他学科，研究人员需要讨论新理论的可用性或相关性，以及新理论是如何被集成到信息系统中的。例如，王彦炜(2005)首先应用加涅"九步学习理论"设计与开发了一种新的电子学习系统。但主要目的是通过对比新的电子学习系统与传统课堂教学两种模式下，学习者的心智模式变化方式与过程，以验证新的学习理论在电子学习中应用的效果。Zhang(2020)研发了一种可穿戴式有源光电/压电/压阻多模态无损生理检测技术，解析了"环境舒适度-动物健康/应激"动态规律，调节保活运输微环境参数达到最优耦合状态和自适应调控。

第二种情况，信息系统作为一种工具应用整个研究，真正的创新之处在于第二步分析与比较工作或者研究的其他方面。

(1)信息系统只是整个项目开发的第一步，研究工作的重点在于下一步如何应用所开发的信息系统解决问题，或者信息系统在实际应用推广过程中存在的问题。例如，游龙勇(2005)首先开发了一种用于农业领域的呼叫中心系统，但真正的研究创新在于通过对呼叫中心访问日志进行数据挖掘，分析用户使用偏好，进一步提供个性化的信息服务。

(2)信息系统被用于解释或表明某种研究成果。或者研究人员需要2个或2个以上的信息系统，用于比较2种或2种以上理论与算法的差异。例如，周云(2005)将案例推理方法引入鱼病诊断专家系统，重点比较了2种案例检索算法，以表明案例推理的有效性。

第三种情况，信息系统是科研项目的有形产品，重点用于说明或展示系统开发的过程。

(1)信息系统开发可用于测试某种特定方法。研究的创新之处或知识贡献可能在于方法使用中所表现的一些前人没有注意到的问题。例如，应用万维网本体语言(Web ontology language，OWL)开发鱼病诊断本体时，需要说明OWL在开发鱼病诊断本体中遇到的困难与问题。

(2)项目研究分析存在的开发方法，讨论、开发并表明如何使用一种新的方法开发信息系统。研究的创新之处或知识贡献在于一种新的概念、模型、技术与算法等。例如，Duan(2007)分析新的网络技术对专家系统开发的影响，通过比较分析3个不同领域基于Web专家系统开发过程，总结与归纳了Web技术在专家系统开发中的优势与挑战。

1.4 信息系统研究过程

从科学研究角度出发探讨信息系统研究，同样遵循着“假设演绎法”的基本研究过程(图 1.8)：从挖掘组织所面临的问题，到如何开发信息系统，进而分析信息系统如何解决问题达到预期效果，形成了一个完整“问题—概念/理论—数据/实证”链条。可以看出，信息系统开发仅仅是信息系统研究中所采用的一种研究方法和研究步骤而已。

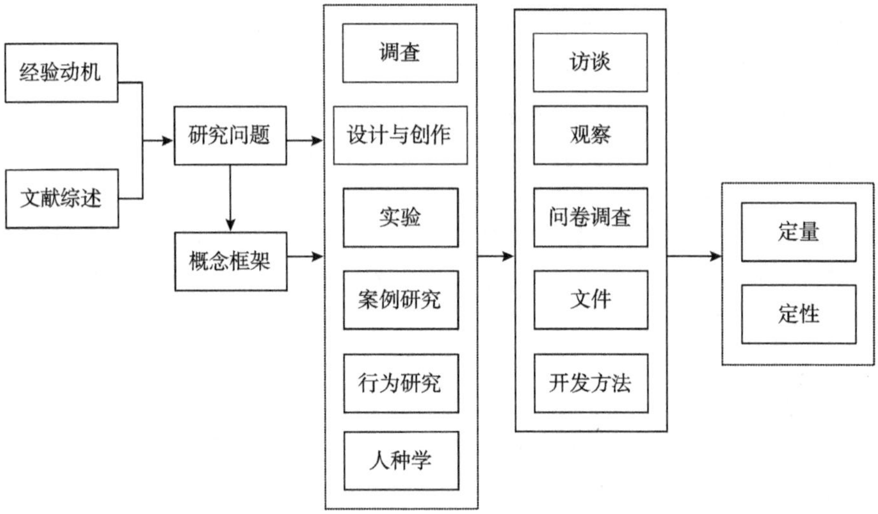

图 1.8 信息系统研究过程——基于假设演绎法

1.4.1 问题辨析和提出

问题辨析是有关所研究问题的陈述，提供研究的背景信息，用于识别和确定拟研究问题，这是研究工作中最重要的起步阶段。但是，对于什么是需要研究的问题并没有共同认可的标准，通常要由研究者个人做出判断。

观察是问题辨析的重要手段之一，也算是研究过程的第一阶段。观察始于人或组织察觉到环境中出现某种变化，或一些新的行为、态度及感觉，这些变化对个人或组织发展产生了重要的影响。因此，必须寻找合理的方案以应对所面临的情景。

在观察的基础上，通过资料收集初步的信息，深入观察现象；通过专业的文献综述，获取处理相关问题的理论与经验，提高研究人员对在特殊情境下存在的各种可能相关因素的认识。然后，通过非正式地对情景相关的人员、顾客或其他相关信息来源进行访谈，进而搜集所发生的事情及其原因的相关信息。通过这些非结构化的访谈，可以得到对所发生事情的想法或感觉，或者通过实验手段对所研究的问题进行预实验，用于探索研究问题中相关概念之间的关系。一旦研究者提高对事情发生的警觉性，就可以通过与相关群体做更进一步的结构化、正式的访谈，而将焦点集中在问题及其相关因素上。

1.4.2　研究目标确定与理论形成

研究目标也就是明确研究范围、研究所需要的手段、预期的研究结果及其用途，建立起隐含在假说内的理论关系与研究所用分析方法选择的关系。研究目标的确定首先必须针对所研究的问题，而且研究目标需要具有可操作性，研究活动规模必须是在资源允许的范围之内。

理论形成是指以一种逻辑方式将所有信息加以整合，以便将问题成因及相关因素加以概念化和检验，形成"问题—概念"的链条。理论框架的形成通常是由经验和直觉引导的，用于有效地将问题转换为概念，并且明确概念之间的逻辑关系，形成关系网络，而这些关系网络将被理论性地加以组合，以便合理地解释为什么这些因素会影响研究问题和影响路径。

1.4.3　可操作化设计

可操作化设计的目的是实现"问题—概念—数据"，也就是说从概念之间的理论化关系网络中，产生特定的、可供检验的层次化结构（在管理学研究中更多是假设树）。通过层次化结构，层层分解，可以实现指导数据的收集，明确获取什么样的数据，如何获取，进而对理论框架所形成的逻辑关系加以检验。

针对一个测控化信息系统研究而言，操作化设计包含了至少三方面内容：第一，概念或参数测量，即概念是如何被划分为可以直接被传感器或实验获取的，或者间接推定获取（信号处理或耦合模型）的；第二，传感器技术，针对特定参数监测的传感器响应机理、技术原理等；第三，系统可操作化，从整体的系统架构到交互界面，再细化到功能函数设计和实现。

1.4.4　数据搜集/整理、数据处理和建模、结果评价

在提出层次化结构之后，就需要搜集可操作化设计中相关变量的资料。即进一步地搜集科学资料来检验研究中层次结构，包括参数测量实现、传感器研发和系统整体开发等。

在资料分析阶段，可运用定性与定量、系统工程、数理统计等方法分析所搜集的

资料，进行数据分析与建模。数据处理和模型建立之后，计算处理所得到的图或表并不是信息系统研究所要的最终结果，必须回到研究问题本身，对产生的结果进行合理的解释与分析，尤其是结果在多大程度上解决了所提出的问题，或者从定量角度反映了问题的程度。

1.4.5 演绎与推广

演绎是通过解释资料和分析结果内涵，而获得结论的过程。一般信息系统研究实证时总是选择特定的情景或案例。因此，分析结果之后，还需要分析所提出的解决方案能否适用于更宏观的研究背景或更多情景；所开发的信息系统是否完全解决了所提出的问题，并进行反馈验证，实现信息系统演化升级。

1.5 信息系统研究范式

作为正在发展中的概念和领域，信息系统是具有多维特征、涉及多学科和多领域的综合性交叉学科。所以，信息系统研究具有从不同学科继承下来的研究范式，而又具有自身的研究特色。而且对于相同的问题，研究视角不一样，有可能采取不同的研究范式。

1.5.1 信息学范式

从根本上讲，信息系统就是一种基于信息技术的问题解决决策支持方案，即以用户或组织信息需求为导向而展开的理论、方法与规律的研究。因此，信息学范式关注于在数学、统计学、计算机科学等多学科的支撑下，研究信息采集、管理、治理、可视化、伦理等，涵盖了信息运用全生命周期的流程和相应的处理链条。例如，信息生产过程的研究，探讨谁是生产的主体、生产规律、生产者的责任等；信息传播主体及其运行机制、传播的渠道、传播中信息的组织与传播的效率等；信息用户对信息利用的关系等。信息可视化则探讨可视化原理，多种有效的可视化方法集成来展示信息，明确指示信息中所蕴含的价值。

1.5.2 系统学范式

系统科学强调将研究对象视为一个整体，分析整体性、集合性、层次性与相关性等。现代信息系统作为测控一体化的系统，需要从整体上考虑，不仅受到技术影响，还受到组织、社会等多维因素影响。因此，从系统学范式出发，信息系统研究需要以不同领域问题为研究对象，关注所采用的信息系统结构与功能关系、演化和调控规律，揭示信息系统共性以及演化过程中所遵循的共同规律，优化和调控系统的方法。

1.5.3　工程技术学范式

信息系统研究关注的是如何运用信息技术形成组织所面临问题的解决方案。所以，信息技术是信息系统研究最基本的范式之一。该研究范式更多关注于信息系统开发中的技术，在分析与综合、现实与抽象的二维空间内，研究信息系统设计规范、方法、约束、目标、流程等内容。而随着物联网技术深入影响信息系统，信息系统已经走向在线化和实时化，其核心要点：传感响应机理、信号处理、通信模型与性能评估等也已经成为现代信息系统研究不可或缺的内容。但不论使用何种技术与解决方案，都必须遵循技术与方案本身的研究范式。

1.5.4　管理学范式

信息是管理决策的前提和基本要素。信息系统研究的实践和本源意义就在于解决组织面临的决策问题，最终影响和优化人们决策行为。因此，信息系统研究的管理学范式就是指在信息系统研究过程中，应关注信息与人们决策行为间的关系，重点研究信息对人们决策行为的影响、特定领域决策需要怎样的信息、人们进行决策行为所需的信息的生产地、集散地在什么地方，信息系统应用、信息系统采纳，以及从项目管理的视角正确解决信息技术应用等问题。

1.5.5　经济学范式

作为一种解决问题的决策方案，组织应用信息系统的主要目的在于优化经济活动，提升竞争优势。因此，实际研究过程中，还必须关注信息消费主体的知识结构和心理状态，以及其在查询、解读和利用信息进行决策过程中的作用；研究人们如何解读和解释信息系统与组织、信息系统效应、信息系统的系统目标与组织目标的一致性，系统战略与组织商业战略匹配度、系统经济性评价、系统价值评估等。

1.5.6　领域学范式

除了信息系统自身理论研究之外，正如信息系统的管理学定义一样，信息系统是为了解决组织所面临的问题。而组织处于不同的领域，则其信息与知识的组织结构、协作模式、语言和通信形式及相关准则有着重大差异。因此，信息系统研究更应关注每个领域信息及其属性结构的特殊性，从不同领域的视角观察与研究信息及其活动。例如，研究农业领域信息系统，就必须遵循农业科学的基本研究范式。

案例 1.3 活体动物运输应激监测系统

首先需要从动物科学视角出发，采用生命科学领域的研究范式，分析活体动物运输应激形成过程、表征参数及影响因素，还必须区分出表征参数、可监测参数、调控参数，通过实验方法建立相关先验机理模型。然后就需要从技术角度出发，针对可监测参数筛选相应的传感器技术，研究相应的传感响应机理、耦合建模机理、调控模型、系统架构等，实现对活体运输应激应用的监测。当然，也可以从管理学角度，研究运输路径、成本/效益、碳排放等。

1.6 信息系统研究参与者与研究伦理

信息系统研究作为一种专门的科学研究活动，也会有科学伦理问题。因此，信息系统科研人员也需要遵循科学界共同遵守的学术规范，避免可能引起的科学伦理问题，保障信息系统研究成果的公信度，提高信息系统研究被认可的程度。

1.6.1 信息系统研究参与者

信息系统研究参与者主要包括如下。

(1)科研人员本人。

(2)直接与科研人员所从事项目相关的人员，包括访谈与观察对象等。

(3)科研人员所在的项目组。

(4)科研人员发表研究报告、论文相关的评审人员、读者等。

(5)信息系统潜在用户。

(6)信息系统实验中所涉及的人、动物或植物等。

1.6.2 信息系统研究参与者的权利

在法治社会，个人在社会法律和道德规范范围内有行为自决原则。根据这个原则，研究对象有在完全自愿的情况下决定是否参加研究活动的权利。维护这个权利是避免或限制上述诸多侵权现象的一个关键措施，而对它的侵害也成为侵害个人正当权利的重要组成部分和其他侵权现象的先决条件。行为自决原则在科学研究活动中的体现是知情同意，即研究对象在充分了解有关信息的基础上自愿做出是否参加的决定；如果涉及动物，一般还应该获得所在单位的动物伦理委员会的批准。在此，信息系统研究直接参与者具有以下权利。

第一，研究参与者具有不参加项目以及退出研究的权利。研究者应该保证研究对象在自愿情况下做出参加与否的决定，不利用政治、法律、行政、纪律等手段来强制人们参加研究,也不利用集体行动、权威地位、经济理由或惩罚、过分的物质奖励等来诱迫人们参加研究,而且不允许利用某些研究对象的违法或错误行为和倾向来吸引他们的参与。研究者应该保证研究对象有退出研究活动的权利。在研究过程中,研究对象可能因为时间、心理、生理、经济或简单地对研究活动感到厌烦等原因而要求或实际退出研究活动。这些都是行为自决的一种体现,研究者不应该对他们施加压力以防止退出,也不应该采用任何手段进行惩罚。

第二,研究参与者具有获得项目相关详情的权利。研究者应该向研究对象提供关于科学研究的目的和性质、需要参加的研究环节、行为要求、占用时间等信息,以便研究对象做出准确判断。当研究活动对其造成损害时,应将这些可能损害或危险告诉他们。研究者应该采取措施确保研究对象理解所提供的信息,做出必要的判断。这要求研究者提供的信息应该明白易懂,避免使用失实的诱导语言。而且,在研究对象要求时还应该提供进一步的有关情况。

第三,研究参与者具有要求匿名与保密的权利。就是要求科研人员对其不予记名,即使研究者也不知道哪些情况是由哪些研究对象提供的,从而使研究对象与相应的态度和行为不能被联系并且确认。在研究者知道被研究者身份的情况下,对有关研究资料实行保密管理,不让与研究活动无关的人或机构接触到,在正式或非正式对外交流研究结果时剔除身份信息和可能确认身份的信息,在研究结束时妥善销毁不必保留的研究资料。

1.6.3　信息系统研究者的义务与责任

科学研究者在科学研究活动中应该树立维护研究对象个人正当权利的意识和责任感,并且在研究工作中和阅读检验研究结果时对可能侵犯研究对象正当权利的可能情况要时刻保持警惕。只有这样,才能真正建立研究者和研究对象之间相互信任的关系,达到遵守科学研究伦理道德的目的。作为负责任的科研人员,除此之外,应该承担以下义务与责任。

(1)没有非必要的干扰问题。指科研人员超出项目研究内容之外或者在对与项目内容没有关系或关系不大的问题上致使被研究对象感到不舒适。

(2)正直行为。作为一位有道德的研究人员应该完整地、准确地记录数据。这并不意味不考虑与研究不相关或不支持研究的数据。研究人员应该以开放的、诚实的态度汇报研究所取得的成果,而无任何弄虚作假和伪造数据。

(3)遵循适当的专业行为规范。大部分专业协会已经提供了有助于研究人员做出道德决策的相应的专业行为规范。即使研究人员不是这些专业协会的成员,也需要遵循这些规范。

(4)不剽窃[no plagiarism,包括自我剽窃(self-plagiarism)]。在国际标准中,不

管什么学科的论文，照抄别人的字句而没有注明出处且用引号表示是别人的话，都构成剽窃。自我剽窃是指作者向不同的期刊提交相类似的论文而没有重大修改。

电气电子工程师学会(IEEE)的文件对论文剽窃区分得更为详细，指出剽窃有5个层次，根据其情节轻重给予相应的惩罚。

①未注明出处地全文复制一篇论文，将导致在该文章记录中注明违规，并吊销违规者在IEEE刊物上的发表权利达5年。

②未注明出处地大量复制(达一半的篇幅)一篇论文，处罚同上。

③未注明出处地照搬句子、段落或插图。可能导致在该文章记录中注明违规，并且必须提交向原始作者的书面道歉以避免被吊销发表权利达3年。

④未注明出处地不恰当地复述整页或整段内容(通过改变个别单词、词组或重排句子顺序)。要求做出书面道歉以避免被吊销发表权利和可能在该文章记录中注明违规。

⑤注明出处地复制一篇论文的很大一部分，而没有清楚地表明谁做了或写了什么。要求书面道歉，并且必须修改论文以避免被吊销发表权利。

(5)有道德的评审人。当科研人员受邀请评阅或评审相关论文或研究报告时，研究人员不仅能够及时地评审论文并返回专业性的评阅意见，而且对论文的内容进行保密。

第二篇

信息系统研究过程

第2章 信息系统研究问题与选题

从信息系统研究过程来看,不管是对于科学研究,还是对于相关方向的研究生培养,研究问题都是整个研究的起点与核心。爱因斯坦曾经说过"The formulation of the problem often more essential than its solution(提出问题比解决问题更重要)!"

恰当选择研究问题是科学研究关键的第一步。对于研究人员来讲,这是项目申请获得资助的第一步。对于研究生来讲,在有限的培养时间里,完成学位论文。现在有些科研人员或研究生在选题时,往往害怕内容不能够做成项目或论文,往往贪大。这些题目看上去比较好写,也容易列举许多资料。说难写,是因为题目太宽、太泛,而学生一般不具备如此的宏观驾驭能力,结果或是洋洋数万言却没有主旨,或是虽挖空心思提出了新理论、新模式,却说不透、论不清。

因此,本章讲解信息系统研究问题,选题原则与方法、研究问题描述与分解。

2.1 信息系统研究问题、类型与来源

简单地说,问题是需要研究讨论并加以解决的矛盾,是"未知"与"推理"之间的差别。要研究的问题就是已有的理解或认识与理想中理解或认识之间的不一致。

2.1.1 研究领域、主题、问题与题目

研究领域是通过局势观察和聚焦过程来确定的、相对比较宽泛的问题层次,是研究者发现存在待研究和解决问题的整个区域,也是研究问题的背景和环境。研究主题是将研究领域分割成更小的逻辑部分,需要研究的特定议题,是研究的关键点。一般来说可以分为以下4类(图2.1)。

(1)需要解决的现存问题,管理者认为组织中需要改善的领域。

(2)需要强化的概念性或理论性议题,需要通过实证解答的问题。

(3)研究问题是研究的主要内容,是科研人员在有限的资源内需要解决的主题。

(4)研究题目是在研究问题确定之后,选择的反映研究问题特性的短语词组。

理解研究问题,需要明确问题与科学问题、可研究问题与疑难问题的概念。

第一，问题与科学问题。人们所面对的问题可分为科研领域的问题和非科研领域的问题两大类。论文选题只能关注于科研领域，但并非所有“科研领域的问题”都是“真实问题”。根据其应答域的真实性，科研领域的问题可区分为真实问题和虚假问题两大类。并非所有“真实问题”都能进行研究。科研中的真实问题，根据对其背景知识和技术手段的把握程度，可进一步区分为能解待解问题、知识性问题和无法解决的问题。应该将后两者排除在选题域之外。

第二，可研究问题与疑难问题。可研究问题是科研人员在特定范围内能够解决的一个非常具体的问题。疑难问题是一个广泛的问题区域或问题集合，包含的问题是多方面的，经常需要多年积累才能获得可靠知识和信息。疑难问题在单个的研究项目的局限下不是可研究的。但是，这些疑难问题中的具体组成部分在分割后还是可研究的，这些部分在范围和复杂性方面受到限制，它们保证了能在给定的资源约束下达到的一组研究目标。

从研究领域细化到研究问题的过程，是一个典型的缩小(narrow down)过程(同样，也是后续申请书和论文中立项依据分析过程)。图 2.1a 给出了经典的倒三角形结构。图 2.1b 给出一个实例，用于描述如何从实时信息系统(研究领域)到基于无线传感器网络信息系统(研究主题)再到射频识别(RFID)型无线无源传感器网络(研究问题)，最终 RFID 型无线无源传感器网络信息系统(研究题目)的整个过程。

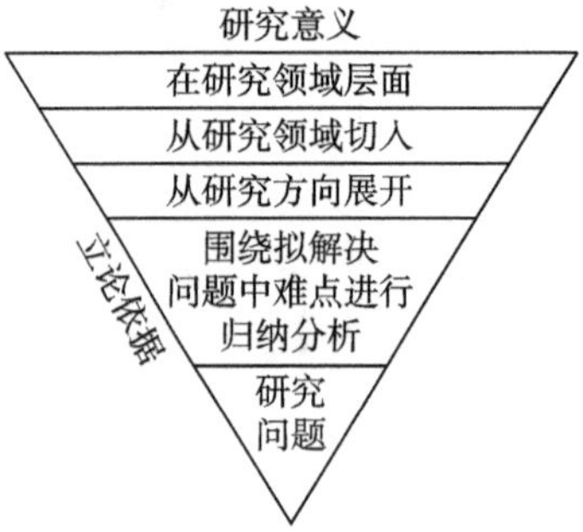

(a)倒三角形结构

一般的研究领域	实时信息系统
特殊的兴趣	基于无线传感器网络的信息系统
具体地说	无线无源传感器网络
特别是	RFID型无线无源传感器网络
精确地	RFID型无线无源技术
研究题目	RFID型无线无源传感器网络信息系统

(b)信息系统研究领域、主题与问题

图 2.1 信息系统研究问题和选题思路

2.1.2 信息系统研究问题的类型

信息系统研究问题可以分为如下 4 大类。

第一类：信息系统理论类问题。主要是针对信息运动本身，研究信息运动过程与处理方法、信息系统理论体系与信息系统结构。例如，针对传统刚性传感器无法应用于小包装食品冷链物流品质感知，从信息采集层面出发研究面向食品冷链的柔性传感响应机理，探讨柔性材料敏感机理，传感器界面改性和效应等。

第二类：信息系统方法类问题。针对特定信息系统的问题结构，建立具有新边界条件的模型以及处理这个模型的改进方法，或者依托这个模型讨论研究问题的新特征。例如，基于柔性传感的食品冷链品质感知机理与方法，即如何应用相应的柔性传感原理对冷链品质进行感知的过程与步骤。如果还需要进一步调控，可以继续明确调控原则与控制策略。

第三类：信息系统技术类问题。主要是研究信息系统设计的规范、方法、约束、目标、流程等内容，新的信息技术与计算方法对信息系统应用，信息系统开发与工程实践的变化。例如，基于大数据的信息系统关键技术研究，认为基于大数据的信息系统技术创新是未来发展信息技术的关键，也是有关国家发展战略的重要课题，并将关键技术划分为分布式数据库与处理系统、分布式文件管理技术、数据挖掘技术、稀疏处理技术等。

第四类：信息系统应用类问题。应用类问题可以概括为 3 点：信息系统所管理的对象系统（或其构成要素）在新时空上的特点；反映对象系统特征的变量之间的关系及变量值的演变规律；反映信息系统在实际工程应用中存在问题与优化方法。例如，传统冷链物流监测过程中的传感器布局优化方法、自身结构优化、系统人机界面实践与验证。

在实际研究中，一个选题往往包含 2 类以上的问题，既有理论研究，又有方法、技术等研究，必须在实际应用情景中进行验证，以明确信息系统自身的战略价值。

2.1.3　信息系统研究问题的来源

信息系统研究问题的来源是多方面的，除了上级下达、外部委托之外，大多数研究活动必须由研究人员自己选定。一般而言，来源主要分为以下 4 种情况。

第一种情况：各级各类课题指南或征文通知。每年国家、省级自然科学基金、社会科学基金，国家各部委、各省级政府、重点实验室以及一些企事业单位等都会结合学科发展与实际需求等情况，公布项目申请指南。另外，还有大量的国际会议征文通知中列出的选题。这些选题都是由相关专家悉心研讨后确定出来的能够反映本学科领域内最新热点的重要课题，具有较强的新颖性、重要的理论或应用价值。这些指南为选择研究方向或明确研究内容提供清晰的指导，可以作为选题的基本依据。但是对于申请人而言，是否具有可行性，还得视自身情况而定。在很多情况下，实际上都只是把课题指南作为参考，再结合自己的主观和客观条件对指南中的课题做出选择或进行细化。

例如，2021 年国家重点研发计划指南“人体健康监测传感器自供能关键技术研究”。针对人体多参量生物传感器在无线场景下自供能入网难题，研究从人体获取能量的自供能技术、器件和组件；研究自供能高灵敏人体多参量生物传感器技术；研究自供能组件与多种生物传感结构的匹配集成技术及其与人体的兼容性；研制分布式柔性可穿戴的人体多参量监测自供能生物传感器，在医联网典型场景应用验证。该指南不仅可以应用于人体健康研究领域的选题指南，也可以为动物活体健康和运输应激监测提供思路与方法。

第二种情况：文献研读，特别是以往的学位论文。信息系统研究的文献资料记载了本领域的理论、观点、方法、数据、经验事实及发展脉络。通过对文献资料的查阅，可以较快地了解有关问题的历史、现状及前沿动态，开阔视野，启发思路，借鉴他人的成果与方法，还能从资料中发现他人研究的薄弱环节、空白点、错误之处或争议部分，从中寻找研究的突破口，提炼出研究问题（详见第 3 章）。

第三种情况：实践中选题。信息系统学科是一个实践性较强的领域。信息技术发展给信息系统实践领域带来了一系列亟待解决的新问题。这就要求研究人员能够细心观察，勤于思考，善于捕捉实践领域中出现的热点问题，了解新信息、新动态，就体验较深又感兴趣的地方加以提炼，将其上升到一定的理论高度，就能成功发掘出有意义的研究选题。例如，葡萄酒酿造过程是具有高酒精浓度的环境，传统的电化学传感器无法正常长时间工作，物理型传感器精度又不能满足需求。因此，如何构建满足葡萄酒酿造过程监测的传感技术，就是一个很好的选题。

第四种情况：学术交流。学术交流包括向专家学者请教或与同行、同学交流等多种形式。本学科领域权威人士和机构在一些学术报告会和讲座中可能会提出一些有待论证的新设想和有待回答的新问题，或者直接建议对什么问题开展研究，搜集这些信息有助于选题。因此，经常参加学术会议，可以及时向他人学习，了解学科的发展趋势和最新动态，听取专家意见和建议，获得灵感，选择出好的课题，同时也可能从他们研究课题中选择一些子课题进行研究（详见第 13 章）。

2.2 信息系统研究选题原则、创新性和方法

2.2.1 信息系统研究选题定义与基本原则

通过图 2.1a 可以看到，从研究领域到研究问题/题目是一个聚焦的过程：所要研究的关键点越来越清晰。这个过程也就是通常所说的选择问题，简称选题，是指研究人员提出和确认要研究的问题或现象，明确研究意义、性质和任务的过程。在这个过程中，有以下 5 个原则。

第一个原则：学术性。学术性是选题的基本原则，是指利用已经发现的现象和规律进行应用前景的探讨，真正能够体现科学价值和高科技含量。学术性要求研究

选题要聚焦、不要空泛，特别是要让选择的研究问题“落地”，即把所研究问题落到可以考察的具体单位或者可以实验的具体问题上进行实证研究。但是，也不能过细以至于失去普适性，或者成为工程类论文，失去学术价值。

例如，研究冷链物流。如果研究问题确定为此，就十分宽泛，因为在有限的时间内，不可能研究冷链物流所有的科学问题。如果把问题落实到“冷链物流温度监控系统”上，首先要思考通过什么技术手段实现冷链物流温度监控系统，如确定通过无线射频识别技术实现，再给“冷链物流温度监控系统”这个相对抽象的研究方向落实到一个具体的对象上，如落实到“罗非鱼”。于是，题目就成了“基于无线射频识别技术的罗非鱼冷链物流温度监控系统”，就有了明确的、可以考察的具体对象。

第二个原则：社会需要（应用性）。社会需要原则也称应用性原则，它要求研究课题的预期成果必须对社会或本学科具有意义。课题应用性价值往往是与它在理论上的学术价值联系在一起的。换言之，信息系统类课题研究意义不仅包括对信息系统学科领域中规律的认识、现象的解释、理论或观点的形成等方面的理论贡献，而且还需要包括发现或解决信息系统实际工作中各种具体问题的实践价值，这也正是信息系统战略作用的体现。

具体来看，研究选题的意义常常体现在许多方面。例如，它可能解决社会面临的重大问题（如生鲜农产品冷链物流管理不当所带来的农产品损耗问题），可能解决研究领域中存在的重大疑难问题或矛盾（如果蔬冷链物流气体成分的多源耦合性以及与品质关系的动态不确定性等问题），还可能为实践提供关键的理论与方法（如动态耦合模型是水果冷链物流过程品质精准感知基础所在）等。

第三个原则：创新性。课题创新性或新颖性，是指课题反映新问题、揭示新事实和新规律的特性。选题中的新颖性原则，就是要求研究新问题，提出新观点，发现新规律。在第1章中，科学研究的定义表明研究必须创造新的知识，也揭示了这一点。完全意义上的新颖性通常所指的“填补空白”的课题。然而，对于大多数研究者来讲，课题的新颖性更多的是指在研究思路、研究角度、具体内容、研究方法、研究素材等某一方面或某几方面与前人有所不同（参见章节2.2.2）。

例如，传统的冷链物流“气体信号-品质变化”耦合建模以呼吸速率作为基本因变量，没有考虑到水果其他关键品质表征指标，而呼吸速率只能应用到氧气和二氧化碳，没有考虑到特殊气体及其对品质影响。例如，葡萄冷链物流中就必须考虑二氧化硫。因此，构建新型的水果冷链“气体信号-品质变化”动态耦合模型成为急需解决的基础性关键科学问题。

第四个原则：可行性。创新性表明了信息系统研究是一项发现新知识的活动。但在现实中，受到研究者主观条件和客观条件的限制（主观条件是指研究者自身方面，包括研究者的知识结构、研究素质、研究经验等，也可能包括性别、年龄、体力等。

客观条件指课题研究所需要的外在环境或条件支持，如研究时间、相关研究资料的获取、研究经费、实验设备等）。只有主观条件胜任、客观条件许可，才能顺利开展研究。如果没有清醒地估计可行性，选题就会十分盲目。

第五个原则：前瞻性。选题具有一定的预见性，尤其是信息系统学科，当前信息技术发展迅速，防止出现“选题时具有创新性，但答辩时研究问题或采用技术已经过时”等尴尬局面，尤其是选题的创新点着眼于使用新技术开发信息系统类的选题，必须确认该技术在近几年之后是否处于领先。

2.2.2 信息系统研究选题创新性分析

一般来说，科学研究的创新性主要从时间维度、空间维度和知识维度等方面考虑。依据上述研究问题的类型，信息系统研究选题可以分为：理论应用类——管理方向，技术方法类——工程方向。结合两者对信息系统研究选题的创新性分析如下。

1.理论应用类的维度分析

理论应用创新可以从以下 3 个维度展开。

(1)时间维度。以前被研究过的科学问题，随着时间的延伸，出现了新的特征或需求，新的变量之间关系和演变规律，或者新技术出现对信息系统产生了影响，而这些新的东西是值得研究的。例如：在第 1 章中，物联网促使信息系统呈现出实时化趋势，同时也带来新型研究问题。实时信息系统使人们利用生活中的各类交互设备来处理海量信息，及时做出合理的决策，也使得决策者必须在有限的时间内接受和理解更为丰富的信息。同时，实时信息也意味着对物联网系统产生了巨大的挑战，需要研究人员对现有的技术进行全面的审视与升级。

(2)空间维度。以前被研究过的问题，是属于另外的空间，在那个空间里的结论，在这个空间可能不成立，需要研究这个空间这一问题的科学规律。例如，柔性氨气传感器的研究中，氨气敏感材料在常温对氨气响应规律不一定适用于冷链物流。纸质柔性基底可以在常温室内环境中应用，不一定能在冷链低温高湿环境中适用。

(3)知识维度。所关注的问题是以前未被研究过的，或是被“遗漏”的。或者以前被研究过，但是受某种原因影响，研究结论有错误，有必要重新研究。

从时空维度分析，时空维度的创新是学位论文选题的主流。从逻辑角度来看，它不需要把所有文献都读完，只要读到有关某个问题或对象的研究成果，并与科研人员在新时空中的自我判断比较可能有差异，就能作为选题。在实际操作上也不容易，必须有足够的文献阅读，而且必须对所关注问题在新时空中的特征有敏锐的感觉，才能形成对照，产生选题的思考。

从应用角度来看，随着信息技术的快速发展及在众多领域的扩散，信息系统学科能够在更多领域发挥作用，从知识维度角度出发的选题逐渐成为研究的主流。但从逻辑角度来看,知识维度创新最难:只有把全部相关文献都阅读过了,才能确定所关注的管理问题或管理对象是以前未被研究过的。但实际操作却不难,是靠权威部门检索来实现的。

2. 技术方法类的维度分析

技术方法类选题的创新之处主要有 3 种类型(表 2.1):在原来方法的基础上向纵深发展;引入其他学科的理念、思路,产生新的研究方法;结合应用对象以及环境(边界条件)的差异,对原方法做一些改动,以更适用于新的边界条件。

表 2.1　信息系统技术方法类选题新颖性分析

方法	旧的问题	新的问题
旧的方法	陈旧、不具有原创性	好题目,具有原创性
新的方法	好题目,具有原创性	具有原创性,极难产生

其中,前两种类型,需要研究者有很好的数学功底和其他学科的知识。这两种类型的改进,有可能产生惊动学界的成果。而第三类类型的改进,如果改进量不大的话,很难构成选题。许多所谓研究方法的改进,是没有意义的,这个世界上只有这位作者自己使用过一次所谓的改进过的方法,此后便无人问津。但是,不能一概而论,如果所考虑的边界条件有一定的应用面,所研究出的改进方法,有较大创新,还是好的。

2.2.3　信息系统研究选题、题目与创新性

需要明确的一点是,研究选题并不是确定论文或项目的最终题目。论文或项目题目是对研究主题的反映和进一步深入与限制。也就是说选题确定之后,所需要解决的问题和完成的工作是十分明确的;但如何突出研究工作的重点或创新性,则需要用文字符号对“论文主题或创新点”给予概括。即“标题”是在“选题”确定以后可以变化的,取决于所要明确的创新点或强调的重点。例如,一个食品质量安全可追溯系统,作为研究工作而言,其研究问题和内容十分明确。但其题目可以根据实际工作来确定突出创新点。从图 2.2 中可以看出,不论题目如何确定,其实际工作或研究任务均是开发食品质量安全可追溯系统。

(1)创新点是应用故障树和失效模式效应与关键性分析法(FMECA)等质量管理方法对可追溯信息进行挖掘和建模,题目就可以突出基于故障树和 FMECA 的质量安全追溯建模。

(2)创新点是应用证据融合理论对可追溯信息存在的冲突和冗余进行分析与求解,题目就可以是基于证据融合理论的可追溯建模。

(3)假设是某一个特定参数(如特定气体成分)的传感器响应机理,题目可以是面向食品质量安全追溯的参数传感响应机理。

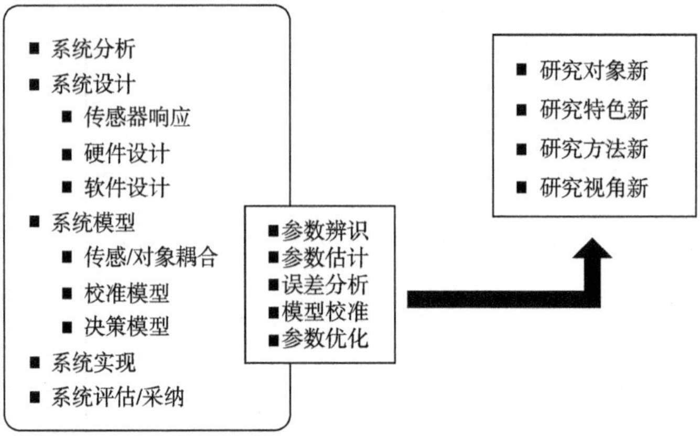

图 2.2　一个食品质量安全追溯系统开发与创新点分析

例如,题目"批量钻削工步质量波动与监控信号变化的耦合机理研究及应用",可以推断其核心创新点应该是研究质量波动与监控信号之间的耦合建模。但通过套用图 2.2 的创新点分析逻辑,可以进一步推断其最终的实物化研究成果应该是一个批量钻削工步监控系统。

同样的道理,一个明确的科研任务"应用微生物 TTI 监测鲜食葡萄冷链物流质量",题目"面向鲜食葡萄冷链物流品质感知的微生物 TTI 响应机理与建模"就比"鲜食葡萄气调物流中基于微生物 TTI 的质量监测方法与应用"显得更有特色和创新性,更像是应用基础研究;后者给人的感觉就是一个简单的工程应用。

因此,一般来说,"选题"确定了研究对象和研究内容,明确之后就不再变更。而"题目"则在研究工作结束后,为了标新立异,突出创新点而确定的,可以反复斟酌。

2.2.4　信息系统研究选题方法与思考路径

一般来说,问题萌发于理论与经验的不一致或者不同学科的启迪。当萌生源得到启发后,将研究关注点投射到本研究领域的坐标系中,看看它处于什么位置,以决定向什么方向推进。主要选题方法有以下 3 种。

1. 开拓与创意

研究人员将关注点投射到学科研究前沿与热点问题领域,属于新的、重大的、对全局发展有指导或启动意义的课题。在现代科学技术飞速发展的条件下,这种课题往往是学科交叉中的新颖课题,或是需要借助其他学科知识才能解决的问题。

(1)照单操作:照着其他领域已有的处理方法或技术,在不同时间、地区或研究对象上再操作一次。这种简单的照抄有可能因为研究对象不同,相关研究资料不易得等而失败。例如,参考鱼病诊断专家系统,可以做一项虾病诊断专家系统。

(2)修改运用:引用其他领域已有的处理方法/技术,局部调整或修订方法或模式中的参数、系数或数据处理方式,在不同时间、地区、研究对象,同一事务上再操作一次。例如,研究检索活体动物活力特征动态测量方法,可能发现文献比较少。但如果考虑到人体医学中关于人类活体测量方法,相关研究就十分丰富。当然,这些方法必须经过调整、修改之后才能应用到动物领域。

(3)引入活用:引入其他领域的方法/技术或理念,在本领域运用于不同对象上,其运用方式、时机及数据的诠释或处理。例如,最初的环境舒适度用于评估人类建筑环境对人类生活的影响,现在被引入动物领域,评估养殖环境对动物健康的影响;进而被引入运输领域,评估运输环境对活体动物健康状态和屠宰后品质的影响。

(4)组合运用:整合现有理念、技术及工具,以解决新课题。例如,在引入环境舒适度评估动物养殖过程健康时,同时引入可穿戴生物感知技术,构建基于可穿戴动态监测的动物养殖健康与环境舒适度评价决策支持系统。

(5)跳跃创意:选择研究热点中尚未被研究透的问题,突出理论高度或研究度。

例如,"农产品质量追溯建模方法"选题基本上体现以上方法的综合应用:该选题为了快速、高效、准确实现质量安全可追溯建模与求解,借鉴工业产品质量诊断与故障识别的算法,集成 Petri 网、FMECA、证据理论等,建立可追溯的跟踪模型(用于前向预测)、溯源模型(用于快速定位)、冲突消解,实现质量安全可追溯问题的高效求解与准确推理。

2. 质疑与补充前说

研究人员将关注点投射到本学科领域传统的理论、概念、模式、方法上。随着时代的进步与科学技术的发展,前人论证过的理论、概念、模式、方法,可能有局部修正的必要,甚至需要用全新的理论、概念、模式、方法取而代之。在这种情况下,研究人员可以对传统的东西提出疑问,通过自己的研究,对既有的知识做出新的贡献。

例如,许多智能的检测设备已经大量地采用了各种各样的传感器并逐步发展成熟,其应用早已渗透到工业生产、海洋探测、环境保护等领域。随着信息时代的应用需求越来越高,对被测量信息的范围、精度和稳定情况等各性能参数的期望值和理想化要求逐步提高。针对特殊环境与特殊信号下气体、压力、湿度的测量需求,对普通传感器提出了新的挑战,其传感机理和信号处理方法也需要进一步探索。

3. 填补空白与学科交叉点

研究人员充分利用信息系统学科的交叉特性,将兴奋点投射到学科领域的空白处。这有利于研究者充分发挥自己的特长,根据信息系统领域基本理论和可能涉及的其他学科的知识，开发出新的知识，填补空白。例如，传统农产品物流质量管控是基于农产品“鲜/腐”两阶段的单一决策，而活体动物运输过程质量管控则是“活/死/鲜/腐”多阶段多时空的双重决策点：生命活力和营养品质，具有多元复杂性，涉及生命科学、食品科学、信息技术、人工智能和管理工程等多学科交叉领域。因此，如果研究数据驱动的无水低温保活运输过程无损检测与智能管控方法，则需要从以下学科领域出发，重点解决多层次问题。

(1)在信息科学领域，活体动物保活运输过程品质/生命特征衰变受到多参数因素传递和累积效应(动态变化)影响。而传统的动物活体应激反应检测方法集中在静态采血化验法，动物机体应激信号变化平缓，监测连续性差，且检测设备功耗高不易携带。单纯运用传统物联网监测生理应激指标时存在着非实时性、不稳定性，难以有效地实现运输质量管控优化的问题。

(2)在生命科学与食品科学领域，活体动物逆境胁迫应激规律是研究活体运输精准调控的基础工作。但传统是基于实验室化学实验或快速无损检测技术，尽管也研究了“环境胁迫和品质/活力”耦合关系，但更多是对即时的、离散的信号解析，无法解析真实保活运输中具有累积效应(时间)的连续信号。因此，所提供的规律不能满足实际运输精准调控的需求。

(3)在管理工程领域(物流管理和质量管理)，保活运输环境持续动态波动使活体动物产生不同程度的应激反应。传统的动物活体运输管理是基于经验的管理，更多考虑的是路径规划与优化，由于缺乏动态监测手段和动物活体应激规律，难以建立起有效的运输过程质量动态管控模型与调控优化方法。

2.3 信息系统研究问题描述与分解

在信息系统研究问题确定后，研究人员则需要对其进行清晰明确的表述，作为其研究项目开始的标志，同时应该能用准确的措辞描述出整个研究目的。

2.3.1 信息系统研究问题描述

如果不能正确地描述问题的本质，则无法在收集数据、分析数据中做到充分准确，进而影响到整个研究工作的可接受性。研究问题描述的基本原则如下。

(1)可研究的问题必须是充分界定的(有限的)，在可用资源范围内解决，具有充分的可行性。这些资源包括时间、专业知识、数据、工具(如计算机运算能力)、人员和资金支持等。可研究问题的重要性在某种程度上总是依赖于可利用的资源。

(2)研究问题必须得到充分的描述，清晰而完整，以便于其他人员理解。研究问题描述的质量取决于描述的清晰性与完整性，而不在于可研究问题的大小。一般来讲,研究问题描述应选用合乎语法、客观的(中性的)而不是主观的(辩护性的)的词汇,形成完整句子,并尽可能避免主观“价值判断”语言。

(3)研究者对问题的感觉可能来源于直觉层次,但应该在逻辑层次上进一步开发,研究人员和其他人员只有以这种方式才能真正理解问题。如果问题描述没有在逻辑上发展到使其他人也能够领会的程度,则问题就还没有得到很好的定义。

从简单化角度出发,一个确定的信息系统研究问题至少应该可以描述为:针对什么问题,应用什么方法或技术,对什么特性或参数进行研究,建立一种什么模型,解析一种什么规律,达到一种什么目的。

2.3.2 信息系统研究问题的子课题

研究问题分解为若干小的部分,可称为子课题,有助于研究人员更好地把握整个研究方向和项目开展,并为具体的研究内容提供逻辑基础。可以说,总课题是子课题的综合归纳,子课题是总课题的分解突破。伪子课题是指所谓的研究内容仅仅是项目研究过程中的一些业务性或程序上的枝节。例如:收集资料应使用哪些设备,采用什么样的方法;选取样本的最好方法是什么,样本应以多大为宜;信息系统平台搭建,传感器设计等诸如此类的问题。

第一,每个子课题都应是一个完整的研究单元,是整个研究问题中合乎逻辑的一个子领域。而每个子课题又是可以在总课题目标一致的前提下,分别展开进行。每个子课题的研究成果综合起来,有助于总课题的完成。

第二,每个子课题都应予以清晰而简明的陈述。通常,一个子课题会用问题的形式来给予描述,直接、集中地反映研究人员确立此子课题的意图。而且每个子课题都会从某种角度为总课题提供论证。这些事实或者作为子课题的组成部分来陈述,或者就成为完全分离的子课题。

第三,子课题必须符合总课题的目的要求。子课题的研究不应超过总课题所覆盖的要求;总课题的各主要部分都已涵盖在各子课题之中。

第四,子课题之间应建立有机联系,但又相互独立,综合集成即为课题整体。

第五,子课题在数量上不可过多。如果总课题陈述清晰,落实到可行的工作之中,以 2~6 个子课题为宜。如果过多,应对总课题及其子课题,逐个加以审阅。要检查子课题是否为伪子课题,或者有些子课题是否可以合并,或者总课题是否比原先设想要复杂。如果是最后一种情况,表明研究人员还没有真正把握研究问题。

2.3.3 信息系统研究子课题的分解框架

研究问题分解有以下 3 个导向。

(1)以所研究问题为导向。从问题本身出发进行分解,可以分为 3 个方法。

第一，问题包：按照主题及其逻辑罗列。

第二，问题链：将各种问题按照类别和层次进行链式梳理，挖掘其因果关系，进行同源映射，把问题转化为不同层次和相互串联的子问题的过程。

第三，问题树：将问题的所有子问题分层罗列，从最高层开始，并逐步向下扩展。把一个已知问题当成树干，然后开始考虑这个问题与哪些相关问题或者子任务有关。每想到一点，就给这个问题（树干）加一个“树枝”，并标明这个“树枝”代表什么问题。一个大的“树枝”上还可以有小的“树枝”，如此类推，找出问题的所有相关联项目。

（2）以问题要素为导向。按照问题构成要素进行分解。此处要素可以表述为：系统、维度、因素、方面、层次角度等。

（3）以研究类型为导向。以现状为基础，以归因为突破口，以方法对策为重点。根据一定的理论依据，建构自己的框架。

案例2.1 项目《生鲜农产品质量安全可追溯系统研究与示范》

在该分解过程中，主要综合运用了以上3种方法，将研究问题分解成3个层次8个方面（图2.3）。

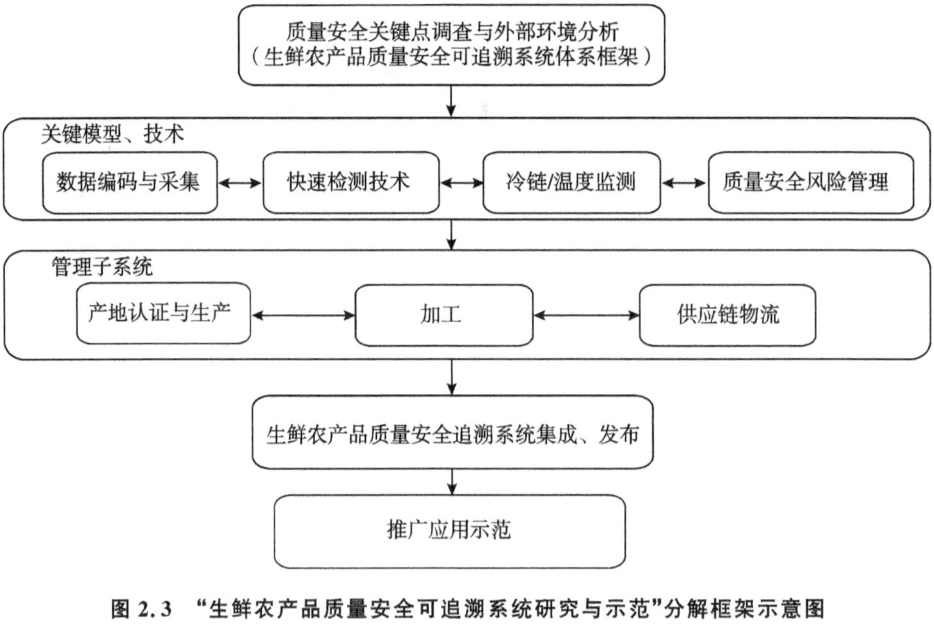

图2.3 “生鲜农产品质量安全可追溯系统研究与示范”分解框架示意图

针对生鲜农产品供应链质量安全跟踪(从上游往下游)与溯源(从下游往上游)中的关键环节与技术问题,本项目研究共包括 8 个方面,前 4 个部分(第一部分至第四部分)是针对生鲜农产品供应链质量安全中的关键技术展开研究,包括信息采集与传输、快速检测、冷链/温度监测、质量安全风险预警;后 3 个部分(第五部分至第七部分)针对生鲜农产品供应链的主要环节(生产、加工和物流)展开,实现原始信息采集、传输与系统建模等,为质量安全追溯打下基础;最后一部分(第八部分)是整个系统集成(包括追溯系统的框架、追溯模型以及信息发布系统等),实现为最终用户提供信息服务,用于查找造成质量问题的原因,确定产品的原产地和特征以及向上层层进行追溯,最终确定问题所在,用于产品回收或撤销的能力。

案例 2.2　面向特定领域的特定参量信息感知技术

按照研究问题的逻辑链条展开,从以下几个层面进行分解。

(1)子课题 1 研究特征参量的长寿命、高可靠性无源传感技术。

(2)子课题 2 研究传感器安全性、可靠性、长效性的实验方法和评价准则。

(3)子课题 3 研究传感器信号采集、传递过程干扰机理及抗干扰方法。

(4)子课题 4 研究传感器空间分布对测量效率的影响规律及优化布置方案。

(5)子课题 5 研究传感器的测量误差及修正方法。

可以看出:子课题 1 和 2 从理论角度出发,对特征参量的传感技术及其评价方法进行研究;子课题 3 和 4 从工程技术层面分析传感器技术在实际应用中信号处理和空间分布与测量,为准确获取数据提供基本保障;子课题 5 则对所获取的数据进行误差分析和解析,形成传感测量的校正方法,最终实现子课题 1 所列特征参量的精准感知。5 个内容从"理论—技术—工程—校正"层层展开,形成了逻辑严谨的信息感知技术研究体系。

案例 2.3　×××质量扰动(波动)分析与调控

从以下几个层面进行分析。

(1)子课题 1 质量检测与识别方法:用于构建质量的在线检测方法,首先对质量本身进行动态的感知和解析。

(2)子课题 2 质量扰动源的定位方法:基于质量的解析,进一步明确变异或扰动产生的原因,并根据实际供应链过程或业务流程关键点解析,定位扰动源。

(3)子课题 3 扰动类型识别方法:对子课题 2 所确定的扰动源,从时间维度上解析扰动性质,是恒定稳态扰动,还是随机瞬态扰动,为调控优化策略提供基础。

(4)子课题 4 扰动调控与优化:基于扰动特性的辨识,提出调控策略与方法,并对质量扰动调控结果进行反馈分析，进一步优化调控策略。

可以看出：子课题 1 首先基于实际情景，实现对质量在线检测和辨识，实现质量本身信号解析（现象）；子课题 2 基于所解析的质量信号，明确质量扰动或波动的因素（原因）；子课题 3 和 4，基于所确定的质量扰动因素，对其的扰动识别或传播路径进行解析，进而构建针对性的调控策略（解决方案）。4 个内容从“现象—原因—对策”3 个方面层层展开，形成了逻辑严谨的质量扰动（波动）研究体系。

2.4 信息系统科研选题过程——基于研究生视角

根据科研选题的自主性可以将选题类型划分为 3 类：“自选型”——松散（15%），由研究人员自己提出课题；“结合型”——密切（25%），根据学科建设、实验室发展等情况，与个人兴趣目标；“任务型”——指令（60%），根据所要完成的任务，直接指定给研究人员的任务。例如，当前大部分大学生科技竞赛，都已经明确给出了题目，研究人员只能基于给定的任务，提出求解方案。同样，国家科技重大专项等都明确地给出了研究内容的框架及考核指标。不管哪一种，研究人员都必须发掘和解释研究问题更普遍的方面，以便使读者和评委也能了解问题的内容并建立可研究问题。特别是后一种，研究人员必须能够根据所指定的任务“追溯”出可研究问题理由的逻辑顺序，而不是简单复制项目或母问题的逻辑及背景描述。然后，从对可研究问题的陈述开始，提出可研究问题的必要性，将其清晰地界定为一个可研究的问题。图 2.4 显示了常规的研究生选题过程。

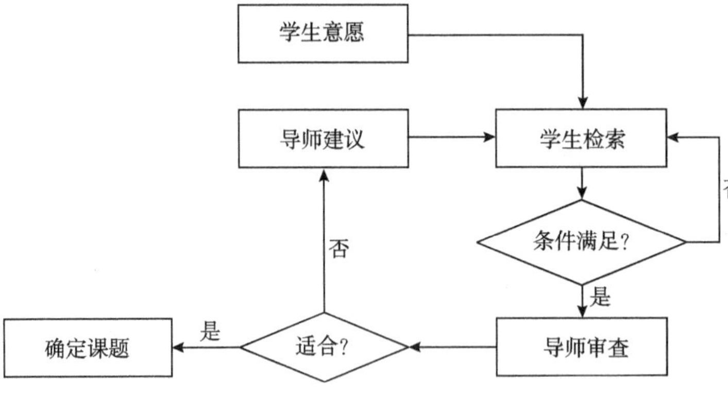

图 2.4 研究生选题过程

2.4.1　研究生选题前的五项准备

研究生进入选题前，必须具有以下这些最基本的研究能力。

(1)专业知识和研究技能：文献检索(特别是外文)，与信息系统学科相关的基本知识，如信息系统、供应链管理、物联网技术、系统工程等。

(2)研究领域背景知识和实践：这方面是许多研究生尤其是一些从工科转过来的研究生继续从事信息系统开发研究时，往往忽视对所研究领域背景与知识的掌握，从而使研究不能在理论层面提升。正如前述，信息系统更多是一种应用型研究，必须挖掘领域需求，才能有明确的创新。研究食品质量安全追溯，就需要了解和掌握食品质量安全基本知识和原理；研究动物疾病诊断专家系统，就需要确实学习和掌握动物疾病产生机理、兽医所具备的疾病诊断方法和技术等，而不是单纯地依靠文献资料进行知识分析与总结。还需要花费时间调研实际供应链过程，或进行短期的实践活动，真正理解领域知识，才能与信息系统融会贯通。

(3)把握本学科走向或趋势：详细了解信息系统研究领域发展的情况，如边缘计算、5G、柔性可延展传感等新型的信息技术对信息系统开发的影响，大数据、深度学习等新的建模方法应用；还需要关注信息系统应用研究领域的数量化、模型化、实证化等趋势；调查其他学科领域有哪些知识正在向本专业渗透。

(4)具有明确兴趣与职业目标：主要是考虑自我发展问题。

(5)合作导师研究领域与在研课题内容：目前大部分导师都严格要求研究生围绕其所主持的课题与项目展开(选题来源)或在其熟悉的领域内选题。

2.4.2　尽早进入课题组

为了更好地具备以上几项研究能力，除了研究生本人刻苦学习信息系统基本研究基础，熟悉相应的研究方法，还要尽早进入实验室或课题组。

(1)了解课题组过去和现在的研究工作。

(2)可以与导师、师兄师姐建立联系，抓紧时间向师兄师姐请教和学习，在他们毕业前掌握相应的实验技术。

(3)可以得到基本的科研训练及自我能力和特长评估。研究生可以广泛参加各种课题，集中参加两个课题——宏观与微观，尽可能负责执行一个课题，从课题申报、核心研究到总报告、鉴定的全过程了解科研项目管理。

2.4.3　确定研究领域与研究方向

信息系统是一个交叉型的应用学科，涉及经济学、管理学、计算机技术、物联网等多领域。如何选择一个范围广泛的问题领域，并确定研究方向是研究生进入课题组尽快确定的事情,尽可能地把科研项目的目标与研究兴趣结合,否则,很难完成任务。

选定研究领域不等于已找到所要研究的问题。但按兴趣先选定研究领域后,可促使研究生集中阅读该问题领域文献,了解前人的研究成果,同时收集实际问题的资料,选择研究的突破口和思路。然后,认真思考造成这一现象的机制。对所关心现象进行深入思考的目的是确定这一现象与其他现象之间的联系及如何对其做出解释。这包括有哪些概念/变量可以解释所关心现象的发生过程、这些变量的重要性、解释所关心现象时需要利用到哪些概念等。图 2.5 展示了相关的思维框架。

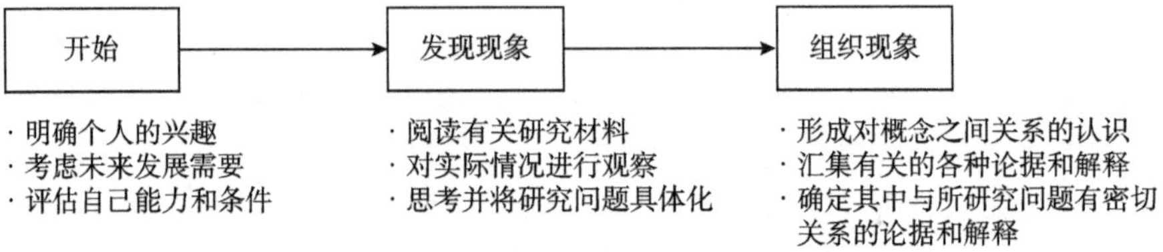

图 2.5　确定研究领域与方向的思维框架

尤其是,学位论文研究的主要作用是表明研究生具有与学位相适应的研究能力,因而研究生要根据研究的难度(不同学位的要求)、研究的条件限制(能力、资源、时间)确定拟研究领域/方向,选择有能力和条件处理的问题。

2.4.4　选题和构思考虑的问题

根据文献检索以及与他人讨论,特别是与合作导师讨论,明确研究目标与期望结果,直到界定问题,能够用简洁的一句话描述研究的主题。如果选择的主题在 2 个以上,需要按照学术性、自我发展等标准进行判断。

表 2.2　信息系统研究选题判断表

标准	论题 1	论题 2	论题 3
专业意义			
专业跟进			
个人兴趣			
职业进步			
专业知识、经验和技能			
可能的支持			
所需时间			
可进入性			
总分			

第一方面是学术性，从创新性、重要性与可行性方面展开，参见本章2.2节的相关分析。

第二方面是自我发展。主要从以下几方面展开。

(1)专业意义。即专业重要性。通常反映在检验一个理论，对理论发展做出贡献，扩展现有的知识，改变流行的看法，提出不同现象之间的关系，扩展某一研究方法或工具，或对某一过去已研究过的现象提供更深入的知识。

(2)专业跟进。指研究能否持续地引起一般专业人士的兴趣，并且有别的研究者跟进进行研究。不应追随风尚。尤其是研究生获得学位以后，仍具有价值。

(3)个人兴趣。选题能否与个人兴趣吻合，涉及后面科研工作过程。毕竟，科研工作是一件枯燥的、耗时的事情。但同时应认识到，研究可能会激发出新的兴趣。

(4)职业进步。应从三个方面评估研究论题对目前和将来职业发展的影响。如研究生准备在原有岗位上待较长时间，则需考虑所选论题对工作单位的贡献；如研究生准备在另一单位担当领导职位，则需考虑"及时性"，即在可预见的将来你所选择的研究论题应有重大的专业兴趣。如果研究生准备在大学找研究工作，则要考虑专业潜力：论题能否使答辩委员会产生深刻印象？能否发表文章或著作，能否以此为基础进入学术界？

2.4.5　研究选题的判断

如何判断或者评价研究问题的好与坏是比较关键的。麻省理工的Larson教授给出了一个校核单：选择好问题的3条规则。

(1)你一定要觉得你自己的问题有趣而又重要，否则你就不会有激情，不会投入。

(2)你一定要有能力解决问题。假如不能完全解决问题，起码你要问自己能够做些什么，部分解决哪些问题。

(3)除了你自己的肯定，还有人也认为你的问题很重要，且越多越好。

从学术研究及问题本身来看，一个好的研究问题具有这样的一些特征：研究的概念及问题本身无歧义；问题揭示了已有研究但未涉及的矛盾(如现实-现实或现实-理论或理论-理论之间的矛盾或不协调)或新视角；表达了概念/变量之间的某种关系；概念/变量及其关系能被测量和检验。

总的来说，研究问题是需要的且有趣的；有一定的理论作为基础；研究方法可行(资料可获得，有分析工具)；在合理时间内可以完成；研究者具有一定能力；对申请经费有吸引力。

另外，一个好的研究题目还需要注意冷门与热门题目，也就是说，要很多人都认为所选择的问题很重要，是不是说选一个热门题目一定最好呢？追"热门"有风险！首先，因为不是首创，很难做出非常"新"的东西，最多是有一点"新"。其次，有许多人在做，真正是“基于时间的竞争”！给你的时间不多，如果别人先出成果，你的工夫就白费了。不过，“冷门”题目更难选。希望选的题目在现在是“冷门”，将来会是“热门”。一是要有很高的判断能力，二是只有靠运气了。选题有一个学习过程。可以先跟别人做，然后自己做。先做“热门”，再做“冷门”。先做小文章，再做大文章。

总结以上，选题一定要注意以下3个关键点。

(1)以问题为中心进行思考；便于最后完成学位论文；便于采用多种创新模式。

(2)选择冷热适度的话题：过热的话题可能面临激烈的竞争；追逐过热的话题可能限于过分的细节；过冷的话题可能是硬骨头；过冷的话题可能会缺乏动机。

(3)选择大小适度的问题：过大的问题难以把握，过小的问题意义不大。

第3章　信息系统研究文献综述

在提出信息系统研究问题时,已经初步接触了文献综述。在提出问题或者选定题目后,就会自然产生一个问题:所选择的研究题目是否具有研究意义、是否已经有人进行了与此类问题相同或相关的研究、研究程度如何?文献综述就是对这个问题的回答。也就是说,无论选择的研究主题是什么,与这一主题相关的问题都已被其他人研究过,并在该主题及相关领域研究中留下了一定的知识或看法。讲求效率的研究人员会有效利用这些已经取得的结果和结论,即使是科学研究上的显著"突破"也要从前人的工作中汲取经验,借鉴研究成果。

因此,文献综述主要任务就是尽可能多地汲取他人的研究经验与教训。成功地撰写文献综述需要一定的计划与步骤,特别是在实际操作过程中,问题提出与文献综述大多情况下是一个反复进行的过程,而不是明显划分成两个阶段。

本章主要讲解文献综述的基本概念、文献综述过程、文献综合与评述方法等。

3.1　文献综述的基本概念

文献综述(literature review)是研究人员整理筛选、分析大量的选题相关文献,在对内容进行综合提炼后撰写成的一种学术论文或报告,内容通常为对某一方面问题的背景及现有的原理、技术和方法等进行归纳与总结,并给出相关评述和发展前景预测。其中,"综"是综合,是运用一定方法对文献资料进行综合分类、归纳整理,使材料更精练明确,逻辑层次更加清晰。"述"更多要求的不是叙述,而是评述,即对综合整理后的文献进行比较专门的、全面的、深入的、系统的论述。因此,文献综述重点在于"述",要点在于"评"。由于评价本身就带有一定的倾向性,文献综述通常都会引出对选题今后发展动向或趋势的说明。

3.1.1　文献类型及其可引用性

一般来讲,科学研究会涉及以下几类文献(图3.1展示了不同文献类别及其受众)。

(1)研究性文献:以学术期刊(包括学术会议论文)为主,反映了本领域最新的研究进展以及正在探索的热点问题,参考文献中研究性文献数量必须占据主体地位。

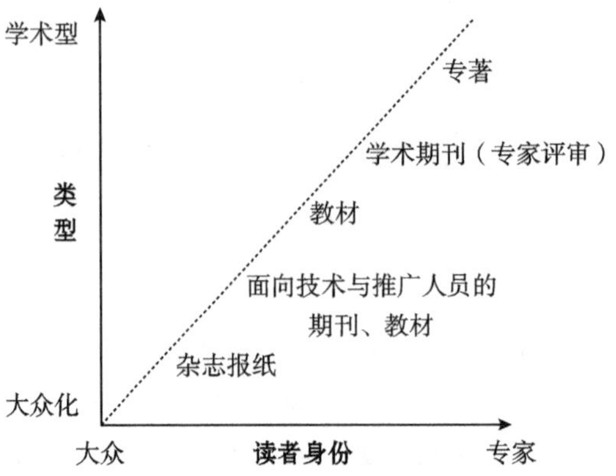

图 3.1　不同类型文献的读者群

(2)教学性文献：主要为教科书，反映本领域已成熟的技术、已被证实和取得共识的知识与成果。引用该类文献可以补充领域概念，提供研究所需的理论、工具和技术知识。但如果参考文献全是教科书，说明论文缺少创新，未能体现科研前瞻性。

(3)杂志报纸：可以提供部分背景知识，但其观点大多缺乏科学、严谨的论证，难以作为可信的知识加以利用。

(4)手册性文献：主要体现为书籍或指导手册，描述一个具体系统或计划。

(5)Online 数据库：主要为收录各种文献、可供读者在线检索的文献库。

(6)综述性文献：主要体现为综述书籍和综述论文(期刊)。

另外，还有一些数据，尽管不是参考文献，但对于准备项目申请书(题目、创新性)是十分重要的。例如国家自然基金、社科基金等网站提供历年资助项目名称、结题项目摘要等。

需要注意的是，虽然每种文献都有它的重要性，但并不是所有的文献都适合应用于科学研究的文献引用和综述当中。例如，一个经过鉴定或评论的出版物仅表明了它在准确性、有效性和正确性等方面已经接受了独立核查，但并不表明出版物本身就是正确的。特别是像报纸、杂志等，若其发表的内容没有经过评审，有时候甚至带有强烈的政治偏见，这些都不是恰当的文献评论的资料来源，但这一类资料可以用于问题描述等背景知识中。

一般而言，只有经过鉴定/评审过程的“科学”文献才应该包含在学术性的科研报告中。表 3.1 从 4 个不同角度分析说明了各类文献的可引用性和引用建议。其中，每个评判标准都分为 1～5 这五个等级，象征着相应评判标准从低级到高级。

表 3.1　不同类型文献可引用性比较

	会议论文	期刊论文	手册	综述性文献	教学性文献
系统性	1	2	3	4	5
严密性	2	3	1	4	5
深入性	4	5	3	2	1
前沿性	5	4	3	2	1
引用	是	是	少	尽量少	不引用

3.1.2　文献综述的特征

文献综述除了形式特征(文献多)之外,还有以下主要特征。

(1)内容的综合性。文献综述最显著的特征便是对大量文献的综合描述。无论何种类型的综述,其基础都是综合叙述。叙述同时包含时间与空间维度,既有研究领域现状,也有未来发展方向;既有纵向描述,又有横向覆盖。因此,文献综述写作过程中要尽可能把研究领域内所有的重要研究成果搜集到手,并认真进行加工、整理和分析,力求对涉及的各种理论、技术、方法等进行清晰明确的叙述。

(2)语言的描述性与概括性。文献综述在介绍观点时,应保证表达的真实性与客观性,即保持"原味",不随意歪曲、篡改原意,或是断章取义,忽略上下文联系。但是,文献综述又不只是简单地照搬照抄或无效堆叠,而是在理解原文的基础上抓住要点,浓缩大量信息,用简洁、精练的语言将关键信息概括出来。

(3)评述的客观性。文献综述是评论性文章,英文中称为 review,即"评论"的意思。这就要求作者带着批判的眼光,以客观的态度进行归纳和评论工作,以事实案例、研究成果与实验数据等为依据,以科学的推导方法为手段,力求观点的真实客观,而不仅仅是学术研究进展的"堆砌",或是毫无实验基础的凭空想象,切忌从个人的喜好与倾向出发进行评论,更不能出于个人的感情进行有意偏袒或攻击。

3.1.3　文献综述的作用

文献综述是对散乱无序的同类文献进行高度浓缩与归纳整理,是将研究进展、现阶段存在的问题以及争论焦点等内容进行条理化和系统化整合后的产物。其目的和作用如下所示。

(1)文献综述可以厘清课题研究进展,包括已取得的成果以及尚存的研究空间,为后续研究提供基础,并指明现阶段研究中存在的问题。通过文献综述,可以避免进行无根据的盲目研究、前人已经完成研究的过度重复,有助于确立研究方向以及加深理解与思考研究问题。

(2)文献综述可以弄清前人对于研究问题的不同解释与观点,以及观点中已被证实正确或不正确的论证,指出先前的研究工作中已经尝试过和没有尝试过的途径;或是以前的分析途径中哪些是成功的,哪些是需要改进的。通过文献综述,有助于加深研究工作理解、研究方案设计与优化,进一步明确研究内容。

(3)文献综述有助于捕捉研究前沿,了解热点问题,确定新的研究领域与方向,弄清拟开展研究工作在哪个侧面、层次可能做出新的贡献,或是获取新的知识。

(4)文献综述可帮助构思研究问题,并对论证主题的理论框架、技术流程等进行论据的收集和分析,或者提供一些其他研究者尚未想到的研究途径与方法。

(5)在这些启发下,文献综述揭示研究问题的概念背景和(或)为研究理论框架或层次结构提供知识基础,最终形成自己的主题与研究思路(参见第4章)。

还应注意的是,对于研究生与科研人员来讲,文献综述是一个反复的过程,通过搜集、整理文献资料,进一步熟悉科学文献查找方法以及资料筛选、归纳、积累方法,扩大知识面。另外,通过综述的写作过程,能够有效提高归纳、分析、综合能力,提升独立工作能力和科研能力。

①理解能力(interpreting ideas):理解文献的能力。

②评价能力(criticizing ideas):文献内容好坏的判断能力。

③分解能力(breaking down ideas):有效分解文献中观点的能力。

④综合能力(synthesizing ideas):综合不同文献中的观点,形成新观点的能力。

⑤选择能力(discarding ideas):选择与自我研究相关观点的能力。

3.1.4 文献综述过程

一般来说,文献综述可以分解为4个阶段。

第一阶段:文献准备。需要进行文献检索、获取与审核。任务是运用多种渠道获取与研究背景、研究方法和技术等相关的文献,为阅读提供充足的素材。

第二阶段:文献阅读。主要任务是对所获取文献进行分类阅读,包括浏览(browse)、泛读(extensive reading)和精读(intensive reading)3个步骤。文献阅读之后根据情况决定是否进行补充检索(secondary search),对之前忽略或没有想到的小方向进行文献补充和完善。

第三阶段:批判性评价(critical evaluate 或 evaluating & thinking)。本阶段以文献阅读为基础,对每一篇核心论文进行重点分析,抽取相关核心概念(概念名称、内涵、可操作化设计)、方法或技术,并结合研究背景对论文核心观点进行解释。

第四阶段:综述写作(writing via linking ideas together)。基于上述步骤对单篇论文的评估,综合运用文献分析框架,分主题整理所有获取的文献,提炼出主要研究理论、方法、技术以及发展趋势。如果需要形成概念框架,则可以套用现有的理论框架对所提取的概念进行集成，定性分析研究问题。遇到分析的不合理之处，还需要对框架进行调整(参见章节4.3)。

3.2 文献检索策略与技巧

文献检索过程中必须要使用研究性图书馆。一方面，只有研究性的图书馆才能够提供覆盖相关研究所需要的专业文献，为大多数专业资料检索提供必要的便利条件与服务，而且研究性图书馆还可以通过馆际借阅等获取一些自身没有收藏的专业文献。随着互联网技术的发展，国内外开发了大量的专业学术性数据库，通过网络可以快捷地获取文献资料。其中，中文类文献资源库主要有中国知网(www.cnki.net)和万方数据库(http://wanfang.calis.edu.cn/)，英文类以ScienceDirect(www.sciencedirect.com)和Willey InterScience(http://www.interscience.wiley.com/)等为代表。

除了上述的文献资源数据库之外，还有许多专业的搜索引擎可以应用于文献检索，如http://www.google.com(scholar.google.com)与http://www.scirus.com，其详细的检索技巧可以参考网站的搜索功能说明。如果使用上述的方法都没有获取全文，也可以尝试馆际借阅或文献传递服务，或者访问论文作者的个人网站，部分作者会把自己发表过的论文放在个人网站上供读者下载。除此之外，还可以直接给作者写信请求获取论文。作者一般都愿意把论文发送给请求者，因为这对他们来说也是论文宣传的一种重要方式。

不管所选文献的来源是什么，文献检索时都需要注意文献的完整性(exhaustive)、代表性(representative)与相关性(relevant)，并进行整理归类。一般来说，归类工作要以英文文献为主，辅以基金课题、近年博士论文、中文重要期刊等，弄清所研究领域的代表人物和代表团队，并重点围绕以下5个问题进行整理归类。初期更多关注文献的广度，泛化定位；中期重于深度；后期则侧重于检验和补缺。

(1)该领域研究框架是否清晰，各子领域研究的主要问题、使用的主要方法是否明确，主要研究成果是否清楚。

(2)代表人物与代表团队、领域内的经典文章是否已经了解清楚。

(3)已有的研究成果存在的缺陷和问题是什么。

(4)准备研究什么问题，预期达到的目标是什么。

(5)研究成果的管理背景是否清晰。

3.2.1 文献检索策略

文献检索的策略主要有2个，一是检索词的选择，二是检索范围的确定。

第一个策略：检索词的选择。

首先在清晰描述研究问题的基础上将研究主题界定为一句话，然后分解为一个或几个短语，列出其同义词或反义词，以及有包含关系的名词或短语，接着采用不同的组合进行检索，并根据检索结果进行检索词的修正。

案例 3.1 基于传感器的水产品冷链过程品质监测问题(表 3.2)

表 3.2 检索词的选择

概念	同(近)义词	反义词	包含概念
贝类	扇贝		生蚝、鲍鱼等
品质评价	新鲜度(质量)评价(评估)、品质感知	腐败程度评价(评估)、衰变	TVB-N、pH、质构、菌落总数等
气体传感器	气体检测器、电子鼻	—	氨气传感器、二氧化硫传感器等
质量评估预测模型	质量监测系统、人工智能算法、多源信息融合、耦合模型等	—	BP 神经网络、SVM 算法、K-均值聚类算法、HACCP 模型等

第一，需要确定所研究的水产品品类，是贝类、鱼类、蟹类，还是具体的产品。

第二，需要确定使用哪些品质表征参数和指示参数，以及影响品质变化的微环境参数。这些参数中哪些能够被传感器直接测量，哪些需要间接测量。

第三，确定监测信号特性及其描述与品质表征参数的函数关系。

最后，确定研究的侧重方向是什么，是测控建模、品质监测，还是管理方面。

第二个策略：检索范围的确定。

在根据研究问题筛选文献的过程中，尽可能全面、广泛地收集资料是负责任的研究态度。但如果缺乏选择标准，就极易陷入文献的泥沼导致后续综述工作无从下手。而且在大多数情况下，时间与人力的限制也不允许无限制地扩大检索范围。因此，一般要根据以下因素确定检索范围。

(1)时间范围：如果所研究领域还处于理论阶段或实验室研制阶段，则文献检索时间应界定在理论提出的时间；如果已经进入应用甚至是大规模商业应用阶段，则应把时间界定在可以投入商业应用的产品出现的时间。

(2)文献类型：应以反映本领域最前沿的研究进展和热点问题的研究性文献为主，包括学术期刊、学术会议论文、工作稿等。而基础知识与理论部分可以引用反映本领域成熟理论与技术的教科书、说明书、参考手册等。

(3)代表程度：应以所研究领域具有权威性、代表性甚至是指引性的文献为主，例如高影响力学术期刊或 top 期刊，而杂志、科普读物甚至是网络文章等信息来源与真实性都难以考证的文献则应减少引用或者不用。

(4)研究领域的成熟程度：如果所研究领域属于热门领域或是较为成熟的研究课题，相关研究比较深入，则文献检索面需要窄一些，以免因信息量过于庞杂导致工作量过大。如果属于研究成果较少的新兴研究领域，则文献检索面需要宽一些，以免陷入无文可查、无文可引的尴尬局面。

案例 3.2　基于区块链技术的食品质量安全可追溯综述(Feng 等，2020)

Feng 等(2020)分析了基于区块链技术的食品质量安全可追溯系统的研究进展。在研究方法部分，详细描述了文献的检索和选择技巧。

检索范围：包括 Elsevier、Proquest(ABI/InFORMAT)、IEEE Xplore、CNKI(中国知网)等在内的多个国际、国内较为权威的资源库。

检索词：重点选择了“区块链和食品可追溯性/供应链”“数字和食品可追溯性/供应链”等术语。

检索时间范围：界定为 2005—2019 年。原因是区块链作为一种新兴的技术，在 2005 年以前对相关概念的搜索量几乎为 0，且直到 2016 年相关研究工作才实现了较快增长，因此，论文的检索时间范围选定为 2005—2019 年。

最终，通过对检索结果筛选，一共选择了 150 篇排名靠前、具有一定的学术水平的期刊作为文献的来源。

3.2.2　文献检索的扩展技巧

根据文献与研究问题相关性，可将文献分为从最密切相关到最弱相关的多个等级。绝大多数研究问题都有相应的最密切相关论文，而对于部分刚刚起步的新兴学科，最密切的文献或许较难搜寻，但次密切、再次密切相关的论文总是存在的。如果确实一篇相关文献都没有，就需要放宽文献检索范围。一般来说，根据研究主题逐层拓展检索范围，直到有足够的相关资料为止。因此，文献检索范围的扩展实际上是选题过程的逆向过程(即第 2 章图 2.1 从倒三角下方向上方回溯的过程)，逐步向高一层次关键词扩展，包括朝领域(问题)方向扩展与朝方法方向扩展。

案例 3.3　水产品贸易风险预警系统研究

该研究内容涉及水产品、贸易、风险、预警系统等方面。如果直接在期刊网中检索上述关键词，会发现不存在直接相关的文献，因此就需要从领域或方法两个方向扩展检索范围。

朝领域方向:水产品贸易研究→农产品贸易研究→贸易研究。

朝方法方向:水产品贸易风险预警→农产品贸易风险预警→贸易风险预警→风险预警→预警或风险。

经过多次放宽文献检索范围之后,一定能够获得部分相关文献,这部分文献称为一次文献。之后再利用“文献的文献”检索方法与技巧,就会获得更多的二次文献以及基于二次文献的高次参考文献,使得整个文献检索工作进展得更为顺利,参考资料也会更多(图 3.2)。利用一次文献扩展检索范围的技巧大致有以下 5 种。目前,中国知网等相关文献系统都已经提供了相应的服务功能,减轻了研究人员检索文献工作量。

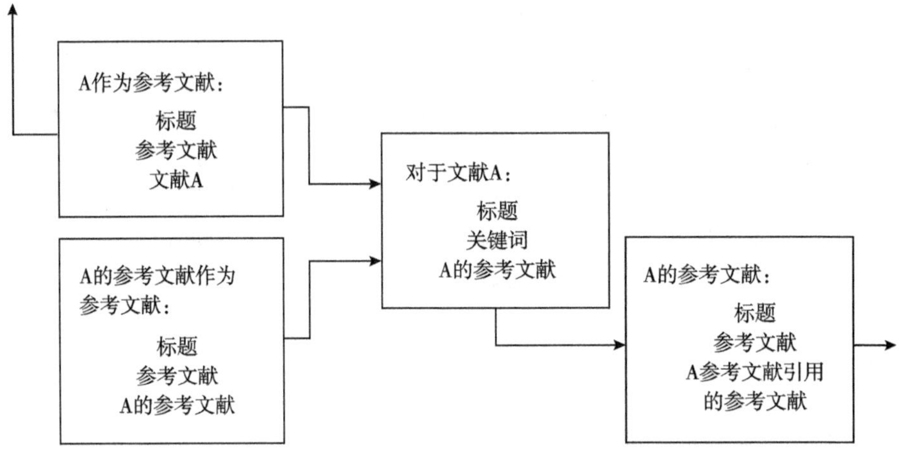

图 3.2　基于所获得文献的检索扩展关联图

技巧 1:一次文献的关键词。阅读所获得文献的关键词,并与选定的检索词比较,确认是否有具备一定参考价值却在之前被遗漏的关键词。这将有助于下一次文献检索的扩充。

技巧 2:一次文献的参考文献。这部分文献会在一定程度上反映所获得文献中研究工作的背景和依据,可能会给研究人员提供更大的文献检索范围,从而获得更多的相关文献。

技巧 3:一次文献的引证文献。即引用所获得文献的文献,有可能得到一次文献中所涉及的研究工作的评价、应用、继续或发展,进一步了解相关研究工作的最新动向,并可以对所选研究主题未来的发展情况做出较为科学合理的预测。

技巧 4:一次文献的共引文献。也称同引文献,与所获得文献有相同参考文献的文献，可能与研究主题有共同研究背景或依据。

技巧5：一次文献的同被引文献。与所得文献同时被作为参考文献引用的文献，与本文献共同作为进一步研究的基础。

3.2.3 文献收缩、退出时机与补充检索

当文献种类与数量积累到一定的程度时，研究人员就应该选择终止文献检索。终止时机的判断方法大致有3种。这些方法只是一般情况下适用的普适性方法，具体的终止时机还要以研究人员的工作经验和工作需求作为最终判断依据。

(1)文献所包含的范围基本能够覆盖领域的研究情况。在文献阅读的过程中，如果发现出现相似的论点、方法和结论越来越多，已经很难遇到或较少遇到新的观点，说明所选文献已经基本涉及了研究领域所包含的各个方面，可以终止检索工作。

(2)文献数量或覆盖范围已经满足或足以支撑研究的需要，足以给课题研究提供充足的理论依据和技术支持时，可以终止检索工作。

(3)文献内容足以辨析本研究的理论与实际价值时，可以终止检索工作。

另外，有时随着研究的深入，会接触到一些之前没有关注到的新方法或技术，或是发现部分文献需要加强，这时候就需要补充、检索新的文献。尤其是阅读文献中部分二次文献需要引证，作为研究过程的直接证据时，必须检索获取原始文献，对原始文献中的观点和方法进行有效核实后再引用。

3.3 文献鉴别与阅读

文献整理完毕之后，大多数研究人员抱怨文献太多，难以做到逐篇精读；或者文献涉及内容太多太广，读过的文献很快就忘；或者文献之间观点、看法千差万别，读的多了反而没想法，不知该从何下手。所以，文献阅读要讲究一定的技巧性与策略性。当然，文献检索与阅读并不是截然分开的，而是交替进行，应做到在检索中阅读，在阅读中检索。

3.3.1 文献鉴别的基本原则

在获取文献以后，必须鉴别文献的可信度与可用度。主要原则包括如下。

(1)可靠性原则：指真实性，文献内容是否客观真实。一般情况下，学术期刊、学术会议论文等可以反映研究领域的前沿进展，具有较高的前瞻性与可靠性，是参考文献的首选。

(2)相关性原则：指搜集的文献内容与课题的相关程度，有多少内容是与所选课

题相关的。相关信息多的文献应优先选择，相关信息少的文献虽然内容相关，但对于所选课题没有多少利用价值的或内容重复的资料可以剔除。

(3)适用性原则：指文献资料对于使用者的可利用程度。

(4)新颖性原则：指文献的视角或研究的出发点与其他文献有不同之处。

文献资料鉴别完之后，可以先按照不同作用进行大致的归类，并根据分析研究的需要形成分类体系。例如，按照所获取文献的内容在研究过程中所起的作用，将其分为背景材料(应用于问题提出)、主题材料(应用于文献综述、研究方法、技术路线等)、数据材料等。如果是按应用领域、观点、方法、技术、产品等分类，在大类下还可将资料按照地区、年代等进一步分类归纳，即进行粗归类(题目、摘要、引言、结论等)与细分类(核心思想、技术理论、框图等)，以供阅读时使用。

3.3.2 文献阅读的 4 步法

受时间和精力限制，研究人员不可能将每篇文献都进行精读。因此，文献阅读是四步法，即从宽到窄、从远到近、从泛读到精读、从精读到扩展，以获取较高效率。

第一步：浏览。先看题目，其次是摘要，如果觉得文献研究内容与所选研究主题相关，则继续看绪论、结论，并浏览整体结构(按照 title→abstract→introduction→conclusion 顺序)，之后浏览全文，尽量找到文章的关键点，跳过属于本领域科研人员公知的部分(如背景和动机等)。有时候，为了获取更具体的信息，还需要阅读每段的前几句和后几句，这样可以在较短的时间里判断一篇论文的适用性。但对于书籍来讲，通常情况下没有摘要供参考，因此更多情况下基本是快速浏览目录页，以获取对书籍整体内容的大致判断。

第二步：泛读。浏览后选择与研究主题相关的一部分文献进行泛读，了解其主要贡献。有关研究问题提出和论证中直接引用之处则需读懂作者原意，并决定是否进一步精读。

第三步：精读。泛读之后可以进一步缩小文献的范围，选择与研究主题最为贴近的文献，然后仔细地阅读全文。精读过程要求反复阅读所选文献，直到完全理解论文中每一个细节，这将是后续研究工作扩展与创新的主要参照点和基础。

第四步：扩展。在浏览和精读基础上，继续检索更多文献，扩大阅览范围，根据精选文章的参考文献，采取“滚雪球”的方式查阅更多文献。

3.3.3 文献阅读中的几个关键点

在文献阅读中，研究人员必须注意以下 5 个关键点。

第一个关键点：积极思考与批判性阅读。在阅读过程思考以下几个问题。

(1)作者是基于什么原理、背景或者研究基础提出这个问题或想法的？

(2)这篇文献涉及了哪些工作,对这些工作,作者或其科研团队提出了什么方法,技术路线是怎样的,最终工作到底完成了多少?

(3)这篇文献中提到的工作在这个领域中有无相关工作,和其他工作有什么关系,其中重要的引用文献是哪些?

(4)这篇文献中提到的研究工作进展如何,以及在当前的研究基础上可以继续展开的合理工作有哪些?

(5)相关领域的什么想法和这个主题相关,两者有什么不同?

(6)这些想法怎样帮助自己解决研究问题?

第二个关键点:归纳总结关键信息。在阅读过程中,应注意总结以下几个问题。

(1)文献描述的关键问题。

(2)所描述问题的关键概念及不同的表达形式。

(3)概念解析方法和数据获取处理方法之间的关系。

(4)所涉及的方法是否有替代的方法,以及替代方法是什么。

第三个关键点:注意表述问题。在阅读文献之后,应注意思考以下几个方面。

(1)什么使这篇文章易读?

(2)文章解决了哪个级别的细节问题?

(3)用什么例子来阐述重要的概念?

(4)什么问题没有解决?

(5)结果能够一般化(推广)吗?

第四个关键点:养成良好习惯。在阅读过程中,应注意养成以下习惯。

(1)养成记录习惯。学会在阅读时写下自己的想法,感兴趣的难题,可能的解决方法,要查看的参考书目、文章等,也要注意记下有趣的或自己感兴趣的印证。

(2)阶段性复习。当接触一个自己之前从未接触过或并不擅长的领域时,阶段性的复习可以帮助补充遗漏的知识与理论观点,并判断已经获得的知识与想法是不是开始融合在一起,彼此之间构建联系,是否已经构建成相应的知识体系。

(3)意识到笔记的重要性。即使那些笔记是随手记录的,没有重要的想法和观点,也会帮助阅读者集中精力、找到重点和进行总结。

(4)了解这个领域的重要文献,并做到不被文献内容所束缚。对于一般的文献,如果不经常复习,一个月以后就会发现自己的知识体系出现空缺,甚至可能已经记不清别人做过的相关工作以及思想观点。另外,也不要局限于前人的研究成果与观点,让前人的工作限制了自己的创造力。

第五个关键点:在阅读和思考的过程中,提出研究人员自己的想法。

(1)确认所描述的思想是可以作为研究成果转化成实际应用技术的基础,而不是仅仅在理论上成立,或者是在没有参考价值的情景、实验等特定条件下才能成立。

(2)真正理解文章。这就要求研究人员做到弄清楚问题提出的动机、解决问题方法的可能选择、为解决问题所拟定的技术路线、解决方法基于的理论依据等。

(3)这些假设是否现实,是否可以在使方法有效的情况下移除,进一步确定研究方向,理论判定或者实验验证的有效性,扩充和延伸算法的潜力。

3.4 文献综述写作要求和技巧

3.4.1 文献综述写作的基本要求

在文献检索、阅读与筛选工作完成后,下一步工作就是如何将相关文献组合在一起,形成逻辑紧凑、条理清晰的整体,即完成综述写作的任务。这就要求评判地写作并最终形成一个讨论。基于文献综述出现场合的不同,其要求也有一定的差异(表 3.3)。从目前来看,主要有以下 3 种情景需要文献综述。

表 3.3 文献综述的基本要求

	学术论文	研究生论文	项目申请书
页数	6～8 页(中文)/10 页以上(英文)	5 页左右	1～2 页
基本结构	题目、作者、摘要、关键词、前言、正文、结语和参考文献	正文	正文
文献数量	50 篇以上	硕士:60 篇 博士:120 篇	至少 30 篇
风格	以评述为主,不可罗列文献		
其他	文献要新,50%～80%最好为 3 年内的文献; 尽量不引用参考书,尤其是教科书; 不大量引用学位论文;英文文献占到 50%以上		

(1)在项目申请书中,一般文献综述仅占较少的篇幅,因此,必须选择与申报项目直接相关的文献,且文献内容的重点应该在于证实方法的创新性和可行性。而项目所关注问题的发展历史与研究背景等应该仅占很少一部分。

(2)在研究生论文中,除了绪论中有单独的文献综述章节外,每一个核心章也都有相关的文献引用。因此,一般情况下,绪论的文献综述可以考虑引用非直接相关的文献,内容上侧重于研究背景和问题发展过程的证实。之后各章则主要是直接相关文献,内容上更重视研究方法和技术的证实,以及研究结果的对比分析和讨论。

(3)作为一篇独立的综述性论文,按照学术论文要求具有完整的结构,重点综合分析与整理某一领域的某个主题,基本要求是选取与主题直接相关的紧密文献。

3.4.2　文献整合和集成的组织框架与方法

文献综述不仅需要确保内容是真正阅读过的、与研究内容直接相关的权威性材料，而且需要把文献阅读过程中所提取的不同观点联系起来，形成一个逻辑连贯且具有说服力的论点，证明研究选题的必要性与价值所在。对于大多数研究人员来说，文献综述写作的任务是为了找到合适的研究思路，给出对研究项目的客观看法，为描述问题和确定目标提供理论支持，并为随后的概念框架以及研究方法和流程定下基调。因此，文献综述不仅是总结研究相关的一系列杂乱无章的概念，还是前人相关研究工作与思路的梳理整合。

文献综述组织的基本方法是：在某个领域内的理论指导之下，将该领域划分为数个子领域，将子领域内在逻辑上相似的研究重点进行归类。在每一个归类里，可以选择以问题为中心、以方法或观点为中心、以年代为中心和以作者为中心等一种或几种进行综述，最终向读者清楚地展示文献与所选定的研究主题之间的联系（图 3.3）。

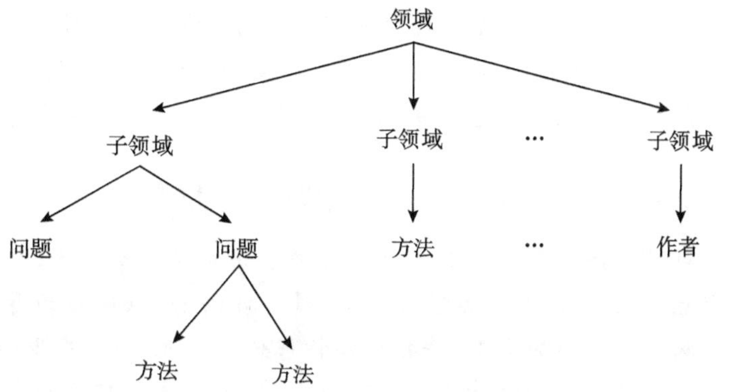

图 3.3　文献综述的组织框架与组织方法

第一种方法：以问题导向为中心（problem-centric）。抽取有关课题中的关键性问题，以其为基础组织材料和观点。此方法针对所研究问题，将其按一定规则分解为若干问题，最后以问题为线索进行叙述。其优点在于逻辑严密、结构清晰、由浅入深地进行论述。问题分解方法可以参考第 2 章。

案例 3.4　水产品价格预测决策支持系统研究

首先将综述内容分为水产品价格研究与预测支持系统研究等 2 个子问题域。然后将水产品价格研究子问题分成 3 个要点：探讨水产品价格形成，包括水产品价格形成基础、形成过程、价格体系等问题；研究在市场经济体制下水产品的价格波动规律、影响因素及价格预测等；研究水产品价格变动对水产品生产、消费等方面的影响。然后围绕这3个要点展开文献综述。

案例3.5 文献：追溯作为提升食品存货管理的战略工具

文献(Alfaro et al., 2009)对食品追溯进行综述时，分成3个方面：traceability as a guarantee of food safety(追溯作为质量安全保证)、mechanisms to implement a traceability system(追溯系统实施机制)、traceability as a tool for differentiation(追溯作为差异化工具)。即从追溯本身对质量安全保障机理、追溯系统实施技术过程和追溯系统实施后如何通过差异化提升组织的竞争优势等3个方面(理论机理—技术应用—管理决策)进行综述。

第二种方法：以方法导向为中心(method-centric)。将有关的观点、方案一一列举说明，然后提出分析、比较和评论。此方法以所研究问题中涉及的方法导向为基础，按研究关注点与所用的方法进行分类，并选取多个维度的参数对研究对象进行表征，最后以研究对象类型、涉及参数和研究方法为线索进行叙述。使用该方法构造的框架可以为表格化的框架，优点在于研究对象特征详细、差别清晰、数据充分、文章内容对比清晰，在多元化信息的基础上进行特征的分析与相关论述。

案例3.6 时间温度指示器类型、特征和响应动力学模型

在研究时间温度指示器(TTI)时，用2个表格进行了分类综述(表3.4和表3.5)。表3.4重点是描述TTI的类型与特征(对应方法一：以问题为导向)，即根据评价所使用的基质或产品的类型，将指示器特征分为以下5种：基质/产品品牌、储存要求、活化能、温度范围和激活方式，将不同TTI产品进行整理与表达。

表3.4 时间温度指示器(TTI)类型与特征

类型	基质/产品品牌	储存要求	活化能/(kJ/mol)	温度范围/℃	激活方式
酶型	果胶甲基酯酶	冷藏/冻	—	55～77	无激活方式
	Vitsab® M	冷藏/冻	65.2～82.0	5～15	机械式
	Vitsab® C2-15d	冷藏/冻	50.2	2～18	机械式
	极端耐热淀粉酶	冷藏/冻	无相关信息	121～131	无激活方式
	碱性磷酸酶	无相关信息	无相关信息	70～80	无激活方式
	α-淀粉酶	冷藏/冻	102～110	4～37	无激活方式

续表 3.4

类型	基质/产品品牌	储存要求	活化能/(kJ/mol)	温度范围/℃	激活方式
微生物型	乳杆菌 sakei 菌株	冷藏/冻	103.2	0～16	自动
	eO®	冷藏/冻	84～86	2～30	自动
化学型	Fresh-Check A6	冷藏/冻	83.6	无相关信息	预激活
	MonitorMark	冷藏/冻	96.3～129.8	无相关信息	无相关信息
	OnVuB1	不需冷藏/冻	105.4～138.6	0～15	UV 光
物理型	氧敏感褪色墨水	不需冷藏/冻	无相关信息	25	无相关信息
	乳酸	不需冷藏/冻	50	4～45	机械式

表 3.5 则是针对 TTI 响应动力学模型(对应方法二:以方法为导向),在相关参数方面依旧选择了基质类型、活化能等基本参数,但在分类时是按照不同的动力学模型进行分类,因此引入了表 3.4 中不存在的相关系数等概念。

表 3.5　TTI 响应动力学模型及其相关参数

名称	TTI 类型	基质	活化能/(kJ/mol)	相关系数
Yan 模型	酶型 TTI	淀粉酶	102～110	0.974 0～0.998 0
	物理型 TTI	乳酸	50.03～51.56	0.883 6～0.998 7
	酶型 TTI	漆酶	43.9～46.9	0.995 4～0.989 7
Taoukis 模型	酶型 TTI	脂肪酶	42.5～79.7	0.973 0
		混合 pH 染料	105.24	0.973 5～0.994 0
	微生物型 TTI	乳酸菌	88.8～110.2	0.996 0
	化学型 TTI	有机物	49.25	0.978 2～0.997 3
	化学型 TTI	光致变色染料	105.4～138.6	0.925 0
Tucker 模型	酶型 TTI	α-淀粉酶	无相关描述	无相关描述
Baranvi & Rober 模型	微生物型 TTI	乳酸菌	127.28	—
	微生物型 TTI	无相关描述	115	无相关描述
	微生物型 TTI	无相关描述	113	无相关描述

第三种方法:以时间导向为中心(historic-based)。按照理论发展或问题解决的过程,以年代为线索,配以相应的资料与观点,用时间轴方式将研究问题划分为不同阶段,清晰地描述某项技术或应用诞生的时代背景、不同时间段的性能要求以及同一技术在不同时代的研究方向与侧重点的变化等,对所研究技术或应用的未来发展

方向有一定的预测作用。其优点在于避免了传统的文献综述从国内外研究现状等方面展开分别叙述，以至于在对某项研究或技术的发展过程、应用领域、未来研究方向等问题进行探讨时因所属国家问题而受到人为划分与割裂。

最经典的以时间导向为中心的综述模型就是基于技术演进的诺兰模型(图3.4)，该模型解释了信息技术革命性更迭在组织发展中所产生的影响：企业在学习、吸收新的信息技术过程中，会沿着4个特征明确的阶段逐步发展(引入、传播、控制、集成)，在信息技术领域的每一次重大变革之后，企业都会展开一个新的学习循环。在每个学习循环中，企业信息技术应用开支变化都会呈现一条有规律的S形曲线。每一次循环被称为时代。

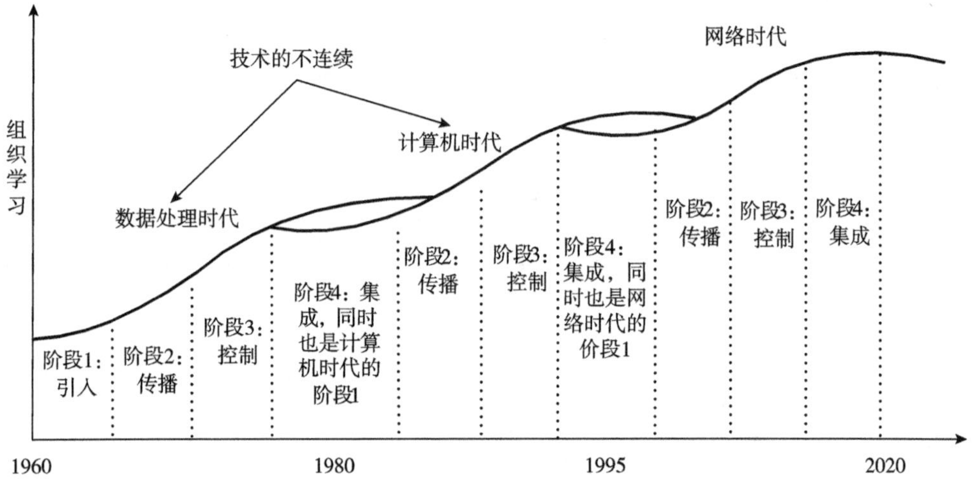

图3.4 基于信息技术演进的诺兰模型

案例3.7 统计过程控制(SPC)在质量管理领域的应用情况(图3.5)

从图3.5中可以看出，SPC从20世纪50年代开始被应用于食品领域，当时应用的是食品质量监测的基本统计技术，并应用于罐头和保鲜上。60年代开始应用于管理和预防性质量控制。20世纪70年代以后，消费者开始关注食品质量问题，食品安全和消费者的权益保护也开始日益凸显其重要性，因此SPC被更多应用于食品质量管理中，并且在国家层面上也进行了食品质量标准的改进。进入21世纪后，随着新国际标准的提出，统计思维开始应用于业务改进计划中，SPC也被应用于食品业务战略规划相关的质量改进活动中。

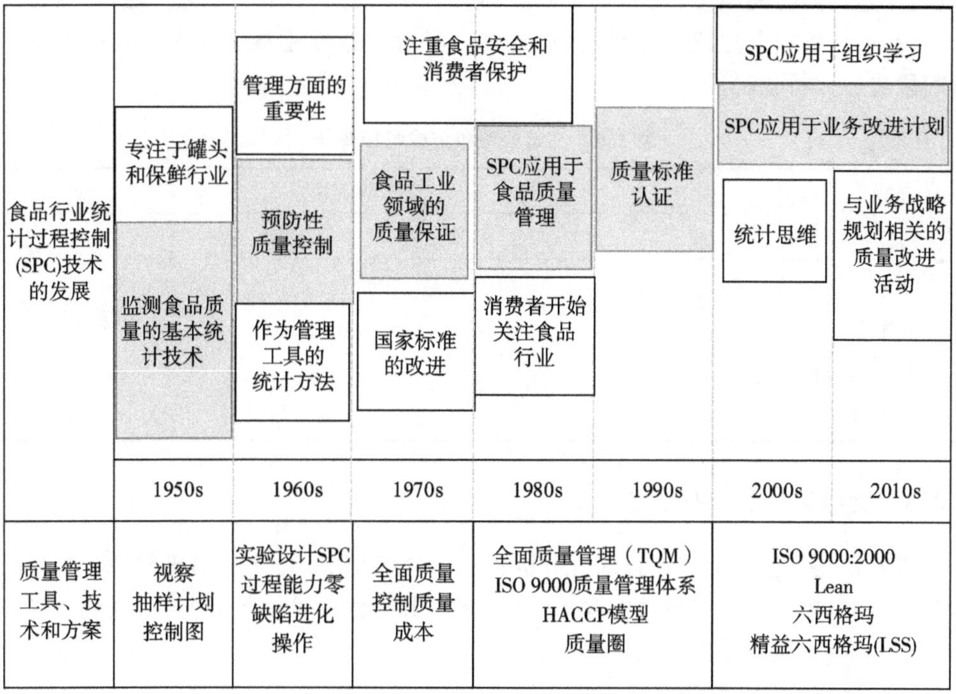

图 3.5　统计过程控制(SPC)在质量管理领域的应用

（引自 Sarina Abdul Halim Lim 等，2014）

第四种方法：以作者导向为中心（author-centric），按照作者的观点进行描述。以作者为核心，通过列举、分析不同作者对同一问题的不同观点，彰显不同解决方案。需要注意的是，如果是单纯直接引用作者的原话，引用过多时存在被检测为剽窃的风险。

例如，表 3.5 描述的 TTI 响应动力学模型，通过对当前主要文献中的动力学模型进行分析和归纳，得到了 Yan、Taoukis、Tucker、Baranvi&Rober 4 种模型。通过不同学者的模型可以看出，影响 TTI 动力学模型性能的因素共有 3 种，即 TTI 类型、基质种类以及活化能，而 3 种因素之间不同的排列组合具有不同的相关系数，即不同组合对模型影响强弱存在差异。因此，在进行研究时，就可以选择以 TTI 模型为研究目标，TTI 类型、基质种类以及活化能 3 个因素为影响因素进行对比实验。

在文献阅读和整理过程中，应该随时抽取核心关键概念、观点，并列成矩阵(matrix)或表格(table)形式，以更好地记录和分析（表 3.6）。基于表 3.6，从横向来看，就可以采用作者导向的综述方法，分别讲述每个作者的观点或方法；从纵向上可以有 2 种方法：一是按照时间顺序，描述在不同时间段有哪些作者阐述了什么样的观点或方法；二是可以根据方法或观点导向，描述同一类观点或方法被哪些作者在什么样的时间段进行分析或验证。

表 3.6 文献整理和集成的矩阵法

论文	方法或观点			
	A	B	C	…
作者 1(1995)	√	√		
作者 2(1996)			√	
作者 3(1996)	√			
作者 4(2000)		√		

3.4.3 文献评述的写作方法

文献评述是在对文献进行综合分析和对比的基础上，总结归纳研究现状与发展趋势。因此，要注意文献综述的写作角度，这要求根据项目创新点所在，强调现有工作在观测资料、技术手段或应用对象上的不足。

文献评述可以从以下 3 个方面进行考虑。

方法 1：逻辑法（倒三角形法）。文献评述与问题提出逻辑一一对应，从倒三角的 3 个方面导出，实现对问题提出的回应和证实。

（1）问题提出的大背景（进一步明确研究问题的重要性）。

（2）针对所选择问题/方法（进一步明确所选择问题与方法的合理性与有效性）。

（3）针对研究问题预计创新点（进一步点明创新点）。

案例 3.8 题目“考虑误差反馈校正机制的水果冷链气体信号和品质变化的动态耦合机理”

文献评述主要从以下 3 个方面展开。

（1）工业领域气体传感信号解析更多关注的是气体信号本身，而农业（食品）领域的电子鼻所构建的耦合模型更多是处理即时、离散的数据，无法满足冷链气体信号动态实时性和累积效应条件下的建模需求，不能有效反映气体传感信号与品质响应之间的动态关系。与此同时，水果冷链气体信号容易受其他气体信号以及环境波动的干扰，存在着奇异性和非平稳性等问题，容易造成耦合模型的偏差。因此，构建有效的、高精度的冷链气体传感信号解析方法，并引入误差校正方法提高动态耦合模型精度，就成为建模研究的关键点。

(2)现有的4种“气体信号-品质变化”动态耦合模型不能满足研究需求，但为本研究提供了基本模型形式。因此，如何基于冷链微环境中的多气体传感信号，辨识和筛选对气体成分胁迫响应敏感的水果品质表征指标，选取恰当的模型原型，引入多情景自学习的耦合方法提高模型自适应性，就成为动态耦合建模的研究难点。

(3)环境监测、工业过程中模型误差分析与校正方法比较完善，在食品领域，缺乏系统化、完善、准确度高的模型误差分析与校正方法。所以，如何在分析模型漂移的不确定性来源的基础上，构建一套系统的、完整的、适用的溯源误差分析与校正方法，提高建模的准确性和可靠性，就成为研究的关键科学难点之一。

方法2：趋势法。从研究构成、主要要素的演化过程和发展趋势等方面来写，展现研究问题发展方向。例如：①研究目标从支持到参考；②研究对象从宏观到微观；③研究层次从国家到地区；④研究方法从简单到综合等。这种方法如果是针对测控信息系统类而言，文献评述还可以从监测与建模方法来写：①监测指标，由单一温度指标监测发展到多指标全面监测；②监测技术，由人工离线管理发展到智能化在线监测；③建模方法，从简单的数据分析发展到综合的系统建模。

案例3.9 题目“农产品质量安全追溯建模方法”

文献评述重点阐述了可追溯功能从一个管理信息系统到智能系统的演化过程，以及演化过程中建模的重要性。

(1)研究目标：从理论参考到决策支持。国外研究已经从最初的法律法规的研究制定，发展到集成信息通信技术与自动化技术建立可追溯系统，并深入研究系统的可行性与实施效应，不再停留在为各级政府与企业提供简单的法律法规支持，而是进一步为政府与企业进行质量安全监控与产品召回提供深层次、可实施的快速定位与前向预测等决策支持。

(2)研究方法：从简单信息分析走向综合系统建模。国外通过抽象与提炼农产品安全追溯共性问题，从简单分析到建立复杂数学模型，再到包含系统工程、模糊数学、人工智能方法的更实用的综合系统模型，不仅能够描述质量安全供应链的静态结构和静态行为，而且还能够描述质量安全状态随时间的演化以及风险因素对系统安全的动态影响，使自身研究能够更多地为企业与政府的产品召回与质量监测提供决策支持。表明了可追溯系统研究逐渐走向全面与成熟，体现了对质量安全管理的积极指导作用与意义。

案例3.10 食品物流技术发展趋势

通过分析食品物流技术的发展过程，可以发现技术发展趋势为参数信息化→品质精准化→装备智能化。而这三化也推动了传统食品物流实现以下转变。

(1)静态保鲜,被动品控→动态保鲜,主动品控。

(2)传统包装(商品功能)→多功能性包装(防结露、防染味、防抗压、智能化)。

(3)储存期最长→高成熟度,最佳口感。

方法 3:继承法。综述对象是某一个领域的子领域,子领域发展趋势应该符合大领域的发展趋势。因此,可以借鉴整个领域发展趋势,结合子领域自身发展过程进行评述。

案例 3.11 采棉机综述(图 3.6)

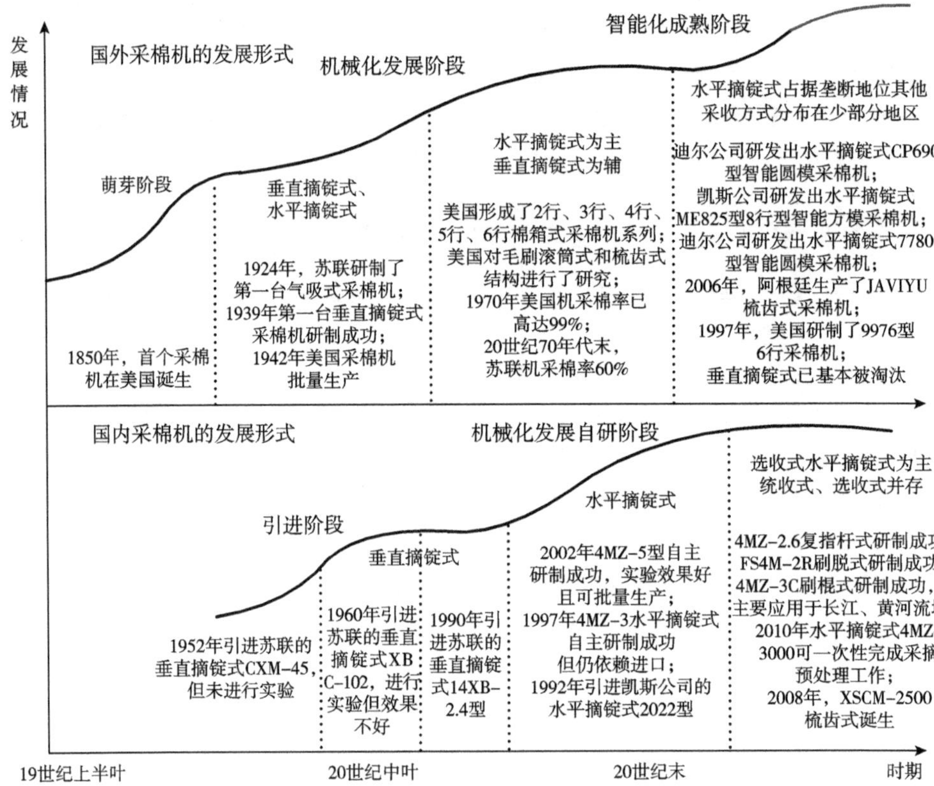

图 3.6　采棉机发展过程的综述分析

文献分析时,发现相关文献很少,不知该如何进行综述。但从农业发展趋势来看,农业 4.0 时代大致分为传统农业→机械化农业→自动化农业→智能化农业 4 步。采棉机属于农业收获机械领域的一个小分支,也应遵循这个发展趋势。

文献综述的思路也可以拓宽到整个棉花采收领域，或以饲草为代表的整个具有收获打捆需求的作物领域。这样就可以得出一个清晰的综述思路过程。也可以考虑如下过程：

过程 1：简单打捆→过程 2：特定形状（考虑堆放要求）→过程 3：特定形状＋大小（考虑装卸和运输要求）→过程 4：多功能化（考虑使用情景）→过程 5：一体化（采收与打捆一体）→过程 6：……。

3.4.4 文献引用

参考文献虽然在文末，但却是文献综述以及各种研究报告、项目计划书的重要组成部分，它不仅表示对被引用文献作者的尊重及文献撰写的依据，而且能为读者深入探讨有关问题提供文献查找线索。参考文献通常不可省略，有的科研论文可以省略参考文献，但文献综述的参考文献不仅不能省略，而且所标注的参考文献应是作者直接阅读过的，在文中引用过的，能反映主题全貌的文献资料。综上所述，研究人员应以认真负责的态度对待参考文献，并做到编排条目清楚，查找方便，引用文献要忠实文献内容，准确无误。

文献引用主要有 3 个方面：第一，在文中出现的方式（citation）；第二，文末出现的格式（matching reference）；第三，文末所有文献的排列方式（reference ordered）（图 3.7）。文献引用主要有 2 种规范。以下仅介绍基本概念，详情请参考科技文献写作或期刊投稿指南部分。

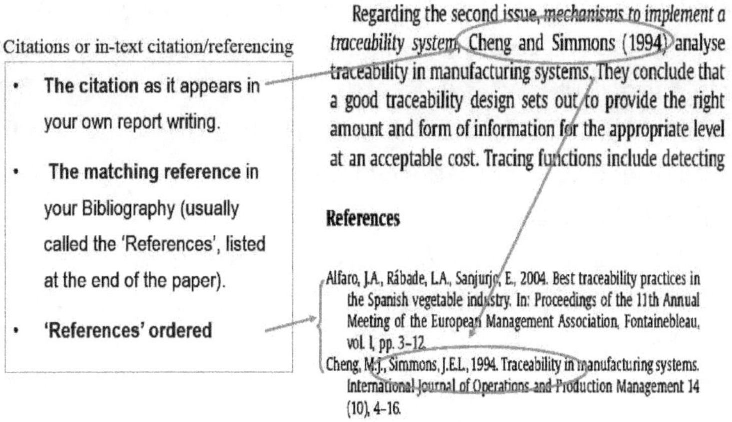

图 3.7 文献引用的 3 个方面

第一种是著者-出版年制（Harvard referencing system），简单来说，就是在文中以“（作者，年份）”或“作者（年份）”的方式出现，在文末以“作者（年份）. 题名. 刊名，年，卷(期)”方式出现，并以字母顺序排序，如图3.7右侧示例。不同类型的参考文献其著者-出版年制格式要求也不一样，不同的期刊和出版单位有不同的要求，需要科研人员针对实际情况进行调整。

第二种是顺序编码制(Convention using numbers)，即传统的数字方式，在文中根据文献出现的顺序给出序列数字，如[1]，[1，2]，[1-4]；在文末以“顺序号. 作者. 题名. 刊名，年，卷(期)”出现，并以顺序号排序。

3.4.5 文献综述写作的忌讳

研究人员撰写文献综述时，一定要明确研究主题和问题所在，着重概括与创新点紧密相关的部分，指出本研究的来龙去脉，否则容易导致文献的重点不突出。

文献写作应避开3类错误：首先，是对国内外现状缺乏真正了解，提出的问题已被解决，导致低水平重复性研究，不能满足新的技术需求。其次，是对研究方法不熟悉，从而对知识进行简单移植或夸大作用，缺乏可行性；或是已有方法与掌握方法的人的结合，方法理论上可行与现实可行性的结合，最终导致无法实现预期目标。最后，对国内外现状缺乏归纳分析，只是简单罗列，缺乏逻辑性和针对性，最终导致总结与表达不够，没有明确这些成果之间的关系以及这些成果与选题之间的关系。

撰写文献综述时有下列五忌。

一忌讲义式。没有以研究主题作为主线来筛选文献，而是像写教科书，将有关研究课题理论和学派陈述一遍。例如，某研究生论文中涉及遗传算法，则从遗传算法发展(最早美国某大学教授提出遗传算法到Fogel等改进，再到相关遗传算法国际会议等)、遗传算法理论研究(数学基本、编码机制、收敛性、搜索效率、遗传算法与其他算法比较、新计算模型开发等)、遗传算法应用研究进行介绍，长达6页，这还仅仅是论文中涉及的一个算法。导致综述部分反映不出论文特色，同一领域的文献综述似乎可以在多种地方相互套用。

二忌大量罗列堆砌文章。研究人员错误认为文献综述的目的是显示对相关研究的了解程度，结果导致很多文献综述不是以所研究的问题为中心展开，而是机械地照抄了文献研究内容与成果，或者虽然进行了翻译和扩充，但没有对原文进行任何的总结与归纳，更没有融入自己的观点、看法与启发，导致文献综述重点不突出，显得像流水账，缺乏可读性与启发性，没有体现文献综述的意义所在。最极端的例子是直接粘贴参考文献的摘要并堆砌在一起，就构成了文献综述。例如，在某研究生论文的文献综述部分写到“傅谦等提出了一种基于本体实现领域知识共享的方法……”。而该篇文献原文中摘要是“提出了一种基于本体实现领域……”。两者对比可以看出，该研究生仅在摘要前面增加了作者名字。

三忌轻率设置"靶子"。综述虽然需要依托前人凸显自己，但绝不能贬低他人抬高自己，而是要如实地描述前人已做出的贡献。特别是批评前人的不足或错误时，则更要慎重，一定要读懂和引用被批评者的原文，不能从二手甚至几手材料来判定原作者的"错误"。有些文献中出现与自己研究相同的概念或变量，要阅读上下文，弄清其内涵，判断自己的理解是否和文献原意一致，特别是一些译文，如看到中文名词就望文生义，则容易产生误解和误批。

四忌回避和放弃研究冲突或放弃与研究相关的主要文献，另辟蹊径。对有较多学术争议研究主题，或发现已有的研究结论互相矛盾时，有些研究人员就回避矛盾，提出一个自以为是的创新。其实将这些冲突放弃，就意味着放弃了大量有价值的资料，并且这个所谓的创新，因为没有和任何现有研究做相关比较，也就没有引用价值，还是会被后人放弃。

五忌轻易放弃研究批判的权利，缺乏评述性的总结。研究人员由于担心项目申请或学位论文答辩通不过，从而大量引用他人的著作，每段话均以某某人说起始，放弃批判的权利，以致无法真正证明自己研究的创新之处。

3.5 文献管理工具

文献管理以 ISI 公司 3 款文献管理工具：EndNote、Reference Manager 以及 ProCite 最著名。以 Endnote 为代表的文献管理工具由于其较为完备的功能、方便的操作模式以及良好的用户基础等优势，至今仍是许多科研工作者进行大批量文献处理的首选。但是，随着操作系统与开发平台的多样化，用户对文献管理功能需求的日益复杂化以及对效率提升的不断追求，近年来，Mendeley、JabRef、Zotero、NoteExpress 等新型的文献管理工具也开始逐渐为大众所接受。主要文献管理工具对比分析参见表 3.7。相关详细使用方法可以参考相关专业书籍。

表 3.7 文献管理工具对比分析

文献管理工具	优点	缺点
EndNote	①多篇文章可使用同一个参考文献库；②调整文章顺序时自动调整编号；③参考文献格式可以随意调整；④与 Word 的协同功能	①处理中文文献容易出现显示问题；②中英文混用时参考文献格式、表达方式容易出现错误

续表 3.7

文献管理工具	优点	缺点
Mendeley	①更新迭代速度较快；②支持多种平台与操作系统；③支持 PDF 标记功能；④支持从其他文献管理软件导入文献；⑤可以通过文件夹对文件进行分类；⑥支持文献、注释分享以及网络备份；⑦支持 PDF 全文搜索	①受国内环境影响，可能出现同步失败等问题；②参考文献格式经常出现错误
Zotero	①可以作为浏览器插件使用；②本地的 Zotero 的文献数据库可以免费上传到 Zotero 的网络服务器上；③目录可以无限分级；④支持文件标签功能	①本地的 Zotero 的附件在网络服务器上有大小限制，每位用户只有 300 M 免费存储容量；②插入引文和参考文献功能较弱，支持的输出格式较少，没有具体的杂志格式
NoteExpress	①对中文文献非常友好，笔记功能强大，中文杂志的引文格式数量多；②对中文文献的抓取能力比较强，基本无乱码问题；③兼容 WPS；④可以建立不同的文件夹分类收集文献，支持文献标签功能，可通过标签内容查找文献	①个人制作数据库过滤器较为复杂；②从数据库检索结果生成的数据格式是由 EndNote 软件开发者制定的，没有自己独立的数据格式，在导入外文数据库检索结果时需要选择 EndNote 格式；③没有提供期刊投稿写作模版功能

第4章　信息系统研究设计

在确定信息系统研究问题以后，已经通过简练的专业语言描述与分解了研究问题。可以发现，概念是表达研究问题不可缺少的要素。但看似明白的概念实际在内涵与外延上在不同情景、学科等并不十分清楚。换言之，不同人对它可以有不同的理解，从而最终会导致不同人对同一问题的理解差异。因此，在科学研究中，必须对研究课题给予清楚的说明、界定和细化分解，以保证在明确研究对象和研究范围前提下对问题进行准确的分析或测量，同时也保证能够与他人在同一概念平台上进行顺利的学术交流。因此，研究设计是对课题的研究对象、研究范围予以界定和细化分解的过程。

因此，本章主要阐述信息系统研究设计的概念与过程，包括研究问题细化、理论化、可操作化设计等。

4.1　信息系统研究设计的基本概念

在信息系统研究领域，许多概念都有不同的理解，甚至对于一些基本概念诸如"信息""知识"的理解都存在差异。例如，某学位论文研究基于本体的供应链知识检索，但没有明确给出知识的定义。实际上，通过阅读整篇论文，知识仅指供应链文献，与通常情况下的知识概念并不一致。因此，为了确保研究的实证性与一致性，避免理解上产生歧义，每一种概念必须清晰界定且可测量。

信息系统研究设计是指根据学科基本原理，结合领域理论与方法，细化所研究的问题，确定用于分析与求解研究问题的概念及概念框架，选择、确定研究问题的可测量指标，最终达到实证研究的过程。所以说，研究设计内容必须围绕回答解决什么问题，测量什么参数，预期取得什么结果，以及选择论证预期结果的技术方法而展开，并同时成为指引研究人员的行动大纲。简单来说，信息系统研究设计是实现"问题—概念—数据"的转化链条(图 4.1)。一个问题只有能够被测量，转化为可定量解析的数据，才能进入科学研究领域。

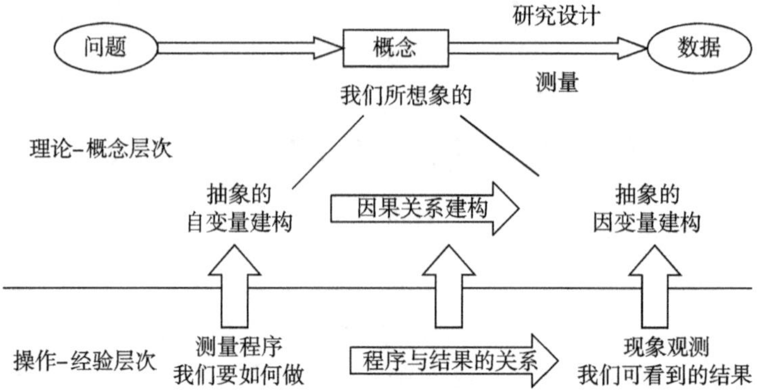

图 4.1　研究设计的重要性和作用

4.1.1　测量的基本概念

测量就是按照法则给事物指派数字，即从抽象到可操作化的实现过程；复杂地讲，利用各种物理、化学效应，选择合适的方法与装置，将有关信息通过检查与测量方法，赋予定性或定量结果的过程。完整的测量过程包括以下 3 个方面。

(1)被测对象(测量客体)：事物(概念)的属性或特征。

(2)测量法则或测量方法：所采用的测量原理、测量器具和测量条件的总和。

(3)测量结果：应用映射规则于观测对象，得到描述事物属性的数字或符号，包括计量单位和测量精度。

在信息系统研究中，所有涉及的存在事物都能成为测量对象。一般分为 3 类：第一类是可以直接观察的事物，如果蔬颜色、形状；第二类是需要更为细致、复杂或间接的观察，如果蔬的成熟度；第三类是指一些构念(construct)，基于研究需求通过观察人为设定，但不是直接或间接观察所得，如养殖环境舒适度。

测量对象具有复杂性、时空多变性、系统性等特点。

第一，测量对象具有复杂性。一般而言，测量对象是清楚的，但其测量的属性或特征是抽象的、模糊的，具有内在性、隐蔽性和无形性。被测量可分为物理量和状态量：物理量如液体黏度、浊度、透明度等，状态量包括工作机械的运动状态(启停等)、生产设备的异常状态(泄漏、变形等)、传感器性能等。在信息系统的管理学和社会学研究范式中，最常见的测量客体是各种各样的个人及其社会行为(与生物体相关研究类似)：测量个人的行为、态度、意愿、社会背景；测量群体和组织的规模、结构和管理模式；测量社区的范围、人口密度和人际关系等。正是由于人或生物体的特性，一般情况下与非生命体相关的，测量的可重复性强、量化程度高；与生命体相关的，测量的可重复性稍强、量化程度稍高。

第二，测量对象具有时空多变性。农业-食品系统是生物体生产过程，是在内环境和外环境相适应条件下维持其生命特征的动态耦合过程，包括 2 个层面：①具有空间多变性，包括区域差异对测量的影响、不同测量部位对测量的差异性；②具有时间多变性，即季节、年龄、天数等时间对测量的影响。

第三，测量对象具有系统性。作为一个生物生产系统，农业-食品系统主要测量对象是具有生命的生物体及其产品。生命体包含着反映生命活动的多种信息，依靠各层次上的活动和功能及其配合，实现新陈代谢等基本功能，维持生物体的生命过程：分子—细胞—器官—功能系统—复杂生命体，测量的对象或范围就涉及从分子水平到系统水平的多层次信息测量。

测量结果就是把事物的属性或特征转化为数的特征，通过 4 类尺度表达(表 4.1)。

表 4.1　四类计量尺度的比较

Information provided	Nominal 定类测量	Ordinal 定序测量	Interval 定距测量	Ratio 定比测量
类别区分(=、≠)	有	有	有	有
次序区分(>、<)		有	有	有
距离区分(+、-)			有	有
比例区分(×、÷)				有

第一类：定类尺度，指按照事物某种属性做平行分组/分类。

第二类：定序尺度，指除提供名称描述外，还可对事物进行排序。

第三类：定距尺度，指能够提供两个测度之间的数量间隔。

第四类：定比尺度，指在两个测度之间，可以比较其比例关系。

4.1.2　概念和可操作化定义

概念是模型和理论的构成要素，为特定分析而设计和选择的，是被挑选出来的，而不一定是正确的。从测量的角度，概念主要包括抽象化和可操作化等 2 个层次。将概念从抽象概念分解成可操作化概念的过程，即概念的操作化过程。

抽象化概念(conceptual)：简单来说，就是跟字典相比较，从字典中获取的相关解释(comparable to dictionary definition)。

可操作化概念(operational)：用来测试或测量某一个构建的特定规则(A definition for a construct stated in terms of specific criteria for testing or measurement; specifies what the researcher must do to measure the concept/construct under investigation)。

案例 4.1 行走能力

行走能力从字典上的含义是“to walk from place to place, move about”，即抽象化定义；能够无人辅助走 4 步，即认为具备行走能力，就是一种可操作化定义。

案例 4.2 传感器性能

传感器性能，作为一个抽象概念，无法直接观察。但传感器需要工作在一定的正常范围，感知和传输环境信息，所以可以通过监测其信息发送包数和接收包数（丢包率），来评估其通信性能，也可以通过电池寿命推断其稳定性能等。传感器性能是抽象化概念，而丢包率或电池寿命就是一个可操作化的概念。

案例 4.3 社区生活环境质量

社区生活环境质量是一个抽象的概念，可从人口密度、人均拥有绿地面积等维度来衡量，而每一个维度又可以进一步分解。例如，教育设施情况可以从社区拥有的幼儿园数、社区拥有的小学数等维度衡量，并进一步将“学龄儿童入学率”概念转化成可操作、可统计的学龄儿童总数和学龄入学总数。这样，一个抽象的“质量”细化到应该获取学龄儿童总数、学龄入学总数等数据的可操作化程度（图 4.2）。

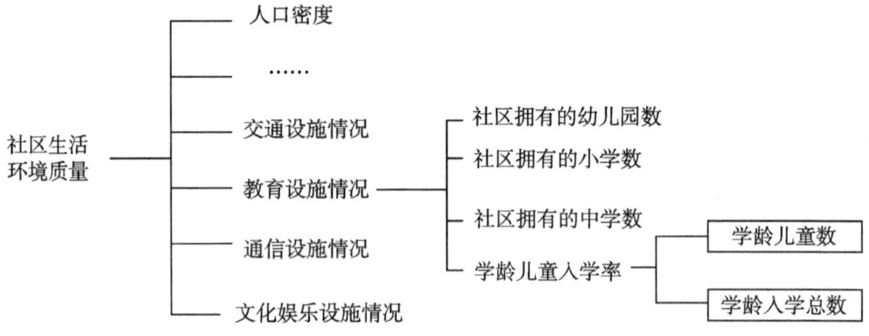

图 4.2 社区生活环境质量概念的可操作化

4.1.3 理论、理论化/概念化和理论框架

理论是一组结构化的概念、定义及命题（2 个或 2 个以上概念之间关系的陈述），用来解释和预测现实世界的现象。理论由 3 个要素构成：①概念框架或理论框架（conceptual or theoretical framework），即概念与概念之间的关系；②说明各种特性或变量间关系的一组命题或者基于概念关系形成的层次结构（假设树）；③供验证的

背景。

理论化就是找出几个重要因素间的合理关系，阐述所研究主题，对所研究现象提供解释和预测的过程。这个明确化的过程如下。

第一步，定义和界定概念：基于文献和理论，抽取核心主要的概念。

第二步，理解概念与概念之间的逻辑关系。概念之间主要有5种关系：①相关关系。概念之间存在互动或对称关系，共同发生变化，但并无根据认定某概念的变化是由另一概念引起的，很可能两者的变化是由其他概念所引起的。相关分为正相关和负相关。②因果关系。在有相关关系的两个概念中，如果明确说明了一个概念会引起了另一概念的变化，即两个概念有因果关系；关系不是由其他因素形成的。③虚无关系。两个概念之间不存在互动关系，即使出现互动现象，也是偶然事件或者随机误差的结果。④过程关系。概念之间没有具体的相关关系，但具有逻辑、顺序上的关系。⑤等级关系。以层次为基础的等级关系(参见图1.5)。

第三步，设计概念框架。框架是一种分析图/模型，是为了使研究更易于进行而通过选择特定的概念及其关系简化现实所形成的。一个好的框架可辨析并归类出与问题相关的重要概念，并逻辑性地解释概念之间关系，主要具备以下3个基本特点或组成要素：①与研究有关的概念均在框架中清楚地界定与归类；②概念之间的关系能够清楚界定，并能描述清楚相关的方向；③有清晰的架构，以便清楚理解概念之间的关系。

可以说，文献综述为理论框架开发提供了强有力的基础，即文献综述必须在过去的研究中发现和辨析出对本研究有重要意义的概念及其逻辑关系，这样就形成了理论框架的基础。而良好的理论框架为可操作化提供了所必需的逻辑基础。

4.1.4　信息系统研究设计过程与研究测量过程

在理解以上基本概念的基础上，信息系统研究设计过程如下(图4.3)。

第一，研究问题细化。辨析问题，提炼主题，将研究领域细化为研究问题，确定研究问题切入的视角与层面，特别要从信息系统本身和信息系统所要解决问题的领域两方面考虑，必要时，分成子课题，以使问题容易细化(参见第2章)。

第二，问题理论化(概念化)。以逻辑方式将所有信息加以融合，将研究所涉及概念逻辑化，描述概念之间的关系。

第三，理论可操作化。将理论框架中各种概念转换成现实世界中可观可测的变量，并确定相应的测量体系，设计出数据获取方案。信息系统可操作化应该包括传感器技术与检测模型开发、关键算法流程设计与实施、信息系统整体架构等。

在此，需要注意理论化与可操作化的联系与区别如下。

(1)理论化、概念化强调的是概念及其之间的关系，从定性角度描述。

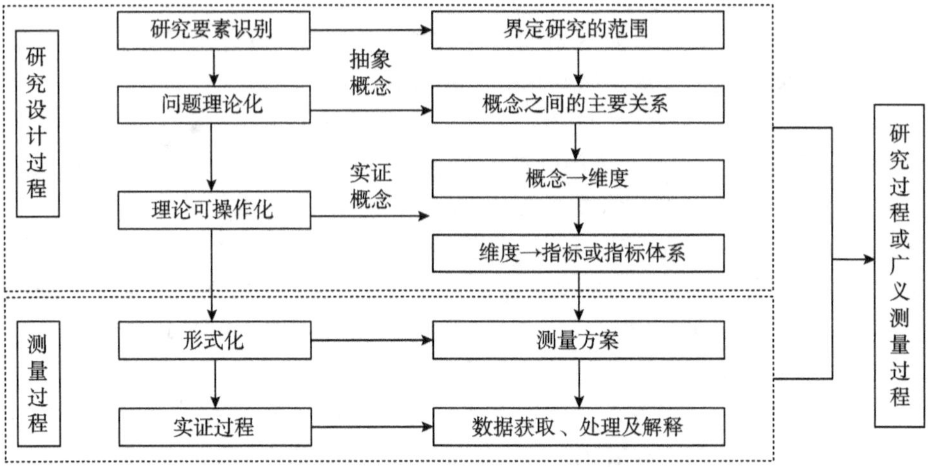

图 4.3　信息系统研究设计过程(测量过程)

(2)可操作化强调是概念的可测量化,从定量角度描述。

(3)概念化为可操作化提供了概念的维度分解依据。

(4)两者可以是顺序结构,也可以单独:也就是说根据适用情景不同,概念化也可以是单独的任务,也可以单独对某一些概念进行直接可操作化。

(5)概念化/可操作化可以泛化到其他领域及日常生活应用,如机构设置及功能分配、信息系统分析与编码设计。

4.2　信息系统研究问题细化

不同学科针对同一研究问题时,有不同研究范式,就有不同的研究视角与切入点。例如,针对农产品质量安全追溯,可以运用供应链管理理论、信息经济学分析供应链过程质量安全原因和治理机制等问题;也可以基于区块链、大数据等技术研究质量安全追溯信息安全和信息检索效率等;还可以研究如何使用物联网技术跟踪供应链质量安全信息,集成故障诊断方法实现质量安全动态跟踪和溯源。因此,信息系统研究问题细化是对研究问题进一步分类,进一步明确研究定位,确定研究问题的视角与切入层面、研究主题,完成初步变量筛选。在此过程中,要辨析清楚以下要素:分析单位、研究侧重点和时间维度。

4.2.1　分析单位

分析单位即研究对象或要素,研究将围绕这些对象或要素收集资料,并描述和解释其特征。信息系统研究对象涉及的问题繁多，包括单个对象的信息行为、对象与对象之间的交互关系。复杂的系统问题也必须辨别出分析单位，这对于论证阶段的数据收集和分析尤为重要。

一般来讲，信息系统研究的分析单位可以是如下几种。

第一：个体，群体，组织。这是信息系统研究中基本的研究对象。信息系统中传感器、传感器网络、监测对象、监测环境等都是信息系统研究给予关注的对象。信息系统中单个传感器可看作一个个体。而传感器中的某个结构也可看作一个个体，例如典型的钙钛矿光伏器件由电子传输层、钙钛矿吸光层、空穴传输层的三明治结构组成，此时传感器为群体，各层为个体研究对象。研究人员需要探索这些单独个体、群体及组织的功能和特点以及此类分析单位之间的关联。如果研究重点强调问题领域，如水果质量安全追溯系统，一个水果可以是一个追溯单元（研究个体），一排或一个小包装的水果也可以是个体，一箱或一架都可以是个体。所以，需要基于实际研究需求，明确研究对象。

第二：信息系统项目。信息系统项目是信息系统开发与应用的组织管理过程。以信息系统项目为研究对象，更多关注的是信息系统开发应用过程的管理决策和效率等信息。例如，基于追溯单元的划分，如何有效地实现质量安全追溯系统流程优化与标准化实施，确保利益相关人员的采纳意愿，并对系统实施过程风险、成本等进行有效控制与管理。

第三：信息服务与信息产品。指由所研究的信息系统本身生产和提供的各种与信息相关的产品：有形产品（信息服务设施、信息传媒等）；无形产品，包括信息产品（如商誉、技术诀窍等）、业务过程、专家思维逻辑、知识图谱等。

清晰地认定与确认分析单位之后，整个研究中要保持前后一致，不能从随意转移研究视角，出现错位现象，防止将按某种分析单位导出的结果归属于另一类分析单位，也有助于可操作化概念的形成和数据收集的正确性。例如，农产品物流配送信息可追溯系统研究中，首先研究物流配送中心的选址以及优化问题，而不是研究农产品追溯信息。这里已经表明了研究视角转化，可追溯系统的用户主要是企业与消费者，分析单位是农产品信息，而选址及优化问题的主要用户是政府，分析单位是位置优化。在不经意的研究中，研究的视角和分析单位已经发生了转变。这是在科学研究中经常出现的问题，而且不易察觉。

4.2.2　研究侧重点

对于科研人员来说，由于每一种分析单位都包含了多方面的属性与特征，一项信息系统研究范围总是有限的。所以，研究设计初期要不断地“聚焦”，缩小研究范围。在确定分析单位之后，就要考虑研究分析单位的哪些方面，一般可以从按门类、特性、行为来“聚焦”。

(1)门类:分析单位可以按某种特征或状态来分门别类的。例如在研究监测系统时,分析单位为传感器时,可按响应机理、被测量等来分类;分析单位是测控系统时(群体和组织),则可按系统是测量系统还是控制系统来归类。有形信息产品可按质量、形状、颜色和使用性能等归类。

(2)特性:内在属性,涉及主观特征。同样,在研究信息系统传感特性时,可以从静态特性和动态特性等方面来分辨。分析单位如为无线传感器网络时,则传感器网络通信性能是更重要的特性;若为测控系统,则系统的功能结构、逻辑性、整体性能也是内在属性指标。

(3)行为:包括①信息系统在实际运行中表现出的具体行为或特性,如信息系统物理层、连接层、网络层等各层间与测量、控制模块之间的逻辑交互行为;②信息系统应用时,组织和使用者所表现出的采纳、抵制等行为。

上述 3 项内容本身以及门类-特性、特性-行为和门类-特性-行为之间的组合和互动机理等均可构成研究的主要内容。

4.2.3 时间维

信息系统研究问题需要有明确的时间定位。因为时间不仅是辨别概念之间因果关系的重要因素,而且还关系到研究结果的适用程度:此研究结果仅反映若干年前的事,还是现在或今后若干年内适用。一般来讲,按照时间维度来分,研究问题可以分为如下 2 类。

第一类,横剖研究:在某一时刻点对研究对象进行横断面的研究。横剖研究虽然在某一时刻点收集数据,仍然可以通过对不同剖面的数据进行采集,使研究连续化,用于研究事物的发展过程。但存在一个缺陷,研究者往往难以观察同一研究对象,而是针对多组不同的研究对象,这样观察得出的差异可能还受到研究对象关注特点之外其他因素的影响。

第二类,纵贯研究:研究一段时间自始至终的某种现象,即研究事物的变化和动态过程,时间跨度可以是年、月、旬、日、时等,又可以细分如下。

(1)趋势研究:研究对象随时间发生的变化,在不同时刻点观测不同样本。

(2)同期群研究:研究同一时期同一类型的研究对象随时间推移而发生的变化。同期群研究注重某一类型,而不是某一个体的特征。在不同时刻点可调查不同的个体,只要属于同一类型就行。

(3)追踪研究:同一批对象随时间推移而发生的变化。跟踪研究和同期群比较起来,其特点是不同时刻跟踪同一组样本。

信息系统研究中采用横剖研究还是纵贯研究取决于研究问题性质和可操作

性，纵贯研究特别是追踪研究可以提供精确的动态数据，但也有缺点。首先是被抽样的研究对象，其答案和行为可能受已观测到的事实或先验经验影响，而改变其行为。其次，研究对象由于机械失效、系统崩溃、人员死亡、流动等逐渐减员，这就影响结果的有效性。最后，这种研究周期长，费用大，具体困难也多。横剖研究能较快、较容易地进行，研究者也不用担心参与者减员而产生因时间变化导致的信息采集不准确。

例如，使用生物阻抗传感器判断活鱼新鲜度，若某条鱼产生损伤，腐败往往从损伤部位开始，对比同一时刻点，损伤部位与非损伤部位的阻抗值，可得到这两个部位的新鲜度的对比，此为横剖研究。但由于鱼体不同组织可能存在阻抗值不同的情况，给数据合理性带来存疑。若测量同一部位随时间变化的阻抗值，则为纵贯研究中的追踪研究。

又如，Alfaro 等(2009)持续跟踪了某企业从应用追溯系统开始后的 4 年时间，分析与比较企业采用追溯系统前后竞争力变化。但实际上，这种研究对研究生 3 年或 4 年左右的时间来讲，选择跟踪是不太可能的。所以，对研究生而言，在实证过程中，可以选择横剖研究，并在假定其他因素不变的情况下，选择处于追溯系统不同实施阶段的企业对相同的指标进行比较，以分析追溯系统对企业竞争力提升机制。

4.3 信息系统研究的理论化(理论框架设计)

信息系统研究中理论框架的主要目的是找出研究问题中重要概念之间的合理关系，形成有意义的层次结构，为所研究现象提供解释。理论框架的形成过程是针对问题而不是目标或方法，纯粹是概念性和实用化导向。只有明确了框架，才能清晰区分背景和方法难点所在。选题之后初步确定了研究问题及基本框架，研究设计阶段则需给出具体的研究框架。

4.3.1 理论框架构建过程和表示方法

本节以“甘蔗收获机性能形成与评价机理的概念框架”设计过程为例(图 4.4)，讲解信息系统研究中理论框架构建基本步骤(5 步法)。

第一步，概念识别与界定。识别与界定与研究主题相关的概念，最初可以忽视一些对问题原因或性质没有影响的因素，把研究问题尽可能压缩到最简单最有条理的状态。首先，基于性能的抽象化概念，给出“机械本身参数-应用环境-机械性能”基础设定。这个框架是最简单、基础的框架，没有可以进一步操作的实际概念。因此，在实际研究过程中，通过文献和理论分析提取相关概念，并进行识别与鉴定，确定研究的方向与重点。通过仔细对比分析甘蔗收获机性能评价文献,可以提取以下主要相关概念:风机转速、风机结构(横流、轴流)、进风口方式、进风口面积、气动性能、压力场、风口风速、甘蔗含杂率、作业参数、糖分损失、甘蔗段、杂质质量形状等(图 4.4a),进一步对概念进行分类界定(图 4.4b)。

第二步,基本分析模型设定。根据问题来区别和应用不同的理论形式,用一个"基本模型"开始分析与讨论概念之间的关联性,以便得到一个概念分析的逻辑起点。例如,对所抽取的概念进行分类,分到每个环节,经过分类参数可能都处于一个级别。机械本身参数细分为风机相关参数(包括风机转速、风机结构等)、风口相关参数(包括进风口方式、进风口面积、风口风速等);甘蔗收获机性能可以包括:甘蔗含杂率、糖分损失、喂入量等。环境因素包括甘蔗段和杂质质量形状等(图 4.4c)。

第三步,模型扩展与深化。借助文献和理论等说明概念关系的本质和方向,并通过改变或放松对假定的限制,在新的假定下重新分析问题,将基本模型分析扩大到问题的其他相关方面,对原有的参数重新分类或补充完善,使模型尽可能贴近问题的各个方面。例如,仔细研究可以发现,风口风速、压力场、气动性能其实是机械特性,受风机和风口的机械结构综合影响,因此可单列一条线,来评定机械结构的整体优化效果。甘蔗收获机性能可分为机械效率和甘蔗品质两类,机械效率包括喂入量和排杂率,是机械与环境整体耦合的效果,而非机械单个效果,机械特性如气动性能和压力场为机械单个效果,两者需要区分开;甘蔗品质指甘蔗的糖分损失(图 4.4c 和图 4.4d)。经过多次修改和调整,形成最终的理论框架(图 4.4e)。

第四步,层次结构形成。从概念分析中得出的有关的、可检验的逻辑关系应加以集中处理,阐明和解释本研究中的一些假设与关系,按照某种逻辑顺序进行排列,形成正式的层次结构。

第五步,理论框架描述。最好能给出示意性的图(表)以表示这种理论关系,主要有以下 5 种。

第一种:方框与箭头。一般用于表示概念之间的因果关系或者以逻辑或适当的顺序为基础。以箭头为出发点引起或影响箭头头部的项目。通过这个框架,可以转变一系列能够进行检验的假设,是流程建模的基础。

第二种:三角形。用于表示概念在不同层次体系中占据的更高或更低的位置。

第三种:坐标图。通过二维坐标图描述不同概念之间在垂直或水平上相互关联。

第四种:文字。用语言文字描述概念之间的关系,形成一个关于研究对象如何运作的假想机制,去模拟、类比和推测研究对象的结构和过程,达到对现象的解释。

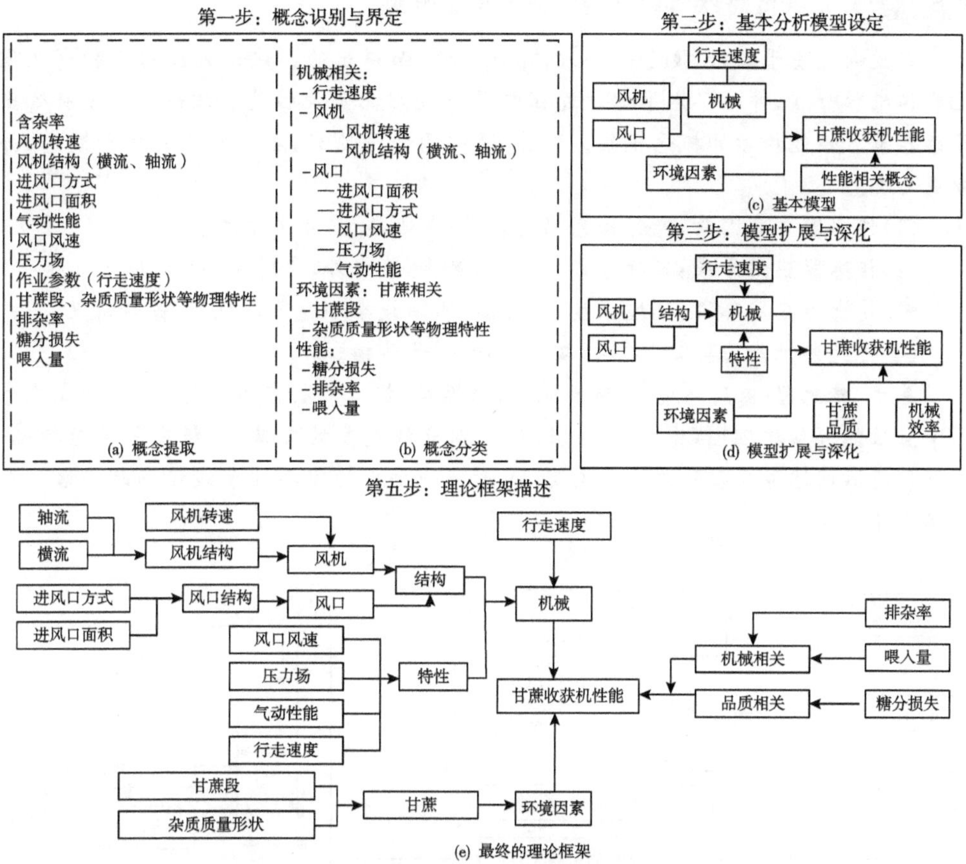

图 4.4　甘蔗收获机性能分析过程与理论化框架

第五种:模型。特此数学模型,是针对所研究具体事物的数量特征或数量相依关系,采用数学语言表达出来的一种数学结构。具体表现为一组数学关系式或一整套具体的算法。

图 4.4e 就是“甘蔗收获机性能形成与评价机理”:机械本身的影响因素主要是风机和风口、行走速度 3 个关键参数,其中风机的转速、结构是影响风机性能进而影响机械整体性能的参数;风口的进风口面积、进风口方式、是决定风口性能从而影响机械整体性能的参数;风口风速、压力场和气动性能是表征机械性能的参数;甘蔗收获机性能则从品质相关的糖分损失和机械相关的排杂率、喂入量 3 个方面进行表征。

案例 4.4 无线传感器节点性能评估的理论框架

本案例是基于文献(Ruiz-Garcia,2008)分析而得出的。该论文应用 2 种商业化无线传感器节点,评估了水果储运过程中 ZigBee 技术监测性能。该论文并没有给出传感器节点性能评估的概念框架。因此,通过阅读该论文,抽取其中的核心概念,并分成 4 类。

(1)传感器自身因素,包括传感器的构成、电池类型/供电形式。

(2)传感器应用方式:采样方式、放置位置(包装内外、空间布局)。

(3)传感器应用环境:环境温度/湿度、空间满载率和通风设施开/关等情况。

(4)传感器性能:通信可靠性、电池寿命、信号传播。

基于"传感器-应用环境-传感性能"基础框架,提取相关概念,形成一个无线传感器节点性能评估机理图(图 4.5)。当然,可以查找更多的文献,从传感器性能指标、无线传感器网络等角度出发补充与完善,形成一个更为完善的无线传感器网络性能评估理论框架。

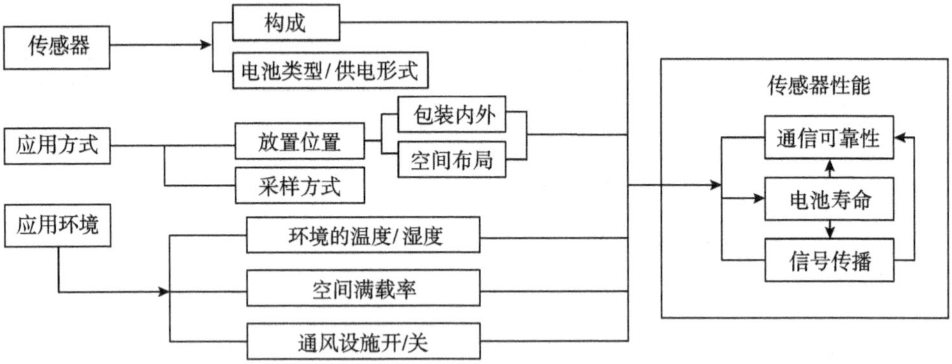

图 4.5 无线传感器节点性能评估机理图

案例 4.5 鱼病诊断思维的理论框图:过程型的理论框架

专家思维是专家系统核心的研究对象。因此,在开发鱼病诊断专家系统时,为了更好地理解鱼病诊断的领域问题,经过与专家讨论,确定了一个框图,用于描述鱼病诊断的诊断流程,涉及各种数据之间的关系(图 4.6)。该框架将鱼病诊断过程视为主体对客体认知的过程,即主体具有特定的诊断思维,运用特定的方法,通过对客体的基本生活环境与特征要素识别,形成诊断结果与防治方法。

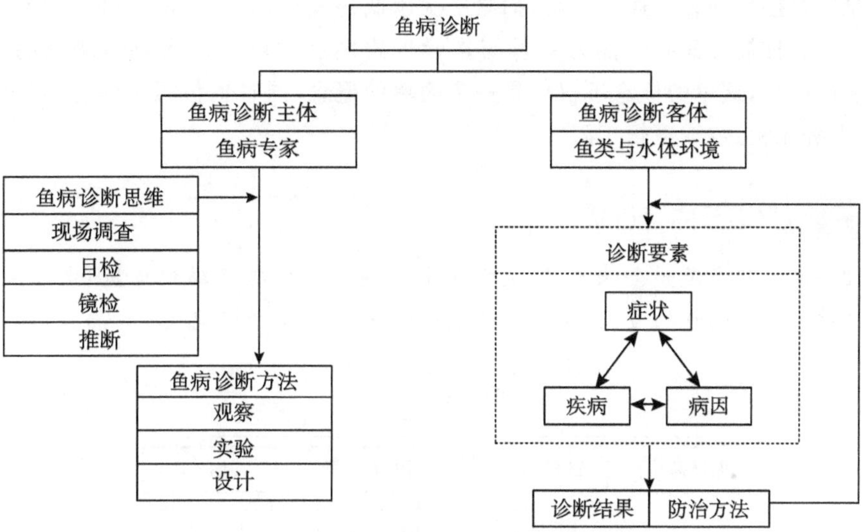

图 4.6　鱼病诊断专家系统功能概念设计

4.3.2　理论框架→层次结构

理论框架概括了过程及概念之间的相互作用，而层次结构则是通过树状结构表达研究设计的辨识阶段成果，反映了理论框架中相关概念之间的层次性和逻辑性，具有以下作用。

(1)层次结构通过结构化形式表述一项研究工作创新点，并成为科研工作开展的工作提纲或思考提纲，为进一步实现概念→变量→指标提供理论指导。

(2)层次结构中任何一层的表述都应是研究问题的一个有机构成层面，可以是假设形式，也可能是模型与算法等。

(3)下层次结构要支持上层次结构。这意味着层次结构要逐层深入，最后一层应该是原子概念，所包含的概念必须是可以用单一变量进行描述。理论框架→层次结构的案例参见案例 4.5、案例 4.7 和案例 4.8。其相关分析给出了理论框架到层次结构的描述。基于层次结构，可以形成论文或报告的逻辑结构。

4.4　信息系统研究的可操作化(变量与指标设计)

4.4.1　概念的可操作化定义

根据前面给出的定义，概念是对研究现象的抽象，其抽象程度有高有低。抽象层次高的概念往往包含多个抽象层次低的概念，其涵盖面就越大，特征也就越含糊，往往难以直接观测和描述。相反，抽象层次越低的概念，其涵盖面会越小，特征也越明确。每一种概念只有转换为变量与指标形式之后才可以进入科学研究的领域。需要明确的是，这里的概念不仅仅是一个简单的概念，同时也包括了信息系统（基本结构、业务流程、数据逻辑）等。

案例 4.6 采卤泵的运行状态

设备运行状态是一个状态量，无法直接测量。可以将其转化电流、电压和液位等直接被传感器测量的量，推断设备的运行状态，判断故障情况（图 4.7）。

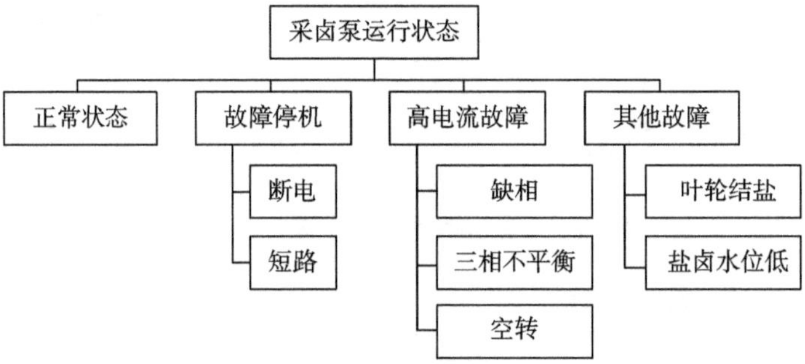

图 4.7　设备运行状态分析图

通过以上分析并结合图 4.1 可以看出，概念通常是由抽象定义界定的，而测量是出现在经验层次。要进行测量，就需要将抽象定义转换为操作化定义，即用一些具体的程序或者指标来说明如何测量一个概念的可变动性（变量）。通过概念的操作化处理，原来思辨色彩较浓的抽象概念变成了相对具体实在、容易观察测量的项目。所以，可操作化设计的意义如下：①澄清概念在研究中所选用的意义；②说明测量变量的操作方法；③使一些陈述变量间关系的假说获得验证的机会；④使今后同样的研究有所根据，以便比较彼此的结果。

通过案例分析，可以看出可操作化定义需要拥有以下特性。

（1）操作化定义要与变量原意相符，要与抽象性定义的内涵和外延相符。

（2）操作化定义在使用过程中应该是独特的：根据自己研究的需要，而规定的特殊解释，并非对变量的全面的、唯一的解释，但一定要具体、明确。

（3）操作化定义必须兼顾排他性与普遍性：排他性越大，解释的范围越小，普遍性也就越小；普遍性太低，则解释的范围有限，研究结果易流于偏狭；但如果排他性太低，则恐失之笼统，而不易掌握操作测量。

（4）操作化定义必须前后保持一致，贯穿始终，保证研究结果的可靠性。

4.4.2 可操作化过程

信息系统研究的可操作化是剖析关键概念，从行为维度、角度或是概念的属性着手，降低概念的抽象程度，“层层剥笋”划分子项，给某个概念以操作化定义，将模糊的、不精确的概念明确化、精确化，成为实际可观察的思维过程。然后再将其转换成用一些具体的程序或者指标可观察和可测量的要素，实现最终概念测量(图 4.8)。操作化定义包含了一连串步骤，若需要操作化的不止一个概念，重复下述第二～四步。

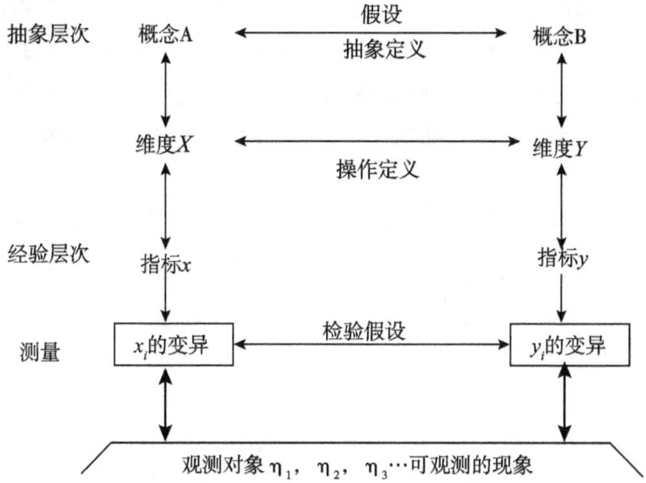

图 4.8　概念的可操作化过程

第一步，概念提取。根据形成的概念框架及层次结构提取相应的概念。

第二步，概念分解为不同的维度。从不同的角度或者特征对概念所表示的现象进行分类与分解，称为维度；抽出共同属性和特征形成概念的抽象定义，并对在何种范围、何种含义上使用这一概念做出精确的说明。

第三步，维度进一步分解为不同要素。根据各维度的抽象定义，继续拆分，寻找有实际表现的行为模式，即要素。

第四步，选择测量指标。指标即用来表示那些具体的、可测量的要素。简单的概念可以用一两个指标来测量；对于复杂的概念，要用多个指标测量。选择指标需要从以下几方面考虑。

(1)利用现成的指标。例如，要测量国内某地的信息化水平，可以采用《国家信息化指标构成方案》。采用现成的指标，具有可与其他研究所得结果进行比较的优点，同时，这种做法比每个研究者都建立一套自己特定的指标的做法更有利于社会知识的积累和形成。

(2)利用已有的理论和知识。事实上，绝大多数的概念都能够在相关的文献(如专著、教材、百科全书)中找到人们对它的内涵及外延的说明。而从某种角度来看，指标往往就是在概念外延的基础上衍生发展出来的。因而，根据已有的概念来建立指标总是相对容易的。

(3)科研人员根据实际需要建立测量指标。常用的方法就是采用开放式问卷调查、非结构化访谈或实地观察，对资料进行初步的搜集，然后再对搜集而得的资料进行分析归纳，从中提炼出与研究课题相关的指标。这种方式适用于探索性研究。

第五步，编制综合。单一指标只表示概念内涵的某一方面或者某一部分内容，因此更有效的测量需要多个指标。根据指标的权重，最终实现概念的可测量性。

第六步，确定数据获取方法。确定不同指标的数据来源及处理方法。

案例 4.7 动物活性概念的可操作化过程：(理论框架→层次结构)

动物活性是一个抽象的概念，无法直接测量。因此，实际研究过程中，必须将动物活性进一步细化。一般认为鱼可以通过活和死两种状态来判断其活性，所以动物活性测量转变为判断动物是活还是死的状态。而活或死状态可以通过是否呼吸来判断，鱼的呼吸体现在鱼鳃盖的开闭程度，呼吸作用产生的包装内气体环境改变等，这便是活性的判断机理。因此，呼吸测量可转化为位移(鳃部变化频率)和 O_2 或 CO_2(包装内气体变化)等能直接被传感器感知的量，进而建立动物活性和存活率的预测模型。其中，传感器原理也可以细化成具体使用什么原理进行测量(图 4.9)。

如果以腮部运动来判断鱼的活性，则采用接触式传感器，贴附在鱼的鳃盖部位，测量鳃盖张闭运动角度，然后进行信号采集系统开发设计，并对数据进行分析与处理。如果以包装内气体变化来判断鱼的活性，此时对鱼来说，传感器为非接触式，是装入包装内鱼呼吸累积数测量，同样进行传感器选择、信号采集与处理等步骤，将气体参数与呼吸参数耦合，从而判断动物活性程度。最后可以把两种测量方法所得到的数据再进行融合处理，形成综合指标。

正如图 4.9 所示，可以构建相应指标体系，通过水产品储运微环境气体变化来判断水产品的呼吸速率，而不是单位时间内水产品呼吸次数。耗氧率和二氧化碳累积率可以表达无水运输中水产品呼吸效率。同样，利用其浓度累积变化间接指示了水产品保活状态。

假设水产品运输过程中，在某个时间段 $T=[T_a, T_b]$ 内封闭运输容器中氧气浓度消耗率 $OCR(T)$ 和二氧化碳浓度累积率 $CCR(T)$ 可表示为公式(4.1)。

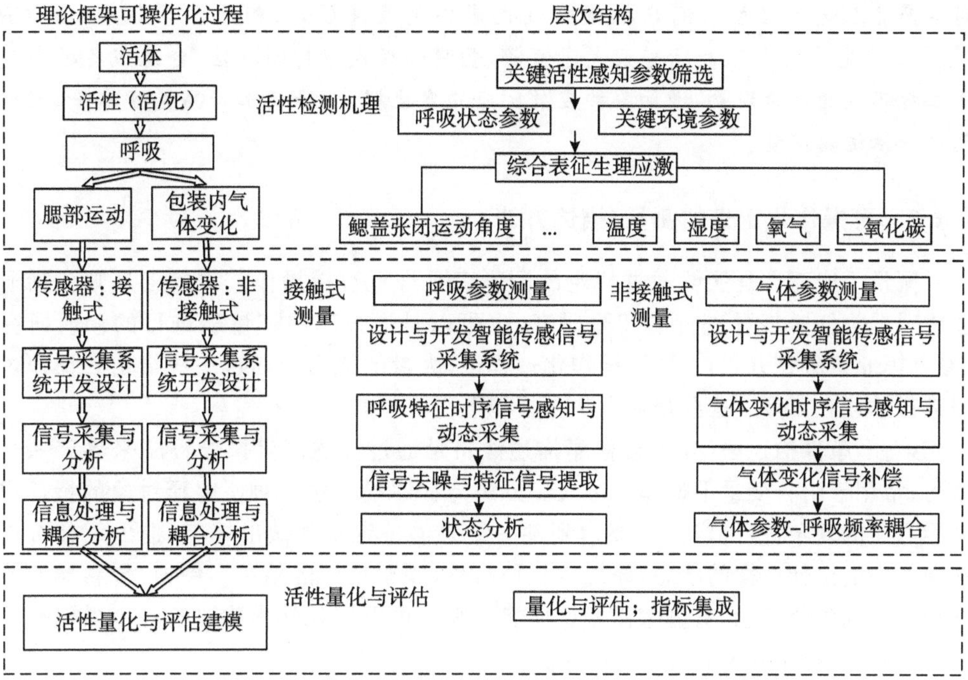

图 4.9 活鱼活性测量方法理论框架(可操作化设计)——层次结构

$$\begin{cases}OCR(T)=[(V_C-V_A)\times W_A\times T]^{-1}\cdot |G(T_a)_{O_2}-G(T_b)_{O_2}|\times 100\% \\ CCR(T)=[(V_C-V_A)\times W_A\times T]^{-1}\cdot |G(T_a)_{CO_2}-G(T_b)_{CO_2}|\times 100\%\end{cases} \tag{4.1}$$

其中，V_C 为运输容器的容积，V_A 为水产品的体积，其单位为 m^3，耗氧率 $OCR(T)$ 和累积率 $CCR(T)$ 的计算单位为 $\%/(m^3\cdot kg\cdot h)$，W_A 为水产品的质量；$G(T_a)$ 为统计时间段 T 开始的气体浓度，$G(T_b)$ 是时间段 T 结束的气体浓度。其意义是在单位时间段 T 内气体浓度在运输气体空间 (V_C-V_A) 下的变化率。

针对不同的无水运输温控区间，可利用水产品呼吸代谢相关的氧气与二氧化碳浓度及其变化率衡量其水产品新陈代谢状况。T 时间段内，$OCR(T)$ 和 $CCR(T)$ 归一化呼吸率联合检验计算如式(4.2)所示。

$$\theta[OCR(T),CCR(T)]=\lambda\underbrace{\left\{1-\overrightarrow{OCR(T)}^{[0,1]}\right\}}_{O_2}+(1-\lambda)\underbrace{\left\{\overrightarrow{CCR(T)}^{[0,1]}\right\}}_{CO_2} \tag{4.2}$$

其中，λ 权重系数以综合度量 O_2 浓度和 CO_2 浓度的变化状况，一般取 0.5；$\overrightarrow{OCR(T)}^{[0,1]}$ 和 $\overrightarrow{CCR(T)}^{[0,1]}$ 是呼吸率的归一化计算；$\theta[OCR(T),CCR(T)]$ 的值越接近 0，表

明水产品在既定温控区间内机体呼吸代谢抑制效果较好，相反 $\theta[OCR(T), CCR(T)]$ 的值越接近于 1，指示呼吸代谢频繁，表明呼吸代谢抑制不佳，会造成各类因气体浓度不佳的胁迫现象，增加各种应激反应的发生概率，降低水产品免疫水平，影响无水保活运输质量。

4.4.3 可操作化定义的测量/描述方法

测量一般而言是能够通过特定的测量工具进行直接操作。测量工具则包括通过传感器等仪器装置进行的实验研究，也可以是通过问卷或量表进行的调研研究（参见第 5 章研究方式）。在可操作化过程中，大量的概念须通过一些给定的操作过程进行描述和测量。这些描述方法包括如下。

第一，条件描述法（方法与程序描述法）：是通过陈述测量操作程序来界定一个概念，常用于给自变量下操作性定义。方法与程序描述法是对所解释对象的特征或可能产生的现象进行描述，对要达到某一结果的特定条件做出规定，指出用什么样的操作去引出什么样的状态，即规定某种条件，观察产生的结果。例如，传感器性能好是一个抽象的概念，具体怎样才算性能好呢？可以用条件描述法给一个操作性定义：指连续运行 100 h 不出现任何故障。

第二，指标描述法（静态特征）：是通过陈述测量操作标准来界定一个概念，对所解释对象的测量手段、测量指标、判断标准做出规定。静态特征描述法则主要描述客体或事物已经具备的静态特征和内在性质，侧重结果。静态特征描述法适用于采用问卷、测验等方法进行的研究中，可以用来定义各种类型的变量。

第三，行为描述法（动态特征）：通过陈述测量结果来界定概念，是描述所解释对象的动作特征、可观测的行为结果，用于给因变量下定义，解释客体的行为。例如对“有活力的羊”的定义：“有活力的羊”在操作上可以解释为某只羊对比其他羊来说日均步数更多；或“有活力的羊”可以要求研究人员根据日均步数来将羊的活力程度排列成序。对“有活力的羊”的操作定义侧重点不同，就会引起测量方法的不同。“有活力的羊”第一种操作定义要求把该羊与其他羊进行相比，而后一种定义则要求对所有的羊进行两两相比。

在完成可操作定义描述/测量方法、测量指标的选取后，需要评估可操作化的特性。可操作性的基本要求是要提供测量的标准，规定操作程序，使抽象的概念成为可观察、可测量、可重复、可检验的项目。通常判断一个操作性定义是否具有较好的可操作性，可将这个定义向第三者描述，如果他表示理解这个变量的含义，并知道该如何去操作、测量，那么这个定义是比较好的、具体可行的。

案例 4.8 鱼病诊断专家系统中可操作化（包括概念可操作化、系统可操作化）

根据前面的理论框架（图 4.6），鱼病诊断专家系统中最主要的知识是症状与疾病关系。而症状是一个抽象的概念，只有对症状进行描述和定量化，才能够实现定量的模糊推理。

首先，可以给出一个抽象的定义，然后再给出操作化定义。

定义 1（关于症状的抽象定义）　症状是指鱼体在发病过程中，出现的背离正常生理范围的、可以直接用于疾病诊断的信息。

定义 2（关于症状的可操作化定义）　按照发病部位将症状划分为：体表、鳃部、头部、鳞片、内脏等局部和全身性症状。根据发生的概率（图 4.10 给出了统计方法）可以划分为以下 3 类。

必见症状对疾病的诊断具有决定性作用，因此如果专家认为某症状 m_j 是鱼病 d_i 的必见症状，则 c_{ij} 取值为（1.0）。

常见症状是疾病诊断中出现频率较高的症状，它的存在可以影响做出诊断结果的置信度，因此如果认为症状 m_j 是鱼病 d_i 的常见症状，则 c_{ij} 取值为（0.3～0.9）。

偶见症状具有高度的或然性。如果症状 m_j 是鱼病 d_i 的偶见症状，则 c_{ij} 取值为（0～0.2）。

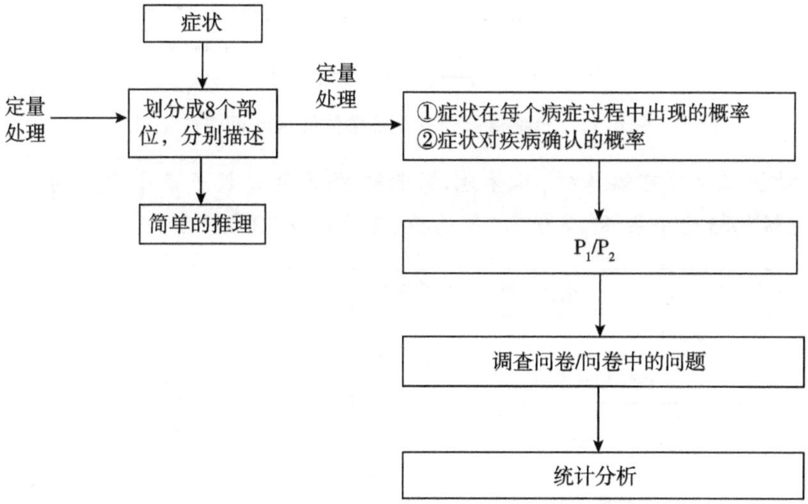

图 4.10　鱼病症状的可操作化

定义 3（关于疾病的抽象定义）　鱼类疾病名称是对鱼病发展全过程中在病因作用下表现于鱼体上的一组特定的、不正常的状态的描述。

定义 4(关于疾病的可操作化定义)　疾病就是症状的集合 $d_i=f(C^+)$。

鱼病诊断专家系统可操作化:这部分与系统设计方法基本一样,但可以更多从研究可操作化角度出发,完成系统整体结构(图 4.11)、模块功能、算法流程等可操作化。具体鱼病诊断专家系统演化过程参见第 5 章图 5.4 及相关描述。

(1)品种范围:考虑北京区域,选取 8 个常见的鱼种。

(2)信息范围:细分为头部、鳃部、体表、内脏、鳞片、腹部、肌肉、鱼鳍 8 个部位。

(3)平台技术:VB+SQL SERVER。

(4)核心技术:知识表示、推理、人机交互方式。

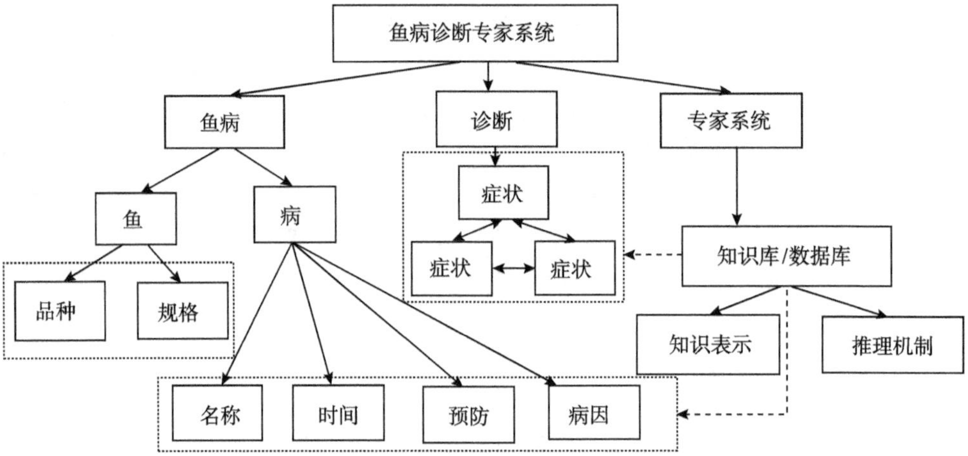

图 4.11　鱼病诊断专家系统整体结构的可操作化

(5)功能模块的可操作化:具体地,采用选择的最大数或最小数来进行确认,选择判断逻辑包括选中展示、多选、重复选择、修改选择(图 4.12)。

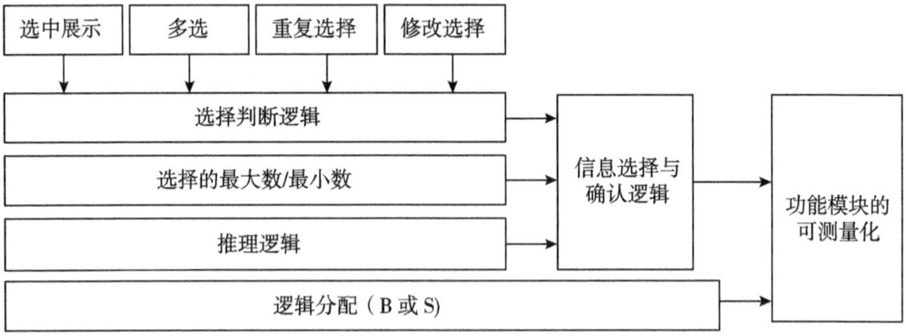

图 4.12　鱼病诊断专家系统功能模块的可操作化

案例4.9 水果冷链微环境"气体-品质"耦合建模中可操作化

基于微环境参数推断冷链品质变化可从无损检测的角度获取食品品质变化规律。在水果冷链微环境中测量4个气体信号,以传感器来可操作化地测量气体信号,以pH等4个品质指标来衡量水果品质,以相对应的仪器来实现品质指标的测量。最后以呼吸速率来建立二者之间的理论关系,实现冷链微环境"气体-品质"耦合建模(图4.13)。

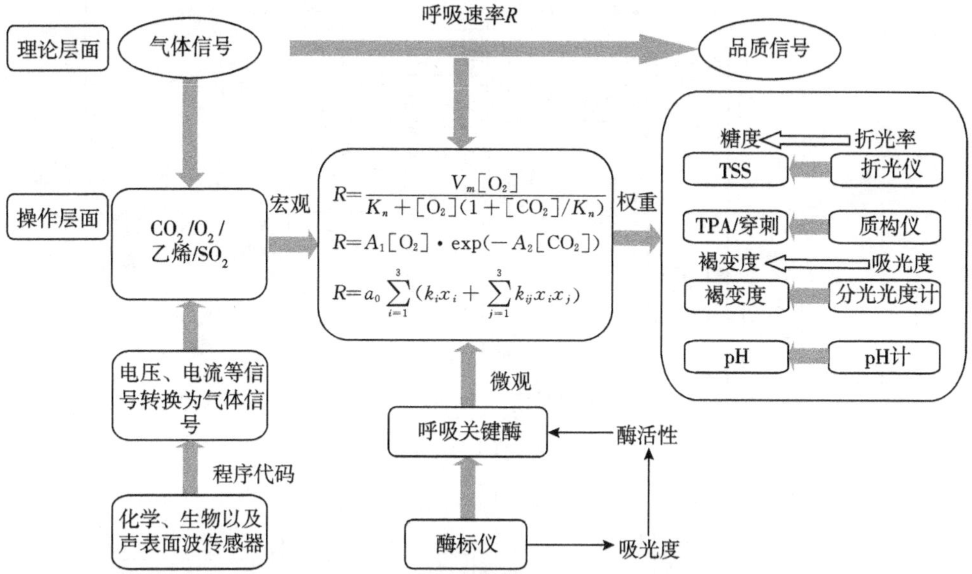

图4.13 水果冷链微环境"气体-品质"耦合建模理论框架和可操作化设计

从理论层面来说,水果呼吸速率可以表征水果品质:呼吸速率越快,代谢程度就会加快,则水果成熟与品质劣化速度也会变快。水果呼吸速率无法直接测定,但水果呼吸会产生代谢气体,通过测量气体信号来确定呼吸速率,从而表征水果品质。

从操作层面来看,水果冷链物流微环境气体信号包括氧气等4类气体。气体信号变化会引起传感器敏感元件的阻值变化,通过信号处理转变为电压、电流值,实现气体信号测量。

从宏观角度说,气体含量变化会引起呼吸速率变化,两者通过微生物动力学模型加以联系。而呼吸速率进一步表现为微观层面上呼吸关键酶变化,在酶活性这一维度,用酶标仪测量吸光度这一变量,确定呼吸关键酶变化。在品质信号测定方面,以糖度、样品硬度、弹性等感官特性以及颜色、pH(酸度)来评定样品品质,具体地,用折光仪来测量样品溶液折光率,确定对应的糖度值;用质构仪以质构分析(texture profile analysis,TPA)穿刺方法测定样品硬度等指标;用分光光度计测量样品吸光度,从而指示样品褐变度;用 pH 计测得样品 pH。

案例 4.10 喷墨打印柔性温度传感器制备工艺与性能表征研究可操作化

在柔性传感器喷墨打印过程中,需要确定喷墨打印的是哪种用途的传感器。不同用途的传感器,有着不同的工艺参数。具体的可操作化过程如图 4.14 所示。

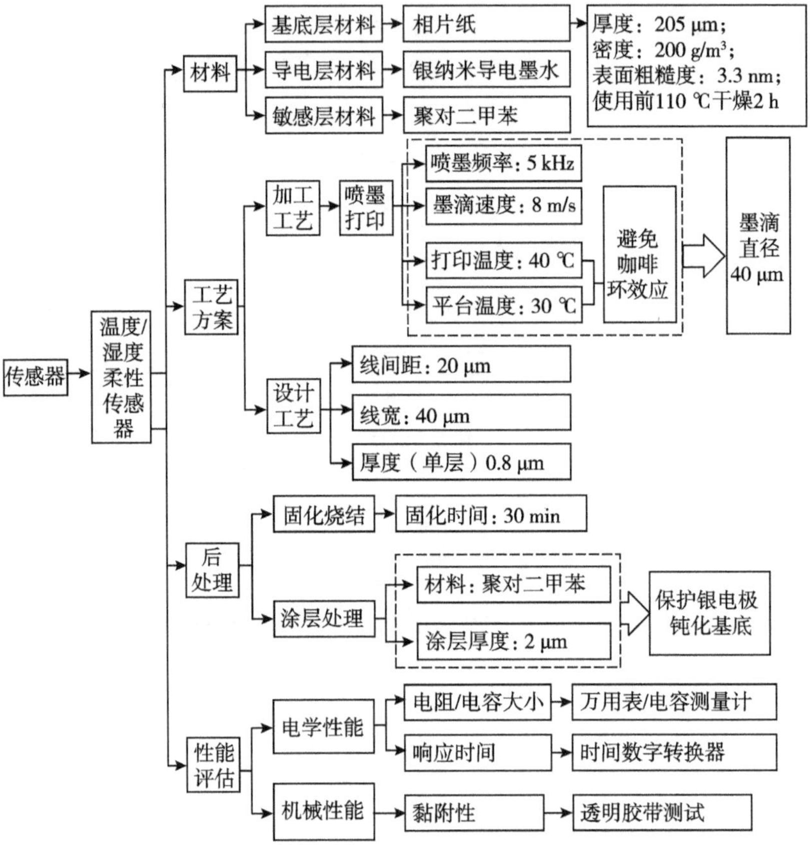

图 4.14 喷墨打印柔性传感器的可操作化

确定传感器的用途后,先选择打印的材料,包括基底层材料,一般的柔性基底层材料包括聚乙烯醇(PVA)、聚酯(PET)、聚酰亚胺(PI)、相片纸等,此处选用相片纸,再进一步选用具有合适厚度和预处理工艺的相片纸。导电层材料选择银纳米导电墨水,敏感层材料选用聚对二甲苯,该材料对温度和湿度敏感。

材料选取完毕,开始进行喷墨打印。喷墨打印工艺包括设计工艺和加工工艺两方面。设计工艺指图案形状，传感器的不同形状会对传感器性能产生影响，具体的设计工艺参数有线间距、线宽和厚度。在加工工艺方面，喷墨打印机的喷墨频率、墨滴速度、打印温度和平台温度都会影响打印效果。在喷墨打印中，往往会产生咖啡环效应，因此打印温度和平台温度需要仔细调控。

在喷墨打印后，需要进行后处理，包括固化烧结和涂层处理。固化烧结的时间会影响墨水的坚实度。若时间过短，墨水固化不完全，图案易模糊；若时间太长，则会引起印层和基底的开裂。涂层处理主要控制涂层材料和涂层厚度，以保护银电极钝化基底。

最后对打印出的传感器进行性能评估，包括电学性能和机械性能两方面。用万用表或电容测量计来测定传感器的电阻/电容大小；用时间数字转换器来测量传感器的响应时间；用透明胶带测试传感器的黏附性，具体操作用百格法，以衡量其机械性能。

4.4.4　可操作化的相对性分析

可操作化需要注意的问题是：变量与指标之间是否客观地存在着对应关系？一个变量可以对应几个指标？什么样的指标才具备直接可测量性？例如，电子商务网站形象的下降可以通过访问量减少和成交量下降等多方面进行描述。所以，研究操作化具有一定的相对性，包括以下几方面。

(1)变量与指标之间的非客观对应性。即变量与指标之间并不存在着客观的对应关系。对于含义清楚明了的变量，用一个指标就能够对其进行测量。但是，对于较为复杂抽象的概念而言，可能需要使用若干个指标来共同对其进行测量，即综合指标体系。因此，需要针对不同的研究对象来具体地考虑操作化问题。

(2)指标体系的非完整性。即可操作化过程并不是所有的指标体系都需要纳入正式研究中。尽管在项目可操作化过程中，可以划分出若干子项，但由于研究条件和时间等方面限制，特别是对以问卷调查、访谈等方法获取研究数据的项目而言，进行操作化处理后，尽管可能会得到上百个指标，但是一般只能挑选其中最重要、最具代表性的指标来进行测量研究。由于这种挑选本身难以避免地包含主观成分，所以指标在数量上也会具有相对性。例如可通过动静态特性、丢包率等来评定传感器性能，但实际中只能选取关键指标进行评定。

(3)变量操作的经验性与相对性。即概念划分到可直接测量性是与研究人员的经验直接相关的，没有固定的判断标准；或无法概念化而将重要的维度或要素排除在外；也可能将一些不相关的特性误认为是高度相关的。

总之，由于信息系统研究本身和研究人员的不同学科背景导致在认识上的差异，使得不同研究人员在对同一个信息系统研究进行操作化处理时，可能会得出不同的结果。也就是说，信息系统研究是无法百分之百精确的，研究操作化不存在唯一的、绝对准确的、完善的操作化指标，无法开发出一个“完美”的测量工具，可以允许多种思维结果的存在。

4.5 信息系统研究的测量评价

正如可操作化的相对性分析那样，在可操作化中，不可避免地会包括一些不应包括的内容，同时又没有把一部分应包括的内容包括进来，也就是说，任何一种测量不可避免地会有一定的误差(或偏差)。但作为科学严谨的信息系统研究，研究结果必须是可靠且有效的。为了得到合理的结果，科研人员一方面需要运用误差理论，计算与评价所获取的研究成果，正确表达测量结果的可靠程度；另一方面可根据误差分析，选择最合适的科学研究方法和测量手段，或进而对研究方法或测量手段进行改进，以便为后续的研究提供经验与教训。

4.5.1 信息系统研究的测量误差

从理论上讲，一旦在研究设计中选择了被测量的指标体系之后，被测量客观上就存在着确定数值，即真值。但在实际操作中，由于所采取研究方法近似性、实验仪器灵敏度和分辨力局限性、环境不稳定性等，往往无法测得真值。测量值和真值之间总有一定的差异，即测量误差。测量误差大小反映了测量结果的准确程度。测量误差可以用绝对误差(测量值－真值)表示，也可以用相对误差[(测量值－真值)/真值]表示。

根据测量误差性质和产生原因可将误差分为以下几类。

第一类：系统误差。在相同的测量条件下多次测量同一被测对象，其误差绝对值和符号保持不变，或在测量条件改变时，其误差按确定的规律变化，称为系统误差。来源有 3 个方面：①测量方法、工具、仪器不完善，仪器不精密或安装调试不当等；②实验理论和方法的不完善，所引用理论与实验条件不符等；③实验者缺乏经验等。

多次测量并不能减少系统误差。系统误差的消除或减少是实验技能问题，应尽可能采取各种措施将其降低到最低限度。例如，将仪器进行校正，改变实验方法或在计算公式中列入一些修正项以消除某些因素对实验结果的影响等。

第二类：随机误差。随机误差也称偶然误差，是指在极力消除或修正了一切明显的系统误差之后，在相同的测量条件下，多次测量同一变量时，误差绝对值和符号的变化时大时小、时正时负，以不可预定的方式变化着的误差。随机误差是由人的感官灵敏程度和仪器精密程度或测量方法精确程度有限、周围环境干扰，以及一些偶然因素影响产生的。由于随机误差变化不能预先确定，所以随机误差不能像系统误差那样找出原因排除，只能做出估计。

虽然随机误差的存在使每次测量值偏大或偏小，但是，当在相同的实验条件下，对被测量进行多次测量时，其大小分布却服从一定的统计规律，可以利用这种规律对实验结果的随机误差做出估算。这就是在实验中往往对某些关键量要进行多次测量的原因。

第三类：过失误差。过失误差是测量之后在客观条件不能合理解释的突出误差，是在观测者不正确地使用仪器或运用测量方法、观察错误或记录错误数据等不正常情况下引起的。它会明显地歪曲客观现象，在数据处理中应将其予以剔除。它是可以避免的，也是应该避免的，所以，在进行误差分析时，要估计的误差通常只有系统误差和随机误差。

4.5.2 信息系统研究测量的信度与效度

在研究过程中为了减少随机误差，研究人员经常对同一变量进行多次测量。如果多次测量所得的结果比较一致，就接受此测量值；如果两次所测结果相当不一致，就不敢贸然认定其中的任何一个量值。倘若不同次数测量的结果有较大的差异，则这种测量的结果是难以让人信服的，即测量结果必须具有一致性和稳定性，这就是测量的信度(reliability)。在测量过程中，信度高意味着测量结果稳定，排除随机误差的能力强。但如果测量的时候，在选择的测量工具或标准过程中存在着偏差，则不能保证测量值趋向于真值，即不会消除系统误差，测量是无效的。效度(validity)或内在效度则是表明研究测量有效性与准确性，即一个测验对被测量特性准确测量的程度。效度不仅受随机误差的影响，还受系统误差的影响。

以上所述的信度与效度主要考虑了样本测量情况，在大多数情况下，还要考虑如何将研究结果推论到较大样本总体，即外在效度。总的说来，内在效度决定研究结果的准确性，影响研究结果解释。外在效度则直接影响研究结果的可推广性(图4.15)。

从以上描述可以看出，信度是效度的必要条件，但非充分条件；效度是信度的充分条件。就是说一个指标要是有效度，就一定有信度；一个指标没有信度就不可能有效度，但有了信度却不一定有效度。可以说，效度是测量的随机误差和系统误差的综合反映。当一个测量随机误差较大时，实测结果当然会偏离真值，造成结果的不准确。如果测量中还存在系统误差，则系统误差也会加大测量误差。无论出现哪种情况，也无论是否两种误差都存在，只要出现测量误差，测量效度必然受到影响。从这个意义上来说，效度高不仅意味着排除随机误差的能力强，同时也意味着排除

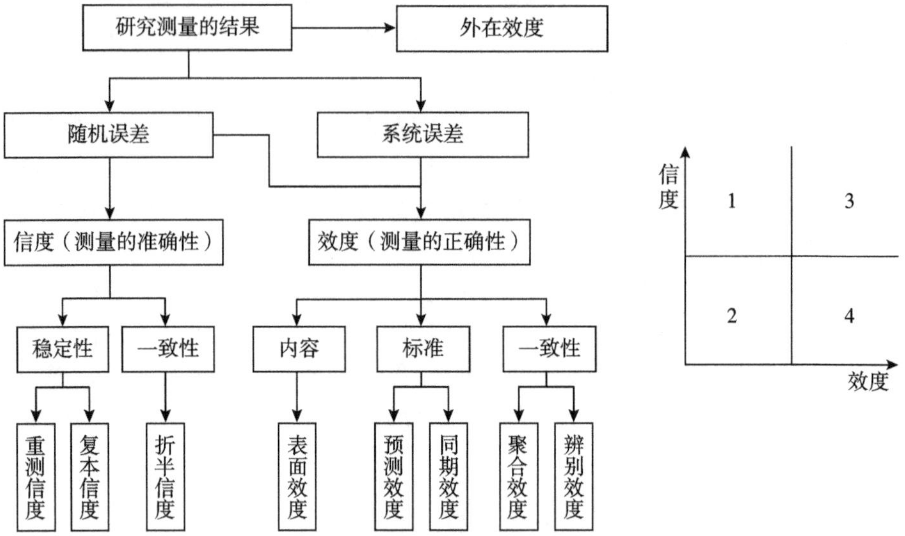

图 4.15　信息系统研究测量的信度与效度

系统误差的能力强。二者之间的关系可以组合为如下 4 种。

第一，可信且有效。可信且有效的测量工具是优良的测量工具。在这种情况下，可以测出真正要测的事物或现象，因为它既是可信的又是有效的。

第二，可信但无效。这种类型的测量工具是可靠的，但不一定在特定的目标上有效，它可能在其他目标上有效。假设测量变量 X，结果却测量出变量 Y；这样，虽然变量 X 是无效的，但对于变量 Y 却是有效的测量。对于变量 Y 是有效的和可信的。

第三，不可信但有效。这种情况在理论上应该是不存在的。因为效度的必要条件是信度，所以，一个不可信的测量工具对任何测量主题都是无效的。

第四，不可信且无效。这是测量中应避免的类型。在这种测量类型中，选择的测量指标或量表与研究对象完全没有任何关系。

4.5.3　信息系统研究测量外在效度的影响因素

信息系统研究中内在效度的高低取决于对干扰变量控制的程度。控制得越好，研究结果越能解释是由研究中某种处理所造成的；反之，控制得越差，研究结果越无法解释究竟是由研究中某种处理所产生的，还是由其他无关因素所导致的。

一般来说，研究者在进行研究时，总是希望最终的研究结果能够超越具体的研究背景，在更广泛的背景条件下成立，即具有最大的外部有效性。影响外部有效性的主要因素包括：①研究对象，所选取的样本与要推广到的总体相比所具有的特殊性；②研究背景，研究背景与要推广到的环境之间的差别；③时间因素，研究时间段与要推广到的时间段之间的差别。

研究结论可推广的必要条件：第一，理论的初始假设和初始条件应具有合理性，越接近现实，理论才越能具有广泛的应用范围。第二，研究设计应保证研究结论能从具体的研究样本、研究背景推广到理论中的总体和其他背景。第三，通过对不同对象，在不同时间、背景下由不同研究者进行的重复研究，可以验证理论的外部有效性。如果不同的重复研究结论具有一致性，将提高人们对研究外部有效性的信心，这样的研究也就具有更大的可应用性。

研究成果推广有 2 种形式：一是效果推广，指把实证研究得到的结论直接应用到其他背景下事件中去，把从样本中得到的结论推广到样本所在的总体中。二是理论推广，指用研究得到的科学理论来解释在其他背景下发生的事件，与理论推广有关的外部有效性涉及研究理论的应用范围。

4.6　信息系统研究设计案例分析

本案例基于文献（Chung，2017）通过分析而得出，不一定反映了作者的真实意图，仅供教学应用。其主要研究内容：大多数用于监测鱼类新鲜度的传感器或仪器集中在空气中气味或挥发性化合物浓度的实时检测。该类气体传感器耗电极大、需要额外的精力来定期更换电池。为了克服典型电池供电模块的局限性，该研究提出了一种新的近端鱼类新鲜度监测系统，其中传感模块是一种新的、具有能量捕获的鱼类新鲜度智能传感器模块。

4.6.1　食品冷链品质感知机理（概念化与概念框架）

文献分析表明，食品质量安全是一个复杂的概念或问题，包括食品质量、可追溯等多方面要求，是一个复合性概念，无法直接测量。因此，必须给出明确的界定和可操作化过程。具体步骤分析如下。

第一步，定义和界定概念。首先，抽取食品质量安全中某一具体维度，即食品新鲜度，而新鲜度一般指食品从植物原料采摘，动物原料宰杀，还有其他食物从收获到餐桌的时间，时间越短，新鲜度越好。不同食品有不同的新鲜度测定指标。因此，新鲜度也是一个无法直接测量的、包含其他维度的维度。进一步，将新鲜度转化为氨气、硫化氢（腐败指示参数）和温湿度（微环境参数可直接调控，为品质控制参数）等能够直接被传感器测量的变量。为了提高检测效率，定义了智能传感标签这一概念。在该概念中，涉及氨气、硫化氢、温湿度等传感器维度，利用 RFID 技术实现传感功能，具体地包括 RFID 芯片、RFID 天线、能量采集装置、放大电路等部分。

第二步,理解概念与概念之间逻辑关系。通过建立氨气、硫化氢和温湿度等参数与食品安全某个参数相关的模型,或者直接基于3个参数进行分析,用对应的传感器来获取氨气、硫化氢、温湿度具体数值,实现食品新鲜度指标的评定,从而保证食品质量安全。在智能传感器标签这一概念中,天线用来传输数据,能量收集电路包括升压器等用于接收电磁波和整流到直流电平,为智能传感器标签系统供电。使用超低功率微控制器来处理从外部传感器采集的数据;然后将原始数据传输给读卡器与RFID标签芯片进行通信,从而实现感知功能。

第三步,设计概念框架如图4.16所示,使用箭头和方框展示概念、维度的关系。

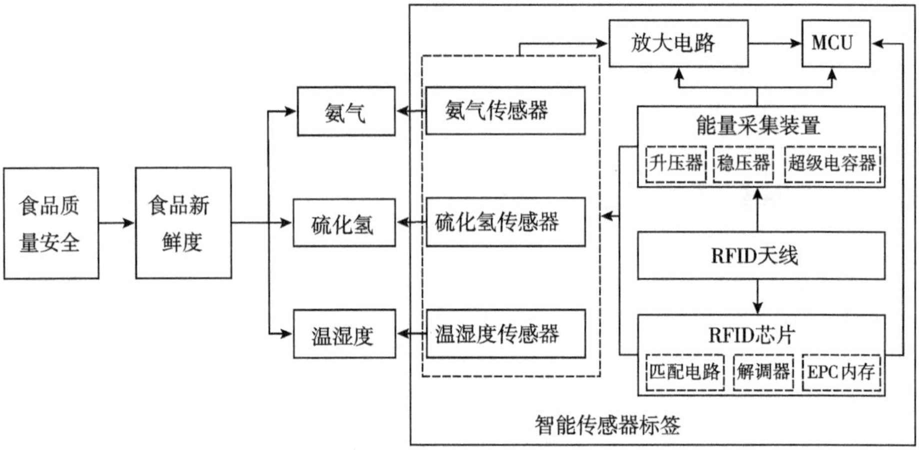

图 4.16 基于智能传感器进行食品质量安全检测的理论框架图(感知机理)

4.6.2 食品冷链品质感知关键技术的可操作化

基于感知机理,食品质量安全检测的核心是智能传感器标签。从可操作化角度分析,智能传感器标签包括智能、无源、近场通信3个技术特征,是智能传感器行为域的具体表现。图4.17总结了3个维度可操作化过程。

第一,在智能这个技术特征上,智能传感标签是一个集成化的传感器模块,内部集成了信号采集电路,放大电路,甚至是噪声消除电路与数模转换电路,这意味着智能传感标签不需要任何外接电路,便可实现气体数据低功耗采集、实时精准监测与无线自动传输,相对于传统的需要额外通过软硬件手段进行降噪以及数模转换的传感器而言更加智能。

第二,无源是该技术的重点,智能传感标签采用无源设计:通过天线实现了智能传感器与读写器的信息交换,且此过程中能量采集无损耗、无辐射。在信息交换的过程中,RFID 芯片与读写器之间通过磁场变化进行信息交换,不需要额外接线与供电。该智能传感器中还集成了能量采集电路,为采集气体、温湿度信号的传感器供电,不需要另接电源。而传统气体传感器需要外接电源,且电量损耗大,需要占用大量空间放置供电设备。

第三,近场通信整合 RFID 及互联互通技术,进行近距离点对点数据传输和数据交换。通过对天线与 RFID 芯片的设计与选择,决定读写距离,从而形成小型近距离无线网络,实现任何时间、任何地点、任何对象的数据交换。

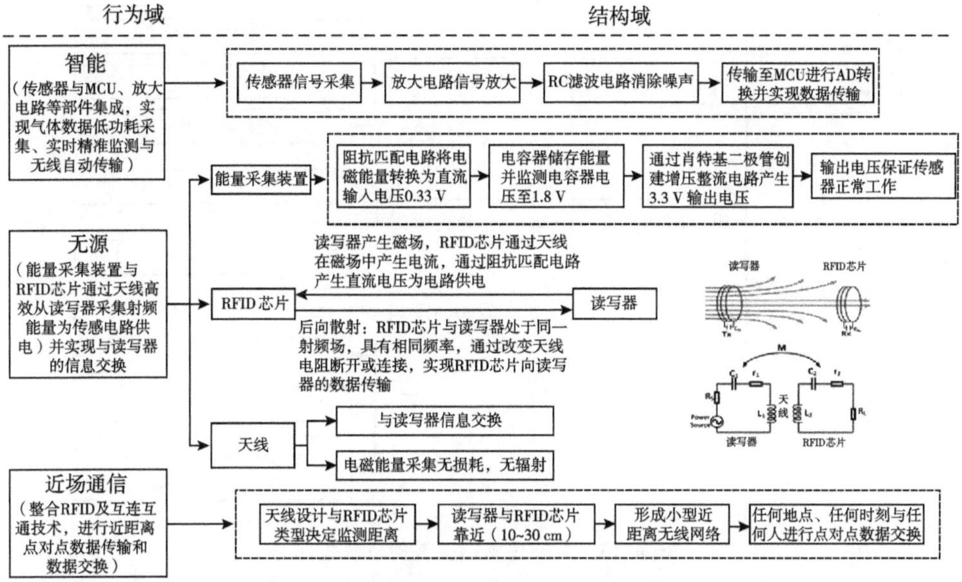

图 4.17 智能传感器标签的可操作化

4.6.3 食品冷链品质感知的传感器技术实现

基于概念化与可操作化,图 4.18 给出了食品冷链品质感知的关键技术实现过程。RFID 标签结构包括能量采集装置、多点控制器(multipoint control unit, MCU)、RFID 芯片、RFID 天线和传感器部分。具体地,能量采集装置包括电感、肖特基二极管、CBC3150 电容器,由电感形成阻抗匹配电路,由二极管组成整流升压电路,由电容器进行能量储存与监控。选择具体型号的 MCU、RFID 芯片、传感器并确定组成 RFID 天线的铜导线的参数,确定了 RFID 传感器的这些参数要求,就可以设计出一个具体的、具有既定功能的 RFID 智能传感器。

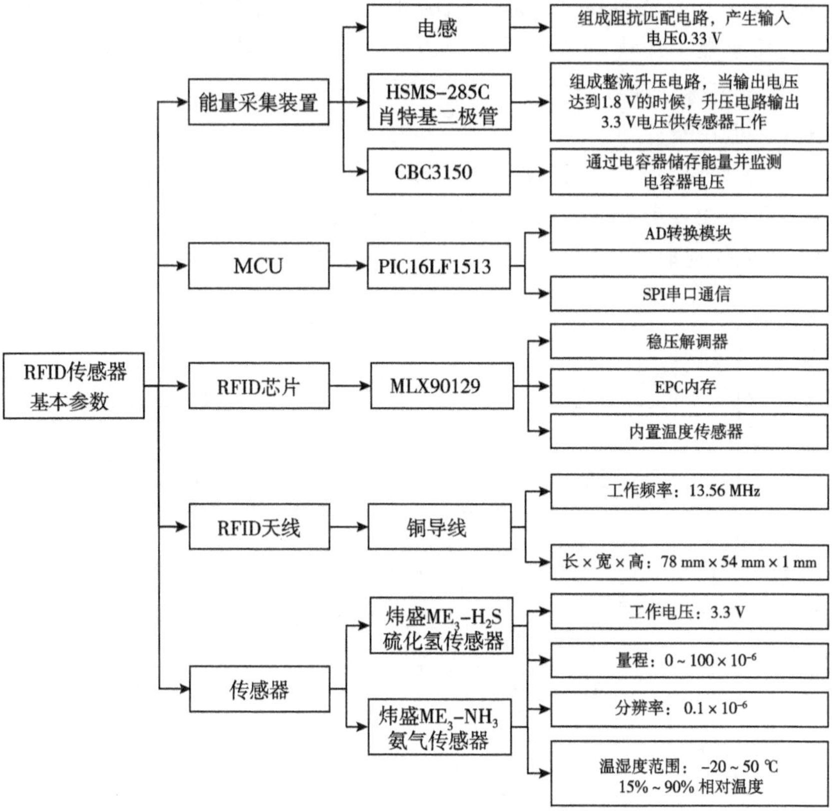

图 4.18　智能传感器标签的技术实现

第5章　信息系统研究方法(一)——研究方式、数据获取和处理

信息系统研究设计表明了研究中所需要指标及相应数据和基本的计算方式，但没有清楚说明数据应该如何获取与处理。实践表明，大量的科学研究活动由于得不到或无适合的数据，从而无法顺利进行，甚至是以失败告终。研究方法涉及研究过程中所运用的工具、技术或手段，是解决研究项目的“是什么、为什么和怎么样”的问题，即逐步、具体化地描述出将要做什么、如何做以及为什么要这样做，侧重于让科研人员知道如何以及从哪里获取已经存在的数据，生成未有的数据以及对所取得的数据进行处理。研究方法则要说明其中的每一项如何与研究目标相联系，如何对经验估计结果进行检验和分析，开发和设计模型，模型的数学形式为何具有合理性以及对结果进行解释等。

本章到第8章主要讲解信息系统研究方式、数据生成、数据处理与模型构建等内容。需要指出的是，这些描述着眼于项目计划与申请书写作，所给出的方法或技术仅仅是一种简单的描述。读者想了解更详细的细节可以参考相应的书籍。此外，这些技术与方法并不总是独立使用的，研究人员经常需要考虑如何综合使用各种技术、方法和数据以得到研究结果。

5.1　信息系统研究方式分类

根据研究设计的结果不同，信息系统可以采用不同的研究方式。不同的研究方式有其不同的研究程序、研究要求和收集分析资料的方法。收集资料的途径和方法有问卷法、观察法、访问法及查阅资料等，分析资料的手段和技术有定量分析和定性分析两种。根据这些方面的不同，一般把信息系统的研究方式主要分为调查研究、设计与创作研究、案例研究、实验研究等。不同研究方式的比较分析见表5.1，逻辑关系见图5.1。

表 5.1　不同研究方式的比较

	优点	缺点	评价准则
调查研究	①调查研究能够提供大范围的研究对象,数据能够更好地定量处理,研究结论易于一般化 ②调查研究能够被重复,即同样的数据能够被同样的人在不同时间或其他人收集 ③调查研究能够在较短的时间内以可以接受的成本产生大量的数据,而且时间与成本是可以控制的	①调研研究缺乏研究的深度,不能够提供与研究主题相关的更多细节 ②由于受制于统计处理方法,调查研究侧重于可以测量与计数的方面,一些不能数字化处理的方面可能被忽略 ③调查研究侧重于时点的研究,无法检测正在进行的过程与变化 ④调查研究无法分析原因与影响	①研究对象有多大的覆盖面 ②使用了什么样的数据生成方法 ③抽样框架与技术是否描述清晰 ④抽样的规模有多少?是否符合研究的要求 ⑤回复率以及非回复是否描述清晰?科研人员是否试图分析回复者与非回复者之间的差异 ⑥研究人员是否将研究成果在更大总体范围内一般化?是否合适 ⑦研究人员是否意识到他所采取的调查研究的局限性 ⑧读者能否有效识别科研报告中的缺点与不足之处
设计与创作研究	可以用一种有形的产品展示科研人员的成果	①研究人员如何区别设计与创作研究的创新性,而不仅仅是一项纯工程性的项目 ②需要研究人员具有较高的技术水平 ③研究成果不容易一般化推广 ④信息技术快速发展容易导致研究过时	①研究成果是何种 IT 产品?是否区别于一般的工程性项目 ②研究人员是否清晰表明了研究开发的目的?它是否合适 ③研究人员是讨论了系统整个的开发过程,还是某些阶段 ④研究人员是否描述了数据生成的方法 ⑤研究人员是否清晰表明了系统评价方法与标准?这些标准是否合适 ⑥研究人员是否将研究成果进行一般化处理,这些处理是否合适 ⑦研究人员是否意识到设计与创作研究的局限 ⑧整体评价设计与创作研究是否达到了目标

续表 5.1

	优点	缺点	评价准则
案例研究	①案例研究能够处理复杂的局面与形势,特别是单因素分析无法完成的或数据量少的形势 ②案例研究适用于科研人员无法控制的情形,并可以用来开发测试理论 ③案例研究更符合读者的经历,比数字化研究容易理解	①案例缺乏严格性的分析,容易导致一般化的结果不可信 ②一个完整案例的获取需要消耗大量时间 ③案例研究过程中科研人员可能会影响研究对象,导致研究结果非预期所求 ④案例研究没有预先设定好的规则可以遵循,需要研究人员具有较高的科研能力与水平	①案例选择的准则是否描述清楚?该标准是否经过鉴别 ②应用了什么样的案例研究方式?数据生成方法是什么?这些方法是否满足案例研究的需求 ③科研人员获取数据花费了多长时间?是否已经清晰了解了案例的整个过程 ④案例研究成果是否进行一般化处理 ⑤案例研究与相关理论是如何结合的 ⑥读者能否识别案例研究中存在的不足之处
实验研究	①研究人员可操控自变量,并配合控制组与实验组的比较,使操控有比较的基础,产生较好的效度 ②最适用于因果关系研究 ③研究过程最严谨、最科学,实验结果具有可重复性	①整个过程受人为操控 ②实验结果较无法一般化:实验情景过度单一、样本少,降低外部效度 ③实际应用的成本高 ④实验过程可能违反人道主义精神	①实验类型是何种类型?是否清晰表明了研究假设与预期成果 ②与变量相关的信息是否清晰表明?还有什么额外信息 ③实验参加者信息是否清晰表明?参加者是如何被找到?还需要什么额外信息 ④选择的样本是否具有代表性 ⑤实验的测量过程是否清晰?实验结果是否得到认可 ⑥研究人员是否意识到实验研究的局限 ⑦研究过程中是否有什么遗漏之处 ⑧整体评价实验研究是否达到了目标

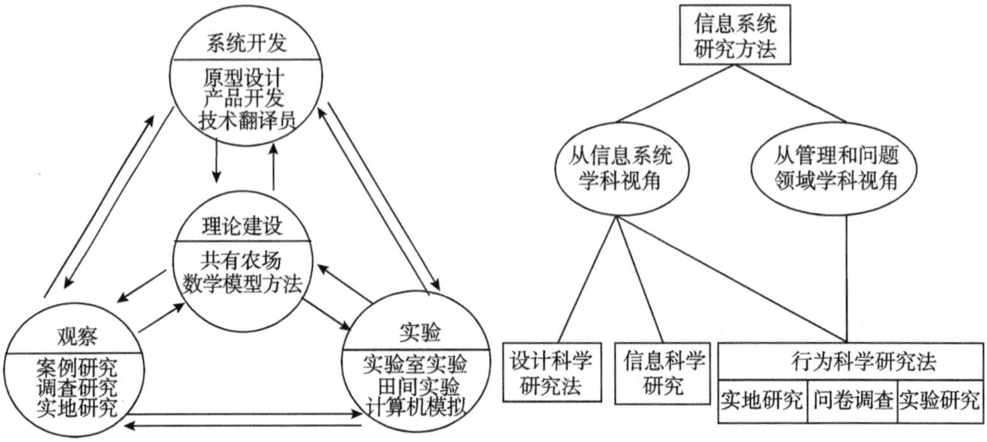

图 5.1　信息系统研究方法关系图

5.2　信息系统研究方式(一):调查、案例和实验

5.2.1　调查研究

调查研究是指在一个相对较大的范围内,以标准化的方式,通过实地考察、现状了解、材料搜集、数据分析等来认识信息系统研究问题,或探讨信息系统相关现象之间联系的一种方法。调查研究法属于一种经验性的方法,它通过搜集一些科学事实或实验数据,或寻找相关科研工作留下的经验材料,进行分析研究。

调查研究的关注点在于现实中真实发生的情况,所研究的事件是在自然状态下发生的,即在研究过程中不对研究对象施以任何形式的刺激或控制,而是通过提问或借助感官、仪器去感知现实。通过调查,研究者可以获得大量的第一手资料和数据,而这些资料和数据是通过其他研究方法不能或难以获得的。

1. 全面调查与非全面调查

一般来讲,根据调查对象的范围的不同,可以分为全面调查和非全面调查。

全面调查又称普遍调查,是对研究对象的整体进行逐一调查,也称为普查。全面调查是对全部单位进行调查,因此不会出现以偏概全的现象,误差发生的概率也相对较小,但存在着投入成本大、调查周期长等问题。特别是一些破坏性的调查,无法使用普查的方法,而且还存在质量控制困难等缺点。

非全面调查指仅调查采集范围内的部分单位来反映总体。包括如下 3 种。

(1)重点调查:调查采集范围内影响全局的主要单位,而不影响全局的单位则不调查。重点调查一般用于快速掌握全局的情况，以便进行某方面决策的制定与实施。重点调查通常关注的是宏观现象，而对于微观主体的状况不进行深入研究。

(2)典型调查：调查总体中具有代表性的单位。该方法注重对各类具体单位进行微观分析，而不关注整体的宏观情况。其突出作用在于研究尚未充分发展、处于萌芽阶段的新生事物或具有某种倾向性的社会问题，分析事件的不同类型，研究它们之间的差别和关系。

(3)抽样调查：按随机原则从总体中抽选一部分单位进行调查，其结果既可以对整体的宏观状况进行推断，也能够反映出微观主体的行为(具体抽样方法可参考相关统计学教程)。

2. 不同调查方式的适用范围

不同的调查研究方式具有不同特点与适用范围，需根据实际情况具体区分。

第一，重点调查和典型调查都具有主观选择的特征，均是由调查人员根据自己的判断去选择样本。因此，调查人员主观认知上的差异可能会导致调查结果出现偏差。由于选择标准存在差异，调查结果的可移植性也比较差，其他人员很难直接使用这些调查结果。

第二，由于抽样调查的样本选择过程需要遵循公认的统计学规律，只要抽样人员在工作中没有出现较大失误，抽样的结果就可以是客观真实的，且不同研究者的调查活动可以相互理解和引用。与重点调查和典型调查相比，抽样调查操作过程更严格，并要求一定的样本量，从而增加了调查难度，提高了调查成本。

5.2.2　案例研究

案例是包含一个或多个疑难问题，并能给人以思考和借鉴意义的典型事件。案例研究是指通过对不同案例的收集、分析、研究概括和展示，验证概念间的逻辑关系，进而得出一般规律。案例研究解决的主要是“如何”和“为什么”的问题，这是因为案例研究具有系统性，研究人员可以把研究对象视作一个系统或系统的组成部分，识别其中的因果关系。

案例研究可以分为 3 类：第一类是探索性研究，目的是对一些问题形成初步认识，为后续的研究奠定基础。第二类是描述性研究，这类研究并不局限于对真实情况的描述(这是所有案例研究都必须具备的内容)。它先从理论的“描述”开始，而这种“描述的理论”能够从深度和广度上覆盖被研究的案例，从而生成探索研究对象之间因果关系的假设和命题。第三类是解释性研究，用于解释因果关系，特别是在一些复杂的多变量案例中，能够更有效地帮助我们认清一些因果关系。通过对案例的有效选择，可以使案例研究的结果具有一般性。特别是当案例研究用于探索或描述原因或关系的“存在性”时。典型的案例表示结构由内容和索引两部分组成。前者表示案例的情节，后者则指明检索该案例时需参照的特征。

一个完整的案例研究过程包括以下几个因素。

(1)研究此案例的理由。解释为何要对此案例做出深入研究。

(2)案例有关事实的详细描述。包括对所研究的特定的个人、项目或事件，也包括与案例有关的背景以及事实。在这点上必须尽可能做到完整和客观。

(3)数据收集与描述。包括观察到的现象，选择的采访对象，参考的文献等。

(4)模式发现与讨论。描述数据所代表的趋势、主题、个性特征等。

(5)研究结论的一般化。

案例通常由 3 个部分构成：①问题处境描述，包括问题求解的目标、任务类属以及问题所处环境的状态，可以包含任何与问题解答和执行后果相关的描述，以支持案例与新问题之间的差异分析和解答修改；②解答，说明案例中的问题如何解决，既可以简单地记载解答本身，也可以详细描述解答推导的方法过程；③后果，记载解答实际执行后的结果状态，包括解答的执行是否成功，以及成功的经验和失败的原因。

在信息系统研究中，基于案例的知识表示和推理方法，以其独特的推理风格和成功的应用，成为人工智能和专家系统领域中一种重要的问题求解方法。案例推理(CBR)是通过机器学习和类比推理的方式来进行的，通过从以往的实例中找出与其相似的实例来求解所要解决的各类问题。由于 CBR 可以通过不断的学习来提高求解的精度和效率，且信息表达更为完整，求解方法相对于传统的数值方法也更加简单，案例推理已经在很多领域都被成功运用。

案例推理由 6 个过程组成，即处境分析→检索→重用(把找到的案例解答作为新案例问题求解的建议)→修改→检测→保存，称为 CBR 循环，如图 5.2 所示。其中，案例索引可以通过描述案例的重要特征从而实现将每个案例区别于其他案例。

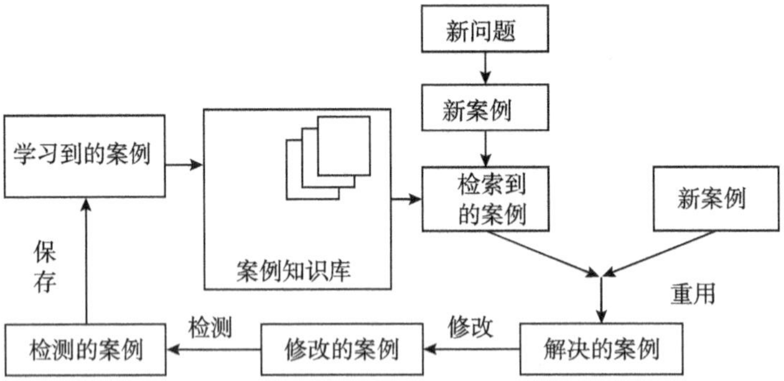

图 5.2 专家系统中案例推理循环

5.2.3　实验研究

实验研究是研究者按一定研究假设和研究设计，主动操纵研究变量，并对非研究变量予以自觉、明确和适度的控制，通过观察结果检验研究假设的一种实践性研究活动，主要用于阐述变量之间的因果关系。该方法在实验过程中采用记录和观察的方法收集资料，并通过统计、计算或理解对收集的资料进行分析。其基本步骤包括前测、实验刺激和后测 3 步。实验设计分为简单实验设计和多组实验设计，其中又包括多种具体的实验设计类型，每一种类型都有自身的优点和缺点，研究者可以根据不同的实验加以灵活地运用。

在信息系统研究中，实验法主要包括以下 3 个方面。

(1)信息系统利益相关者的行为实验研究。研究中需要运用心理学、行为学和小群体学等。由于研究的范围较小，不可能像问卷调查那样对大量样本进行调查，难以反映群体的一般情况，但在研究个体的行为方式或心理活动时却具有独特的优势。信息系统研究的实验对象主要是人，而人是具有主观能动性的主体，往往会因为意识到实验的存在而改变自己习惯的态度或行为方法，尤其是在实验室环境中进行研究时，实验结果往往容易失真。

(2)信息系统领域基础实验研究。主要是针对信息系统所面临的领域问题，通过实验的方式获取相关基础数据和知识。例如，在水产品无水保活监测系统研究过程中，需要通过实验统计分析存活率，分时段检验活鱼的肉质营养成分；在不同微环境条件下监测生理应激、品控参数的动态波动规律；在运输过程中运用异常状态评估机制进行异常判断决策分析；通过已建立的存活率以及肉质营养预测模型进行预测并检验预测效果；通过统计运输实验结束时的存活状况，发现最小应激变化情况和最佳呼吸代谢抑制情况。

(3)信息系统性能测试实验。包括硬件和软件(算法)两方面。例如，在水产品无水保活监测系统研究过程中，在硬件方面，物联网节点的性能测试是物联网数据采集、品质变化与可追溯建模的重要保证。通过根据物联网数据采集软硬件的设计与实现，以及对物联网节点的相关性能进行测试，提高物联网节点的有效性和稳定性，其测试内容主要包括物联网节点的通信距离测试、数据采集测试、链路质量测试以及工作功耗测试等。

案例 5.1　一个水产品无水保活监测系统的实验方案及其流程(图 5.3)

基于研究需求，重点进行图 5.3 的实验。基本流程如下。

第一，以鲆鱼、牙鲆为对象，采购后经检验健康状况良好，暂养 24 h 后进行梯度降温驯化至被动休眠状态，捞起称重、测量长度后，在低温条件下进行充纯氧长距离运输测试。

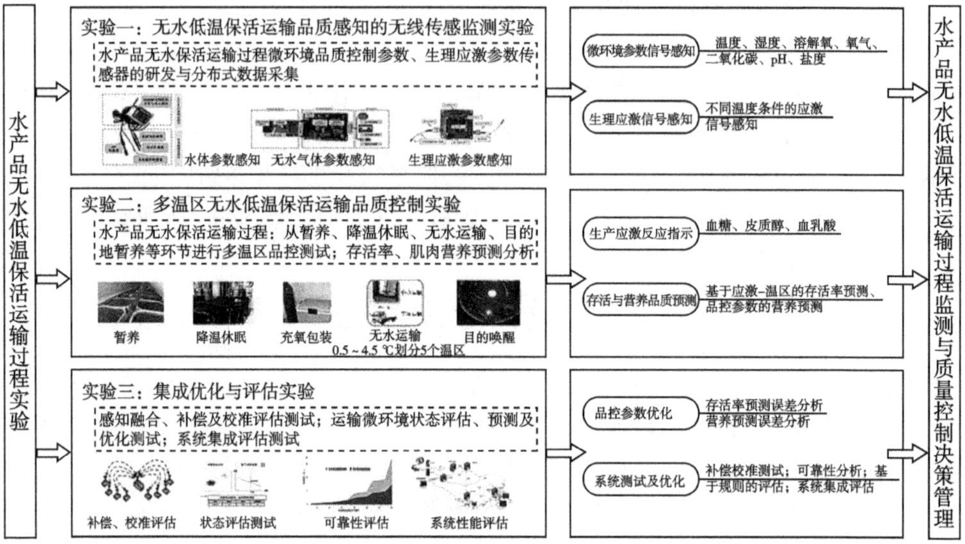

图 5.3　水产品无水保活监测系统的实验方案

第二，选定温度控制区间参照组，每组放置 100 尾鱼进行对比实验。每次活鱼被分为 5 个对照组，在 0.5～2.5 ℃、1.0～3.0 ℃、1.5～3.5 ℃、2.0～4.0 ℃、2.5～4.5 ℃等温控区间下进行运输测试。然后在运输容器内部署品质控制及应激参数传感器感知其变化规律。

第三，选择不同的无水运输供应链进行对照实验。其中，近距离选为烟台（济南）→北京；中长距离选为济南（烟台）→深圳；长距离选为烟台（济南）→乌鲁木齐。上述线路皆为实际运输线路，利用合理的温度变化准确预测最终品质并检验其性能。

5.3　信息系统研究方式(二)：设计与创作研究

设计与创作研究主要用于开发基于信息技术的产品，是信息系统研究的基本方式。设计与创作研究活动必须遵循信息系统开发的基本方法，通过为研究人员提供一组活动、方法、最佳实践、交付成果和自动化工具，从而开发和维护研究中所需要的信息系统。设计与创作研究可以遵循已经成熟的开发方法，也可以使用研究人员自己熟悉的或自己提出的方法。重要的是研究人员要清晰意识到系统开发问题，到深入理解，再到开发方案，到最后基于信息技术的产品实施的整个过程，即这个研究过程是可以追溯的。

需要强调的是，设计与创作研究和传统的信息系统开发工作一样，研究人员必须时刻意识到自己是进行创建新知识的研究，而非单纯的工程性工作。

从技术角度而言，信息系统开发是一个复杂的系统工程，受多方面条件的制约，研究这些条件有助于信息系统开发，以及加深对信息系统开发中涉及的有关问题的理解。在信息系统建设的长期实践中，已形成了多种系统开发的方式和方法。因此，为了保证系统开发工作的顺利进行，应该根据所开发系统的规模大小、技术的复杂程度、管理水平的高低、技术人员的情况、资金与时间要求等各个方面的不同要求采用不同的开发方式与方法。

从管理角度上讲，信息系统工程是一种问题求解的活动。信息系统开发人员需要通过大量调查、研究和论证活动获取用户的需求目标和约束条件，给出系统功能、性能、接口、设计约束条件和信息结构，并通过多种方法予以实现。

5.3.1 信息系统工程的构成

信息系统工程构成主要包括以下几个方面。

第一，硬件工程。硬件工程是现代信息系统的基础，因此需要根据系统需求确定硬件系统的任务，即产生硬件需求设计。然后根据硬件需求设计，制造或选择硬件部件或设备。在考虑硬件系统功能和性能时，还必须考虑硬件之间的接口、硬件的标准化、硬件成本和维修服务等因素。

第二，网络与通信工程。现代信息系统不再是单一主机体系，它需要基于网络环境。通信环境的选择和网络环境的构建，是解决不同信息系统之间应用不同技术所形成的异质和异构，确保网络安全等是信息系统的重要任务。

第三，人机工程。人机工程是为了使工作人员与其操作使用的作业工具进行安全有效的结合，使作业环境更适合工作人员，从而在设计和使用安排上统筹考虑的一门科学。在信息系统中，人机工程不仅涉及计算机技术方面的内容，还涉及心理学、美学等多个学科。人机工程的主要应用是如何设计更有效的人机交互界面。

第四，数据库工程。数据库可直观地理解为存放数据的仓库。数据则是长期存放在计算机内，有组织的、多种形式的、可共享的数据集合。数据库技术使数据能按一定的格式进行组织、描述和存储，具有较小的冗余度、较高的数据独立性和易扩展性，并可与多个用户共享。

第五，软件工程。信息系统软件有系统软件和应用软件两大类。软件工程采用工程的概念、原理、技术和方法，用于寻找或生产支持信息系统应用软件产品的工程技术与方法，通过软件需求分析，进行软件总体结构设计，在此基础上，尽可能寻求可重用部件支持软件的详细设计和编码来开发和维护，从而生产出经济、可靠、能够在计算机上有效运行的软件。

5.3.2 信息系统开发的主要模型

信息系统开发主要采用生命周期方法，把信息系统生存过程依次划分为若干个阶段，每个阶段有相对独立的任务与工作重点。但在实际开发过程中，各阶段的实施往往不是顺次进行的，而是表现为带有一定反馈和重复的迭代过程，这种过程需要一定的开发模型来表示，具体描述信息系统开发的工作内容和工作过程、开发活动的各阶段之间的关系。

1. 瀑布模型

瀑布模型(waterfall model)是最早的信息系统开发模型，又被称为信息系统生命周期模型。它将信息系统开发分为 3 个时期，即信息系统的计划时期、开发时期和运行时期，每个时期又分为若干个阶段。在瀑布模型中，信息系统开发必须严格遵循制定计划、需求分析、系统设计、程序编写、系统测试和运行维护 6 个基本活动，并且规定它们以自上而下、相互衔接的固定次序进行运作。瀑布模型规定了系统开发的基本框架，其过程是从上一项活动接收该项活动的工作对象并作为输入，利用这一输入实施该项活动应完成的内容，给出该项活动的工作成果，并作为输出传给下一项活动。之后还需要对该项活动的实施进行评审，若确认则继续下一项活动，否则返回上一项甚至更前面的活动。这种连续性的特点保证了信息系统开发进度，保证了信息系统可靠性和可维护性，并可应用于迭代模型中。

2. 原型模型

瀑布模型之所以存在问题，是因为在信息系统开发人员和用户面前没有一个客观存在的事物，用于充分表达开发人员对问题有关概念的理解程度和对目标系统的初步考虑，客户也无法通过实体阐明对目标系统的要求和开发人员当前的一些理解错误。原型法就是适应这种需要产生的一种信息系统开发模型。原型法是所开发信息系统系统的一个可执行模型或引导性版本，可以为客户和开发人员提供系统的原始蓝本，以帮助得到实现系统目标的明确而严格的需求，促进客户和各阶段系统人员之间有效的信息交流，并以此为基础进行需求分析和系统设计。从本质上看，原型是未来目标系统的一个模型，而不是最终产品。

3. 螺旋式开发模型

螺旋式开发模型又称信息系统开发的螺旋模型(spiral model)，可以体现出系统开发人员在开发过程中对目标系统认识的逐步完善过程。每当系统开发人员对系统有了新的认识和想法后，就可以通过原型实现。这样，随着工作的深入，原型得以不断扩充和完善，直至客户满意。该模型开发过程有三步：第一，通过调查分析，确定客户对目标系统的基本需求。第二,在分析客户对目标系统基本需求的基础上进行风险分析。第三,通过简单的设计,用某种方式快速构造一个系统原型。第四,将原型交给客户,运行原型并和客户充分交流,在此基础上进行评审,根据对原型的改进意见,做更为详细的系统分析和设计,并构造下一代原型系统。第五,重复以上“运行原型系统→与客户交流→进一步分析设计→再构造原型”的过程,直到目标系统开发结束。

5.3.3　信息系统生命周期

信息系统生命周期是指信息系统从定义、开发、使用和维护,直到最后被废弃经历的时间,是设计与创作研究中所遵循的基本逻辑与思路。一般而言,信息系统生命周期分成 4 个阶段:系统规划、系统开发(分析、设计和实施)、系统运行维护和系统更新(表 5.2)。

表 5.2　信息系统生命周期的阶段与主要活动

<table>
<tr><th colspan="2">阶段</th><th>主要活动</th></tr>
<tr><td colspan="2" rowspan="4">系统规划</td><td>战略规划:根据组织的目标和发展战略确定信息系统的发展战略</td></tr>
<tr><td>业务流程规划:根据组织目标与战略对业务流程进行识别、改革与创新</td></tr>
<tr><td>信息系统总体结构规划:进行组织的信息需求分析、数据规划、功能规划与系统划分、信息资源配置规划</td></tr>
<tr><td>项目实施与资源分配规划:根据应用需要和可能将整个系统划分成若干项目,估计每个项目所需硬件、软件、网络、资金、人员等各项资源</td></tr>
<tr><td rowspan="3">系统开发</td><td>系统分析</td><td>系统调查,开发项目的可行性研究;新系统逻辑模型</td></tr>
<tr><td>系统设计</td><td>系统总体结构、输入输出、处理过程、数据存储、决策模型</td></tr>
<tr><td>系统实施</td><td>软件硬件实现、系统安装、调试与测试,新旧系统的转换</td></tr>
<tr><td colspan="2">系统运行维护</td><td>系统评价、系统运行组织与管理、系统纠错性维护、适应性维护等</td></tr>
<tr><td colspan="2">系统更新</td><td>现行系统问题分析、新系统的建设</td></tr>
</table>

案例 5.2　鱼病诊断专家系统的开发与演化

20 世纪末,水产养殖业发展迅速,但鱼类病害频发、生产管理水平低下、服务体系落后等问题给行业造成了巨大损失。据不完全统计,病害不仅造成了高达百亿元的直接损失,还引起水域环境恶化、水产品质量安全性等问题,是制约水产养殖发展主要因素之一。为了解决病害频发与领域专家缺乏的矛盾,减少病害带来的经济损失,实现鱼病的及时诊断与适时防治,科研人员在领域知识基础上,开发了鱼病诊断专家系统,辅助提高诊断准确率。

经过多年开发与示范,鱼病诊断专家系统已经从最初仅能够对水产养殖中鱼类健康信息管理演化为不仅能够对健康信息、养殖环境信息、药品信息进行管理的信息系统,还结合更多的信息与通信技术,实现从呼叫中心、移动、Web、单机等多种模式的信息系统服务模式。鱼病诊断专家系统的演化过程如下,具体演化过程见图5.4。

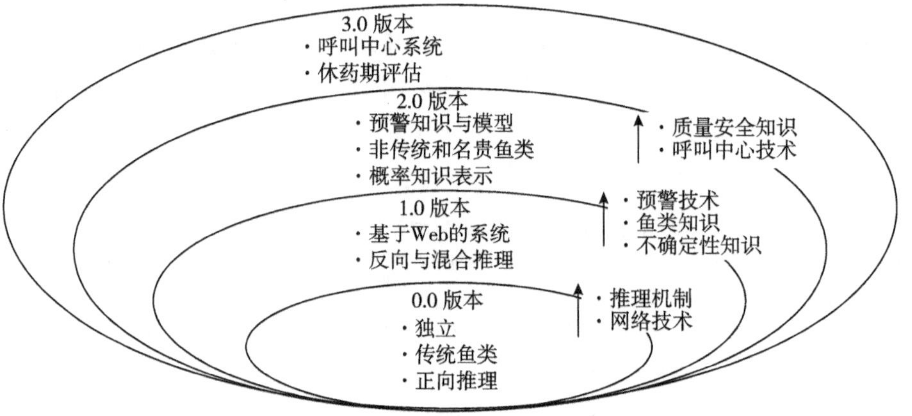

图 5.4　一个基于原型+螺旋式开发的鱼病诊断专家系统演化过程

首先,用原型法开发了基于 VB 的单机版,选取 8 种常见的鱼种。

(1)诊断思维:“目检—结论”。

(2)推理机制:“症状—疾病—防治”。

(3)推理方法:正向推理。

基于原型法所获取的用户需求,第一次演化重点引入 Web 技术,增加推理机制。

(1)品种范围:保持不变。

(2)信息范围:鱼体细分为头部、鳃部、体表、内脏、鳞片、腹部、肌肉、鱼鳍。

(3)开发模式转变为 B/S 模式,选取了“IIS+ASP+ADO+SQL Server”。

(4)知识表示与推理机制修改:流程按照专家思维“现场调查—目检—镜检—结论”;实现了“症状—疾病—防治”混合推理,采用了传统产生式规则与逻辑式产生式规则,使用了图形法、文字、图文 3 种输入方式。

第二次演化重点引入预警技术和不确定性知识表示与推理机制。

(1)考虑鱼病发生时间、鱼体规格等,将鱼体分为头部、鳃部、体表、内脏、肌肉。

(2)开始考虑病因(水质问题)。

(3)保持“B/S”模式同时,针对ASP的缺点,增加了COM组件应用,模式变为“IIS+ASP+COM+ADO+SQL Server”。

(4)知识表示与推理方面:流程保持不变,实现了“症状—疾病—病因—防治”推理;增加了基于模型和案例的知识表示和推理;增加反向推理,并全部实现了3种推理模式;增加了BBS交流平台,供用户与用户或专家之间交流。

第三次演化重点引入呼叫中心技术和在线数据挖掘技术,实现对用户在线需求的自动挖掘与回复。并根据药物施用情况,给出了休药期预测,实现了与质量安全追溯系统的集成。

5.4 信息系统研究的数据获取(一):传统获取方法

信息系统研究的数据获取是指根据所选定的研究方式,确定数据生成的方式和方法。例如,在应用传感器对食品冷链或保活物流进行监测实验时,能够获取以下5类数据。

(1)监测方法的需求和功能(调查方式、设计与创作方式:访谈、问卷等)。

(2)传感器数据(实验方式、设计与创作方式:响应特征、校准、实时监测数据)。

(3)食品质构数据、感官数据、化学实验数据(实验方式:恒温和变温条件下)。

(4)食品冷链或保活监测的动态数据(实验方式/案例方式:时间、空间、阶段、设置传感器、实际跟踪等)。

(5)供应链过程,包括流程、成本、收益、能耗(实验方式/案例方式:访谈、问卷)。

可以看出,所选择的研究方式基本为以上5种主要研究方式,但由于所需要数据类别的不同,相应的数据获取的方法也存在较大差异,包括传统的数据获取和现代信息技术和检测技术在内的多元方式。本节重点讲述传统的数据获取方式,表5.3给出了传统的问卷法、观察法、访谈法和专题小组访谈法的优点和评价准则。

5.4.1 问卷方法

问卷方法(questionnaire)是指调查人员利用格式化的问卷向受访者进行询问的方法,是目前最常用的调查方法。其优点在于利用问卷限定了访问员的询问方式和受访者的回答方式,有助于获得符合分析要求的定量数据。该方法也不需要访问员进行自由联想和发挥,降低了对访问员自身素质的要求,更适合于大规模的调查活动。常见的方法包括入户访问、街头拦截式访问、邮寄问卷调查等。

表 5.3　信息系统研究的数据获取方法:传统方法

		优点	缺点	评价准则
观察法	系统观察	(1)可以知道研究对象真正做了什么,而不是他们说做了什么 (2)能够生成大多情况下参与者没有意识到的数据	(1)会出现限制研究的一些明显行为,不能解释参与者的信仰 (2)系统观察假设一些明显的行为可以分解成易观测的和可以进行分类的现象,实际上这是一种简单化的处理 (3)不能提供一些参与者的反馈信息	(1)观察日程安排是否先于实验 (2)研究人员是否提供观察的日程安排,如果没有,是否影响读者对研究结论的置信度 (3)你是否认为被观察的内容易于观察、匿名和相互独立?是否适合于研究的目标 (4)研究人员的观测时间是否足够 (5)样本是否足够并具有代表性 (6)研究人员是否避免破坏一些属性的自然特征 (7)研究人员是否意识到研究的局限 (8)整体评价研究是否达到了目标
	参与式观察	(1)成本低,易于执行 (2)能够深入理解社会属性,产生对复杂形式的整体解释 (3)能发现参与者的信仰	(1)观测者必须在调查现场,无法观测其他事情 (2)没有特别允许,一些属性无法对观测者开放 (3)可能会导致观测者处于物理的、社会的或法律上的危险境地 (4)更多依赖于研究人员自身的观察能力,导致研究缺乏信度,无法被其他研究者重复 (5)研究结果难以一般化	(1)采用了何种参与式观察 (2)研究人员花费了多长时间,是否足够 (3)研究人员是否反映了自我识别,以及它如何影响事件的发生与被观察者 (4)研究人员是否讨论了遇到的困难与道德问题 (5)研究人员是否表明了研究结论的有效性 (6)参与式观察获得了什么样其他方式所得不到的结果 (7)研究人员是否意识到研究的局限 (8)整体评价研究是否达到了目标

续表 5.3

	优点	缺点	评价准则
访谈法	(1)能够挖掘研究主题的深度，获取较多细节 (2)需要的装备较少，只需充分利用研究人员所具有的社会技巧 (3)研究人员可以检查与选择适当的人选回答问题 (4)研究人员可以在访谈过程中根据实际情况调整问题的顺序 (5)有些回复者倾向于访谈方式完成问卷	(1)耗费的时间较长 (2)访谈缺乏可信度，访谈过程会受到研究人员或环境的影响，导致无法获得一致性与客观性。访谈可能会产生误导，结果倾向于被采访者做或想什么，而不是实际情况 (3)访谈受人工环境影响，特别是当被采访者知道需要记录时 (4)需要较高的社会技巧，以避免访谈过程中双方尴尬 (5)不适合需要样本较多时的情况	(1)研究主题是什么，数据获取方式是否合适 (2)是否清晰给出了被采访者的信息以及这些信息是否可能影响受访者 (3)是否清晰表明了采访时的环境 (4)是否清晰表明了采访的记录过程以及记录的检查方法 (5)研究报告中是否引用了足够的采访信息 (6)研究人员是否一般化了访谈的结果，是否合适 (7)科研人员是否意识到他所采取的访谈法的局限性 (8)读者能否有效识别科研报告中的缺点与不足之处
问卷法	(1)能够以低的物力与时间成本获取大量的数据 (2)通过使用预先设置好答案的问题使得被访问者易于回答，而且易于被处理 (3)不受地理因素限制 (4)自我管理的问卷不需要特殊的社会技巧	(1)预先定义答案的问卷可能使潜在的回答者拒绝回答，导致研究成果有所偏差 (2)研究人员无法确认答案的真实性 (3)研究人员无法校正误解，探求更多细节 (4)自我管理式的问卷不适合用于特定的人群	(1)研究主题是什么，问卷法是否是适合的数据生成方式 (2)问卷是什么类型的，是否适合研究主题 (3)研究人员是否提供了问卷的样本 (4)问卷中的问题使用了什么的类型？是否合适 (5)所有的问题和可能答案是否清晰、无歧义，并且排列有序 (6)研究人员是否表明其做预调查 (7)研究人员是否讨论了研究的信度与效度 (8)研究人员是否意识到研究的局限 (9)整体评价研究是否达到了目标

案例 5.3 猪病诊断专家系统中诊断知识的获取

专家系统研究过程中，经常需要通过问卷方式提取专家或养殖者多年的诊断经验和知识。其问卷结构一般可以包括以下内容。

(1)第一部分：养殖人员调查，包括姓名、年龄、资历以及猪场地址等。其中，场址可用于分析猪病的区域分布，并且可以为系统的试运行、评价实验结果提供场地条件，有利于猪的流行病控制。

(2)第二部分：分析猪病与季节、环境、品种、区域、规格、育种、饲料配方等因素的关系，以及猪的生物学特性、行为学特性、饲料营养作用等。

(3)第三部分：疾病与症状的关系。要求领域专家明确临床症状分类，包括全身症状和局部症状、主要症状和次要症状、固定症状和偶然症状、典型症状与示病症状及综合症候群。对给定的各个疾病选择相应的症状并赋予权重，同时，专家提供疾病分类、药物分类、疾病防治、药物使用等知识。

(4)第四部分：一般性的调查，包括养殖品种、常见疾病、症状、防治经验等。

案例 5.4 食品质量监测系统中的感官评价

感官评价是一项用于评估食品新鲜程度的重要指标。评价以最直观的消费者的视觉、触觉、味觉等多种感官综合进行，消费者的感官评价结果直接影响着食品商业价值，同时也间接反映了食品品质状况。表 5.4 给出了一个鲜食葡萄的感官评定标准。在实际操作过程中，由 10 名受过专业感官评价训练的专家按照表中的标准，通过对鲜食葡萄的果梗失水或褐变情况、果实表皮色泽、果实香度、果粉均匀度、果肉酸甜平衡度、果实多汁性等进行感官评价。感官评分等级按照专家对鲜食葡萄的喜欢程度从 1～9 级共分为 9 级，其中从 1 为极度不喜欢到 9 为极度喜欢，取感官评定平均值作为感官评价的最终结果。

表 5.4　鲜食葡萄感官评定标准

感官评定指标	感官评分值								
果梗失水或褐变	1	2	3	4	5	6	7	8	9
果实表皮色泽	1	2	3	4	5	6	7	8	9
果实香度	1	2	3	4	5	6	7	8	9
果粉均匀度	1	2	3	4	5	6	7	8	9
果肉酸甜平衡度	1	2	3	4	5	6	7	8	9
果实多汁性	1	2	3	4	5	6	7	8	9

5.4.2 观察法

观察法(observation)是指研究者通过对事件和观察对象行为的直接察看,收集和记录研究对象日常生活信息的一种方法。有些行为常常包含一些人们难以觉察的习惯性动作,在这种情况下,观察能比其他的资料收集方法获得更多的可靠信息,而且观察具体行为时也记录了一定的场景,并能直接与研究客体接触,拓宽观察的角度,更有助于验证、校正和表述假设。观察法有别于日常生活中的一般观察,是具有特定的研究目的、假设和观察标准,运用一定观察工具进行的调查活动观察过程,并且需要事先进行严密、系统的设计和记录。但是观察法所用的时间较长,对研究人员有严格的条件要求,需有良好的素质和丰富的调查经验等,观察对象应该是处于自然状态下的客观现象,因此开展观察法研究往往是困难的。

5.4.3 访谈法

访谈法(interview)是访问者通过口头交谈等方式向被访问者了解情况的方法。访谈法应用范围:调查主题较复杂或很敏感;被访者居住地点很分散;存在"伙伴压力"。访谈法主要有以下3类。

第一类:非结构式访谈。形式是非正式的、随便的,既没有要询问的特殊问题,也没有事先规定的答案。目的在于使访问对象用他们自己的术语充分表达自己的看法。访谈中可使用问题清单,但不受清单的影响。无论是提问还是回答应答者的问题,通常都不做记录。

第二类:半结构式访谈。调查员就与调查目的有关的一些关键性要点形成问题,即时向被访问者发问。讨论内容由研究者特别感兴趣和被调查者希望进行交流的内容来确定。访谈中可以讨论在交谈中出现的新问题。在询问时要做记录或录音以便日后整理。

非结构式和半结构式访问强调一种非确定的开放方法,其共同特征之一是它们可获取新的信息,在探索中鼓励应答者给予计划之外的回答。特点是能够比较深入地了解问题而不受规定的限制,使被访问者有较大的自由回答空间。调查者也可获得更广泛的和意料之外的信息。

第三类:全结构式访谈。即调查者事先准备好调查提纲或问卷,逐项按顺序向被调查者提问所要了解的有关问题。跟定量研究所应用调查问卷不同的是,这种访谈问题多是开放性问题,该方法通过回答者的观点描述与分析回答者的文化与行为,但要求研究者事先对研究人群的观点和认识具备一定的了解。所用到的方法包括自由列答案法、归类法、打分法、排序法等。在访谈中,应注意访谈过程的灵活性、访谈内容的可控性以及被访者的合作性，防止其偏离主题，对于敏感问题应防止其避重就轻和“社会期望性回答”，提供不真实信息。

案例 5.5 猪病诊断专家系统中诊断知识的专家访谈法

针对诊断专家系统中部分缺乏书面材料的知识，则需采用专家访谈的方法来准确把握专业概念和术语的内涵。专家访谈有多种形式，包括交谈法、观察法、草案分析、多维技术等。交谈采用 3 个步骤进行：第一，专家对主要的目标进行解释，阐明解决这一问题所需要的数据，以及这一问题可以划分成哪些子问题。第二，根据讨论的结果整理出一张新的问题表，依次对每个子问题或子目标的有关数据和求解方法加以探明。第三，当问题表中全部问题都讨论完毕后，知识工程师和专家一起对已获得的信息进行总结，并加以评估。

5.4.4 专题小组讨论

专题小组讨论(focus group)是由一个经过训练的主持人以一种无结构的自然的形式与一组被访问者交谈，主持人负责组织讨论，从而深入了解一些问题，特别是对项目有用的但研究者并不了解的问题。一般来讲，小组由 8～12 位具有同质性的被调查者组成，且座谈是在一种放松的、非正式的气氛中进行，时间一般控制在 1～3 h 内。

5.5 信息系统研究的数据获取(二)：信息获取技术

相对于传统的问卷法、访谈法等，现代信息获取技术是指能够对各种信息进行感知、测量、采集和存储的技术，包括传感技术、遥感技术、Web 检索技术等为代表的多种技术。而信息获取技术既是现代信息系统研究获取数据的重要手段和方法，也是研究内容的重要构成部分。表 5.5 展示了相关信息获取技术的对比与分析。

5.5.1 传感技术(与物联网技术配合)

传感技术是通过传感器感知被测量的信息，并能将被测量按一定规律变换成电信号或其他所需要形式的信息输出，并通过由数据采集站、上位机及通信线路等组成的信息采集系统进行传输、处理、存储、显示、记录和控制的技术(图 5.5)。

表 5.5　主要现代信息获取技术对比

信息获取技术	系统组成	技术或基本原理	优点	缺点
传感技术	传感器、上位机、通信工具组成的传感网络	敏感材料的热敏、光敏等性质；运算电路放大、滤波功能；模数转换等	实现信息的实时采集、处理与上传	节点供电问题未得到有效解决；传感器受损自修复技术有待提升
遥感技术	遥感器、空间技术以及计算机等信息处理设备组成的资源管理或监视系统	电磁波的辐射、反射特性；图像处理技术等	实现从高处对大尺度范围内信息进行观测，注重信息获取的周期性	与地理信息系统(GIS)等技术的融合应用还有待提高
Web 检索技术	网络蜘蛛、页面存储器、分析索引器、数据库等组成的搜索引擎	广度优先搜索算法、增量存储算法、网络蜘蛛等	实现网络信息抓取、提取、排重、质量分析、存储、排序、查询等	信息筛选、分析算法有待提升

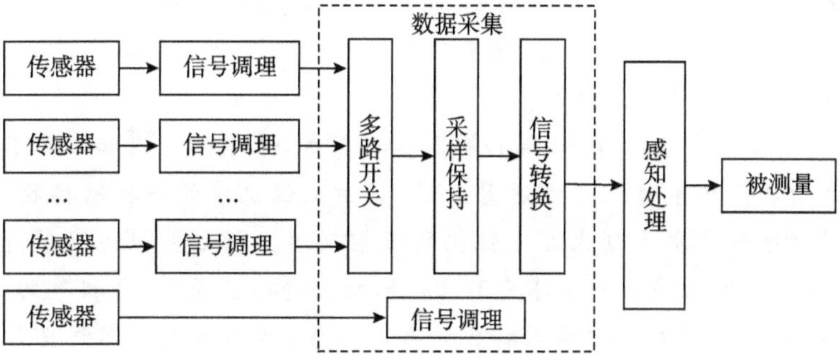

图 5.5　传感技术实现数据测量的过程

传感技术实现数据获取过程包括了 3 个方面：敏感响应、传感响应、感知响应。

第一，敏感响应。敏感响应是利用敏感材料自身的理化特性，将待测量的变化转化为自身理化性质的变化，从而将待测量反映为中间变量的过程。例如，在氨气浓度监测中，碳纳米管会直接吸附氨气分子，引起载流子浓度和种类改变，进而引起阻值的改变，从而将浓度转化为原件的阻抗信息。受到敏感响应将物理量转换成测量信号的元器件称为敏感元件。

第二，传感响应。传感响应包括中间量转换为电量、信号放大、去噪处理等步骤。被测量虽然通过传感器转换成了可检测、感知的信号，但是这些信号通常是很微弱的、不稳定且未经处理的电信号，如电感、电动势、电容等，无法直接被显示或者传送至计算机或者其他仪器进行采集，还带有很多不需要的噪声等。因此这些经过感知的信号需要进行放大、抑制噪声、提高信噪比等一系列的加工处理，换成可直接处理的电信号。

第三，感知响应。整体上指测量过程，重点强调信号解析为被测量的过程：信号直接解析为被测量，或者通过与其他量耦合而得到最终的量。

随着射频识别(RFID)、红外感应、定位系统、激光扫描器等信息传感设备的发展与大规模应用，以微机电系统(MEMS)技术、单片系统(又称片上系统，SoC)技术、无线通信和低功耗嵌入式技术等技术搭建无线传感器网络，构建“万物互联”的物联网体系也已成为现实。

案例 5.6 猪病诊断专家系统中动态信息获取方法

猪病诊断专家系统在实际工作中，还需要获取猪只本身及养殖环境的特征参数，一是环境参数，包括温度、湿度、二氧化碳含量、光照和噪声五项；二是猪的生理参数，包括体温和心率两项；三是行为参数，即猪日常活动过程中的加速度。通过对实际需求的分析，选择使用环境传感器(包括温湿度、二氧化碳传感器)、可穿戴设备(包括心率、体温传感器)、陀螺仪、噪声计等设备进行猪生理指标的监测，并通过无线传感网络实现猪品质信息上传。

其中，可穿戴设备由心率、体温传感器集成而成，采集的体温和心率数据经过模数转换器之后由生理下位机的发送器发送，并由上位机中的接收器接收，上位机将感测数据的数字脉冲发送到生理下位机的微控制器。与之类似的温度、湿度、二氧化碳含量、光照以及噪声信号由环境下位机的相应传感器获取，所收集的环境、生理和行为模拟信号，通过模数转换器转化为数字信号，然后通过数据线将信号发送到上位机，实现数据的测量与传输。

湿度和温度两个参数由 SHT30DIS 温湿度传感器监测，可以获取 $-40\sim125$ ℃内的温度以及 $0\sim100\%$ 之间的湿度。设备工作时通过 ADC 将采样信号输入到数据处理和线性化单元，并可以通过校正存储器处理环境对器件测量的影响。

二氧化碳浓度的监测选用 RS485 催化传感器实现，敏感材料在吸附待测气体后其表面载流子会发生变化，从而导致阻值发生变化。通过这一特性，在接通外部电源后，传感器就可以将二氧化碳浓度信号转化为 $4\sim20$ mA 的电流信号输出。

心率的监测由心率血氧传感器 MAX30102 实现，通过使用发光二极管照射被测部位，再由光电二极管接收透射光线，将光信号转换为交流信号。其中交流信号的波峰对应心脏的收缩(systole),波谷对应心脏舒张(diastole),再经过AD转换成数字信号就可得到心率。

猪的运动状态由九轴传感器获取。九轴传感器包括加速度传感器(加速计)、角速度传感器(陀螺仪)和磁感应传感器(电子罗盘),可以感知物体在三维运动过程中的水平、垂直、俯仰、航向和角速度等信息。其中,通过利用陀螺仪的旋转轴和转子在不受外力影响的情况下不随物体外部变化而变化的特性,可以获得物体运动过程中的角速度变化率。

5.5.2 遥感技术

遥感技术是以电磁辐射理论为基础、以航天和航空技术为媒介的一种非接触式、远距离的探测技术。遥感技术利用飞机等空间技术从一定高度来观测地球,再通过对电磁波的辐射、反射特性的探测,结合计算机、光学、电子光学等设备和手段处理得到信息,最终对地球表面及相关信息实行感应遥测和资源管理的监视性技术。航空和航天遥感能从多高度、大范围、多谱段进行快速感测,周期性地得到实时地物信息。简单来说,遥感技术是比普通传感技术监测距离更远的感知技术。

按照适用范围的不同,遥感技术分为航空遥感技术和航天遥感技术。在航空遥感中遥感器放置在高空气球、飞机等航空器上,而在航天遥感中遥感器放置在航天器上。现代遥感技术主要包括信息的获取、传输、存储和处理等环节,其核心组成部分是获取信息的遥感器。遥感器的种类很多,主要有照相机、摄像机、多光谱扫描仪、成像光谱仪、微波辐射计、合成孔径雷达等,传输设备用于将遥感信息从远距离平台(如卫星)传回地面站,信息处理设备包括彩色合成仪、图像判读仪和数字图像处理机等。

案例5.7 基于遥感数据的银川平原农作物种植结构变化研究

探究农业种植结构变化的特征、趋势及规律对加快农产品供给侧结构性改革、农作物种植结构调整的意义。通过选择云平台对遥感数据进行筛选与处理,运用相关算法提取所研究农作物的种植结构,最后从种植面积、种植格局等多个维度对变化特征及变化原因进行探究。

植被信息获取主要通过GEE云平台得以实现。其提供了全球范围内的遥感影像数据,涵盖环境变量、气候以及土地覆盖等多种数据集。数据集来源于GEE平台获取2000年、2005年、2010年、2015年的中分辨率成像光谱仪(MODIS)遥感影像。

作物数据筛选与处理通过多种算法的联合作用实现。其中,玉米、小麦提取通过MODIS-NDVI指数计算以及对CART算法实现,水稻提取则通过基于LSWI指数和 EVI 指数的阈值法完成。作物的种植结构变化由种植面积时空变化和空间结构变化两个维度衡量，并通过相应平台与软件计算出变化信息。最后从总体分类精度、kappa 系数、识别结果一致性检验 3 个方面对算法进行综合精度分析，阐明银川平原 2000—2015 年间种植结构变化。

5.5.3 Web 检索技术(搜索引擎)

Web 检索技术通过分析网页超文本标记语言(HTML)代码获取网页信息，使用广度优先搜索算法和增量存储算法，实现自动连续分析链接和抓取文件，然后将非结构化的信息从大量的网页中抽取出来保存到结构化的数据库中，从而为各种信息系统提供数据输入的整个过程。

按照信息检索方法和服务提供方式的不同，搜索引擎系统可以分为如下 3 类。

(1)全文搜索引擎。由网络机器人或网络蜘蛛软件以某种规则自动进行链接分析和网页内容获取，由索引器为搜集到的信息建立索引，由检索器根据用户的查询输入检索索引库，并将查询结果返回给用户。这类搜索引擎可以实现信息的全面获取和即时更新。

(2)目录式搜索引擎。以人工方式或半自动方式搜集信息并形成数据库，需要向搜索引擎提供网站信息填写的关键词和网站描述等内容，具有结构清晰、层次分明、内容明确的优点，但由于需要人工进行资料的检索整理，运行维护成本较高，数据库更新速度较慢，且查询范围相对较小。

(3)元搜索引擎。这类搜索引擎虽然没有自己的数据，但可以同时向多个搜索引擎递交用户的查询请求，并将返回的结果进行重复排除、重新排序等处理后返回给用户，兼具信息的广度和信息过滤功能，缺点是信息需要用户进行筛选。

垂直搜索是针对某一特定领域、人群或需求，提供有一定价值的信息和相关服务的搜索引擎，其特点是“专、精、深”，且具有行业色彩。与通用搜索引擎的信息量大、查询不准确、深度不够等问题相比，垂直搜索引擎则显得更加专业、具体和深入。

5.6 信息系统数据处理与建模过程

信息系统数据处理和建模过程就是集成先验知识(前人的研究成果：公理、原理、定理及模型等相关学科知识)和实验数据，在忽略次要因素及不可检测变量的基础上，用数学方法对实际系统进行描述，从而获得简化近似模型的过程。建立模型后，通过结果分析来论证研究的论点，回答研究所提出的问题，还将反馈到研究过程之初的看法和理论，这一反馈将成为新的研究过程的起点(图 5.6)。一般来说，先验知识常常是普遍性规律,实际系统有其特殊性,有时只知道模型结构,其参数必须通过实验确定,有时甚至结构也是未知的。

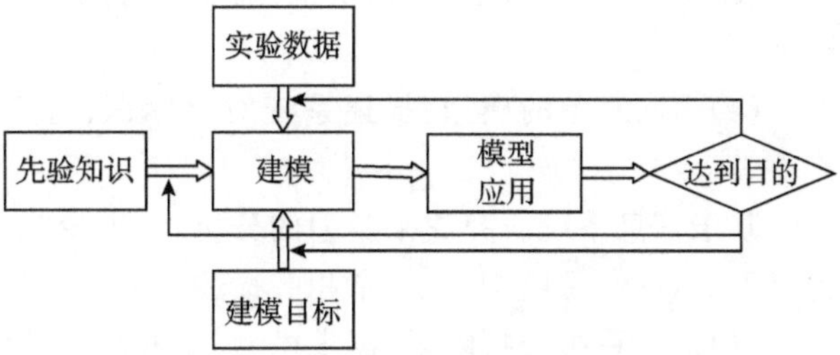

图 5.6　信息系统建模的基本逻辑

信息系统数学模型的建立方法通常有以下 2 种。

(1) 演绎法(从一般到特殊;机理模型)。运用先验信息,建立某些假设和原理,通过数学的逻辑演绎建立数学模型,实验数据用来证实或者否定原始的原理。

(2)归纳法(从特殊到一般:数据模型)。基于实验数据建立数学模型,推导与观测一致的具有普遍性的理论结果,需要对数据进行内插或外推。

5.6.1　信息系统模型与建模

信息系统模型可以有效连接系统开发过程涉及的各项活动,为信息系统开发提供概念基础和系统实施提供依据。图 5.7 给出了信息系统开发与建模的逻辑关系。

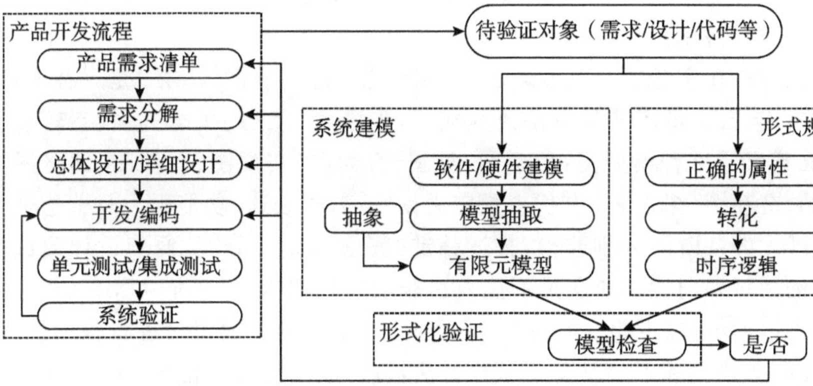

图 5.7　信息系统开发与建模逻辑关系

目前,信息系统建模按对象核心分类,可以分成以下 4 类。

(1)面向功能的模型:描述系统的各种功能及相互之间的联系。描述工具有数据流图。

(2)面向数据的模型:主要描述系统内部各种信息流的数据结构及其属性。如 E-R 模型。

(3)面向控制(或动态)的模型:描述与时间和操作次序有关的系统属性。如 Petri 网等。

(4)面向对象的模型:描述系统对象标识、对象之间关系、对象属性以及对象操作等。

基于信息系统研究成果类型的分析,在大论文和小论文等写作过程需要重点考虑以下 3 点(参见第 10～11 章相关描述)。

(1)信息系统分析阶段:需求模型、业务流程模型。

(2)信息系统设计阶段:体系结构、数据结构、传感器响应模型和领域决策模型。

(3)信息系统实现阶段:系统评价结果模型等。

形式化方法(formal method)是信息系统建模的重要方法,一般而言是基于数学的某种技术,将形式化方法用于软件和硬件系统描述、开发和验证,提高信息系统可靠性和强健性。形式化方法的目标是把(具有清晰的数学基础的)严格性(描述形式、技术和过程等)融入信息系统开发的各个阶段。第一层次,规范:采用具有严格定义的形式和语义的记法形式,描述系统设计(和实现)。第二层次,推理和分析:对形式化规范进行分析和推理,确定它们的各种静态和动态性质,包括规范是否具有一致性和完整性,其中有没有矛盾,有没有遗漏,运行中是否会出现某些不能容忍的状态(死锁、活锁等)。第三层次,精化:从抽象的高层描述出发,严格保证推导出更接近现实的包含更多细节的规范,最终得到正确的、实现高层规范的可运行程序(逐步求精技术的严格化)。

形式化方法在实践中有很多语言。其中,统一建模语言(UML)是一种半形式化的建模方法,包含大量形式化方法研究成果,如断言、状态、状态机、状态转换、约束等。UML 定义了 9 种模型图:用例图、类图、行为图、实现图、构件图、部署图、状态图、活动图、交互图(图 5.8),其优点是定义良好、易于表达、功能强大且普遍适用,可以对系统开发的各阶段分别建模,描述精准,需求与设计分离,便于设计测试用例,具有良好的用户导向性。缺点是不能表达非功能性需求,对不懂 UML 的客户或程序员来说难以理解,粒度粗,很多细节无从描述,需要用其他工具进行辅助说明。除此之外,还有 Z 语言和 B 方法等形式化方法,也已经成为形式化开发的典范。

在实际信息系统研究、建模和可视化展现过程中,也需要配以传统的框图、文字、图表等方式(如第 4 章中的理论框架设计和可操作化设计),用来说明信息系统本质,但不是详尽描述。这些传统的表达方式主要由模型的实体、包括参变量的描述变量、实体间的相互关系以及有必要阐释的假设等组成,是基础性的工作,也是一种能够达到与读者直观建立联系的最自然而有效的方法。具体描述参见第 6 章。

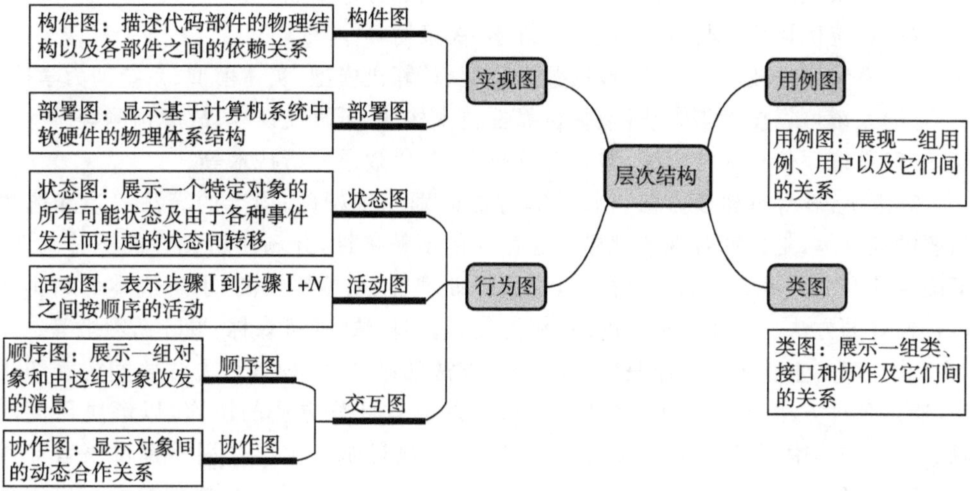

图 5.8 UML 的层次结构

5.6.2 数据统计方法与系统决策建模

统计和计量方法包括了对所获取的数据处理、基本特性的分析与描述，可以分为如下 5 类。

第一类：描述统计方法。通过拟合和散布点进行统计估计和测定。通过计算数据平均值、最大值、最小值、加权算术平均值、标准差、方差、导数、积分等，评测所获取数据集的差异和特征规律。正确理解数据挖掘的结果，如温度变化的导数为温度的变化速率，温度数据的积分为温度的有效温度，有助于更好地控制数据的挖掘过程。

第二类：单方程多元统计分析。例如，回归分析和相关分析、概率分析和逻辑分析，它们都包括在单方程模型框架中。典型的是用普通最小二乘法(OLS)进行估计。

第三类：时间序列方法/模型。这类方法主要分析随时间变化的变量或变量系统的行为，包括从简单趋势分析到向量自回归(VAR)等经验程序。例如基于所感知的数据，建立物流过程品质评估模型，对可能存在的质量安全风险进行分析与预警。

第四类：系统工程建模。从系统的观点出发，从整体与外部环境的相互联系、相互作用、相互制约的关系中考察对象，以达到最优处理问题的一种方法，也就体现信息系统为解决所研究问题而提供决策支持的过程。主要包括以下 7 种。

(1)确定性分析技术与方法，包括线性规划、排队论、博弈论等。

(2)随机分析技术与方法，包括动态规划、随机库存、概率论等。

(3)结果预测技术与方法,包括情景分析法、趋势外推法、马尔科夫矩阵法等。

(4)系统优化技术与方法,包括运筹学、决策树等。

(5)系统模拟技术与方法,包括数学模型、计算机模型、实体模型、系统动力学等。

(6)系统可靠技术与方法,包括可靠性技术构成、可靠度计算、故障预测等。

(7)系统评价技术与方法,包括矩阵技术、费用效果分析技术等。

第五类:软计算建模方法。软计算方法区别于用精确、固定的算法表达和解决问题的硬计算,是指针对现实世界普遍存在的不精确性,并利用所允许的不精确性、不确定性和部分真实性的容忍技术,以获得处理容易、鲁棒性高、求解成本低和实际融合性好的方法。主要有神经网络、粗糙集、遗传算法、随机森林、贝叶斯网络等。

软计算的主要研究对象是各种软计算方法的结合,实现各种方法之间的密切协作,通过各种方法独自解决本领域的问题,形成软计算方法的协作,以解决研究问题。在协作体中,各种方法起着不同的作用:模糊逻辑的主要作用是提供语言计算的方法;神经网络的主要作用是系统辨识、学习和适应能力;随机推理的主要作用是提供信念传播的方法;遗传算法的主要作用是系统化的随机搜索和优化。

具体建模过程与案例参见第 7 章、第 8 章、第 14 章和第 15 章相关描述。

第6章　信息系统研究方法(二)——系统建模和数据可视

在信息系统开发设计中，一般大型信息系统通常十分复杂，很难直接进行分析设计，需要借助模型来设计分析系统。在信息系统研究中，研究人员也获得了大量的数据，也需要建立模型，实现信息系统数据处理、事务管理和决策支持等功能。模型是现实世界中的某些事物的一种抽象表示。抽象的含义是抽取事物的本质特性，忽略事物的其他次要因素。实质上，信息系统可以看成是由一系列有序的模型构成的(功能模型、信息模型、数据模型、控制模型和决策模型)，有序是指这些模型是分别在系统的不同开发阶段、不同开发层次上建立的。

本章重点讲述信息系统建模和数据可视化，主要是基于信息系统自身进行建模；通过图与表等方式实现数据可视化等。

6.1　信息系统分析的关键模型

6.1.1　信息系统形式化模型

信息系统形式化模型是利用形式化的方法将理论要素转化为数学语言中的符号，明确定义状态和操作来建立一个系统模型，可以描述系统从一个状态到另一个状态的转换。这里形式化模型包括：框图表现出来的理论框架或机理图；以定义和公式表示的相关概念和算法体系。

案例4.5和案例4.8给出了鱼病诊断专家系统的形式化描述，包括其理论框架和核心概念的定义。在基本定义的基础上，可以进一步给出推理机制的描述，如采用节约覆盖集等理论，实现鱼病诊断定量化推理，得到诊断置信度。

案例6.1　葡萄冷链物流技术效率评价系统的形式化建模

首先基于领域知识，构建冷链物流技术对葡萄品质作用机理形成图，识别葡萄冷链物流技术评价领域组成因素为7类，分别是评价需求、评价环境、技术主体、技术机理、评价建模、系统实现与评价结果，进而提出了葡萄冷链物流技术效率评价概念化模型，将概念加以形式化描述，对评价系统所涉及的葡萄品质衰变、冷链物流技术作用、评价数据、评价模型及其求解进行了定义和形式化建模，形成了一套完整的领域问题形式化体系。

下面仅引用其中的 2 个定义用于表示形式化方法。

定义 1：葡萄品质变化机理是物理、生化因素对葡萄品质形成机制的描述，可以用四元组表示，即呼吸作用、微生物作用、蒸腾作用、机械损伤，如式(6.1)所示。

$$Q_{gr}=\text{effect}\{\text{Respiration},\text{Microorganism},\text{Transpiration},\text{Damage}\} \tag{6.1}$$

定义 2：冷链物流技术对葡萄品质的作用效果是在技术作用、量级作用、时间作用和协同作用等的综合作用下，表现出的葡萄品质特征与衰变，可用式(6.2)表示。

$$G_k(s)=\frac{Q(s)}{L(s)}=T(s)M(s)t(s)C(s) \tag{6.2}$$

式中：$G_k(s)$表示冷链物流对葡萄品质的作用函数；$Q(s)$表示葡萄品质；$L(s)$表示葡萄冷链物流；$T(s)$表示技术效应；$M(s)$表示量级效应；$t(s)$表示时间效应；$C(s)$表示协同效应。

6.1.2 信息系统需求模型

信息系统需求模型主要用于反映系统和环境之间、系统与用户之间的行为交互，是信息系统研究中具有创新性的成果之一，需要研究人员运用访问、调查等多种方法来获取并分析。

一般而言，信息系统需求可分为功能需求与非功能需求。其中，非功能需求描述了系统展现给用户的行为和执行的操作等，包括产品必须遵从的标准、规范和约束，操作界面的具体细节和构造上的限制；功能需求是与系统工作相关的需求，即在不考虑物理约束的情况下，用户希望系统能够执行的活动，帮助用户完成任务。

信息系统的功能需求主要表现为如下 3 个层次。

(1)业务需求：业务需求表现为高层次的目标，是抽象层次最高的需求，描述了开发系统的目的。业务需求的提出者通常是项目的投资者、产品的购买者及用户的管理者等。说明软件系统必须完成的任务、实际业务或工作流程等。

(2)用户需求：用户需求就是执行实际工作的用户对系统所能完成的具体任务的期望，描述了系统能帮助用户做什么，用户需求主要来自系统的使用者，即用户。

(3)系统需求：信息系统的系统需求是单一逻辑，每一个逻辑都能唯一映射到一个系统行为，而不是多个行为。

需求建模是根据信息系统需求利用某种建模方法建立该系统的逻辑模型，用于描述用户的主要需求，为信息系统设计提供基础，帮助开发人员检测需求一致性、完整性、二义性和错误等。一般论文写作过程中,重点通过调研、实验、观察等方法描述用于系统功能需求数据,并应用一般表格或 UML 需求图给予界定。

案例 6.2 信息系统需求建模

图 6.1 和图 6.2 提供了 2 个典型的信息系统需求建模案例。图 6.1 以表格的形式来描述一个信息系统需求结构图,包括预警系统整体功能需求和相关核心模块功能。其优点是清晰明确,但缺点是没有与信息系统用户直接关联。图 6.2 以 UML 需求图的方式表示,可以清晰看出水产品质量安全追溯系统中利益相关者的需求:

Table 1
The scientific prototype of the system

A scientific fish disease/health early warning system via water quality management should
• Be a platform integrated the hardware automatically monitoring and transmitting information with the software automatically processing the information via the embedded models and knowledge • Identify and rank the primary factors result in the poor water quality and fish unhealthy • Monitor the fluctuation of the primary factors that influence water quality • Assess and forecast the risks and the trend of water quality, including the change of physical, chemical and biological conditions in time • Formulate and deliver an early warning. If there are some serious risks, an appropriate form of early warning should be communicated to those who need to respond • Plan and implement effective responses and control

Table 2
Requirements for modules and their functions of the system

Module	Function
Assessment module for Pond water eutrophication	Identifying the water trophic status and analyze if the oxygen condition is suitable for fish survival
Assessment module for Pollutant potential biological toxicity	Evaluating the biological toxicity risk of the pollutants to fish health
Factor forecasting module	Responsible for giving more insight into the trend of the water quality via dynamically predicting the variation of primary factors in the pond water in short period scale
Fish disease/health early warning module	Including the single factor early warning and fish disease risk early warning. It is to estimate the possibility of fish disease occurrence in the future, taking the appropriateness of water quality to induce diseases into account

图 6.1　信息系统需求建模——基于表格

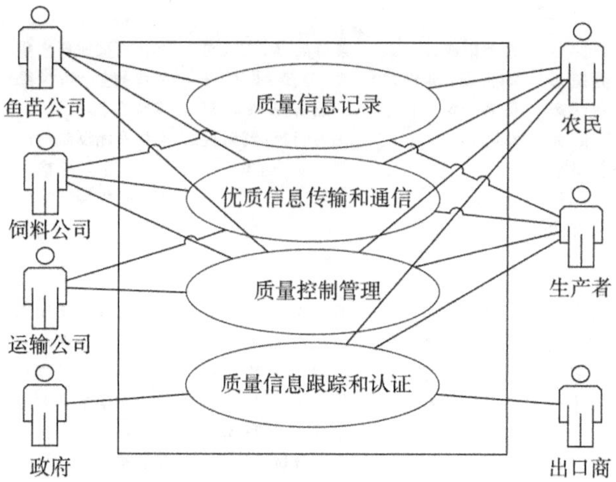

图 6.2　信息系统需求建模——基于 UML

鱼苗公司和饲料公司需要对鱼苗质量信息进行记录、管理和传输，运输公司需要传递信息并控制鱼苗和成鱼质量，农民和生产者同时需要获得鱼苗和成鱼的质量信息、运输信息、管理鱼苗/成鱼质量并跟踪质量信息，政府的职责则仅仅是跟踪质量信息，出口商重点获得质量安全信息。

6.1.3 信息系统业务流程模型

业务流程定义为一个系统在完成特定任务、实现特定目标的过程中必需的、逻辑上相关的一组活动。信息系统业务流程用于重点描述所研究问题的核心过程：过程、数据、利益相关者及决策机制。业务流程为定义所需的信息结构、决定它的范围、分解成模块和建立开发的优先次序提供依据，为定义关键的数据需求和管理控制提供依据。

在实际论文写作中，重点关注的是数据流图，描述系统输入数据流如何经过一系列的加工变换，逐步变换成系统输出数据流；数据流的加工实际上反映了系统某种功能。信息系统业务流程建模方法主要有 FMECA、Petri 网、GO-FLOW 等(表 6.1)。

表 6.1 业务流程建模方法的比较

模型	原理	应用范围	优点	缺点	实施步骤
FMECA	对失效模式的严重度、频度和探测度进行风险评估，通过量化指标确定高风险的失效模式，并制定预防措施加以控制	能够给出故障判据、环境条件等约束条件的系统	能够准确表达系统故障因果关系、推理算法简单直接	系统复杂时很难明确每个故障模式的影响；系统元件过多时，分析工作量大，容易遗漏和出错	确定对象→任务剖面和相关过程分析→过程分解→故障模式分析→故障原因分析→故障影响分析
Petri 网	在条件和事件为节点的有向二分图基础上添加表示状态信息的托肯分布，并按引发规则使得事件驱动状态演变，从而反映系统动态运行过程	由离散事件组成的系统，事件之间有一定的相互依赖关系	能够处理并发、同发、异步、并行等一般方法难以解决的问题；模型直观并易于理解	没有测试库所中零令牌的能力；模型容易变得很庞大；模型不能反映时间维度；不支持构造大规模模型	业务流程分析→构建流程模型→构建 Petri 网模型
GO-FLOW	基于信号流状态联合概率计算，将系统安全性规定为信号流，通过运算符进行相关运算	适用于有一定操作顺序、状态随时间变化、阶段性任务的系统	系统单元划分清晰；能够有效能解决共因失效的系统分析；系统不确定性分析和动态系统分析	无法处理多重状态改变、有复杂时序的系统；运算过程需要多参数同时输入，需要计算量大，存储量也大	系统流程分析→确定单元信号流模式→转化为 GO-FLOW 图→计算

案例 6.3 信息系统业务流程建模

图 6.3 为应用 UML 活动图构建的罗非鱼养殖+加工过程的业务流程图。可以看出，首先采购罗非鱼苗放入池塘喂养，建立起养殖体系。待成为商品鱼，提供给罗非鱼供应商，供应商收到罗非鱼运输和提供给生产商，生产商再对罗非鱼进行一系列加工等操作，这就是罗非鱼养殖+加工过程的活动，活动图形象表示了步骤Ⅰ到步骤Ⅰ+N之间按顺序的活动。图 6.4 则是运用框架+流程图描述了鲜食葡萄采后供应链(即冷链)过程：葡萄采收—常温/冷链运输—预冷—冷藏—长途运输—展示销售等阶段，基于追溯需求标注出了关键监测参数。

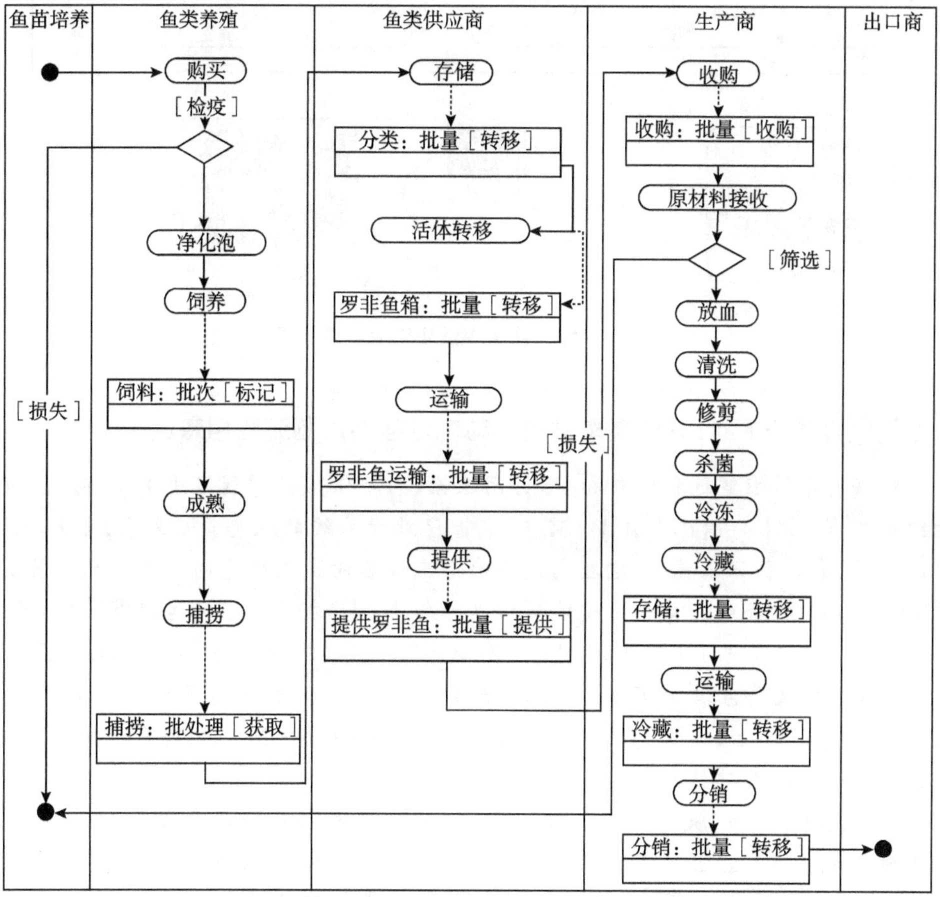

图 6.3　罗非鱼养殖+加工过程的业务流程图

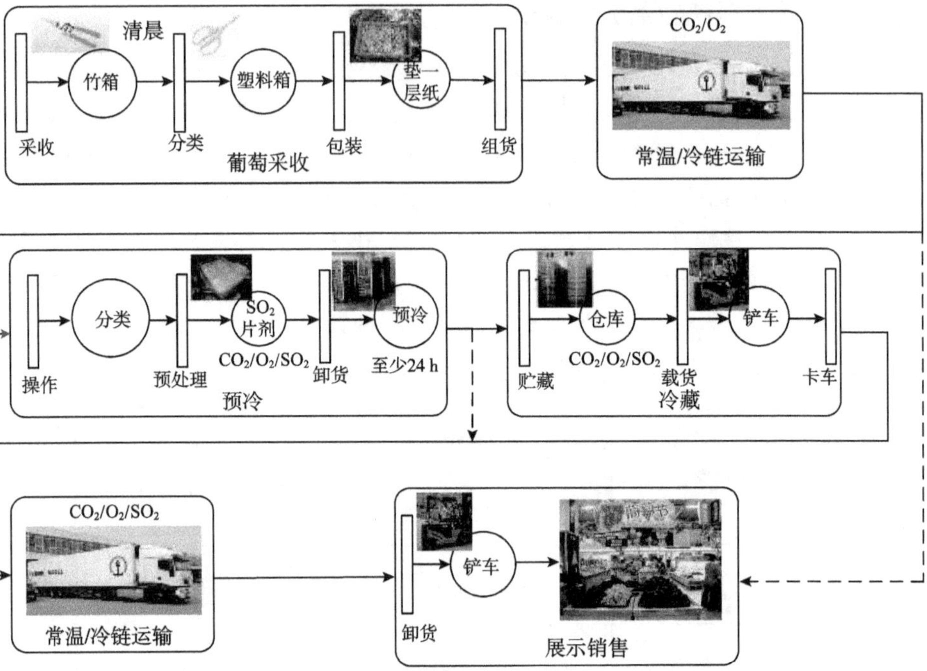

图 6.4　鲜食葡萄冷链物流业务流程图

案例 6.4 基于 Petri 网的肉羊供应链动态过程的控制流和信息流

根据肉羊供应链过程特点和 Petri 网理论，肉羊供应链过程可由 PNs 制定，由 5 元组定义：$(\boldsymbol{N},\boldsymbol{M_0})=\{\boldsymbol{P},\boldsymbol{T},\boldsymbol{A},\boldsymbol{W},\boldsymbol{M_0}\}$，其中 P 表示系统的状态。如果 $\exists p\in P$，其中 $*p=\langle\varnothing\rangle$ 表示初始位置，则它指的是羊肉供应链后向追溯信息的起点。如果 $\exists p\in P$，则 $p*=\langle\varnothing\rangle$ 指的是前向可追溯性信息的起点。T 表示有限的过渡集，它表示事件的流动。$A=\{(P,T\mid T,P)\in A,t\in T,p\in P)\}\cup\{(T,P\mid(P,T)\in A,t\in T,p\in P)\}$ 表示信息流关系仅在 P 和 T 之间保持。$W:A\rightarrow R^+$ 表示与每个弧相关的权函数，其中 $\forall w\in W:\Sigma w=1$。标记 $M_0=\{M_0(p1),M_0(p2)\cdots M_0(P_m)\}$ 表示初始状态，表示跟踪处理的关键信息点。

使用 Petri 网的“状态”和“过渡”概念描述了肉羊供应链的完整流程。生产过程中收集的产品、过程和数据可以链接到这些状态或转换，确定了 19 个状态和 20 个过渡期，并可用于提供可追溯性信息。图 6.5 表示基于 Petri 网的肉羊供应链状态和变迁。

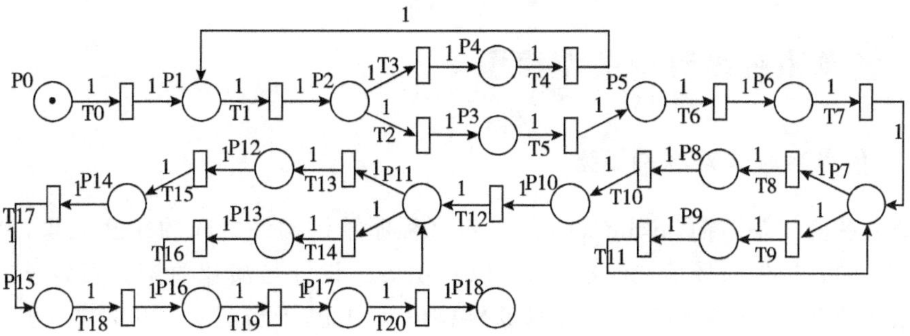

图 6.5　基于 Petri 网的肉羊供应链状态与变迁

案例 6.5 基于 GO-FLOW 的中华鲟鱼无水保活运输监测系统

水产品在无水保活运输过程中由于外部干扰因素的不断产生而引起生理的物理或应激损伤。因此,无水保活运输安全可靠性逐渐下降。基于 GO-FLOW 理论,水产品安全可靠性可以用信号强度来表示,主输入信号强度 S,次输入信号强度为 P,输出信号强度 R;输出信号越强,水产品保活运输系统可靠性越高,反之亦然。

水产品捕捞后降温休眠是低温无水保活运输过程的开端,以信号发生器(25 型)为代表。降温休眠、无水包装均采用两态装置,能显示操作人员的工作阶段和操作成功与否。考虑到水产品活力品质可靠性会随着时间推移而降低,储存、分配、销售这些耗时过程都表现为单位时间失效(35 型)。全过程采用信号发生器符号表示无水保活运输过程的捕捞阶段、健康分选、尺寸分类、充氧包装、冷麻醉休眠、装卸搬运、保活运输、升温唤醒等用两状态元件表示,并以此来表示操作符工作状态的成功及故障程度。同时,水产品具有时间敏感性,随着时间延长风险越来越大,其可靠性会不断降低。因此对于暂养、运输、搬运等时间相对较长的环节,采用时间失效的工作元件(35 型)表示(图 6.6)。

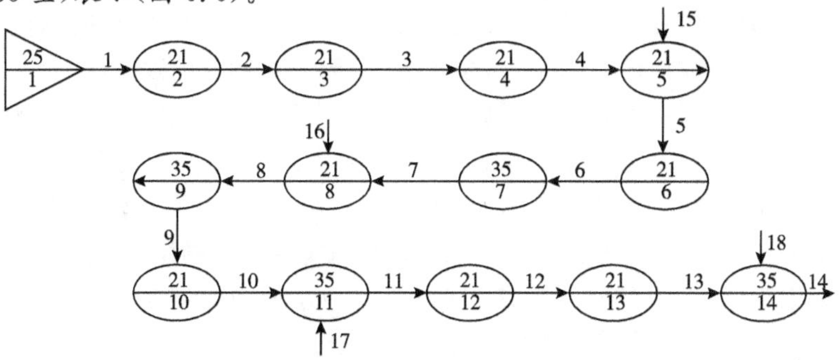

图 6.6　无水保活运输系统 GO-FLOW 分析图

6.2 信息系统设计的关键模型

6.2.1 信息系统体系结构模型

信息系统体系结构(architecture)是定义程序结构构件之间的相互关系,包含构件、构件之间、构件与环境之间的关系,以及相关的设计与演化原则。可以从以下3个体系结构考虑。在实际信息系统体系结构设计中,基于当前融合化趋势,可以是单个的体系结构,也可以是混合结构。

第一类体系结构,描述信息系统所依托的计算机及其网络系统的硬件设备组成及其联结方式,各硬件设备的功能和技术参数。

信息系统硬件结构经历了从基于宿主机到客户机/服务器模型的演变,可以分为C/S(client/server)和B/S(browser/server)。最初的C/S或B/S采用两层结构,对于规模较小、复杂程度较低的信息系统比较合适。在开发和配置复杂的大规模应用中演变为三层或多层分布式体系C/S/S或B/S/S。

(1)C/S(client/server)结构:即客户机和服务器结构。这种体系结构模式是以服务器为中心、以客户机为网络基础、在信息系统软件支持下的两层结构模型。这种体系结构中,用户操作模块布置在客户机上,数据存储在服务器上的数据库中。客户机依靠服务器获得所需要的网络资源,而服务器为客户机提供网络必需的资源。

(2)B/S(browser/server)结构:即浏览器服务器结构。它是随着Internet技术的兴起,对C/S结构的一种变化或者改进的结构。在这种结构下,用户工作界面通过浏览器来实现,事务逻辑在前端(browser)和服务器端(server)分配,形成3层结构。

第二类体系结构,重点是基于信息系统功能的结构:即从传统的管理信息系统、决策支持系统和专家系统角度出发,主要是数据库、模型库、知识库与推理机等。

(1)数据库是一个有组织的、可共享的、统一管理的大量数据的集合。

(2)模型库是长期存在于计算机内的、有组织的、可共享的模型的集合。

(3)知识库指所应用的知识集合,包含事实、数据、案例、规则等。

(4)推理机是一组程序,用来控制、协调整个系统,是在一定的控制策略下,系统根据问题信息(用户与系统交流的信息)及知识库中的知识执行对问题的求解。

第三类体系结构,重点是基于物联网的体系结构:也就是从物联网体系结构出发,将系统划分为感知层(各种传感器、M2M终端、传感器网络和传感器网关等,主要功能是识别物体、采集信息)、网络层(包括各种通信网络与互联网形成的融合网络,除此之外还包括物联网管理中心、信息中心、云计算平台、专家系统等对海量信息进行智能处理的部分)和应用层(将物联网技术与行业专业技术相结合,实现广泛智能化应用的解决方案集)物联网通过应用层最终实现信息技术与行业的深度融合,实现行业智能化。

案例 6.6 信息系统体系结构建模——简单结构

图 6.7 是一种传统的专家系统体系结构图。该专家系统的核心组成模块有:用户界面(用于系统提示、解释、信息超链接和图形表示等)、知识库(围绕蜜蜂虫害分成 4 个小知识表,每个知识表包括类别与处理方法)和推理机(图中没有对推理机进行解释,可以从论文中获取相关信息)。

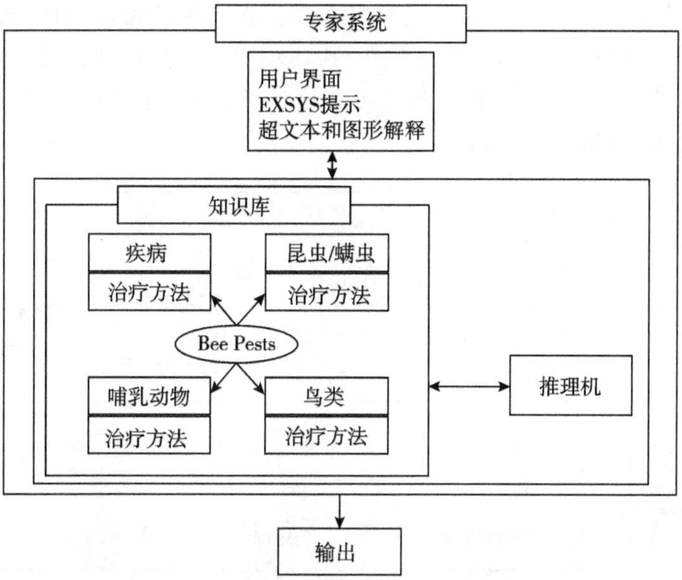

图 6.7 蜜蜂虫害诊断专家系统体系结构

图 6.8 给出一个智能灌溉决策支持系统结构。该系统能够将天气信息、传感器、作物及土壤特征作为训练输入,通过 ANFIS、PLSR 两类预测模型,实现多种数据的信息融合,形成智能灌溉决策支持系统。可以看出,该系统结构比较简单,重点是基于数据输入—处理—输出的逻辑,即传统的信息系统 IPO 结构。虽然涉及传感器,但并没有对传感器数据采集、数据传输等

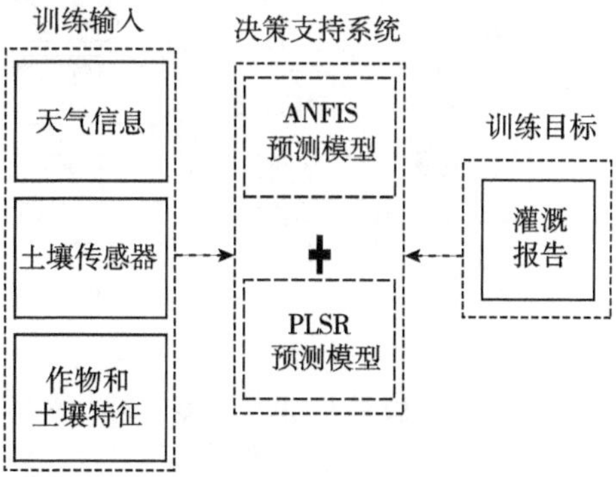

图 6.8 智能灌溉决策支持系统

体系结构进行描述，也没有表明相关数据库、知识库、人机交互界面等。

案例 6.7 信息系统体系结构建模——混合结构

首先，分析了肉羊养殖环境舒适重要性、环境舒适度形成机理和环境舒适度评价机理，设计基于可穿戴感知的肉羊养殖环境信息采集方案，建立了动态环境舒适度评价模型，最后开发了相应的决策支持系统。图 6.9 为该系统的体系结构。可以看出，该体系结构是基于物联网的 B/S 和 C/S 的混合体系，按照物联网体系结构“感知层—通信层—数据层—应用层”展开；而应用层上可以采用基于 Web 和传统客户机的形式，又是 C/S 和 B/S 体系结构的混合体。在具体功能层面，该系统是通过可穿戴感知的信息获取方法，融合养殖信息，构建环境舒适度评价模型，为肉羊精细化养殖提供决策支持。因此，体系结构中又设计了模型库、算法库、知识库，形成了一种智能决策支持系统的体系结构。

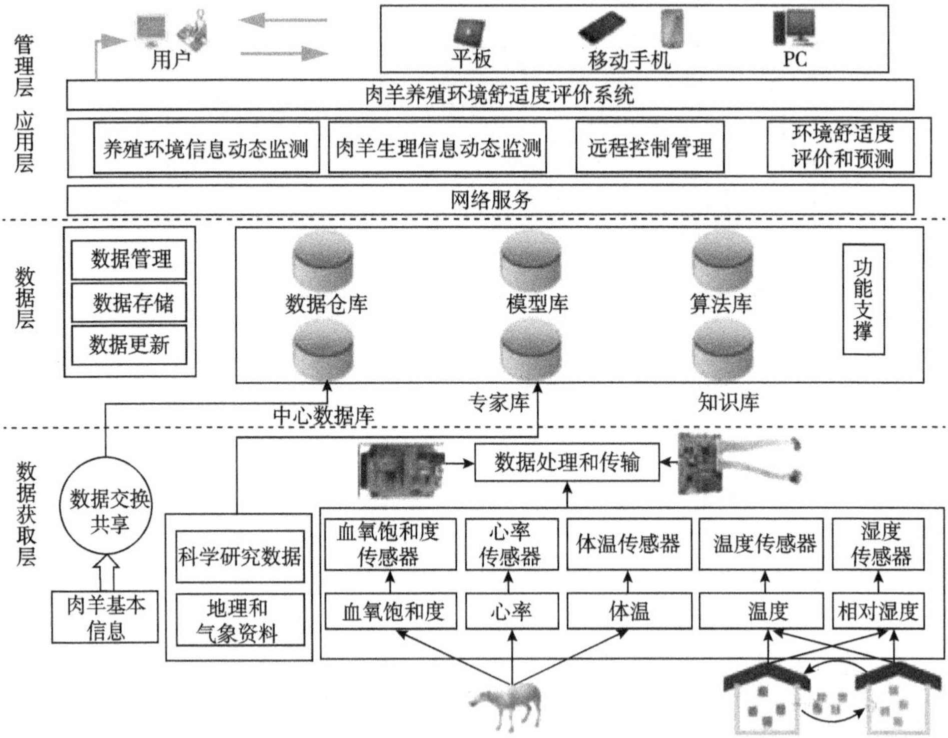

图 6.9 基于可穿戴感知的肉羊养殖环境舒适度评价决策支持系统

6.2.2 信息系统软件结构模型

如前所述，信息系统的软件结构包括2部分内容：第一部分，用于构建信息系统而在硬件设备上安装的系统软件，如所采用的操作系统，数据库管理系统，各种服务器软件，应用开发工具等。第二部分，开发人员所开发的应用软件模块所组成的系统结构，一般用分层的树状结构图来表示，直到所有模块不可再分层为止。当描述现有系统(旧系统)采用功能结构，而描述目标系统(新系统)采用软件结构。

案例6.8 基于物联网的盐湖采卤自动化决策支持系统

该系统是为盐湖采卤自动化决策管理开发的平台，主要由4个子系统组成：泵站静态信息子系统、泵站动态监控子系统、远程控制管理子系统和泵站运行状态预测子系统。在此应用系统平台上，既有泵站基础信息的查询、分析与决策，又有控制功能的实现。为了使分析与决策的结果更加形象直观，采用了可视化的展示方式。系统具体的功能框架如图6.10所示。

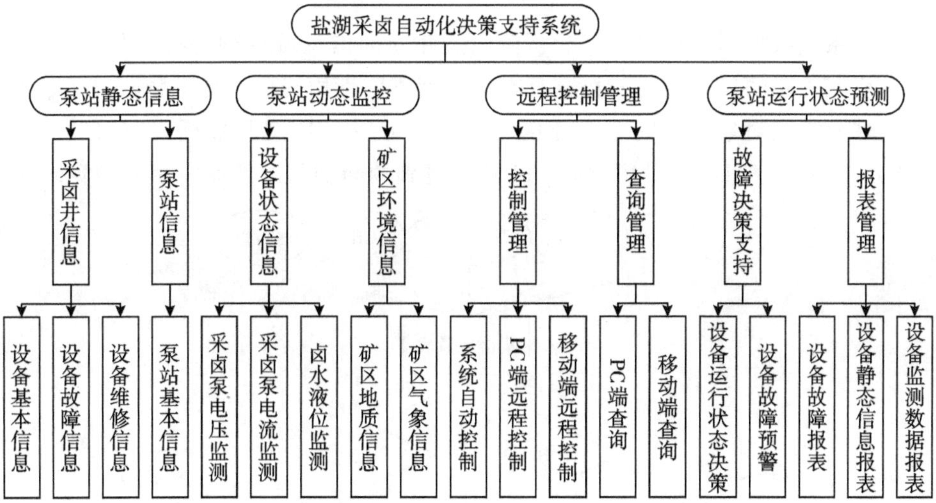

图6.10 盐湖采卤自动化决策支持系统功能框架图

泵站静态信息子系统：包括泵站的类型、地理位置及泵站内采卤设备详细信息，即一级泵站内，采卤井的位置和井深等，采卤泵的铭牌内容、下井深度、生产厂家及购置价格等；二级泵站内，二级泵站的位置，总机泵数及开机数等，混流泵的铭牌内容、生产厂家等。

泵站动态监控子系统：负责对泵站内采卤设备运行状态信息进行采集、传输、存储和处理，以及矿区气象信息、地质信息的录入。泵站动态信息可通过"实时数据表"和"动态监测图"以直接、形象的方式将监测结果显示给工作人员。

远程控制管理子系统：负责对采卤设备进行远程控制和查询操作，工作人员根据从决策支持系统接收到的预警信息通过手机和 Web 浏览器 2 种方式实现对采卤设备的控制功能，此外控制器能根据液位信息自动调节采卤泵转速，也可通过手机或电脑查询采卤设备状态信息。

泵站运行状态预测子系统：提供监测数据、故障信息、基本信息等决策必需的信息。系统根据接收到的采卤设备运行信息（电压、电流和液位），实现对采卤设备在运行情况下的安全预警，预警方式包括决策支持系统预警和手机短信预警，以保证预警信息能及时传达给采卤设备管理人员。其中，决策支持系统预警是在与服务器连接的 Web 浏览器上以弹出对话框的方式通知值班及管理人员；手机短信预警是通过手机短信及时将预警信息发送给预警联系人。用户登录系统之后可以对预警策略、预警重发时间、预警联系人通信录等进行设置。

6.2.3 信息系统数据结构图模型

信息系统数据结构模型是把分析阶段所建立的信息域模型变换为数据结构，包含 3 种相互关联的信息：数据对象（具有一系列不同性质或属性的事物）、描述数据对象的属性及数据对象彼此间相互连接的关系。可用 E-R 图和数据表逻辑关系图表示（图 6.11 和图 6.12）。其中，图 6.11 通过将葡萄与葡萄酒产业中相关的实体进行

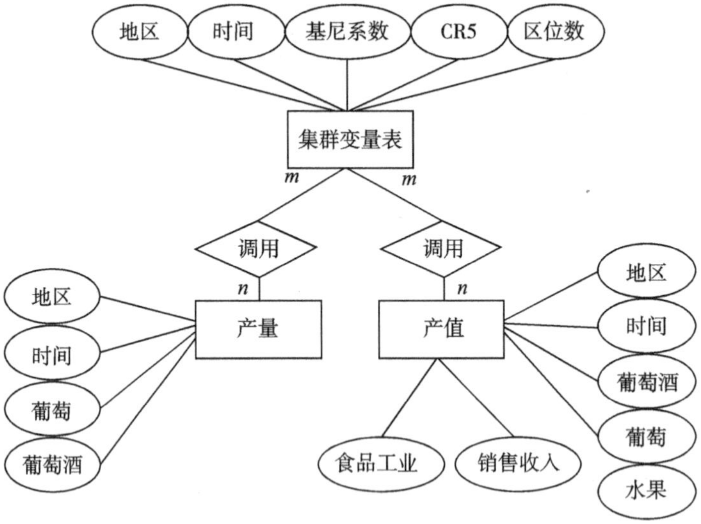

图 6.11 葡萄与葡萄酒产业集群信息分析系统 E-R 图

分类、聚集,利用实体关系的方法将需求抽象为信息结构,明确系统所含的各种实体及其属性、联系和制约条件等。系统包含的实体主要有产业集群变量表、产量表和产值表,结合葡萄与葡萄酒产业集群信息分析系统的功能需求,对数据库各实体的属性关系进行了设计,形成了 E-R 关系图。

图 6.12 猪病诊断专家系统中,共有 15 个事实表,包括用户表、药物分类表、药物注释表、病历表、疾病综述表等。各个表之间经常发生各种联系,也就形成了事实上的规则,即这些事实表又变成了知识库的一部分。数据库表间关系进行如下说明。

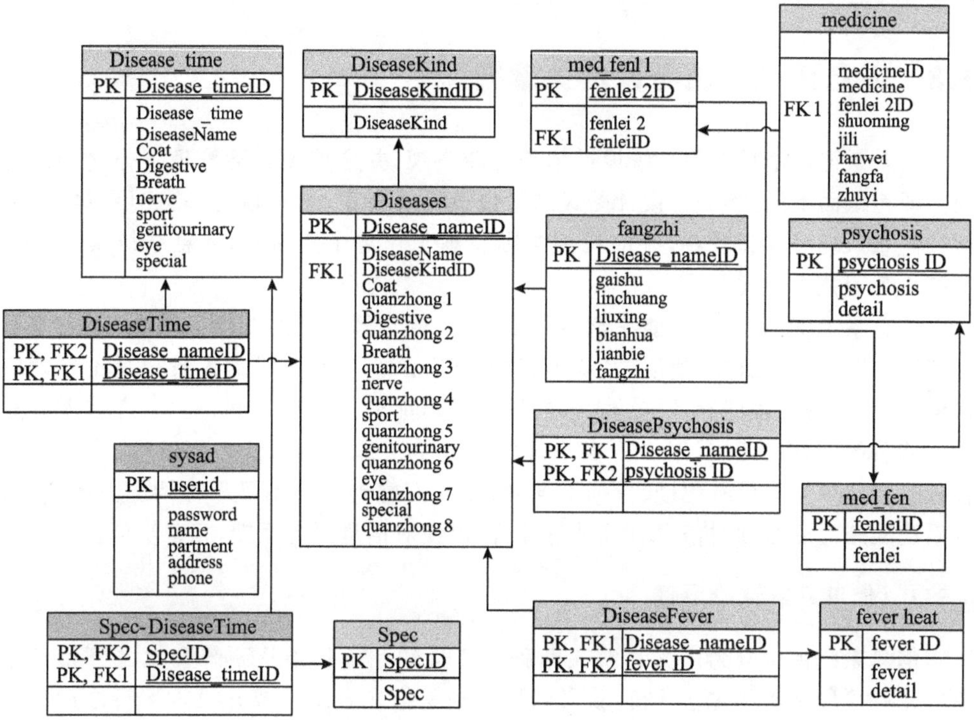

图 6.12 猪病诊断专家系统数据库相关表之间关系

(1)猪的每种规格对应多种发病期,如母猪对应发情期或妊娠期,而每个发病期对应多种猪的规格,如发情期对应母猪或种猪等,因此猪规格表(Spec)和发病期表(Disease_time)是多对多的对应关系,用猪规格与发病期关系表(Spec-DiseaseTime)来表示它们之间的关系。每种精神状态,每个发病期,每个发热类型具有多种病名相对应,每个病名也与多种精神状态,多个发病期,多种发热类型相对应,因此病名和精神状态、发病期、发热类型是多对多的对应关系,用病名与精神状态关系表(DiseasePsychosis),病名与发病期关系表(DiseaseTime),病名与发热类型关系表

(DiseaseFever)来表示它。

(2)每个疾病分组对应多种疾病,而每个疾病只属于一个疾病分组,因此疾病分组表(DiseaseKind)与病症病名联合诊断规则表(Diseases)之间是一对多的关系。

(3)每个疾病都有一个疾病综述,而每个疾病综述都只描述一个疾病,因此病症病名联合诊断规则表(Diseases)与疾病综述表(fangzhi)是一对一的关系。

(4)每种药物对应一种药物分类,而每个药物分类包括多种药物,所以药物分类表 2(med_fen2)与药物表(medicine)是一对多的关系。药物分类表 1(med_fen1)与药物分类表 2(med_fen2)也是一对多的关系。

6.3 信息系统实施与评价关键模型

信息系统实施是按照系统设计结果逐渐实现,并应用到实际管理工作之中的过程。即将纸面上的、类似于设计图式的新信息系统方案(物理模型)转成可以实际运行的信息系统硬件和软件,并应用到实际管理工作之中。因此,信息系统实施阶段更多是工程技术性问题。

信息系统实施之后,可能完全达到了目的,成功解决了组织所面临的问题,也可能完全失败,如系统彻底崩溃,系统不够“健壮”经常“死机”,维护人员总是不停地应付各种意外,修补程序和数据。大多数情况下可能处于两者之间,例如,存在着明显地不能按约定方式使用,用户不得不开发一些手工过程与系统一起运行、产生出的各种报告对决策者没有帮助、数据不准确,使人们感到系统不可靠等情况。因此,信息系统实施之后必须对信息系统进行评价,以便对信息系统反馈,完善功能。

6.3.1 信息系统评价原理

信息系统评价分为广义和狭义两种。广义的评价是指从系统开发的开始到结束的每一阶段都需要进行评价;狭义的评价则是指在系统建成并投入运行之后所进行的全面、综合的评价。一般而言,对于信息系统项目管理而言,更多关注的是过程管理,确保信息系统项目有效实施;对于信息系统研究或从创新性成果而言,关注更多是实施后的系统性能评估。图 6.13 给出一个简单的概念框架。从后评价和项目管理 2 个层面对信息系统实施后进行分析。

除此之外,还有信息系统的有效性(effectiveness)评价,如图 6.14 所示,包括相对评价和绝对评价 2 个方面:相对评价可从任务完成度与工作生活质量的提高两方面进行详细分析,在这两方面中又可细化为不同角度,如提高生活工作的质量可细化为生产力、社会改进及健康状况的改善;同样,业务效率、技术效果、经济效益也是绝对评价的 3 个方面,每一方面又可细化 2～4 个角度进行详细评价。

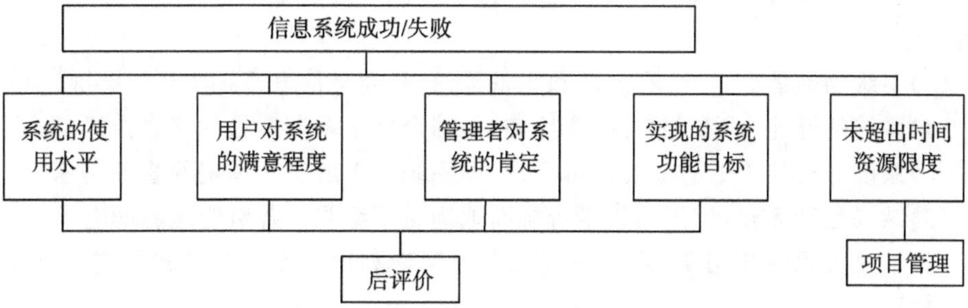

图6.13　信息系统成功与失败评估分析

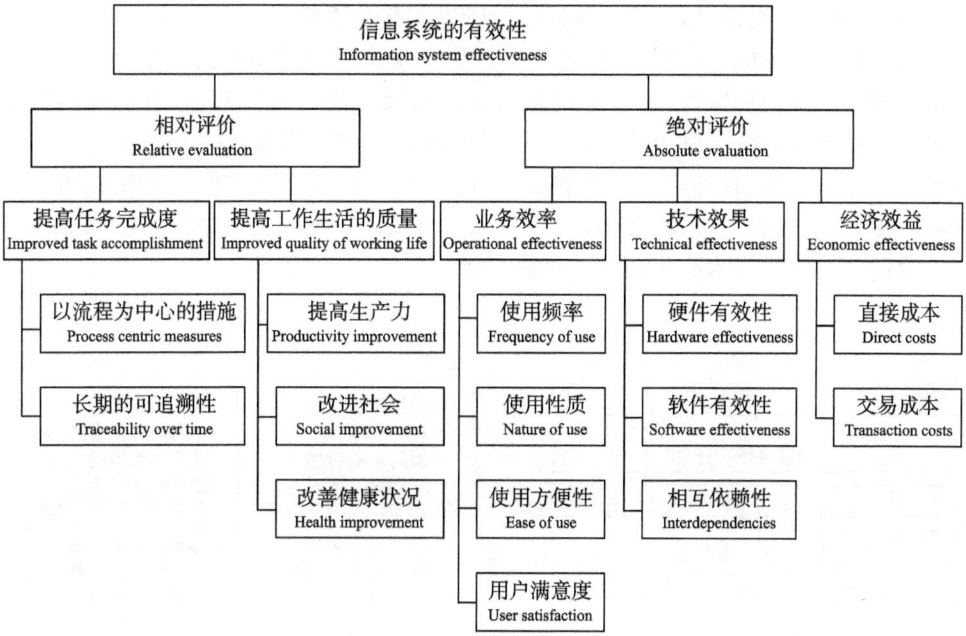

图6.14　信息系统有效性评价原理图

除了信息系统有效性评价之外，还有信息系统质量评价的概念。所谓的信息系统质量就是在特定的环境下，在一定的范围内信息系统的好坏。评价的关键是要定出信息系统质量指标以及评定优劣的标准。信息系统质量评价的特征和指标如下。

(1)系统对用户和业务需求的相对满意程度：指系统是否满足了用户和管理业务对信息系统的需求，用户对系统的操作过程和运行结果是否满意。

(2)系统开发过程是否规范:包括系统开发各个阶段工作过程以及文档资料是否规范等。

(3)系统功能的先进性、有效性和完备性:这是衡量信息系统质量的关键之一。

(4)系统的性能、成本、效益综合比:它是综合衡量系统质量的首选指标。

(5)系统运行结果的有效性或可行性:即系统是否解决了预定的管理问题。

(6)结果是否完整:处理结果是否全面地满足了组织中各级管理者的需求。

(7)信息资源的利用率:系统是否最大限度地利用了现有的信息资源提供高效管理决策。

(8)提供信息的质量如何:即考察系统所提供信息(分析结果)的准确程度、精确程度、响应速度以及其推理、判断、分析、结论的有效性、实用性和准确性。

(9)系统的实用性:即考察系统对实际管理工作是否实用。

(10)信息系统成本/效益评价也是衡量信息系统项目成功的关键指标之一。由于信息技术本身的特殊性,所产生的效益中间接效益多于直接效益,且往往与其他大量因素所产生的效果糅合在一起,不容易辨识。因而,信息系统收益评价应当从组织自身战略发展、管理状况以及客观条件出发,多角度地考察信息系统在组织和结构和流程变革、管理改造、效率提升中所发挥的作用。图 6.15 和图 6.16 分别展示了简单的信息系统成本分析和效益分析框架。

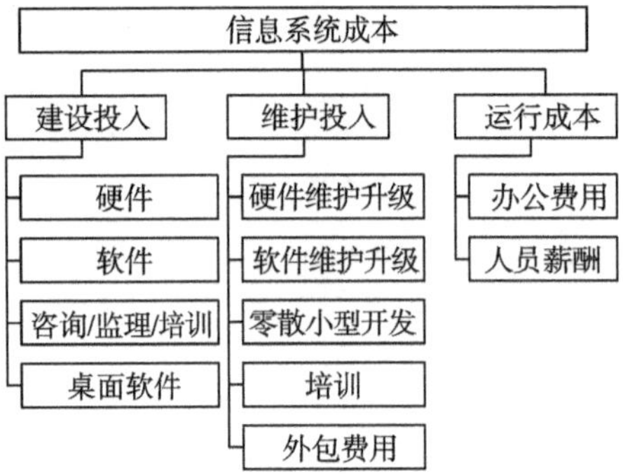

图 6.15　信息系统成本分析框架

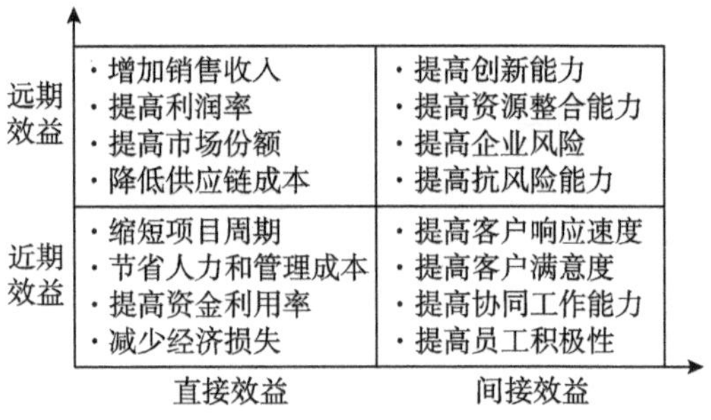

图 6.16　信息系统效益分析框架

6.3.2　信息系统性能评估例证

本节所选取的案例主要来自研究生论文和英文论文,仅仅说明信息系统评价在研究成果中整理的思路和方法。案例并没有完全与上述理论框架一一对应。

案例6.9 鲜食葡萄冷链物流技术效率评价系统

从数据管理、方法管理和评价决策支持3方面对系统进行了评价：在数据管理层面，系统的实施使葡萄样本信息、技术方案信息、葡萄品质测定信息等的关键数据记录从纸质文档到信息系统记录的转变，进而保证了数据规范化、标准化和持久化；在方法管理层面，基于系统记录的关键数据和评价方法与模型库支撑了葡萄冷链物流技术效率评价全程操作可视化；在评价决策支持层面，数据与模型的结合实现了技术效率的评价、对比、优选和改进(表6.2)。

表6.2　鲜食葡萄冷链物流技术效率评价系统性能评估

序号	功能层面	功能点	实施前		实施后	
			方法	实时性	方法	实时性
1	数据管理	葡萄样本信息记录	纸质	滞后	系统	实时
2		技术方案信息记录	纸质	滞后	系统	实时
3		品质测定信息记录	纸质	滞后	系统	实时
4	方法管理	评价模型设计	无	—	信息系统	—
5		评价参数设定	无	—	信息系统	—
6		评价过程管理	无	—	信息系统	—
7	评价决策支持	评价结果分析	无	—	信息系统	实时
8		评价结果横向对比	无	—	信息系统	实时
9		技术方案优选	无	—	信息系统	实时

注：“—”表示无信息或不适用。

案例6.10 基于多传感器集成的鲜食葡萄冷链物流监测系统

通过详细地对比分析系统安装与实施前后、新系统与原有系统之间的功能和效果，给出了分析结果(表6.3)。在监测参数的类别和方式上：传统系统只检测冷链温度和相对湿度，方式为记录仪或射频识别技术，无法实现实时传输和处理；原有系统可以实时监测温度和相对湿度；新系统则可以对冷链微环境温度、相对湿度、O_2、CO_2、乙烯和 SO_2 气体等关键追溯参数实施监测。在整体性能上，新系统多传感器在功率上具有低功耗特性，传感器节点体积小；集成有嵌入式气体统计分析与建模算法、微环境关键参数与品质的耦合模型，优化了质量控制方法。物流损耗由25%～30%降低到13%以下。

表 6.3　鲜食葡萄冷链物流监测系统性能评估

系统性能	水果冷链物流微环境关键参数监测	冷链温度和湿度监测	水果的透明度和准确性				连续信号分析方法	质量控制			
			冷链乙烯气体监测	冷链 CO_2 气体监测	冷链 O_2 气体监测	冷链 SO_2 气体监测		质量损失	巨峰葡萄市场价格（国内）	仙桃市场价格（出口）	适用性
传统系统	无	记录仪或射频识别技术，成本高且离线	—	—	—	—	—	25%～30%	<12 元/kg	<10 元/kg	复杂，困难，耗时
前期工作	温度，相对湿度	范围：−40～124 ℃，精确度：±0.4 ℃	—	—	—	范围：0～20 ppm，精确度：±3% FS，功率>500 mW	—	<20%	<15 元/kg	<16 元/kg	简单，方便，节省时间
本追溯系统	温度，相对湿度，乙烯，O_2，CO_2 的含量	范围：−40～80 ℃，精确度：±0.3 ℃	范围：0～100 ppm，精确度：±2%FS，功率<0.25 mW	范围：0～5%，精确度：±2%FS，响应时间<25 s	范围：0～25%，精确度：±2%FS，功率<100 mW	范围：0～100 ppm，精确度：±2%FS，功率<100 mW	嵌入式	<13%	>20 元/kg	>25 元/kg	简单，方便，省时省力
优点	CAP 增加和可追溯	温度监测和可追溯性的准确度更高	乙烯监测和可追溯性的能力	快速响应二氧化碳监测和追踪的时间	O_2 监测的稳定性和可追溯性	SO_2 传感器监测准确度增高，功率降低	优化水果冷链的质量控制	减少水果冷链的质量损失	为水果冷链提高效益	提高水果冷链的质量控制和管理	

6.4 信息系统数据可视化

信息系统数据可视化是通过应用统计图形、图表等可视化形式，有效地在视觉上传达数据的定量信息，展现数据结果和揭示数据模式和趋势，使得复杂的数据更容易理解和使用。在信息系统研究过程中，数据可视化有两方面的含义：第一，信息系统设计时，需要以有效的可视化方式为最终用户提供服务功能，使用户更容易检查数据、理解数据含义，从复杂的数据集中找到含义并获得有用的数据见解，进而提高决策效率。第二，信息系统研究人员在准备论文写作时，往往有标新立异的选题、好的观点想法、突破的实验成果、极高的翻译水准等，但却忽略了文章插图处理而导致论文水平显得不高。一幅优秀图片应美观整齐、具有说服力，读者看完即可大致了解整篇文章。

需要注意的是，无论何种情景，数据可视化最基本的目的是功能用途，并不就意味着形式上令人感到枯燥乏味，或者是单纯为了看上去绚丽多彩而显得极端复杂。因此，信息系统数据可视化的基本原则是"美学形式与功能需要"齐头并进。

以下讲解重点以学术论文和学位写作中图表可视化原则为主，兼顾信息系统设计的需求。

6.4.1 数据可视化图表设计的基本原则

图表是基于统计分析所形成的基本的、用于可视化表达结果的工具。图表要实事求是，不能主观臆断，也不能夸大其词，然后遵循的设计原则有以下总结。

第一，内容独立、逻辑明确原则。图表所表述的内容力求科学、准确、一目了然，具有语言学上的逻辑性，即主谓清楚、层次分明、标目合理。同时，具有自明性，不需要读者查阅论文中的解释文字就能理解图表中的数据。图表已经表达清楚的内容，文字叙述就不必再做重复。同样，图表也不相互重复。一般来说，表格会给出实际的实验结果，更加直接、清晰。图形会给出数据变化趋势，更加直观。

如何选择表或图作为数据展示的方式，取决于希望传递或最终用户(读者)接受什么样的信息内容：希望展示数据精确的对比，如不同方法对比的改进、提升，应选择表的方式，精确给出结果间的差距；希望展示数据趋势变化，如随着实验时间的进行，某项数据的变化趋势，直观向读者展示两者间的线性规律，则选择图的形式。此外，图表在文中的布局要合理，一般随文编排，先见文字后见图表。

第二，风格统一有序，格式符合基本标准与规范要求。在同一份文档中图表必须保持相同的风格，图表内的各种符号、数量名称及其单位、术语必须符合国际标准、国家标准和有关行业标准；表格一般采用三线表，内容包括表题、表头、栏目、公用单位、表注。图要清晰,但坐标比例不要过分放大,同一图上不同曲线的点要分别用不同形状的标识符标出。任何插图或表格都需要图(表)序和图(表)题。

一般,图序用“图 1.1”“图 2.1(a)”,图序和图题排在图的下方,相对于整幅图左右居中,其总体长度不超过图面的宽度。坐标上标注的量的符号和缩略词必须与正文中一致。图注与说明安排在图题上方;表序用“表 1-1”“表 1”,表序和表题排在表的上方。如某个表需要转页接排,在随后的各页上应重复表的编号。编号后跟表题(可省略)和“续”。续表均应重复表头和关于单位的陈述。

6.4.2 插图的一般处理过程和优化方法

图片能够反映信息内容的重点和核心,可以把信息在不经过图像到文字转换的情况下完整地展示在读者面前,帮助读者快速获取“有效信息”。目前,论文写作中主要图形有以下 2 种。

(1)位图:通过记录每个像素点的颜色值和坐标位置来表现图片。放大后容易失真,出现锯齿或马赛克。照片多用位图的格式保存,位图上面的文字将不再是文字,而是图片,是不可以像 Word 中的文字那样被直接选中的。位图格式有 jpg、tiff。

(2)矢量图:以形状的描边和填充作为记录元素,无限放大不失真。线条图多以矢量格式保存。矢量图格式有 eps、pdf。

一般而言,微软 Office 中 Word 和 PowerPoint 的基本绘图功能能够实现一些的直观、简便、扁平化的可视化图形。表 6.4 列举了主要的常用绘图软件。除此之外,还有大量各专业领域的绘图软件。如 COMSOL(多场耦合功能)、Circos(绘制全基因组特征圈图)、ChemDraw(化学绘图)。这些绘图软件除了提供研究人员直接绘图功能之外,有的也提供了组件或对象接口。这样,研究人员在信息系统里面可以直接调用其组件或对象按照实际需求生成动态的可用图形。

大多数科技期刊对电子投稿的插图在字体、字号、线条粗细、色彩等有明确要求,在绘图时应尽可能制作符合出版要求的图形。一般而言,图片处理步骤如下。

第一,了解期刊对图片的要求,如图片尺寸要符合规范;指定格式的图片;插图上元素要对位整齐;图片清晰度要符合印刷要求;插图中相同类型的文字大小应统一;文字字体选择要符合要求并保持一致;线条粗细应统一等。一般要求如下。

①线条图:轮廓线、函数曲线等需用相对粗的线条,设置为 0.75 P;而中心线、虚线、尺寸线、坐标轴线等辅助线采用细线,设置为 0.5 P。

②尺寸、内容标准:建议不太复杂的图形,图宽控制在 5～6 cm,较复杂的图,可控制在 7.5 cm 左右,如果是通栏图,图宽控制在 15 cm 以内;图上的数字及外文字母采用 6 号字,字体中文选用方正书宋简体,英文选用 Times New Roman。

③一般要求 RGB 颜色模式的插图文件,分辨率 300 dpi 及以上。

表 6.4　主要的绘图软件

软件	特点	绘图
AdobeIllustrator (AI)	矢量绘图软件,可与 Adobe 家族其他软件结合使用,具有 3D 效果功能	彩色或黑白图形 2D 或 3D
Photoshop	处理以像素构成的数字图像,适用位图的制作	图像编辑、合成、调色 已有照片编辑,如显微照片等
3ds Max	三维建模、渲染、动画	模型制作与展示 3D 图像
Matlab	主要面对科学计算、可视化交互程序设计	将数据用二维、三维甚至四维图形表现出来
Visio	矢量化绘图软件,与 Office 套件兼容	拥有丰富的模板,拖放式绘图操作,可创建 SmartShapes
Origin	包含数据分析与科学绘图	拥有模板,同时可自定义页、轴、符号、线的颜色等设置

第二,规划插图的数量、尺寸和布局,主要考虑 3 个方面:①论文需要几幅插图;②每幅图包含几个部分,具体内容是什么,基本元素是否存在及满足要求;③插图如何布局更美观,制作多大的画布:半版图、2/3 版图或整版图。

第三,收集及整理素材:收集整理原图作为素材,将要使用的原始图复制到单独的文件夹里,保证其不被修改;根据需要建立单独的图片文件夹,用来存储论文用的图。将每部分所用的图保存在相应的位置,便于日后的修改和查找。

第四,编辑优化每幅原始图片:在条件允许范围内调整优化图片光线、明暗、对比、清晰度等,然后根据版幅不同来调整图片的尺寸大小(具体参照上一步骤中各版幅图片的尺寸规定),特别是宽度。并根据插图类型(照片类、线条图、混合类图)判断每一部分的分辨率,进行调整。最后,按照特定的格式进行存储和命名。例如,绝大多数 SCI 期刊都要求提交 tiff 格式的插图文件,因为 tiff 文件格式具有无损压缩属性。而且在线投稿系统中提交文章的时候,由于图片和文字内容往往是分开提交的,图片也是逐一上传的,这个时候图片就是按照文中图片的名称来命名的,如 Fig 1. tiff、Fig 2. tiff。

第五,图像合成与导出:根据预定尺寸拼接第四步中各部分的素材图片,成完整插图,并作相应标注(文字、箭头),保存并导出特定格式图片。

6.4.3 图形优化技巧

除了基本插图之外，重点是定量数据结果展示或流程类图片。有以下优化技巧。

技巧1：每幅图绘制3个或4个数据集；使用分图将说明同一类型问题的数字组合起来；精心选择比例尺；适当的轴标签大小；符号清晰可见，数据集易于分辨。

在下面的例子中，包含5个数据集，分别是横坐标的K-promoter（质量分数）数据集与纵坐标的PAC-LTR等4个数据集。由于数据集数量过多，而且纵坐标的数据数值相差很小，甚至出现重合，导致图中信息太过密集，无法令人抓到重点。改进的技巧有：①减少数据集数量，依据Pd/MgO、Pd/Al_2O_3拆分为2幅图，也可根据LTR、HTR进行拆分，一方面减少图中数据集的数量，另一方面增强图中数据的对比度；②对不同图标进行连线，使读者的视线随着数据点间的连线进行移动，而不是在空白的背景中寻找下一数据点（图6.17）。

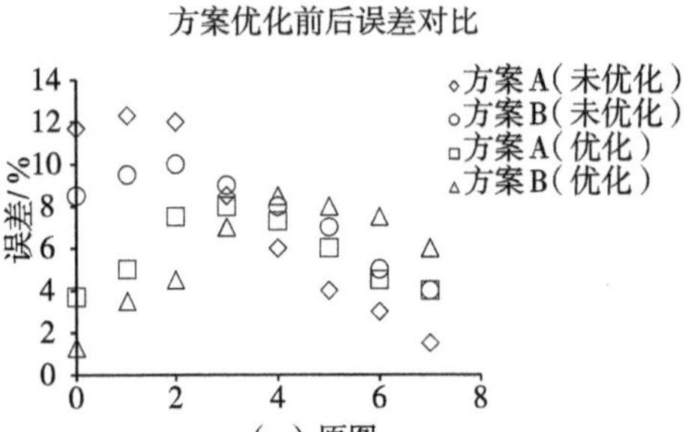

（a）原图

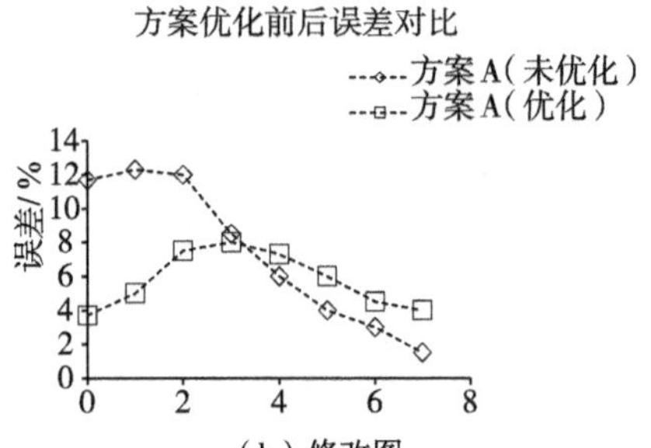

（b）修改图

图6.17 数据结果图优化技巧

技巧2：当文章数据过多时，不同条件放在一幅图可以简化页面、便于比较。或者当规格小、信息量少的图过多，尤其是超过3幅图时，可以考虑再将它们拼接在一起，形成一个大图会更好，可以从整体上展示研究成果。

图6.18是将原先分成根据自变量不同取值范围而绘制的3幅小图合并成一幅大图，这样可以在自变量的取值范围之内，看到因变量的整体变化规律。图6.19中涉及多幅小图，如果每幅小图单独放大，都会显得过于单薄，信息量少，但整合成一幅大图之后，能够有效反映其材料特征和传感器性能等整体联系，并且不同材料和传感器的可视化对比。

技巧3：当用表格展示数据，发现数据过少时，可以将表格变成图形（选择柱状、斜纹等增加视觉上的厚重感）增加文章的分量；或者对图中增加相关更多信息进行示意。

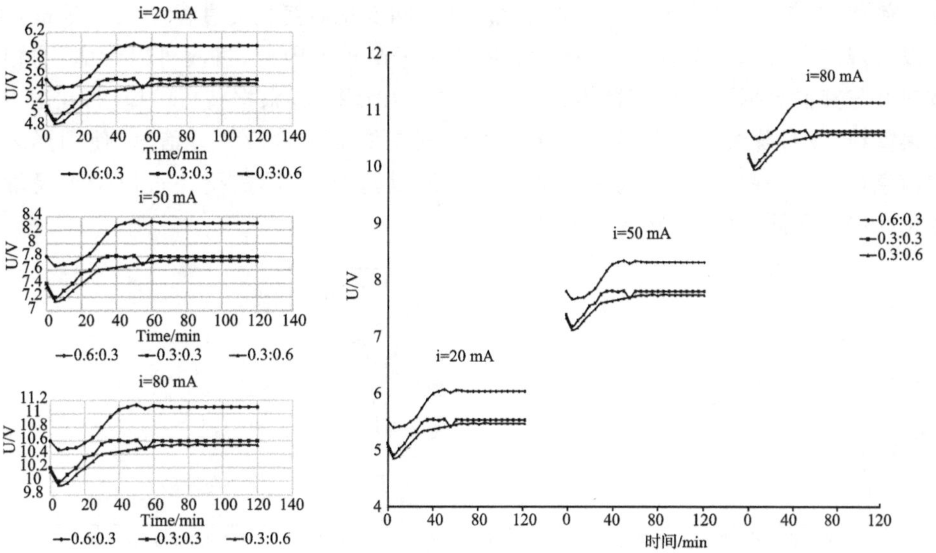

（a）原图　　　　（b）优化图

图 6.18　数据结果图优化技巧

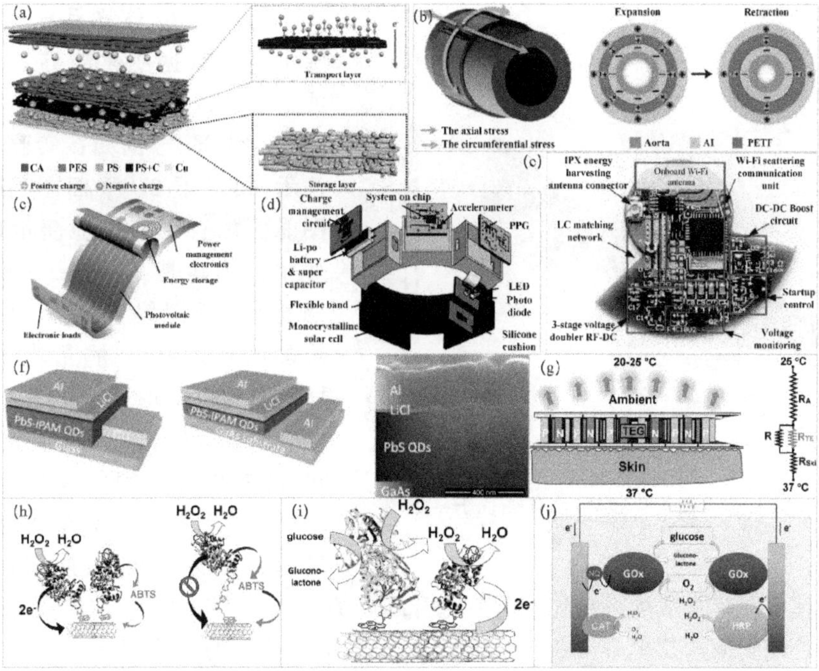

图 6.19　多幅小图拼接成大图的效果

例如，图 6.20 仅表示了传感器灵敏度随时间变化而变化的过程。仅看图 6.20a，可以发现其所表达的数据量少，格式的形式过于简单。因此，修改可以考虑：①根据技巧 2 与其他数据图或传感器表征图合并成一幅大图；②根据技巧 3 提示，在图中增加误差线，或者阶段分析信息等。图 6.20b 则是增加了阶段划分信息，使图形表达的信息量更多一些。当然，还是比较单薄。所以，根据实际需要还可以增加灵敏度变化率趋势在同一幅图，扩大信息量。

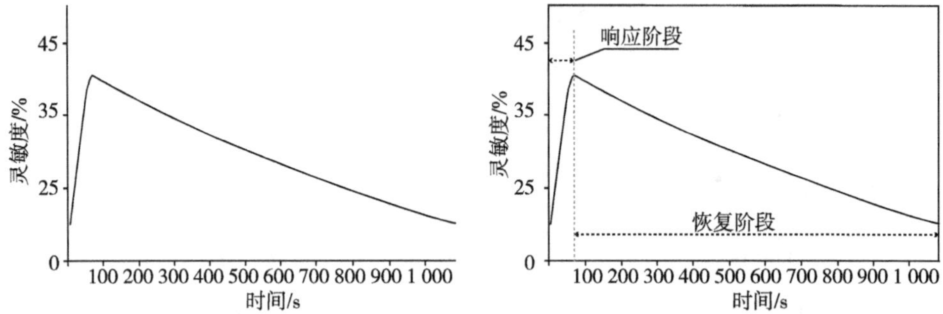

（a）原始图　　（b）优化图

图 6.20　结果图优化技巧 3

技巧 4：立体图优于平面图。除了展示数据变化趋势的柱状图或折线图以外，示意图也是文章的重要组成部分，例如在实验过程的演示，相对于 2D 平面图，3D 立体图能更加直观真实地演示过程的变化。尤其是 *Nature*、*Science* 等期刊上的插图偏立体风，通过多图形多色块套用和“填充效果”中的“渐变”即可实现。

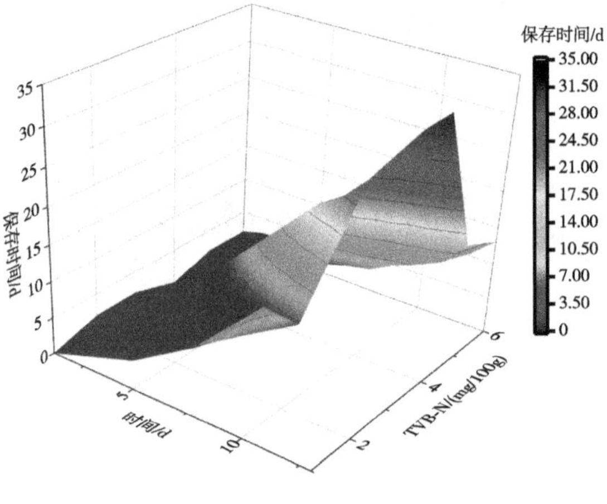

图 6.21　结果图优化技巧：立体图优于平面图

例如，图 6.21 可以很清晰地看出，随着保存时间的延长，TVB-N 呈缓慢上升趋势。储存前期 TVB-N 增长较为缓慢，后期增长加快；所有处理组菌落总数均呈现先下降后上升的趋势。最终可以确定，常温和冷链环境下杀菌处理货架期都提升 4 d。可以看出，三维图比传统的二维图或表格更能清楚地表现出变化的趋势。

例如:图 6.22 过于简单,无任何有效信息含量。为了展示 RFID 响应机理,如果单纯使用文字流程图的形式会冗杂,按照立体图优于平面图原则以及巧妙使用照片原则,可以添加 RFID 读写器与传感标签的 3D 模型,同时将响应流程顺序展示机理。

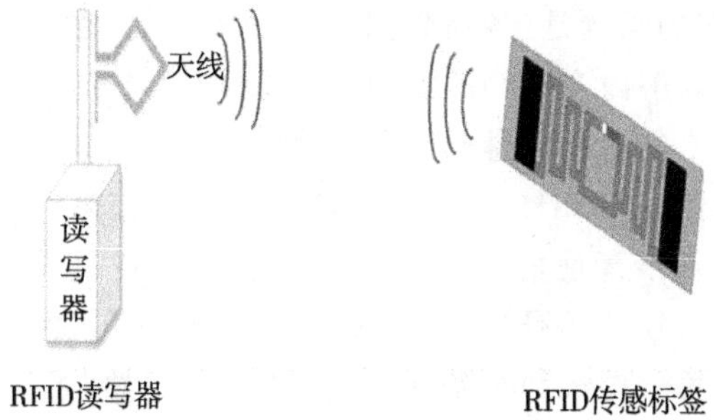

图 6.22 无任何有效信息含量的原理图

技巧 5:布局避免过瘦过长,尽可能布局均衡。尤其是描绘一些业务流程、模型算法,把流程简单绘制出来,导致图形过长,占据大量版面,影响整体版面布局。

例如,图 6.23 选取了 2 幅图,一幅是技术路线图;一幅是软件结构图。可以发现

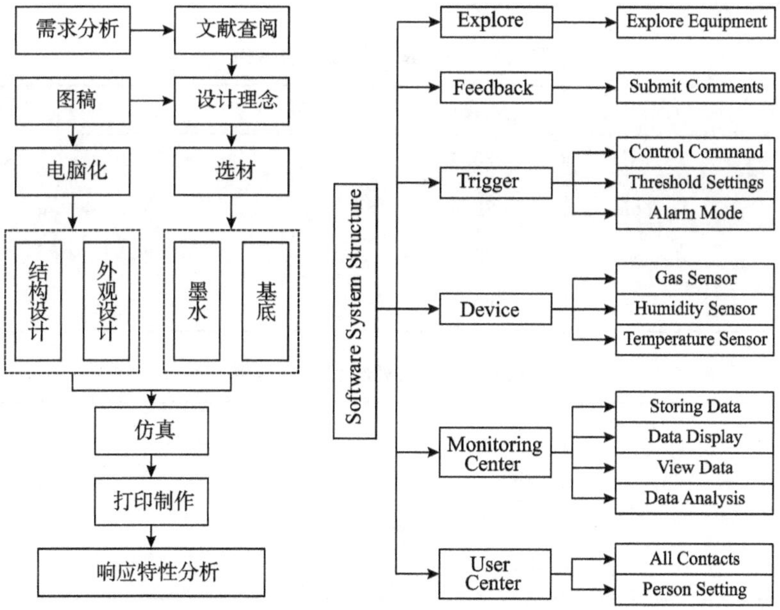

图 6.23 图优化技巧:过长过瘦图转化成布局均衡

2 幅图的共同特点是：横向元素不多，形态上比较“瘦”长，而且内容不丰富。实际上其实际长度是图 6.23 所示的 1 倍，选取到本书之后，进行了压缩处理。

6.4.4 表格优化技巧

表格制作经常存在的问题是：各项数据之间分隔不清，隶属关系不清，横、竖、斜线繁杂，让人无法准确理解内容。一般而言，表的编排，内容和测试项目由左至右横读，数据依序竖读。表格的优化应遵循以下 4 个原则。

(1)表格具有可读性与可比性。可读性要求表格的整体结构合理，数据排列有规律，把所有的信息有条不紊地呈现出来，例如，表格的栏目设计要科学合理，要符合论文内容表达的要求，还要将研究的背景条件、比较前提、使用方法、实验数据和最终结果一一分类，使每一要素都有条理，让读者一目了然；可比性是为了使用表作为载体的相互比较的数据，增强数据本身的说服力和感染力。

例如，表 6.5 想表达在不同数据集下，CNN 与 Yolo 计算方法在 Acc 与 Rec 计算结果的数值，并给出 Yolo 的提升值。但每个数据集占用 2 行内容表示，“计算方法”列重复出现“CNN”“Yolo”，表格设计不合理，可读性较差。可将“CNN”与“Yolo”分别归于 Acc 与 Rec 之下并添加辅助线，如表 6.6 所示，这样层级清楚，美化节省版面，具有自明性。

图 6.5 表格设计栏目错误示例

数据集	计算方法	Acc	误差	Rec	误差
1	CNN	70.4	3.0	21.9	11.1
	Yolo	73.4		33.0	
2	CNN	72.4	−3.4	28	2.0
	Yolo	69.0		30	

表 6.6 表格设计栏目修改示例

数据集	Acc		Δ	Rec		Δ
	CNN	Yolo		CNN	Yolo	
1	70.4	73.4	3.0	21.9	33.0	11.1
2	72.4	69.0	−3.4	28.0	30.0	2.0

(2)表格的基本要求是准确度，体现为表格数据和表述准确，与文字图片合理呼应。表中的数字、符号只有准确才能传递正确的信息。一般主要体现在 3 个方面：一

是表名准确，表名要准确表达表名所含主题内容，应当简洁，突出主题；二是数据准确，表格中的数据一般是通过计算或实验得到的关键信息，不能错误；三是变量名称及单位准确，表格的项目栏名称和单位同样要符合国家规范。表身中无数列，应区别对待。空值表示未测或未被发现，“—”(一字线)表示没有(客观上没有)，“0”表示实测结果为零。在表 6.7 中，有一个问题是有效位数的不统一，对 5 位精度的小数来说也没有多大意义。

表 6.7　表格数据错误示例

氧气	氨气	挥发性盐基氮	氧气	氨气	挥发性盐基氮
1	0	0	0.468 75	0.191 49	0.534 09
0.937 5	0.021 28	0.068 18	0.406 25	0.234 04	0.602 27
0.875	0.021 28	0.136 36	0.343 75	0.297 87	0.670 45
0.812 5	0.042 55	0.204 55	0.281 25	0.361 7	0.738 64
0.75	0.063 83	0.272 73	0.187 5	0.468 09	0.806 82
0.687 5	0.106 38	0.340 91	0.125	0.617 02	0.875
0.593 75	0.127 66	0.409 09	0.062 5	0.787 23	0.931 82
0.531 25	0.170 21	0.465 91	0	1	1

(3)在文章中，所有的表格应具有一致性。一方面要求表名可对整个表、条目栏引导表、标注是对表身中特殊符号或情形的补充注释，使之密切联系，相互补充；另一方面，表格内容与其他表述相一致，前后呼应，使文章内容连贯，结构严谨，增强文章的感染力。

如表 6.8 所示，表名为目标检测面积对比，但是项目名称中不仅有检测面积比，还有方法及样本数，表题与栏目不一致；表格的作用就是对比，表题中“对比”二字多余；单位被省略，样本数单位为“个”，检测面积比单位为“%”，均应加在栏目名称之后；同一对比项目数据精度应保持一致，“1”应改为“1.00”。

表 6.8　表格一致性错误示例

方法	样本数	检测面积比
文献[5]	80	1
本文	100	0.44

(4)表格也应做到简洁,用最少的线条、样本数据和关键数据来表达最多的信息。表栏设计要有代表性,尽量避免多项数据相同的情况,同一栏或数据可以在正文中进行介绍。如果是大型的表格,如跨页表,可以根据项目情况将它们分成几个分表,这样既便于阅读,又便于排版,而且布局美观。

第7章　信息系统研究方法(三)——感知控制和决策建模

信息系统建模更多是从信息系统本身出发进行模型分析。正如前面章节所述，随着信息系统实时化和在线化趋势，信息系统数据更多依赖于传感器技术获取，数据处理和决策实施也逐渐自动化。因此，如何基于研究设计和实际功能，进一步明确传感器响应敏感/传感机理，进行标定、校准与动态补偿，获取准确度较高的数据，进而构建控制模型和决策模型，实现精准监测、优化控制与实施信息反馈预警十分重要。

本章主要围绕在线数据获取和处理模型、定量的决策模型展开论述。

7.1　信息系统传感/感知模型

传感器是一种能够对特定状态或对象进行识别的元器件，当被测状态发生变化时，传感器能够立即察觉出来，向其他的元器件发出相应信号，用来告知状态的变化，即传感器的感知特性。基于第 2 章和第 5 章的相关描述，信息系统传感/感知模型是基于研究设计所确定的参数获取方案，进一步分析传感器敏感/传感机理，提取传感器最优特征参数进而获取基础实验数据，分析传感器技术在实际应用中信号干扰/抗干扰、标定、校准与补偿等信号处理和精确测量方法，最终以感知信号为自变量、表征信号为因变量，构建动态耦合模型，以实现传感器对特定参数的感知。例如，冷链物流品质感知就可以界定为通过传感冷链微环境信号实现对品质变化的预测和控制，即“微环境信号→品质信号”。

7.1.1　传感器感知参数分析和功能需求

根据问题实际需求，分析传感器实际应用情景和特征，选择合理且能够被传感器感知的参数。这一步骤一般在研究设计中已经完成，正如第 4 章图 4.9、图 4.13 和图 4.16 所示，品质/保活，是一个复杂的概念，不能直接测量，需要将其分解为新鲜度/货架期/价值，再将新鲜度转化为微环境气体、温湿度、挥发性盐基氮等能够直接被传感器测量的量。换句话说，就是通过氨气或硫化氢等气体信号表征品质/活力变化,如图 7.1 所示。

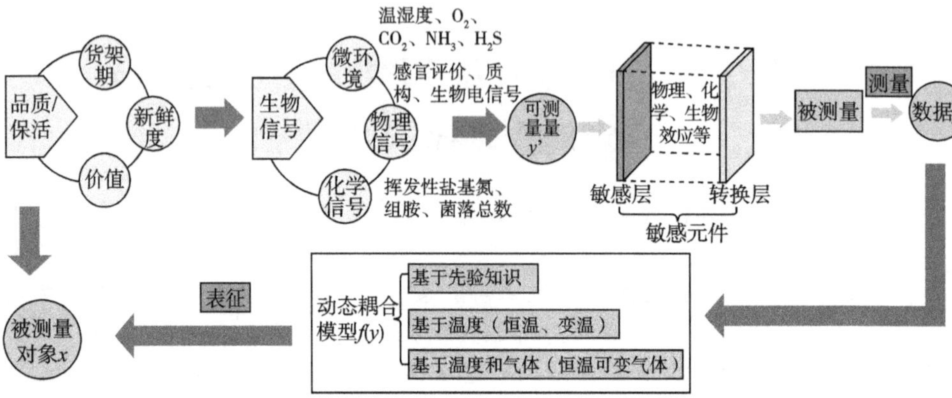

图 7.1　冷链物流品质感知框架

7.1.2　传感器敏感/传感模型(敏感机理、传感器结构设计)

传感器敏感/传感原理是利用各种物理、化学效应,选择传感器测量被测对象属性量值 x,经过物理、化学、浓度、位移等非电量信号到可测量电量信号数据 y 的转化过程,由获取数据 y 预测并表征所感知目标状况的过程。确定参数之后,需要进一步明确参数的敏感/传感原理和传感器结构,比如,温湿度传感器选择电容式和负温度系数(negative temperature coefficient,NTC)感应元件,O_2、SO_2 和乙烯气体采用化学原理传感元件,CO_2 气体采用非红外原理等,采用刚性还是柔性传感器结构设计等。

案例 7.1　面向冷链品质感知的柔性氨气传感器响应机理

针对氨气感知,采用 PANI-CeO_2 作为 NH_3 气体敏感薄膜,其中 CeO_2 纳米颗粒平均粒径小于 25 nm,质量分数为 5%,采用刮涂的成膜工艺,获得良好敏感性能的传感器。根据选择 PANI-CeO_2 复合材料作为 NH_3 气体敏感材料,结合 PANI 材料结构及 CeO_2 特性对其敏感机理进行分析:首先,气体是逐步扩散到敏感层表面的,即敏感层对氨气存在一个响应过程;当过量气体聚集在敏感层表面,通过挥发表现出宏观恢复,如图 7.2a 所示。

薄膜电阻型传感器响应机理如图 7.2b 所示:当薄膜电阻型 NH_3 气体传感器暴露于氨气气体中时,氨气气体分子通过捕获 PANI 中的空穴质子,进而吸附在 PANI-CeO_2 薄膜上,使得薄膜中载流子浓度下降,电导率下降,电阻升高,从而使传感薄膜的电阻值随氨气气体浓度的变化而变化；当薄膜脱离氨气气体环境时，氨气气体分子将会逐渐从 PANI-CeO_2 薄膜表面上脱附下来，此时薄膜材料中载流子数量就会逐步回升，薄膜的电阻也随之下降。

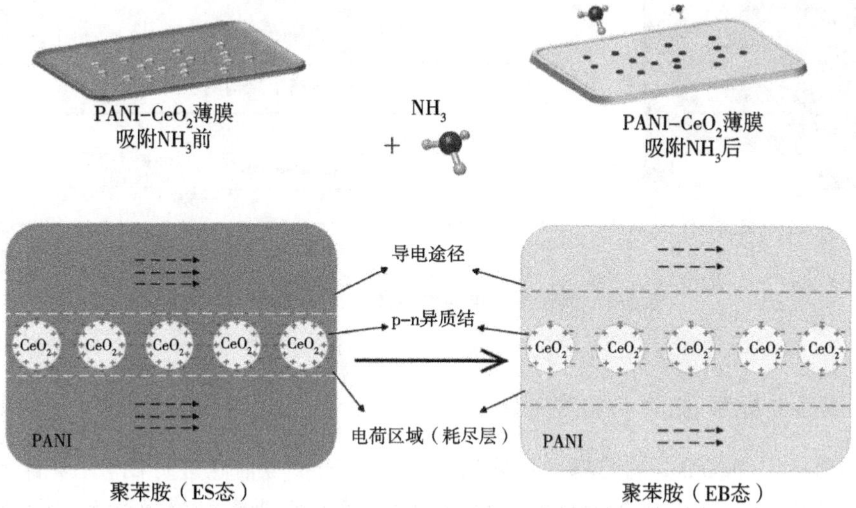

（a）薄膜电阻型NH_3气体传感器敏感机理

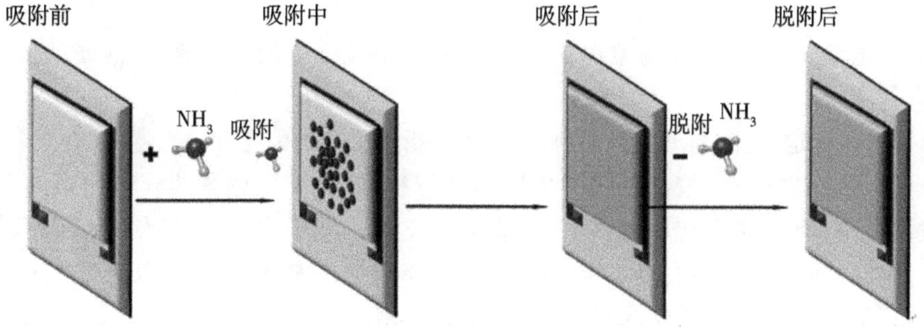

（b）薄膜电阻型NH_3气体传感器响应机理

图 7.2　薄膜电阻型 NH_3 气体传感器敏感和响应机理

柔性薄膜电阻型 NH_3 气体传感器结构如图 7.3(电极结构、传感器结构、侧视剖面)所示。NH_3 传感器包括叉指电极、敏感层以及基底 3 部分。其中敏感层与氨气气体分子发生吸附及脱附反应，电导率与气体浓度呈负相关变化；叉指电极的作用是将薄膜的电导率转换成可输出的电流信号；基底通常作为电极材料及敏感材料的沉积衬底。

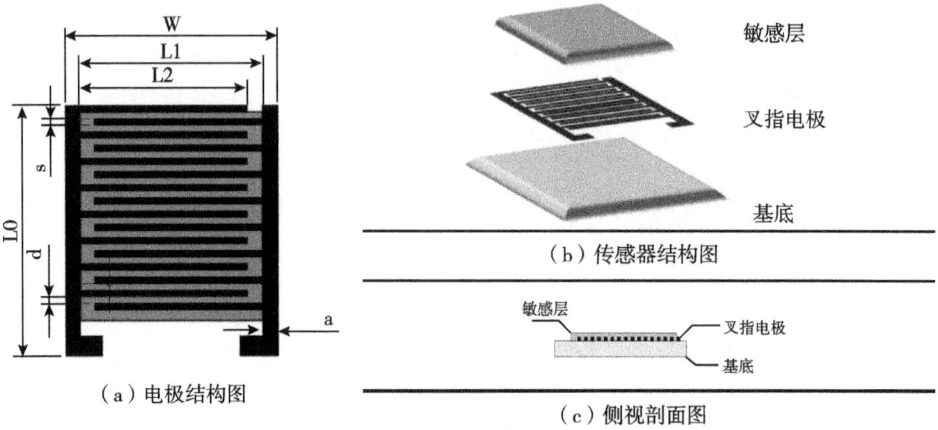

（a）电极结构图　（b）传感器结构图　（c）侧视剖面图

图 7.3　柔性薄膜电阻型 NH_3 气体传感器

7.1.3　传感器标定、校准与动态补偿

传感器标定和校准是将传感器的输出信号与已知参考信息进行比较，强制使实际输出与预期输出范围内的参考值保持一致。传感器需要实时精确获取被测量的参数变化规律，但在长期工作过程中会因各种原因产生误差，且越来越多的涉及瞬态变化过程的动态参数测试问题，因此定期标定、校验动态偏差并进行动态补偿，确保所测量的电参量转换成被测量时具有较准确的因数，有助于保障传感器的测量精度。

(1)传感器标定、校准与动态补偿前，首先要分析传感器的静态和动态特性(表 7.1)。

(2)设计传感器标定、校准系统对传感器进行校准，计算传感器的确定性误差。

通过设计具有能完全包括被校传感器和系统的不同模态下的动态激励信号发生装置，激发被校准传感器的主要响应模态，选择合适的校准方法。以无线气体传感器网络环境下在线校准方法为例，步骤如下。

S1：协调器同步无线网络环境下各节点，进行数据采集，运用 t 检验准则消除粗大误差，根据传感器的输出特征选定回归参数待定的节点输出-浓度函数 $f(P)$。

S2：构建融合度矩阵 M，使用融合技术进行领袖气体节点组的选择，将融合值作为校准浓度 $\overline{C_t}$ 去拟合计算 $f(P)$ 的回归参数。

S3：根据气体传感器输出-浓度映射函数类别分不同时段在线记录融合校准浓度 $\overline{C_t}$，选取执行拟合效果最优方法使得目标函数 $\underset{\beta_0,\beta_1,\cdots,\beta_k}{\operatorname{argmin}} \sum_{t=1}^{N}\left\{f[P(t)]-\overline{C_t}\right\}^2$ 达到最小，计算最优回归参数 $\beta_0 \sim \beta_k$ 或调整参数 ΔC。

S4:将网关计算的回归参数 $\beta_0 \sim \beta_k$ 或调节参数 ΔC 通过协调器广播至每个分布式部署的气体感知节点进行校准参数修改。

S5:气体感知节点收到校准参数将参数写入无线气体传感器片上系统的非易失闪存中,完成感知节点输出-浓度映射参数调整,结束一次在线校准修正处理。

表 7.1 传感器静态与动态特性

分类	具体分类	定义	公式表示
静态特性	(非)线性度	传感器输入输出之间关系与理想直线的偏离程度	$线性度=\frac{\Delta y_{max}}{Y_{max}-Y_{min}}\times 100\%$
	迟滞误差	传感器同输入变化方向有关的输出特性	$迟滞误差=\frac{\Delta R_{max}}{Y_{max}-Y_{min}}\times 100\%$
	重复性	同一测试下,传感器同一输入量所得到的输出量之间的差异	/
	灵敏度	单位输入量引起的输出量的大小	$灵敏度=\frac{\Delta y}{\Delta x}\times 100\%$
	分辨率	传感器有效识别输入量最小变化的能力	$分辨率=\frac{\Delta x_{max}}{X_{max}-X_{min}}\times 100\%$
	零漂	输出量随时间或温度变化的特性变化	/
	稳定性	传感器在较长时间保持其性能的能力	/
动态特性	频率响应函数	反映传感器动态特性的频域描述	$H(jw)=\frac{b_m(jw)^m+b_{m-1}(jw)^{m-1}+\cdots b_1 jw+b_0}{a_n(jw)^n+a_{n-1}(jw)^{n-1}+\cdots+a_1 jw+a_0}$
	脉冲响应函数	反映传感器动态特性的时域描述	$\mathrm{h}(t)$
	传递函数	反映传感器本身特性,与初始条件及输入无关	$H(s)=\frac{b_m s^m+b_{m-1}(s)^{m-1}+\cdots+b_1 s+b_0}{a_n s^n+a_{n-1}s^{n-1}+\cdots+a_1 s+a_0}$

(3)分析传感器测量误差来源和特性,避免粗大误差,通过多次测量减小随机误差,有针对性地对系统误差采取动态补偿方法进行修正(表 7.2)。

第一点,如在柔性传感器制备工艺上进行改进,尽量使所有生产的传感器的感应值和温度变化产生的系数一致,减小源头的误差,减小温漂。

第二点,在后续采集电路上进行补偿,通过设计对采集电路,实现温漂、零点漂移等误差的校正,通过后端电路的设计,在板卡走线等方面提高测量信号的精确度。

表 7.2　常用的动态误差补偿方法比较

方法	原理	优点	缺点
叠加积分法	将输入量拆分为多个阶跃，输出是对这些阶跃的连续处理，通过数学方法推导输出与输入的关系	不需要对检测系统的参数进行建模	计算量大
数值微分法	将输入信号和输出信号建立一个比较接近的微分方程	数据准确度高	数值微分计算量大
频率域修正法	由频谱和输出的响应特性得到输入响应特性，再通过傅里叶变换计算输入信号的近似值	数据较为准确	噪声干扰大

案例 7.2　面向冷链品质感知的气体传感器标定、校准和动态补偿

以 CO_2 和 SO_2 传感器为例，设置不同混合气体空气、CO_2、SO_2、N_2 的比例分别为 23.87%、5%、10×10^{-6} 和 71.14%，用空气代替 O_2，将气体传感节点放置在气体传感控制平台的测试腔中运行 24 000 min。CO_2 和 SO_2 传感器在运行24 000 min 后输出的体积分数如图 7.4 所示，SO_2 传感器最大输出误差为 0.35%，CO_2 传感器最大输出误差为 1.8%。动态补偿后的气体传感节点长期监测具有较好的稳定性，监测数据误差小、准确度高，能够应用于冷链物流气体监测。

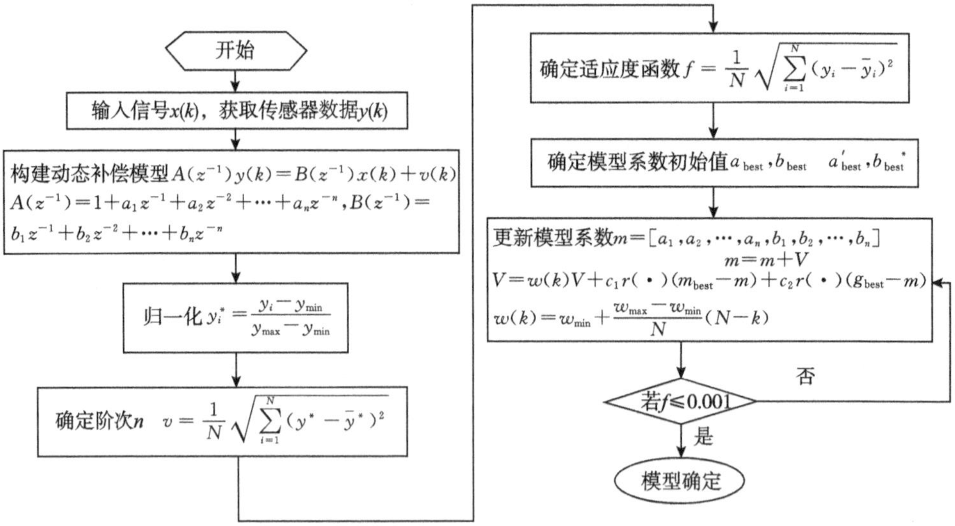

(a) 传感器动态补偿步骤

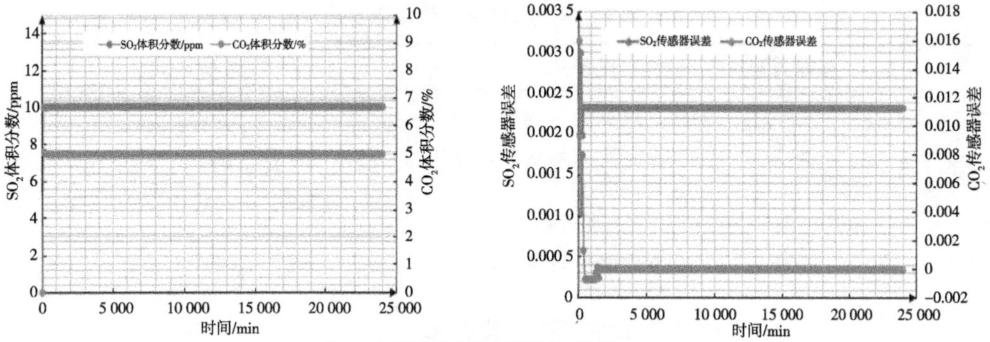

(b) 传感器动态补偿后测试结果

图 7.4　微环境气体传感器动态补偿流程图

7.1.4　传感器响应特征参数提取

传感器响应特征参数可以定性和定量描述信息系统所感知数据(微环境、品质/活力表征参数)的状态特征,分别从时间和频率维度分析其响应动力学特性,为信息系统控制模型和决策模型提供输入/输出变量,在传感器响应曲线上获取的、用于高度表征物质或现象特性的参数信息。在实际应用中要求尽可能短的时间内,提取尽可能少的特征参数,表示尽可能多的参数信息。传感器响应特征参数主要包括时域特征、频域特征、时频域特征等(表 7.3)。通过对具有累积效应的传感信号进行特征分析,为感知提供监控关键点,提高传感器数据监控的准确性,是获取基础实验数据、进行动态耦合建模的前提条件。传感器响应特征参数提取步骤如下。

(1)获得时域光滑的传感器信号数据记录曲线,分析传感数据随时间的变化规律。

(2)通过计算获得频域空间的传感器响应数据记录曲线,分析传感器频域响应特性和相应模式。

(3)去除实际测量过程中由各种干扰造成所采集数据的随机波动。

(4)采用时域、频域或时域-频域特征参数提取方法提取传感器响应特征参数,常用的特征参数方法如表 7.3 所示。

(5)计算特征参数之间的相关度,去除特征参数之间的相关性,选取传感信号的最佳特征参数。

(6)验证传感器响应最佳特征参数性能,是否能高精度表征信息系统所感知数据(如葡萄品质感知)的状态特征。

表 7.3　常用的特征参数提取方法

	参数名称	描述	定义表达式
时域特征参数提取方法	滤波	去除实际测量过程中由各种干扰造成所采集数据的随机波动	$G_m(i) = \frac{1}{k}\sum_{u=i}^{i+k-1} G_u (i = 1,2,\cdots,n)$
	积分	传感响应信号的幅值累积	$I_t = \int_0^t C_t$
	微分	传感响应信号的幅值变化速度	$D_t' = \frac{\partial \sigma_t}{\partial \sigma_0}$
	二次微分	传感响应信号的幅值变化加速度	$D_t' = \frac{\partial^2 \sigma_t}{\partial {\sigma_0}^2}$
	平均值	传感响应信号的幅值积分除以测度	$MR = \frac{1}{N}\sum_{i=1}^{N} RR_i$
	标准偏差	传感器响应信号的离散程度	$SDNN = \sqrt{\frac{1}{N-1}\sum_{i=1}^{N}(RR_i - \overline{RR})^2}$
	均方根	传感器响应信号的有效值	$RMSSD = \sqrt{\frac{1}{N-1}\sum_{i=1}^{N}(RR_{i+1} - RR_i)^2}$
	周期变化	传感器响应在一定周期内波动情况	$pNN50 = \frac{NN50}{N-1} \times 100\%$
	变异系数	传感器响应信号变异程度	$CV = \frac{MR}{SDNN} \times 100\%$
频域特征参数提取方法	重心频率	传感器响应频率的几何平均值	$FC = \int_0^{+\infty} fs(f)\mathrm{d}f / \int_0^{+\infty} s(f)\mathrm{d}f$
	均方频率	传感器响应频率的均值	$MSF = \int_0^{+\infty} f^2 s(f)\mathrm{d}f / \int_0^{+\infty} s(f)\mathrm{d}f$
	均方根频率	传感器响应频率的均方根	$RMSF = \sqrt{MSF}$
	频率方差	传感器响应频率的方差	$VF = \int_0^{+\infty} (f - FC)^2 s(f)\mathrm{d}f / \int_0^{+\infty} s(f)\mathrm{d}f$
时频域特征参数提取方法	经验模式分解法(EMD)	自适应的时频局部化分析方法	对任意信号 $x(t)$ 分解为若干个本征模态函数 IMF 和余项 R_n

案例7.3 (案例7.2续)面向冷链品质感知的气体传感器特征参数提取

CO_2气体传感器在0 ℃条件下响应信号曲线、一阶导数曲线及二阶导数信号曲线滤波之后,从滤波后的信号、微分信号、二次微分信号以及积分信号中提取特征参数和特征值,利用变化系数公式剔除稳定性差的特征参数,得到特征参数集如表7.4所示。

表7.4 参数及特征值集

编号	特征	描述	特征值	编号	特征	描述	特征值
1	X_a/%	空气中的基线值	0.46	11	t_{res}/min	响应时间	1.54
2	X_g/%	被测气体的稳定响应	8.05	12	t_{rec}/min	恢复时间,从气体出到稳定的时间	1.16
3	X_m/%	气体中的最大响应	15	13	t_{Dres}/min	从气体进入到D_{res}处的时间	0.77
4	X_{recair}/%	最终恢复值	0.39	14	t_{Drec}/min	从气体出到D_{rec}处的时间	0.05
5	D_{res}	响应一阶导数最大值(绝对值)	0.49	15	t_{Dresn}/min	从气体进入到D_{resn}处的时间	1.08
6	D_{rec}	恢复一阶导数最大值(绝对值)	0.28	16	t_{Dresx}/min	从气体进入到D_{resx}处的时间	1.03
7	D_{resn}	最小二阶导数响应值	−0.15	17	t_{Drecn}/min	从气体出到D_{recn}处的时间	0.32
8	D_{resx}	最大二阶导数响应值	0.14	18	I_{ntT}	从气体进入到气体出时间段内信号积分	210.04
9	D_{recx}	最大二阶导数恢复值	0.06	19	I_{ntPres}	从气体进入到t_{res}时刻的信号积分	1.68
10	D_{recn}	最小二阶导数恢复值	−0.06	20	I_{ntPrec}	气体出到t_{rec}时刻的信号积分	0.36

7.1.5 动态耦合模型

动态耦合模型是以预测或反演产品质量变化为目的,研究产品质量与关键影响因子(如温度、气体、振动等)以及时间的多参数耦合模型,是实现信息系统精准感知和全程监管的关键。同时,也是决策模型中的关键模型(参见本章7.3节相关决策模型)。

7.2 信息系统控制模型

信息系统控制模型是指控制器参数调整所依据的参考模型或控制算法所针对的过程或系统的数学模型。通常情况下，信息系统是具有耦合、动态、随机、特异等特点的多变量系统，不能将其视为控制系统中的单一变量系统来执行控制策略。对于复杂的信息控制系统，应将其视为一个整体系统来分析其关键控制点，既要充分考虑到系统回路之间的相互耦合、相互作用的影响，又要将系统作为一个整体而掌握整个控制系统的控制特性。一般的，完整的信息系统控制变量及回路纷繁复杂，如果不提前分析这些变量与回路之间的关系就试图控制整个系统，那么不仅得到控制对象模型极为繁杂，而且其解耦控制也会相当烦琐。

传统控制模型的主要研究对象是单变量常系数线性系统，且只适用于单输入单输出控制系统。生产实践中需要以各种形式将周围环境信息作为系统的输入信息，对各种信息的处理和融合，依靠传统的控制理论的方法难以奏效。因此，现有的信息系统控制模型都是多输入多输出线性系统。

7.2.1 控制模型建立目的

通过找出信息系统中与实际问题相关的参数变量，可以分析或评估整个信息系统的控制特性。不过这些参数难以测量，必须依据实际测量中采集到的输入输出信号等信息，通过数学手段重新建立整个系统的数学模型，为估计这些参数对系统的作用提供可靠的理论依据。

控制模型的类型主要分为前馈控制、过程控制和事后控制。

(1)前馈控制也称事前控制或预先控制：实际工作开始之前，通过最新信息预测，对影响因素进行控制，是在问题发生前做出预测，防止问题在随后的转换中出现。预先控制的侧重点在于预先防范。

(2)过程控制也称事中控制、现场控制或同步控制：是在系统运行过程中及时了解情况并予以指导。

(3)事后控制重点在于矫正偏差：当系统最后阶段输出产品或服务时，来自系统内部对产生结果的总结和系统外部顾客与市场的反应，都是在计划完成后进行的总结和评定，具有滞后性的特点，但可为未来计划的制定和活动的安排以及系统持续的运作提供借鉴。

7.2.2 控制模型建立方法

一般情况下，建立控制系统的数学模型有以下 7 种方法(表 7.5)。这些方法可单独使用或者组合使用,依据系统的复杂性和建模的目的选取。

表 7.5　主要控制模型

种类	优点	缺点	适用性分析
PID 控制	结构简单,鲁棒性和适应性较强;调节整定很少依赖于系统的具体模型	受非线性、时变不确定性、强干扰等因素干扰;参数整定的方法复杂	主要适用于基本线性控制的系统
SPC	对全过程做出可靠的评估,判断过程是否失控和过程是否有能力;并提供早期报警系统;减少对常规检验的依赖	把处于统计控制状态下的生产工序误判为处于非统计控制状态;把处于非统计控制状态下的生产工序误判为处于统计控制状态	离不开数据测量的自动化、过程分析的软件化和相关处理的工程化;需要大量数据作为支撑
模型预测控制	系统鲁棒性、稳定性较好;动态性能较好;能有效处理多变量、有约束的问题	不适合非线性、时变不确定性系统的模型预测控制	适用于慢动态过程和具有高性能计算;限于线性和准线性过程
专家控制	运行可靠性高、决策能力强、拟人能力强	单一的专家控制无法满足实时性、灵活性、自适应性等要求	高度非线性、不确定的系统
模糊控制	无须知道被控对象的数学模型;构造容易;具有良好的鲁棒性和适应性	控制精度降低和动态品质变差;尚缺乏系统性,无法定义控制目标	定性的、模糊的、非精确信息系统控制
神经元网络控制	处理难以用模型或规则描述的过程或系统;具有很强的容错性;是本质的非线性系统;很强的信息综合能力;硬件实现方便	需要大量的数据作为支撑;稳定性分析难度大;非线性系统自适应控制算法的收敛性研究较少	充当控制器、优化计算作用;为其他智能控制方法提供对象模型、优化参数、推理模型等
学习控制	控制器具有某种“智能”,控制效果越来越好	在线学习能力差、学习速度缓慢,跟不上实时控制需求	非线性、强耦合、难以建模又需要高精度轨迹控制

(1)PID 控制:即比例积分微分控制的简称,根据系统的误差,利用比例、积分、微分计算出控制量进行控制。

(2)SPC(统计过程控制):对过程质量加以测定、记录从而进行控制管理的科学方法,分析和判断是否处于稳定状态使用带有控制界限的图,包括控制上限、中心线和控制下限。

(3)模型预测控制:是一类特殊的控制,它的当前控制动作是在每一个采样瞬间通过求解一个有限时域开环最优控制问题而获得的。过程当前状态作为最优控制问题的初始状态,解得的最优控制序列只实施第一个控制作用,这是它与使用预先计算控制律算法的最大不同之处。本质上模型预测控制求解一个开环最优控制问题。

(4)专家控制:以专家系统为技术背景,既有传统专家系统的内容,又有控制领域知识的表达推理,以及专家控制的结构和实现;通过收集的规则库清楚表达知识和结果。规则的最简单形式是 IF-THEN 结构,一般由控制机制、推理机制和知识库 3 部分组成。

(5)模糊控制:以模糊集合论作为它的数学基础,首先将测量信息模糊化,然后经模糊推理规则得到模糊控制输出,再将模糊指令进行精确化计算最终输出控制值。测量信息的模糊化是将实测物理量转化为在该语言变量相应论域内不同语言值的模糊子集;推理机制使用数据库和规则库,根据当前的系统状态信息决定模糊控制的输出子集。模糊集的精确化计算是将推理机制得到的模糊控制量转化为一个清晰、确定的输出控制量的过程。

(6)神经元网络控制:模拟人脑神经中枢系统智能活动的一种控制方式。在控制系统中的作用分为 4 类:在基于模型的各种控制结构中充当对象的模型;充当控制器;优化计算;与其他智能控制如专家控制、模糊控制相结合,为其提供非参数化对象模型、推理模型等。

(7)学习控制:一个能在其运行过程中逐步获得被控过程及环境的非预知信息,积累控制经验,并在一定评价标准下进行估值、分类、决策和不断改善系统品质的自动控制。根据控制对象不同分为 2 类:迭代学习控制,对具有可重复性的被控对象利用控制系统的先前经验,对被控对象反复训练寻求一个理想的控制输入;自学习控制,通过在线实时学习,自动获取知识,并将所学知识用来不断改善具有未知特征过程的控制性能。

7.2.3 控制过程步骤和实用案例

控制过程具体步骤如下。

(1)确定控制标准:确定能够反映控制需求、控制关键点、体现控制趋势的原则,标准要具有简明、适用、一致、可行、可操作、灵活的基本特性,常用控制标准的确定步骤是确立控制对象,选择控制关键点,制定控制标准(统计性和经验判断的方法)。

(2)控制模型的评估:找出实际工作情况与标准之间的偏差信息,根据这种信息来评估实际工作的优劣;诊断与更正偏差,包括估计偏差的类型和数量并寻找产生偏差的原因;偏差较大又影响到目标时,采取控制手段。

(3)模型误差控制:旨在完成系统功能时,对所要求目标的偏离产生的原因、后果及发生在系统的哪一个阶段进行分析,以消除误差或把误差减少到最低限度。就是分析模型输入参数、控制参数的误差来源和不确定性,对误差进行溯源与校正,分析模型构建过程中误差的传播规律,构建相应的规则校正模型的准确度。

案例7.4 基于SPC的鲜食葡萄冷链物流监测模型

应用SPC对冷链物流各个阶段进行监控,捕捉到异常征兆,并对生产过程采取预防和纠正措施,将异常消灭在萌芽状态,从而减少生产过程中的损失,达到保证质量,降低成本,增加效益的作用。模型建立过程如图7.5a所示。

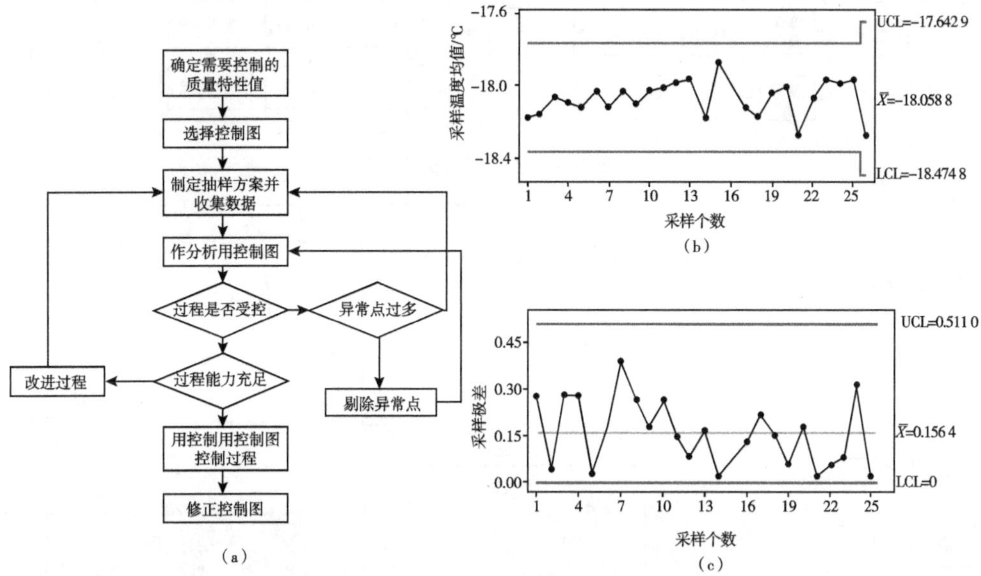

图7.5 基于SPC的冷链监测模型建立和实际控制图

(1)确定冷链过程中所需监测的过程特性值——温度。

(2)根据冷链流程特点选取控制图以及控制图判异准则。

(3)判断过程是否受控,计算过程能力指数。

(4)发出警报,改进生产过程。

鲜食葡萄需保存在0 ℃环境中,冷链物流远程监测服务中心负责冷链现场温度感知,数据的跟踪过程控制及冷链物流过程异常状态的判定与实时预警,便于及时发现并解决冷链品质风险。鲜食葡萄冷链过程中的温度感知数据跟踪过程均值X控制图和极差R控制图分别如图7.5b和图7.5c所示。根据设计的冷链跟踪过程控制判断准则,图7.5中所示的在鲜食葡萄环境中的温度感知数据都处于受控状态,且无异常数据点超出控制线的限值。由于冷链跟踪过程控制中未有异常状态的发生，冷链跟踪过程中的失控预警也就未被触发。

案例7.5 基于模糊PID鲜食葡萄微环境 SO_2 气体控制

基于模糊PID控制器，进行冷链气体浓度控制实验，着重于鲜食葡萄存储阶段的气体浓度控制研究，葡萄气调控制方案如图7.6所示。

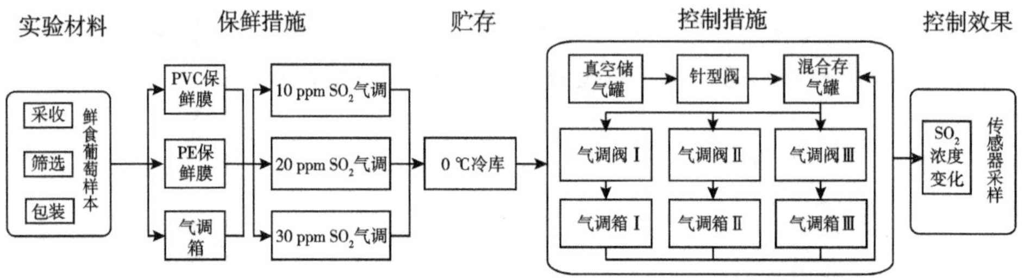

（a）密封试验箱气调实验方案

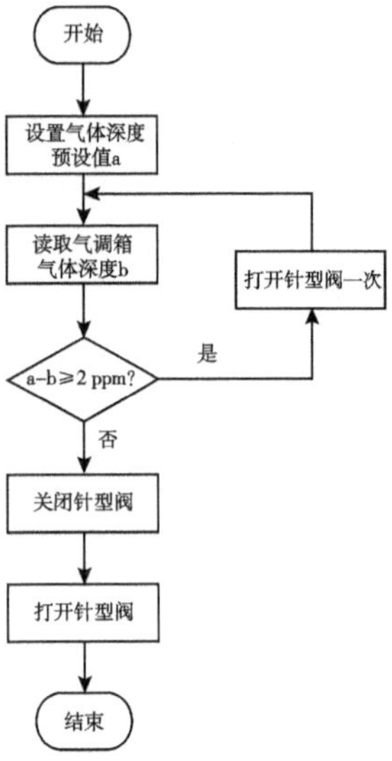

（b）SO_2浓度控制流程

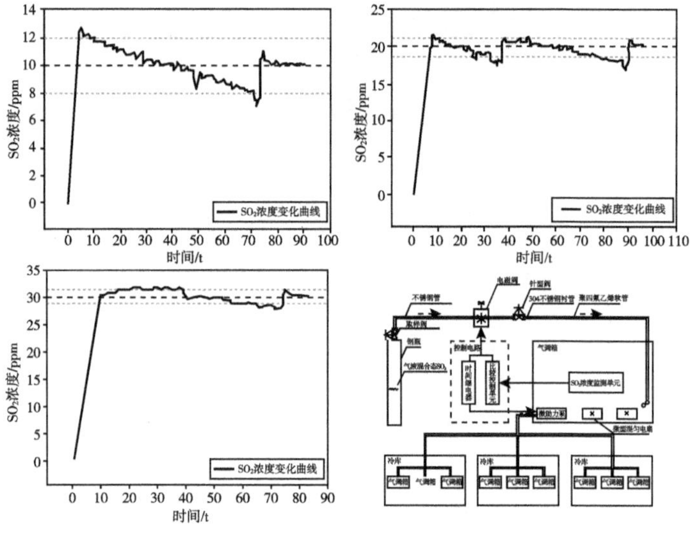

（c）SO_2浓度控制曲线与控制框架

图7.6 鲜食葡萄存储阶段二氧化硫浓度控制变化曲线

选用品种为红地球的鲜食葡萄作为冷链易腐产品进行冷链气调贮藏实验。在冷藏库内将二氧化硫传感器放入葡萄包装箱里，采集二氧化硫气体浓度的数据，二氧化硫传感器采用氧化还原反应原理，产生的信号电流与二氧化硫的浓度成正比。在实验中，冷链物流二氧化硫气体浓度控制体现为控制器控制气体电磁阀的通断，进而控制气体流量，从而控制气体浓度。设定数据采集时间间隔为1 min，将二氧化硫浓度预设值定为 10 ppm、20 ppm 与 30 ppm 分别进行了 3 次气体浓度控制实验，获取了 3 组二氧化硫气体浓度变化数据，如图 7.6c 所示。图中虚线为气体浓度预设值，上下两条点线为与预设值相差±2 ppm 的误差临界值。气体浓度维持在临界值之内是可以接受的。实验数据表明，该冷链气调控制装置能够将气体浓度保持在一定误差内的动态平衡状态。

7.3　信息系统决策模型

决策是现代信息系统的基本目的。本部分重点以冷链物流管理为例，对面向信息级、产品级和操作级的管理决策建模进行阐述。

无水运输微环境参数具有多源耦合性、易变性和难控性，对品质影响具有动态性和不确定性。通过 3 个层次模型分析，可以实现基于关键品质预测建模的品质控制和保活过程优化控制(图 7.7)。

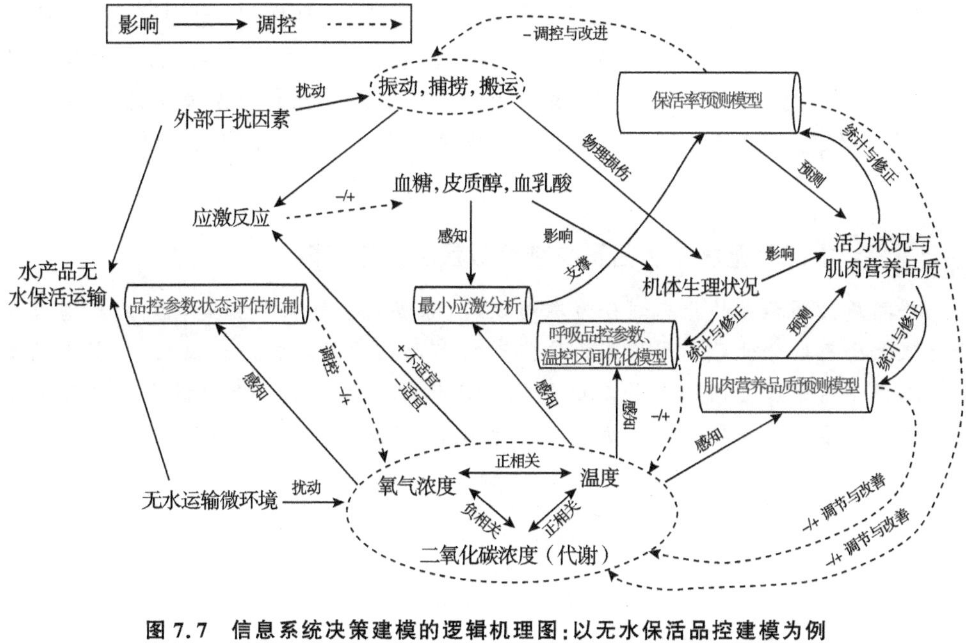

图 7.7　信息系统决策建模的逻辑机理图：以无水保活品控建模为例

通过大量无水运输监测实验发现水产品无水运输过程受到缺氧、振动、温湿度骤变、二氧化碳、氨氮累积过度、pH、盐度变化异常等各类外部因素干扰，造成某种胁迫现象，导致水产品体内关键应激指标(血糖、血乳酸、皮质醇、转氨酶等)发生异常变化，进而影响水产品免疫力和抗氧化功能。如果长时间处于此状态将会导致水产品出现不同程度的损伤，从而间接影响水产品营养品质和保活效果。因此，为保障水产品运输各阶段的活力和品质安全，应构建水产品关键品质参数预测模型，及时对运输微环境品质控制参数进行优化调节，以达到提高运输存活率和存活质量的目的。

(1)通过保活状况建模对生存率进行预测分析。统计、调控及改进运输振动、暂养捕捞、搬运等外部影响因素，以减小物理胁迫发生概率，减少应激反应强度与持续时间；通过削弱上述运输物理方面的应激干扰因素及干扰强度，降低生成的各类应激激素的浓度，减小对机体免疫和抗氧化功能损害。

(2)通过对营养品质的建模预测，分析与统计验证并确定品质优化目标，建立运输微环境关键品质控制参数状态评估机制，调节运输微环境品质控制参数变化范围(氧气浓度、二氧化碳浓度、温湿度参数等)以减小环境胁迫发生的概率。

7.3.1 信息级的管理决策建模

信息级的管理决策更多强调的是对参数(微环境、品质/活力表征参数)或过程本身进行分析，包括实时监测与评估各类型信息流的相互作用关系，判断参数是否处于可控范围，是否对品质/保活产生影响，以及超出预警范围之后如何进行调控；提供相应的信息流追溯功能，是决策过程定量和定性分析相结合的方法。

案例 7.6 水产品无水保活品质控制参数状态评估建模

将品质控制参数的状态划分为不同级别，综合状态评估参数变化应能够通过其指标值大小来区分处于不同状态的被监测的水产品的保活状态。因此，计算不同类别样本评估输出值之间的差异以达到状态评估计算的目的。据此提出水产品无水保活运输品质控制参数状态评估优化目标函数 $ST(t,C,K)$，如式(7.1)所示。

$$ST(t,C,K)=G\left\{\gamma_a\leqslant \underbrace{F\left[\sum_{i=1}^{n}(w_iS_i),t,C,K\right]}_{\eta}\eta\leqslant \xi_b\right\}$$

$$=\begin{cases}1,\gamma_1\leqslant\eta_1\leqslant\xi_1\Rightarrow\theta(1,[S_i]_{n\times1})\\ \vdots\\ i,\gamma_i\leqslant\eta_i\leqslant\xi_i\Rightarrow\theta(1,[S_i]_{n\times1})_i\end{cases}\tag{7.1}$$

其中，$ST(t,C,K)$为水产品品类及特征(重量、长度)在 C,K 状态下 t 时刻的状态评估结果，分为 i 个级别；$F\left[\sum_{i=1}^{n}(w_iS_i),t,C,K\right]$ 为品质控制状态参数 S_i 在 t 时刻

的加权状态估计函数 F;G 函数对 F 函数的计算结果进行分段处理以关联相关动作;对每个级别 i 对应相关处理办法,以便对单一参数或参数组合进行调节处理。

通过对水产品运输品控参数实验结果分析,从品质控制参数状态评估规则建立、异常结果判断、预测结果分析等 3 个方面进行状态评估性能分析。

第一步,建立品质控制参数状态评估规则。维持适宜的无水运输 O_2 浓度水平,抑制 CO_2 浓度累积,在水产品无水保活运输品控管理中有着至关重要的作用。因此,需通过对保活气体品控参数变化情况进行动态监测与预测,在线执行动态运输品控参数异常判断并进行自动化应对决策处理。对 O_2、CO_2 浓度水平分级,有利于提高评估处理机制管理的精确性,为有效调节提供有效操作依据。下列规则中(限于篇幅,仅给出了氧气规则),针对 O_2 浓度状态情况分类估计决策,对运输异常状态分级别建立关联规则建立,结果如下所示。

O_2 浓度异常状态诊断规则如下。

规则 1:IF 90%≤氧气浓度≤100% THEN 氧气充足,记录、不报警;

//应激与生理状态:血糖、皮质醇、血乳酸等波动幅度小且水平低,处于最佳休眠状态。

规则 2:IF 75%≤氧气浓度<90% THEN 氧气适中,记录、提示、但不报警;

//状态:应激激素浓度等波动幅度不大,且处于适中水平;休眠状态处于适宜水平。

规则 3:IF 65%≤氧气浓度<75% THEN 轻微缺氧,记录、提示、报警、正常调节;

//状态:应激激素浓度波动变大、水平升高,有轻微挣扎现象;处于半休眠状态。

规则 4:IF 氧气浓度<65% THEN 缺氧,记录、提示、报警、及时调节处理;

//状态:应激激素浓度波动幅度大且水平急速升高,水产品活动伴有挣扎现象。

第二步,品控参数状态异常评估结果分析。通过对保活运输微环境参数进行周期性的采样分析,以发现该时间点的异常状态并进行相关动作处理。通过品控感知技术动态获取不同运输时刻的品控参数状态,通过无线传感器网络收集暂存在车载网关设备上,并通过实时多线程程序对运输车内的容器参数状态进行动态异常分析,其分析结果如图 7.8 所示。

通过温控区间 0.5～2.5 ℃条件下鲟鱼运输异常点监测,发现 12 h 时 8 号保鲜箱出现微环境品控参数离群异常现象;在 22 h 时发现 4 号、6 号、12 号出现异常现象。通过动态实时分析数据变化趋势偏离大众数据迁移规律的包装容器,进行协调处理,将影响保活效果的因素降低到最低水平。

第三步,品控参数状态预测结果分析。当水产品无水保活运输微环境中保持稳定的氧气浓度消耗、二氧化碳浓度累积以及合理的温度波动,可维系水产品基本生

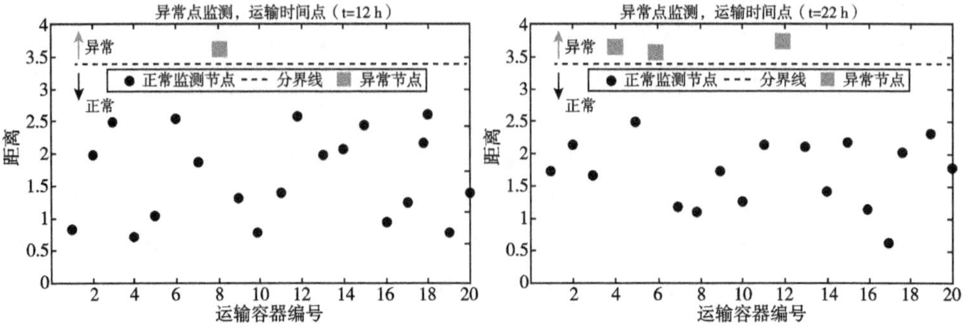

图 7.8　温控区间 0.5～2.5 ℃条件下鲟鱼运输异常监测

命体征并延长其存活率。依据当前微环境品控参数(氧气、二氧化碳、温度、湿度等)变化情况,采用时序预测技术对运输品控气体浓度进行估计,对异常气体浓度变化趋势进行及时调节以减小品质劣变的风险。综合考虑氧气、二氧化碳浓度、温度、湿度等品控参数的互相干扰,实现对运输代谢气体浓度状态估计建模,以降低水产品因保活运输代谢气体浓度异常而发生的运输风险。通过全程监测与周期性预测,计算得出在该温控区间内鲟鱼无水保活运输的氧气和二氧化碳浓度,从总体上分析全局预测误差(图 7.9)。

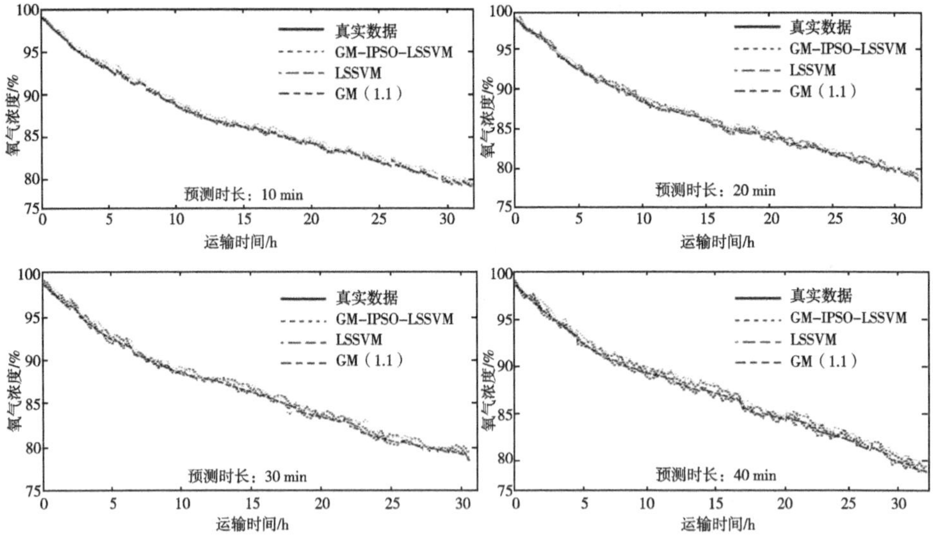

图 7.9　0.5～2.5 ℃条件下鲟鱼无水保活运输 O_2 浓度预测结果

7.3.2　产品级的管理决策建模

产品级的管理决策主要是基于所感知的数据，建立物流过程品质(应激/保活，货架期等)评估模型，对可能存在的质量安全风险进行分析与预警，并为库存与运输策略提供基础数据。

(1)应激水平评估和保活率预测模型。这两个模型针对活体动物运输，根据活体动物运输过程监测参数，结合外在生物表观特征，构建活体动物运输应激评估模型；并基于应激评估，构建保活率预测模型，用于解决以往凭经验或粗略估计存活率存在的不可靠性问题，为改进现有的工艺流程提供有效的优化分析决策依据，有助于提升自动化、精准化的管理水平。第 14 章案例重点分析了活羊运输应激建模，下面以活鱼保活率为例进行说明。

案例 7.7　水产品无水低温保活运输过程保活率建模

应激参数变化程度会影响水产品品质，因此通过分析不同温控区间的综合应激水平变化情况可以较好地分析其对水产品机体存活的影响。通过与应激程度进行关联，分析最小应激变化条件下的保活效果。可按照最小应激累积变化的温控区间优化原则对运输中应激动态累积变化进行分析，其保活率预测模型定义如式(7.2)所示。

$$S(t,C,K) = \lambda \cdot D$$

$$\left\{ \underbrace{\left\{ \left[\min\left(\sum_{i=1}^{N} S_i(t,C,K) \right) \rightarrow Te_{[\overline{T_a(t)},\overline{T_b(t)}]} \right] \rightarrow SR(t,C,K) \right\}}_{\sigma}, Te_{[T_a(t),T_b(t)]} \right\} \tag{7.2}$$

运输过程 t 时间段内最小应激变化为 $\min\left[\sum_{i=1}^{N} S_i(t)\right]$，求解温度控制区间序列 $[\overline{T_a(t)},\overline{T_b(t)}]$，假设在品类 C、水产品特征 K、运输时间段 t、温度区间约束 δ 下保活率计算函数为 (t,C,K)。$D\left\{\overrightarrow{Te}_{[\overline{T_a(t)},\overline{T_b(t)}]},\overrightarrow{Te}_{[T_a(t),T_b(t)]}\right\}$ 为真实温度波动区间与期望温度区间两个向量的归一化余弦距离，通过调节系数 λ，计算保活结果为 $S(t,C,K)$ 为 $\lambda \times SR(t,C,K) \times 100\%$。

基于形式化公式，具体保活预测建模与预测步骤如下。

第 1 步：根据水产品的体长 L、质量 W 等特征进行聚类分组 $\{C_i\}$(被划分为同一类的同品类水产品可被视为对周围微环境变化具有相似的应激反应)。

第 2 步：对照组取不同温度范围 0.5～2.5 ℃、1.0～2.0 ℃、1.5～3.5 ℃、2.0～4.0 ℃、2.5～4.5 ℃内的应激因子变化，同时对微环境温度和应激因子浓度实时变化水平进行动态统计分析；统计运输后不同对照组的存活率 $\overline{\delta}$，并根据预测 $\overline{P}$ 与平均保活率 $\overline{\delta}$ 的关系确定动态预测调节系数 $\lambda=AVG(\overline{\delta}/\overline{P})$。

第 3 步：对分组 $C_x\in\{C_i\}$ 在 T 间隔时间内计算应激变化变异系数 $CV(S_T)$，最低平均应激水平累积变化 $\frac{1}{3}\min\left\{\sum_{j}^{3}\left[\sum_{T=1}^{n}CV(S(T,j))\right]\right\}$；对该温度区间 T 的温度变化序列求时序温度平均序列（最优温度序列）$To=\{\overline{T_1},\overline{T_2},\cdots,\overline{T_n}\}\mid_{C_x\in\{C_i\}}$ 存入知识库 KBD。

第 4 步：对于给定的水产品 $fish(t,L,W)$ 参数，预测运输结束后的保活率。

第 5 步：计算分组归类 $fish(t,L,W)\in C_i$。

第 6 步：获取该分组 $C_x\in\{C_i\}$ 的优化温度序列 $KBD(C_x)\rightarrow To_{C_x}$。

第 7 步：计算保活率并修正 $SR=\lambda\cdot\left|\dfrac{\sum_{i=1}^{t}[Tr_{C_x}(i)\times To_{C_x}(i)]}{\sqrt{\sum_{i=1}^{t}Tr_{C_x}(i)^2}\sqrt{\sum_{i=1}^{t}To_{C_x}(i)^2}}\right|$。

第 8 步：更新修正系数 $\lambda=AVG(\overline{\delta}/\overline{P})$。

实际预测结果表明，无水保活运输中华鲟 16 h 预测的平均绝对误差为 0.62%，牙鲆的平均绝对误差为 0.17%；中华鲟 32 h 预测的平均绝对误差为 0.05%，牙鲆的平均绝对误差为 0.02%，随着时间的推移温度证据积累越多，对最后的预测结果估计也越准。

(2)从品质衰变的角度对品质安全状态进行风险评估。提取冷链微环境变量作为品质评价模型的参数，通过对品质参数进行阶段性的计算，结合统计过程控制和质量安全等标准，进而对冷链物流品质变化情况进行分析与评价。

案例 7.8 水产品品质的安全状态与响应策略

水产品冷链管理决策对象是每批次的水产品在冷链环节、阶段中流动的操作安全或品质变化状态。根据决策过程输出的安全状态结果，可以制定决策的输出结果，包括安全状态输出与响应策略输出两部分（表 7.6）。

安全状态输出：是从水产品冷链的操作规范与水产品品质评价角度分别对水产品冷链的安全状态进行分析与评价，形成决策策略，成为建立响应策略的决策依据。水产品冷链的安全状态包括：水产品冷链的操作规范安全与水产品品质安全状态两种决策方法。这两种决策方法相互补充，形成了对水产品冷链安全的全面分析与决策。

响应策略输出：分析水产品冷链安全状态，建立水产品安全级别。根据水产品冷链的安全级别构建响应策略。针对不同的水产品安全状态级别设置，响应策略也不相同。

表 7.6　水产品品质安全状态的级别说明

品质安全级别	评价结果	响应策略
品质安全级别 1	品质最好（初始品质）	继续环节操作
品质安全级别 2	品质良好（良好控制品质）	继续环节操作
品质安全级别 3	品质较好（良好控制品质）	继续环节操作；发出监视警告
品质安全级别 4	临界品质（待处理品质）	继续环节操作；发出临界警告
品质安全级别 5	召回或销毁品质	召回或销毁；向有关部门发出召回或销毁通知

在整个决策过程中，提取冷链相应环节的时间-温度数据中的温度环境信息是模型评价的关键。利用 Labuza 模型，可以对水产品的品质变化进行估计。在模型评价过程中，分 5 个品质状态级别对水产品的品质进行评估，从而做出相应的决策。

(3)从感官和安全的角度对不同产品提供货架期/品质预测。传统的货架期建模是利用阿伦尼乌斯方程和零级、一级动力学方程等，处理传感器感知的温度数据和品质表征参数数据，从而对不同贮藏和物流条件下的货架期、品质进行预测。随着建模技术的发展，神经网络、支持向量机等数据挖掘和软计算方法也逐渐被引用到货架期/品质预测建模，形成数据驱动的建模方法（参见第 8 章相关分析和案例描述）。

案例 7.9　不同贮藏温度条件下鲜食葡萄货架期预测模型

考虑到冷链是基于温度控制的特殊物流形式，其品质具有依时间渐变累积而衰减的特征。传统的动态耦合模型更多是基于温度/时间单参数或者基于“温度-时间”双参数模型，这类模型温度传感和监测技术更加成熟、温度梯度容易设置与控制、实验过程容易操作，其耦合模型更容易构建和实现，建模方法相对已经趋于成熟，多是利用化学动力学、统计学、微生物生长动力学、数据分析（神经网络）等方法。如表 7.7 给出了应用传统动力学方法构建不同温度条件下鲜食葡萄的货架期预测模型。

表 7.7 传统的货架期预测模型(动态耦合模型)

指标	模型	Fitting	0 ℃	10 ℃	20 ℃	25 ℃
呼吸速率	零级	k	0.611 5	1.327 3	1.355 3	1.340 5
		R^2	0.842 6	0.908 7	0.832 6	0.850 6
	一阶	k	−0.609 2	−0.758 9	−0.755 7	0.744 3
		R^2	0.962 3	0.903 6	0.933 9	0.936 5
	阿仑尼乌斯方程	$\ln(-k) = 2\,429.2/RT - 1.192\,9$				
褐变		$k = -7\,479.6/RT + 24.521$				
SSC 上升	方程(后熟过程)	$k = -1\,3796/RT + 43.446$				
SSC 下降		$k = -9\,241.2/RT + 27.466$				
	货架期/d		37	26	10	7
	货架期模型	$t = \dfrac{C_t - C_0}{k_0 \times \exp(-\dfrac{E_a}{RT})}$, $t = \dfrac{\ln C_t - \ln C_0}{k_0 \times \exp(-\dfrac{E_a}{RT})}$				

案例 7.10 基于温度和气体的鲜食葡萄货架期预测模型

以鲜食葡萄冷链物流货架期预测为例,选取酶动力学和化学反应动力学为原型,通过引入 O_2 和 CO_2 气体自变量,结合阿伦乌尼斯(Arrhenius)方程,构建基于酶动力学和化学动力学的“时间-气体-品质”三维动态耦合模型。

基于酶动力学的动态耦合模型。分别用 Arrhenius 公式和一次线性方程拟合无竞争型酶动力学方程中的参数与温度的函数关系,得到动态耦合模型参数和系数估值,如表 7.8 所示,得到基于酶动力学的动态耦合模型如式(7.3)所示。

表 7.8 基于酶动力学模型的参数估计

	Arrhenius 公式			线性方程		
	k_0	E_a	R^2	a	b	r
V_m	1.271×10^{45}	242.188×10^3	0.918	4.410	−1 228.277	0.883
K_m	2.793×10^9	328.737×10^3	0.841	1.134	−338.268	0.856
K_i	-4.199×10^{-24}	-252.284×10^3	0.893	3.939E25	−1.086e26	0.656

$$R_{CO_2}=\frac{[1.271\times 10^{45}\exp(-29\ 130.142/T)]\cdot[O_2]}{2.793\times 10^{3}\exp(-39\ 540.173/T)+\{1+[CO_2]/[-4.199\times 10^{-24}\exp(-30\ 344.479/T)]\}\cdot[O_2]} \quad (7.3)$$

基于化学动力学的动态耦合模型。对鲜食葡萄顶空气体 O_2/CO_2 浓度的变化值以及 O_2 消耗速率和 CO_2 生成速率进行多元非线性拟合，得到化学动力学的多元参数耦合模型的参数值，活化能 E_a 和指前因子 A 分别为 42.267 和 1.14×10^8 。根据鲜食葡萄在不同温度下的气体数据和以上化学动力学速率模型参数求解方法，通过估算得到鲜食葡萄化学动力学速率模型的 α 和 γ 值分别为 0.71 和 −0.53，通过计算得到化学动力学模型(公式 7.4)和速率常数估值(图 7.10)。

$$R_{CO_2}=1.14\times 10^{8}\exp(-5\ 083.93/T)\cdot[O_2]^{0.71}\cdot[CO_2]^{-0.53} \quad (7.4)$$

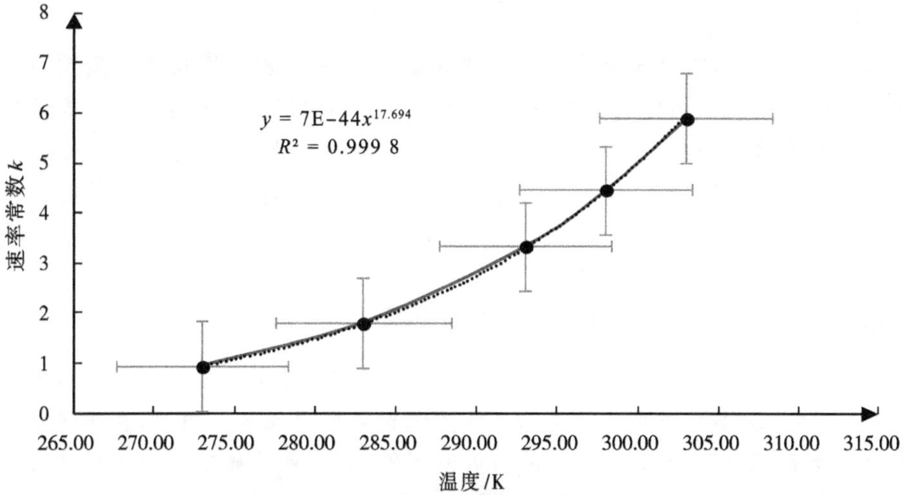

图 7.10　葡萄呼吸速率常数与温度的关系

(4)以可视化或信号变化等方式对产品品质动态指示。一般是通过时间温度指示器等智能包装技术，记录与跟踪食品物流过程中的时间温度历程，并通过视觉变化直接反映被监测产品的全部或者部分货架期变化的智能标识与感知技术。建模时，首先通过恒温实验对食品品质以及 TTI 的颜色随时间的变化进行动力学分析，分别建立食品品质动力学预测模型和 TTI 响应动力学模型，获得各自的动力学参数；采用波动温度实验验证的方法，描述 TTI 与所监测的食品在波动温度条件下的动力学特性，判断所选 TTI 对于食品货架期监测的应用效果。关于 TTI 的具体模型参见第 3 章表 3.4 和表 3.5。

7.3.3 操作级的管理决策建模

操作级的管理决策主要是基于前2项管理决策分析，集成品类知识库及相关推理机制，为物流过程的关键业务操作提供管理决策支持。

第一方面，库存管理策略由传统的先进先出法(first in first out，FIFO)转变为先到期先出(first expired first out，FEFO)。先进先出法(FIFO)指的是对于易变质、易破损、易腐败的产品先入库者优先发货的方法，由于每个品类都有一定的保存期限，在仓库中存放太久容易变质或发霉，这种先进先出的方法能够增强仓库中品类的流动性；先到期先出法(FEFO)则把货架期预测和发货顺序联系起来，基于货架期预测进行销售安排。

第二方面，运输管理策略优化。运输是通过运输手段使货物在物流据点之间流动。目前最主要的运输方式是铁路运输、水运、卡车运输、空运等，方式的选择根据产品的重量、数量、运输距离、运输成本、运输速度(时间)、竞争等7个方面的因素，合理选择运输路线、运输方式、运输工具和运输调控方式，实现最优运输技术组合策略。

案例7.11 呼吸品控参数-温控区间优化模型

温度、氧气和二氧化碳浓度等综合微环境品质控制参数是影响运输应激水平变化的主导因素，最终影响着水产品无水保活运输的生存效果。因此，在确保优良保活率的前提下，通过分析不同温控区间调节下氧气、二氧化碳浓度的比例及变化速度，探明温控区间对水产品呼吸代谢的影响程度及其相关关系是继保活运输温度之外的重要保活品控管理手段。呼吸品控参数-温控区间优化模型的形式化定义如式(7.5)所示；图7.11展示了优化算法。

$$\underset{[Tep_{\mathrm{low}},Tep_{\mathrm{high}}]}{\operatorname{argmin}}\left\{\sum_{T=1}^{K}\{\theta[OCR(T),CCR(T)]_{[Tep_{\mathrm{low}},Tep_{\mathrm{high}}]}\}\right\} \tag{7.5}$$

其中，$OCR(T)$为氧气消耗率，$OCR(T)$为二氧化碳累积率；在时间段T内，θ为水产品在既定温控区间下活体呼吸代谢抑制情况指示函数，其值在[0,1]之间；将运输时间分为K个阶段，每个阶段的时间间隔为t；在高保活率的前提下，θ函数值越接近于0，表明抑制效果越好。选取温控范围$[Tep_{\mathrm{low}},Tep_{\mathrm{high}}]$，使得$\sum_{T=1}^{K}\{\theta[OCR(T),CCR(T)]\}$取最小值。

以中华鲟鱼为研究对象，为了有效地反演运输温控区间，通过多次实验粗略选定鲟鱼休眠和半休眠的温度区间为−1～4.5 ℃和4.5～7 ℃。

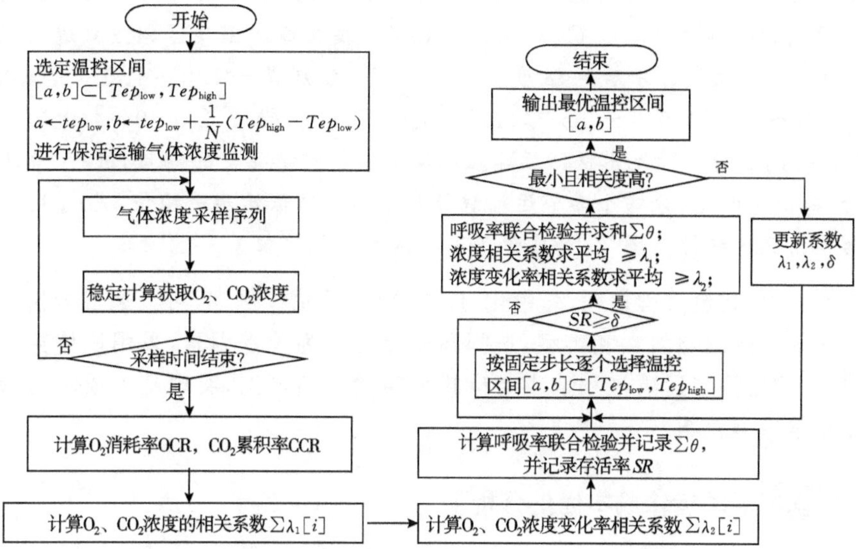

图 7.11　基于呼吸率联合检验的温控区间优化过程

统计其 32 h 保活率的平均值为 90.2%和 87.9%，然后将温度区间 −1～4.5 ℃作为样本无水保活运输的温度控制大区间进行进一步温区优选。由于冷藏运输自身

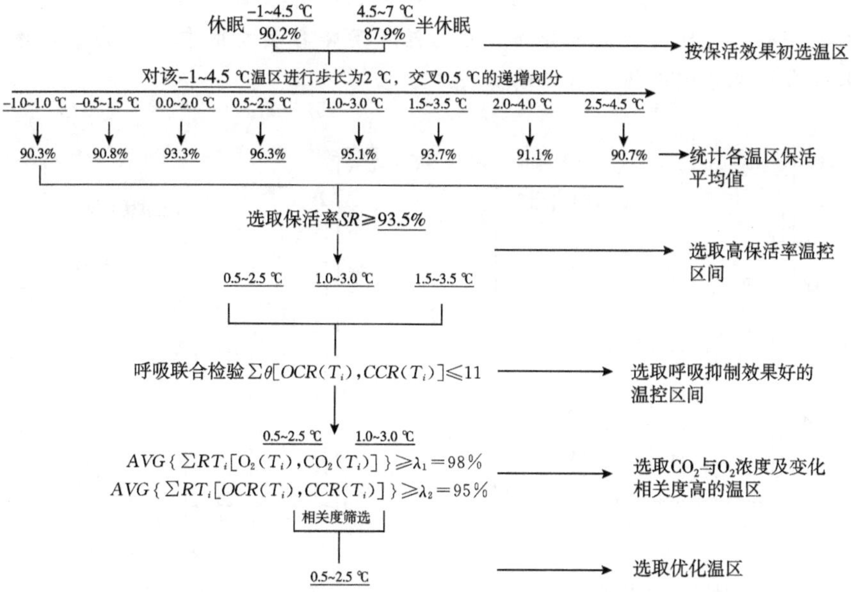

图 7.12　中华鲟鱼温控区间优化筛选过程

的制冷设备与车辆性能的限制，其温度控制的标准偏差在 2 ℃左右，因此，温度调控的范围设置的探测步长为 2 ℃；通过 0.5 ℃交叉覆盖探测温度区间方式进行温区优化。通过上述限定，划分后的温度区间有 8 个，分别是－1.0～1.0 ℃、－0.5～1.5 ℃、0.0～2.0 ℃、0.5～2.5 ℃、1.0～3.0 ℃、1.5～3.5 ℃、2.0～4.0 ℃、2.5～4.5 ℃，然后，进行实际无水保活运输监测实验。针对该品类的鲟鱼，进行 20 次的运输实验，每次 100 尾，分四个季节运输统计每个温区的保活率平均值，完成 32 h 的鲟鱼保活率情况的统计。图 7.12 展示了温控区间优化过程。

第三方面，物流过程损耗、绿色化、成本/收益评估。例如，可以通过分析活羊运输成本与能耗的影响因素和类型，选择运输路径作为关键因素，采用遗传算法进行路径寻优，建立活羊运输过程成本与碳排放定量评估模型，实现基于成本与碳排放的活羊运输过程控制。

案例 7.12 活羊运输成本优化分析

以运输路径是“养殖户—中间商—屠宰场”模式为例，分别为随机路径、次优路径和最优路径各类型成本的具体数值和所占总成本百分比（图 7.13）。最优路径的成本分布为：车辆燃料动力成本（23.5%）、运输环节人工成本（15.3%）、消耗品成本（12.6%）、车辆维护与保险成本（13.5%）、车辆折旧成本（12.9%）、装卸环节人工成本（10.0%）、活羊质量损耗成本（5.1%）、车辆运营管理成本（3.7%）和车辆轮胎折旧成本（3.5%），最优路径成本分布可作为活羊运输各类型成本分布的最佳参考，根据成本分布情况合理选择最有效的降成本途径。

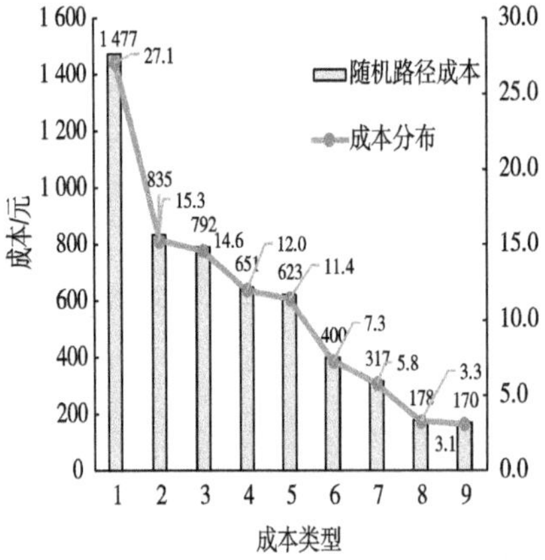

(a) 随机路径成本与成本分布

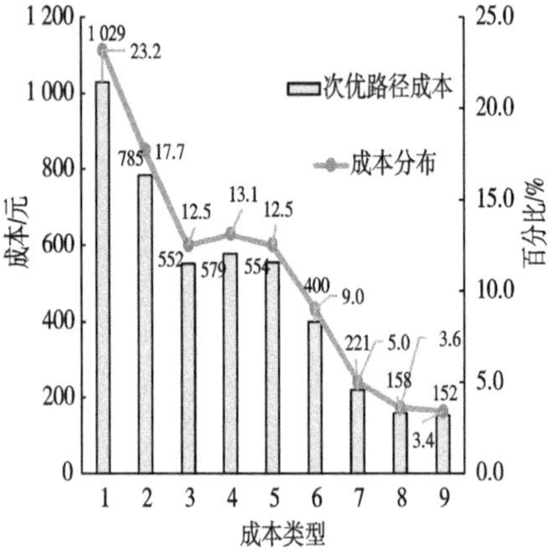

(b) 次优路径成本与成本分布

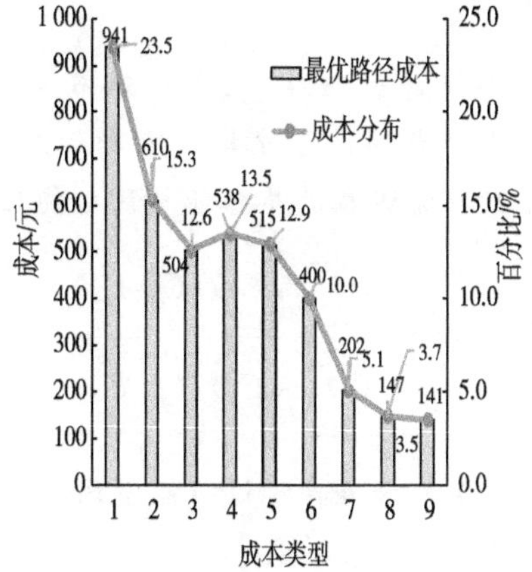

(c) 最优路径成本与分布

图 7.13　不同路径成本与成本分布

注:1. 车辆燃料动力成本　2. 运输环节人工成本　3. 消耗品成本　4. 车辆维护与保险成本　5. 车辆折旧成本　6. 装卸环节人工成本　7. 活羊质量损耗成本　8. 车辆运营管理成本　9. 车辆轮胎折旧成本

案例 7.13　鲜食葡萄冷链物流能耗评估:基于新疆—广东链条分析

由于冷链物流过程中需要消耗大量的能源,能耗成本一般占总成本的很大部分,所以能耗是冷链物流的一个重要指标。目前普遍采用的评估能耗指标是单位综合能耗方法,即以一个完整的冷链物流为体系,完成从产地到批发市场的物流过程所消耗的主要能源按一定的折算指标折算成每千克食品的一次能源消耗量。

单位综合能耗反映了食品冷链物流过程中所消耗的主要能源,其值越大,所体现的能耗越高,相应地引起加工成本增高。对于单一的食品冷链物流来说,它的变化反映了不同时期能耗对冷链物流的影响,而且采用不同的计算方法不同体系得出的能耗也会存在不同,例如,不同链条所考虑计入能耗的主要能源品种不同,使得单位综合能耗不具有可比性,所以进行不同物流体系能耗对比时,需进行不同能源体系归一化处理,以便于冷链物流能耗评估。物流能耗评估采用能量单位 MJ 对其进行归一化表征,其中 1 kW·h 电能耗按照 3 600 kJ 折算,1 L 柴油能耗按照 0.85 kg 折算,1 kg 柴油能耗按照 42 652 kJ 进行折算。

单位能量因数能耗,是一个高度综合性的指标,用于表示冷链物流过程中所有耗能环节每千克食品货物的总能耗及其冷链物流过程的平均节能潜力。单位能量因数能耗与冷链物流过程中的各货物的种类、重量等参数无关,完全适合具有不同环节的复杂冷链物流的能耗评估。与此同时,还可以通过计算单位能量因数能耗值判断不同冷链物流过程的节能潜力，以更好地为不同冷链物流的节能减排提供一定的节能参考数值。

假设冷链物流共有 n 个耗能过程环节，各个环节所处理的食品货物量分别为 $A_1, A_2, \cdots, A_n$，冷链物流各个环节的计算能耗以及实际能耗分别为 $C_1, C_2, \cdots, C_n$ 和 $E_1, E_2, \cdots, E_n$，那么对于冷链物流过程的单位能量因数能耗 U 定义如式(7.6)所示。

$$U = \frac{(\sum_{i=1}^{n} A_i E_i)/(A_1 E_1)}{(\sum_{i=1}^{n} A_i C_i)/(A_1 C_1)} \tag{7.6}$$

其中，$(\sum_{i=1}^{n} A_i C_i)/(A_1 C_1)$ 为冷链物流过程能量因数，反映了冷链物流各环节全链条的复杂程度。$\sum_{i=1}^{n} A_i E_i$ 为冷链物流过程中计算所得的总体能耗值，而 $\sum_{i=1}^{n} A_i C_i$ 则为冷链物流过程中实际调研获取的总体实际能耗值；A_1C_1 是冷链物流链条起始环节端实际所消耗的能源量。

综合以上冷链物流预冷能耗、贮藏能耗以及运输能耗等的能耗计算模型以及能耗评估模型，结合冷链物流实际过程，集成冷链物流的无源多元传感感知数据集，动态有效评估冷链物流耦合能耗集，进而构建冷链物流的能耗评估方法，实现冷链物流过程的能耗动态有效评估。并通过功率与时间相结合等方法测定分析冷链物流中其他各环节能耗指标，进一步提高冷链物流系统能耗变化的透明性与动态性。

选取从新疆鄯善到广州的鲜食葡萄供应链为例。与低温保冷物流相比，收购商自有或租赁冷藏车，雇用两名司机进行长途运输，基本情景如下。

①葡萄品种：无核白，质量：10 t，收购价格：1.5 元/斤（1 斤＝0.5 kg），包装箱：塑料箱（6 斤）。

②运输时间：5 d。

③收购商在一级批发市场等待出货时间为 2 d。

④从新疆到广州单程运输里程为 4 300 km。

⑤新疆冷库预冷采用商业用电，每度电 1 元（1 度＝1 kw・h）。

⑥长途运输货车载重 10 t，成本为 50 万元/辆。

⑦葡萄在二级批发和零售环节的损耗率分别为 0.5％和 5％，相对于低温保冷运输的红提，无核白尽管经过了预冷和冷链运输，但是在零售阶段因环境温度升高，易腐烂变质。

样本供应链的能耗评估结果见图 7.14。

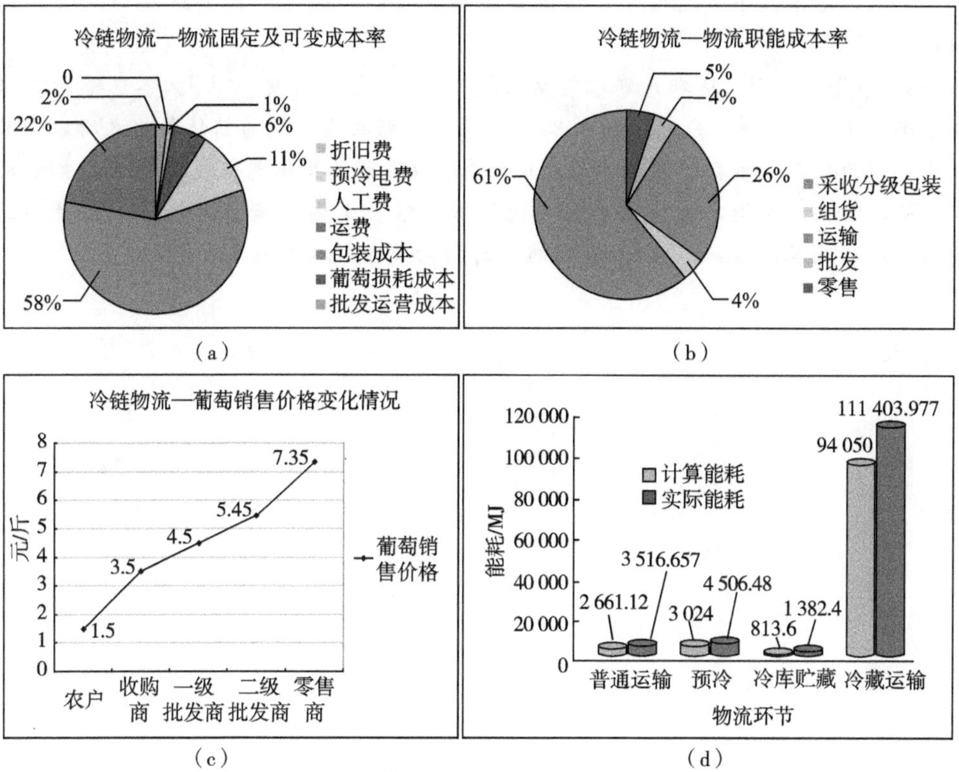

图 7.14　鲜食葡萄供应链成本与能耗分析

第一(图 7.14a 和图 7.14b),冷链物流职能成本结构中,采收分级包装成本占物流总成本的比重最大,为 61%,其次为运输成本占 26%,其他成本占物流总成本的比重较低。因此,降低采收分级包装和运输成本能有效降低整个物流过程的成本。在冷链物流固定及可变成本中,包装成本占物流总成本的比重最大,为 58%,其次为运费,占 22%,其他成本占物流总成本的比重较低。物流可变成本占物流总成本的 99%以上,固定成本占物流总成本的比重很小。因此,控制物流可变成本,特别是包装和运输费用,能降低物流总成本。

第二(图 7.14c),基本能耗,基于环节核算如下。

①从葡萄种植园运输至产地集散中心的常温运输段的运输能耗大约为 2 661.12 MJ。

②鲜食葡萄运输至产地集散中心进行预冷环节的预冷能耗大约为 3 024 MJ。

③鲜食葡萄运输至产地集散中心预冷后进入冷库贮藏环节,贮藏能耗大约为 813.6 MJ。

④从产地集散中心运输至广州批发市场中心的冷藏运输段的运输能耗大约为94 050 MJ。

第三(图7.14d),从农户到零售商,鲜食葡萄销售价格变化很大,各环节的价格增长率依次为133%、29%、21%和35%。从农户到收购商葡萄销售价格之所以增长很快是因为收购商承担了较高的长途运输费用,只有提高葡萄销售价格才能弥补成本。从二级批发商到零售商葡萄销售价格增长较快是因为零售商除了承担较高的葡萄成本和包装成本,还承担了较高的葡萄损耗成本和人工成本。

第8章 信息系统研究方法(四)——数据挖掘建模与分析

信息系统需要处理大量的数据,这些数据或者是信息系统核心功能运行涉及的数据信息,或者来自信息系统运行所产生的业务数据。信息系统应用之后,会产生丰富的业务数据,这些数据可以作为衡量信息系统功能、性能的数据支撑,帮助信息系统维护、更新和优化;更重要的是,业务数据包含了大量的业务相关信息,深入分析业务数据,挖掘其隐藏的关联、规律、因果关系等,可以改善业务质量和水平,增加用户满意度。

本章内容围绕信息系统数据挖掘与分析,介绍信息系统数据挖掘建模流程与类型、信息系统数据挖掘技术、大数据处理与分析技术、数据融合技术,并提供了数据建模与分析实例。

8.1 信息系统数据建模与分析概述

8.1.1 信息系统数据挖掘建模与分析的一般流程

信息系统需要处理大量数据,同时也会产生大量数据,原始数据量大、杂乱、粗糙,很难表现出数据的特征与规律,更奢谈反映数据背后的业务趋势和向决策者提供有价值的决策建议。要实现从原始数据到有价值的决策支持的跨越,关键是将原始数据转换成有用的信息和知识,这需要对信息系统数据进行建模与分析。

现代数据挖掘建模与分析往往需要将统计方法、统计软件、计算机技术、人工智能算法等结合,对批量数据建模分析,揭示数据背后的规律,诠释各领域的现象,对领域发展做出预测或判断。信息分析越全面,结果就越接近于真实,将其与已知业务相融合,能够创造出新的价值。为了取得好的数据挖掘效果,对数据进行建模分析可以基于数学、统计、机器学习等不同的算法和技术开展数据描述、分析、预测、推断等,基本流程可以归纳为7个步骤,每个步骤的具体解释如下。

第一,针对研究问题,明确数据建模要达到的目标。明确研究问题和数据分析的目标是比较差异性或挖掘关联性,还是对未知进行预测、对已知进行解释、探索规律性等,不同的数据分析目标对应了差异化的数据建模分析算法,如果关注差异性,则可以聚焦方差分析、统计推断、参数与非参数检验等比较分析算法;如果拟挖掘变量之间的关系,则应选择相关分析、因子分析、关联规则挖掘等算法。

第二,获取数据、建立数据集。需要建模和分析的数据可以是来自调研、实验、传感等一手数据,也可以是来自业务系统、统计部门的二手数据,也有可以是信息系统运行过程中积累的数据。因此,要根据研究问题确定数据需求,寻找数据源,建立待分析的数据集。基于研究的理论框架和层次结构,定性分析确定事物之间的因果关系,确定被解释变量和解释变量,验证参数估计的有效性,解释变量之间不应该具有相关性。数据集的生成需要考虑数据的代表性和数据库的容量。获取基础数据后,做好数据的存储工作,确保数据安全。

第三,数据整理、清洗等预处理工作。提高数据质量是提升建模分析有效性和准确率的重要基础和手段,因此在建模分析之前需要开展数据的整理、清洗等预处理工作。需进一步判别数据与问题的相关性,对缺失值(漏填值)进行填补,识别、判定和处理(删除、另赋值等)异常值等。

第四,数据探索、数据描述、数据转换。对于完备的数据集,通过均值、方差、相关矩阵、特征根、特征向量、散点图等参数和工具进行初步分析,揭示数据(数据集)的分布及关键变量的主要特征,并根据拟采用算法的要求对数据进行格式、制式等的转换,如标准化、归一化、离散化、二元化等。

第五,建立可能的分析模型。通过相关性分析、信息熵、互信息等技术分析变量、特征之间的关系,以定量结果评判变量、特征选择的合理性;模型的理论基础与数据的特征具有一致性时,此模型才能成为候选模型;常见的数据挖掘任务包括差异性分析、关联分析、因果分析、预测、分类、聚类等,按研究任务设定合理的模型,并估计模型关键参数。

第六,模型的检验与改进。选择合理的评价指标对候选模型的建模结果进行评估,例如,回归分析应该采用回归方程的显著性检验、回归系数的显著性检验、拟合优度检验等对模型进行检验,而聚类分析则可以利用算法稳定性指标及轮廓系数、准确率、纯度等指标对聚类结果进行评价;如果建模结果未能通过检验,需要重新构建模型。通过对建模结果的评价和检验,可以实现对基于不同模型的建模结果的鉴定、分析和比较,从而筛选更鲁棒和高效的模型。另外,检验模型结果对问题的解释性,即开展模型的有用性检验,理论上有效的建模结果可能并不能有效解释待分析的业务问题,需要结合领域问题进行合理解释。

第七,数据挖掘建模结果的应用。模型通过各种检验与评估,同时具有合理的解释意义,则可以应用模型向业务决策提供量化的支持建议,实现预测或决策服务。

8.1.2　信息系统数据挖掘建模的类型

数据获取过程的差异会导致数据特征、适用的分析方法均有所不同,因而在数据挖掘之初需要分析数据特征,有针对性地选择分析和建模方法。按照数据获取过程和数据特点的差异,信息系统数据挖掘可以分为以下 3 种类型(张文彤和邝春伟,2011)。

1. 严格实验设计支持下的数据分析建模

这类建模分析的数据是基于非常严密的研究设计而获得的,经过了实验设计、实验开展、数据采集、数据准备、数据分析等严格的统计分析流程和步骤。实验设计中采用各种巧妙而科学的设计方案对非研究因素的作用加以控制,以突出研究因素的作用。原始数据需要从头采集,数据质量完全取决于实验设计是否合理以及实验过程是否严格遵循设计要求。

对这类数据进行建模分析可以采用经典的统计分析与建模方法。由于在实验设计和实验实施过程中已经对非研究因素的影响进行了充分考虑,在很多情况下,可以只利用简单的统计分析方法,如 t 检验、卡方检验、一般线性模型等得到最终有效的结论。

例如,案例“葡萄原酒运输过程质量预测系统”建模(李浩,2020)过程中,首先通过实地调研和传感器监测获取了葡萄原酒运输方式及环境因子数据,识别出温度是影响原酒品质的主要因子;然后在实验室环境下模拟了 5 个温度梯度的恒温运输实验和变温运输实验,实验中对温度因子进行严格控制,并定期检测葡萄原酒的理化指标数据,实现对环境温度因子和原酒理化指标的动力学建模。

2. 半实验设计支持下的数据分析建模

如上所述的数据采集具有理想化倾向,实际中很多研究设计和数据采集做不到如此完美,例如抽样/分组的随机性无法满足,数据采集过程无法精确控制而导致数据难以达到理想化,甚至部分数据可能先于研究设计而存在,数据有可能不完全满足分析需求等。这种不完美、不理想的数据应用范围非常广泛,这种类型的数据依然具有分析价值,如果直接舍弃会造成很大的数据资源浪费。在分析方法上,由于实验设计难以做到完美,各种潜在影响因素的作用可能也并不明确,需要在各种可能的影响因素中进行筛选和探索。在建模分析方法上,从简单的统计描述到复杂的线性、非线性模型都可能用到,使用的方法仍然以经典统计分析方法为主,而影响因素的筛选则成为建模和分析的重点任务之一。

例如,案例“基于 Agent 的菇农技术采纳行为建模与仿真”(张敏,2019)中,仿真实验流程基于具有理论支撑的农户技术采纳行为模型而设计,对影响菇农技术采纳的因素考虑全面、计算过程严谨;但是在不同技术影响力的计算中涉及若干参数,理想情况下需要获取北京市所有菇农对技术的知识水平等基础数据,这明显不具有可行性,因而选择了97位蘑菇种植户作为样本，通过访谈获取了他们对不同技术的知识水平、感知风险等数据，进而估计了所有 Agents 的关键参数，使得后续的建模和仿真得以实现。

3. 智能化、自动化业务系统的数据分析建模

随着信息系统业务的进行，数据库中会自动积累海量的业务数据，也相应诞生了新的数据分析和挖掘需求。这类数据分析以商业应用需求为导向，数据挖掘所需要解决的问题往往具有很强的时间要求；由于数据来源于业务系统，数据采集过程为全自动进行，数据产生先于数据分析，这些数据本身并不是为数据分析准备的，因而难以做到理想化。

面对这种类型的数据，主要采用数据挖掘和大数据分析技术。传统建模分析需要方法体系完备、逻辑正确，而数据挖掘和大数据分析由于所处理问题的数据量大、时间要求严格，因而重点考虑结果正确，算法细节可以是灰箱甚至黑箱。人工智能和计算能力的发展诞生了一批全新的分析方法，如神经网络、树模型等，赋予了分析人员全新的能力。数据分析多依赖于自动或半自动的分析技术，在海量数据中发现有意义的行为和规则，迅速找到大量资料间的关联与趋势，其最大的特点是自动化、智能化。

实际应用中，往往采取多种方法并行、从中择优的分析思路。例如，食品冷链物流过程品质衰变预测可以同时采用 Logistic 回归、神经网络、支持向量机、贝叶斯分析、树模型等多种方法并行分析，然后采用投票或者优选的方式得到最终的预测模型/结果。

8.2 信息系统数据挖掘建模与分析方法

数据挖掘是知识发现的核心，以数学和计算机科学为基础，通过结合统计、情报检索、机器学习、深度学习、专家系统等领域方法实现从大量数据中寻找数据背后的规律和知识的目标。

数据挖掘的过程遵循8.1.1节所述的数据建模分析一般流程，其关键步骤为数据准备、规律寻找和规律表示。数据准备（第一～三步）是从相关的数据源中选取所需的数据并整合成用于数据挖掘的数据集，规律寻找（第四～六步）是利用各种模型和算法挖掘数据集所含的规律，规律表示（第七步）是尽可能以用户可理解的方式将寻找出的规律表示出来（如可视化），辅助用户决策。

8.2.1 信息系统数据挖掘的任务类型

按照数据挖掘的任务目的，可以将数据挖掘分为以下4类数据挖掘问题。

第一，分类。分类问题主要用于判定数据对象的所属类别。它将数据集分为训练集、测试集、验证集，首先在训练集上运用数据挖掘技术提取刻画重要数据类的模型，即建立和训练一个分类模型，也称分类器；然后在验证集上对分类器的性能进行

检验,包括分类器的准确率、ROC 曲线、AUC 曲线、算法的时间和空间消耗等,从而优选出高性能的分类器;然后利用该分类器,在新数据集(测试集)上实施分类任务,实现对新数据的分类。常用分类模型有决策树、贝叶斯网络、神经网络、支持向量机等基础算法及其衍生的优化算法和组合算法。

第二,预测。预测技术是指基于事物过去发展变化的过程和规律,根据事物目前运动和变化的状态,运用各种数据挖掘算法和分析方法,对事物未来可能出现的趋势和可能达到的水平进行科学推测。简单地说,预测就是通过构造预测模型或预测器,对某个变量的未来取值进行预估,回归分析、时间序列分析都是典型的预测技术。严格来说,分类也是一种预测,只是分类的预测结果是离散的类标号(标签);而一般所说的预测则主要针对连续型数据。举例来说,如果想知道活体动物运输过程中活性和存活率如何,则属于预测问题;而如果只是想判断活体运输之后应激是否会影响其健康和屠宰后品质,进而判定活体动物属于哪类(例如,无应激或应激小可以直接屠宰,还是应激过大必须休养一段时间),则属于分类问题。

第三,关联分析。关联分析属于相关性分析的范畴,从数据中挖掘变量、特征、事件、行为等潜在的关联关系,目的是发现哪些特征高频地一起出现或哪些事件总是一起发生。关联分析涉及频繁项集的产生、关联规则的挖掘、规则的表示与解释等,常用关联分析算法有 Apriori 算法、FP-growth 算法等。例如,在采卤泵运行状态分析过程中,采用间接方法建立采卤泵运行状态决策树分类模型,然后提取分类规则。可以对从根节点到叶节点的每条路径创建一条 IF-THEN 分类规则,即沿着路径,每个内部属性-值对(内部节点-分支对)形成规则前件(IF 部分)的一个合取项,叶节点形成规则后件(THEN 部分),如图 8.1 所示。

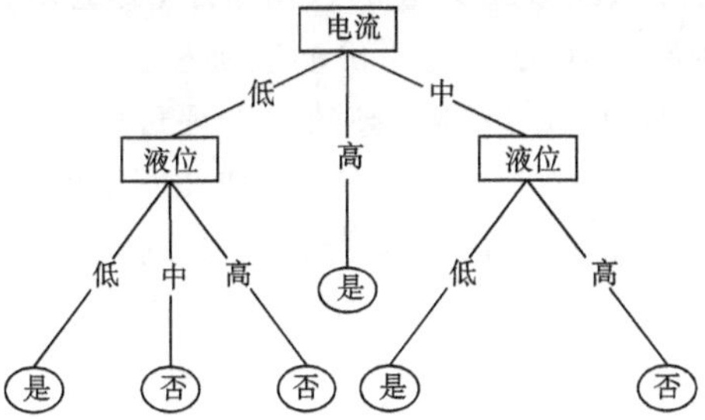

序号	规则前件	规则后件
1	IF 电流="低" AND 液位="低"	THEN 采卤泵故障="是"
2	IF 电流="低" AND 液位="中、高"	THEN 采卤泵故障="否"
3	IF 电流="中" AND 液位="低"	THEN 采卤泵故障="是"
4	IF 电流="中" AND 液位="高"	THEN 采卤泵故障="否"
5	IF 电流="高"	THEN 采卤泵故障="是"

图 8.1　基于采卤泵运行状态决策树的分类规则提取

第四,聚类分析。聚类分析是将一批样本根据其诸多特征,按照在性质上的亲疏程度(各变量取值上的差异程度),在没有先验知识(没有事先指定的分类标准)的情况下进行自动分类,产生多个分类结果。这是一种"物以类聚"的思想,能够提高后续数据分析和挖掘的效率,所以聚类分析往往并不是数据建模和分析的最终目标，而是中间过程。聚类的结果要求类内（簇内）部数据的差异尽可能小，类别间（不同簇间）的差异尽可能大。例如，牟鑫（2019）按照“年购买量”和“价格偏好”两个属性利用混合数据聚类算法将我国鲜食葡萄消费者细分为5个消费者群体，这5个消费群体的人口统计学特征、消费偏好等均有显著差异，营销人员可以对各细分客户群体进行有针对性的产品设计与推荐。

需要注意的是，聚类的结果虽然也是将数据样本分为几类，但其与“分类”数据挖掘分析完全不同。聚类是将数据分到不同的类或者簇，聚类所要划分的类是未知的，是一种无监督的数据挖掘算法；而分类是按照某种标准给对象贴标签，这些标准是事先已经明确的，然后再根据标签来区分和归类对象，是一种有监督的数据挖掘算法。

8.2.2 信息系统数据挖掘的常用算法

目前数据挖掘研究的主要目标是创新和发展数据挖掘相关的理论、算法和工具，提高挖掘结果的准确性，加深数据分析的深度，增强可视化效果等，以支持从大量的数据中提取有价值的知识和模式。最常用的数据挖掘技术有如下6种（表8.1）。

1. 神经网络

神经网络是一种通过训练来学习的非线性预测模型，常见的神经网络模型有前馈式网络、反馈式网络、自组织网络。神经网络的学习能力体现在神经网络权值的逐步计算，可以完成分类、聚类、特征工程等多种数据挖掘任务。BP神经网络、RBF径向基神经网络、RNN循环神经网络等为经典和应用广泛的神经网络模型，此外，在基础的神经网络算法之上，很多学者针对模型的优缺点以及数据集的特点，做了模型改进和优化研究。

例如，原变鱼（2021）根据鲜食葡萄供应链风险数据具有的数据量小、变量多、变量之间非线性关系强等特点，筛选BP神经网络作为风险评价的基础模型；但经典BP神经网络具有收敛速度慢、容易进入局部极小值等缺陷，导致风险评价的准确率偏低；因而通过粒子群优化算法（PSO）和遗传算法（GA）分别对BP神经网络的输入权值和阈值进行优化，克服局部最优等问题，提高了鲜食葡萄供应链风险评价的效果。

2. 粗糙集理论

粗糙集理论是一种处理模糊和不精确性问题的数学工具，特别适合于数据简化、数据相关性发现、数据的近似分类等领域，近年来已被成功地应用在数据挖掘和知识发现研究领域中。例如，闫泓序等（2021）在对我国工业电力用户价值画像研究过程中，为了降低模型的时间与空间开销，避免冗余特征造成的多重共线性问题，基于粗糙集理论确定了指标权重，突破了评价指标主观赋权的局限性，为电力企业的价值评价提供较为客观的信息，同时还对样本数据进行了指标简化，实现了对用户价

表 8.1 主要数据挖掘算法的比较分析

数据挖掘算法	优点	缺点	适用对象与范围
神经网络	①能够逼近任意非线性函数 ②并行分布式信息处理，具有很强的容错性和健壮性 ③适用于多信息融合和多媒体技术，可同时综合定量和定性信息 ④可实现在线或离线计算，使之满足某种控制要求，且灵活性大	①网络权值随机选取 ②无法利用系统信息和专家经验等语言信息 ③学习时间长 ④容易陷入局部极小 ⑤神经网络模型是一个“黑箱”模型，网络参数缺乏明确的物理意义，建立的模型难以理解	①结构优化（设计与参数优化、工艺参数优化） ②系统控制（自适应控制系统、目标识别、速度辨识） ③仿真预测（细胞定位、新股价格、风险预警、交通流量、网络流量） ④综合评价（个人信用、投标） ⑤模式识别（字符识别、遥感信息提取） ⑥检测（故障、品质、火灾、损伤）
粗糙集理论	①粗糙集理论能发现隐藏在数据中的事实，而不需要额外的如专家系统或者阈值之类的信息，能在无监督条件下，挖掘出数据库里的最小知识表示 ②粗糙集对给定数据的计算是客观的，无须知道关于数据的任何先验知识（如概率分布等）	①粗糙理论在应用过程中，主要的载体是信息表，信息表中的对象的属性值要么是分明的，要么是实值的，虽然连续的属性值可以通过属性离散化方法离散，但势必会丢失一些重要信息 ②无法判断两个属性值的相似性	粗糙集的研究对象是由一个多值属性（特征、症状、特性等）集合描述的一个对象（观察、病历等）集合
遗传算法	①自组织、自适应和学习性（智能性），用来解决复杂的非结构化问题，具有很强的鲁棒性 ②直接处理对象是参数的编码集而不是问题参数本身 ③搜索是基于目标函数值的评价信息，不受优化函数连续性的约束与可导的要求 ④具有显著的隐并行性 ⑤形式上简单明了	①在进行编码时容易出现不规范、不准确的问题 ②由于单一的遗传算法编码不能全面将优化问题的约束表示出来，需要考虑对不可行解采用阈值，进而增加了工作量和求解时间 ③遗传算法效率通常低于其他传统的优化方法 ④遗传算法容易出现过早收敛的问题	①控制方面（防避导弹控制、机器人控制等） ②规划方面（生产规划） ③组合优化方面 ④图像处理方面（模式识别、特征抽取等） ⑤信号处理方面有滤波器设计 ⑥机器人方面有路径规划 ⑦知识发现方面有规则提取、数据挖掘等

续表 8.1

数据挖掘算法	优点	缺点	适用对象与范围
支持向量机（SVM）	①非线性映射是 SVM 方法的理论基础，SVM 利用内积核函数代替向高维空间的非线性映射 ②是一种有坚实理论基础的小样本学习方法 ③ SVM 的最终决策函数只由少数的支持向量所确定，计算的复杂性取决于支持向量的数目，这在某种意义上避免了“维数灾难” ④SVM 具有较好的鲁棒性	① SVM 算法对大规模训练样本难以实施：由于 SVM 是借助二次规划来求解支持向量，而求解二次规划将涉及 m 阶矩阵的计算（m 为样本的个数），当 m 数目很大时该矩阵的存储和计算将耗费大量的机器内存和运算时间 ②用 SVM 解决多分类问题存在困难。经典的支持向量机只给出了二类分类的算法，而在数据挖掘的实际应用中，一般要解决多类的分类问题	目前支持向量机主要应用在模式识别领域中的文本识别、中文分类、人脸识别等；同时也应用到许多的工程技术和信息过滤等方面
随机森林	①在很多数据集上相对其他算法有着很大的优势，表现良好 ②它能够处理很高维度的数据，并且不用做特征选择，在训练完后，能够给出哪些特征比较重要 ③创建随机森林时使用无偏估计，模型泛化能力强 ④训练速度快，在训练过程中，能够检测到特征间的互相影响 ⑤如果有很大一部分的特征遗失，仍可以维持准确度；对于不平衡的数据集来说，它可以平衡误差	①随机森林已经被证明在某些噪声较大的分类或回归问题上会过拟合 ②对于有不同取值的属性的数据，取值划分较多的属性会对随机森林产生更大的影响，所以随机森林在这种数据上产出的属性权值是不可信的	随机森林能够处理很高维度（特征很多）的数据，并且不用做特征选择，对数据集的适应能力强：既能处理离散型数据，也能处理连续型数据，数据集不需要规范化。在工业上，两个随机性的引入，使得随机森林具有一定的抗噪声能力，比其他算法具有一定优势
贝叶斯网络	①对待预测样本进行预测，过程简单速度快 ②对于多分类问题也同样很有效，复杂度也不会有大程度上升 ③在分布独立这个假设成立的情况下，贝叶斯分类器效果很好，会略胜于逻辑回归，同时需要的样本量也更少一点 ④对于类别类的输入特征变量，效果非常好；对于数值型变量特征，默认符合正态分布	①对于测试集中的一个类别变量特征，如果在训练集里没见过，直接计算概率为 0，预测功能就失效了。通过平滑操作，可以缓解这个问题，最常见的平滑技术是拉普拉斯估测 ②朴素贝叶斯有分布独立的假设前提，而现实生活中这些预测器很难是完全独立的	朴素贝叶斯应用最多的是文本分类、垃圾文本过滤、情感判别，多分类实时预测。朴素贝叶斯和协同过滤相结合应用于推荐系统，能增强推荐的覆盖度和效果

值数据集特征变量的降维，为后续用户价值评级奠定了基础。

3. 遗传算法

遗传算法是基于达尔文生物进化论中的自然选择来找寻最优解的一个算法。遗传算法基于群体的、具有随机和定向搜索特征的迭代过程，直到达到最大迭代次数或者满足终止条件为止，从而找出问题的最优解。由于遗传算法所具有的寻优功能，其也经常被用于神经网络、支持向量机等基础算法的优化。

例如，田东等(2020)在预测具有时变、非线性、多耦合特性的食用菌温室温度时，使用遗传算法(GA)对支持向量回归(SVR)的惩罚因子 C 和核函数参数 σ 进行优化，改善了 SVR 的性能，取得了更好的预测准确率。

4. 支持向量机

支持向量机(SVM)具有善于求解非线性、回归和高维模式识别的优点，并且没有陷入局部最优的问题。在经典支持向量机的基础上，学者们开发了很多改进模型，如 SVR(解决回归问题)、MSVR(处理多输出变量)等。

例如，李鑫(2021)在处理鲜食葡萄运输环境因子(温度、湿度和时间)与鲜食葡萄多维感官指标(外观、香气、质地、风味)的关系拟合时，基于 MSVR 模型构建多输出的支持向量回归模型，取得了较好的效果。

5. 随机森林

随机森林是一个包含多个决策树的分类器，其输出的类别由个别树输出类别的众数而定。对分类问题，有放回地从初始样本集中选择 k 个样本组成用于训练的样本集，重复抽取直到训练好 k 个分类树，这些树通过并列组合便可以得到分类型随机森林，通过分类树投票，按照少数服从多数的原则得到最终的分类结果。构建每棵决策树的过程中，要随机抽样和选择属性子集，这也是随机森林名字的由来。

例如，舒浩杰(2020)通过预测消费者对葡萄酒的主要属性偏好，进而进行葡萄酒推荐的研究中，通过改变结点分裂方式来优化经典随机森林算法，使得算法在葡萄酒颜色、甜度、起泡性等 8 个指标进行推荐时，比决策树算法的精度更高。

6. 贝叶斯网络

贝叶斯网络是一种概率图形模型，是目前不确定知识表达和推理领域最有效的理论模型之一。一个贝叶斯网络是一个有向无环图，由代表变量结点及连接这些结点的有向边构成。结点代表随机变量，结点间的有向边代表了结点间的互相关系，用条件概率表达关系强度。结点变量可以是任何问题的抽象，如测试值、观测现象、意见征询等。贝叶斯网络可以基于枚举法等进行精确推理，也可以基于蒙特卡洛等方法进行随机推理，其在生物信息学、信息检索、决策支持系统、数据融合等众多领域均有广泛应用。

8.2.3 信息系统大数据处理与分析技术

关于大数据的概念有各种不同的定义，典型的有：大数据是指数型增长的海量数据，大数据是指那些超过传统数据库系统处理能力的数据等。虽然大数据的定义较多且不一致，但学术界和产业界均公认大数据具有"4V"特征，即"大量化（volume）、多样化（variety）、快速化（velocity）、价值密度低（value）"，只有具备这些特点的数据，才是大数据。

"大数据"与"海量数据"并不同。"海量数据"只强调数据的量大，而"大数据"不仅用来描述大量的数据，还进一步指出数据的复杂形式、快速时间特性以及数据分析等专业化处理。因此，大数据的处理和分析技术有别于传统的数据分析与处理。

1. 大数据处理方法

大数据处理方法、系统、工具是IT领域新一代的技术与架构。目前人们对大数据的处理形式主要包括对静态数据的批量处理，对在线数据的实时处理，对图数据的综合处理；其中，在线数据的实时处理又包括对流式数据的处理和实时交互计算两种。根据程学旗等（2014）的研究，将几种大数据处理方法比较如下，如表8.2所示。

表8.2 大数据处理方法及比较

大数据处理方法/技术		数据及处理特点	代表性处理系统	适用性	典型应用
静态数据的批量处理		数据体量大、数据精确度高、价值密度低；处理耗时，不能交互	Hadoop生态圈、HDFS、MapReduce	适合先存储后计算、实时性要求不高、而准确性和全面性要求高的场景	社交网络数据分析、电商购物数据挖掘与推荐系统、异常检测（欺诈、异常操作与行为）
在线数据的实时处理	流处理	时序特征、流速波动、干扰多、动态；处理系统有很好的伸缩性、实时性、容错性，异构分析能力强	Twitter的Storm系统、LinkedIn的Samza系统	数据连续不断产生、来源众多、格式复杂、物理顺序不一，要求数据处理具有实时性，适用于数据"用完即弃"的场合	Web数据的实时分析、舆情监测与预警、环境监测、灾难预警等
	交互处理	灵活、直观、便于控制，系统与操作人员以人机对话的方式问答，完成所需的操作	Spark系统、Dremel系统	存储在系统中的数据能够被及时处理和修改，处理结果可以立刻被使用	互联网领域的搜索引擎、电子邮件系统、实时交互的社交媒体等
图数据的综合处理		图数据具有很强的关联性，种类多、耦合性强，要求并行、协同处理大图数据	Pregel系统、Neo4j系统、Trinity系统	可以用图表示的数据处理场合	智能交通领域最优路径、社交网络中信息传播及领导力分析

2. 大数据分析方法

大数据隐藏着珍贵的信息价值，大数据分析的特殊性如下。

(1)大数据本身具有的非结构化、多源化、多类型化等特性，使得传统的数理统计建模方法无法开展，如概率论和数据统计模型无法处理图像和视频数据。

(2)大数据的产生不满足数理统计中的分布假设，传统数据建模和分析的流程与算法不再适用于大数据。如章节 8.1.2 第三点所述，很多大数据来源于物联网、车联网、电子商务平台等业务领域，这些数据先于数据分析而存在，属于总体数据而非抽样数据，因而经典数理统计中对数据分布要求严格的算法并不适用于大数据分析。因此，章节 8.1.1 所述的数据挖掘建模与分析流程将发生局部改变，大数据建模预分析流程可以图示化为图 8.2。

在图 8.2 中，实线所示的流程为传统数据分析建模和大数据分析建模都需要的流程，而虚线所示的流程为传统数据建模需要而大数据不需要的流程。可以看出，大数据建模分析的流程更精简，问题理解、设计数据获取方案、模型验证等步骤被忽略，强调的是对于多源的大数据进行预处理之后，根据需要从批处理、流处理、交互处理、数据挖掘和关系分析等层面快速进行建模和分析，得出结论，传递给数据应用方，并基于应用结果对数据建模进行反馈和修正，如此循环，得到有应用价值的数据建模分析结果。

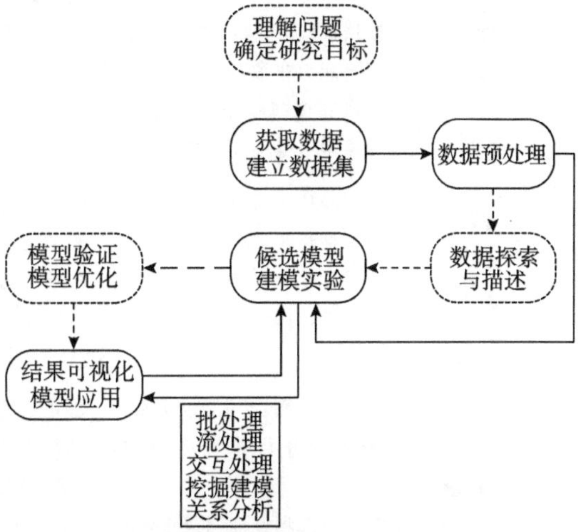

图 8.2　通用数据建模流程与大数据建模流程比较

(3)大数据分析对实时性要求高，很多应用场景下对数据分析的速度要求是秒级，而对精确性的要求相对降低，经典严谨的数据建模和分析算法无法满足。

从具体的大数据分析方法层面来看，数据挖掘中的关联分析、分类、聚类、机器学习、自然语言处理、神经网络、语义引擎、模式识别、预测模型、可视化技术等仍能有所作为。深度学习、社会计算、集成学习等则更适合大数据分析。表 8.3 为常用大数据分析方法。

此外，大数据可视化技术也是大数据分析技术的重要组成部分。用户最关心数据分析的结果，而大数据分析结果的良好展示可以提升结果的解释能力，因此数据可视化是将数据经过分析得到的结果以可见或可读形式输出显示，以方便用户理解。传统的结构化数据，可以采用数据值、数据表、各种统计图形等形式来显示数据，而大数据处理的结果是海量的，结果之间关系复杂，需引入新的可视化技术。利用计算机图形学和图像处理等可视计算技术，将数据转换成图形或图像，典型代表有标签云、历史流、关系图、空间信息流等；还可以依赖用户参与的结果显示技术，如人机交互技术、数据起源技术等。

表 8.3　常用大数据分析方法的比较分析

大数据分析方法	优点	缺点	适用场景
深度学习	①特别适用于高维度数据集和大型数据集 ②新增数据时，模型易于更新 ③拟合能力非常强大 ④可以和概率模型相结合，使得深度学习模型具有推断能力	①计算量大，学习时间长 ②对硬件需求较高 ③需要大量的训练数据 ④有可能出现过拟合 ⑤深度学习的结果不易解释或说明	①图像识别 ②自然语言处理 ③语音识别
社会计算	①面向碎片化的社会媒体信息和特征稀疏的文本内容 ②考虑了社会媒体产生信息的强交互性、时效性等特点	①由于思维方式的差异，社会科学与自然科学之间的壁垒仍然难以逾越 ②需要做到隐私保护与数据开放的二者平衡	①社交应用数据分析 ②娱乐应用数据分析 ③生产应用数据分析 ④社会网络分析
集成学习	①准确率较高，泛化能力较强 ②易实现并行化计算，提高速度 ③可灵活处理各种类型的数据	①在不平衡数据集上的分类或回归效果往往较差 ②数据量增大时运算时间长	①时间序列分析 ②医疗健康 ③入侵检测

总之，深度学习和集成学习提高了大数据挖掘与分析的准确度，社会计算加深了人类对社会媒体的认知，可视化技术增强了大数据分析结果的决策支撑能力。多种大数据处理和分析方法，均有利于提高大数据分析的准确性、时效性和价值性。

8.2.4　信息系统数据融合

在信息系统数据建模中，有时需要处理来自多个系统、多种类型的数据，即面临数据融合问题(在很多场景中，数据融合与信息融合不严格区分)。简言之，数据(信息)融合就是利用计算机技术将来自多源的观测数据信息进行分析、综合处理，得出决策所需信息的处理过程，包含数据级融合、特征级融合和决策级融合 3 个层次。

例如，在鲜食葡萄冷链物流品质感知过程中，建立了数据级、特征级和决策级的多源信息融合方案(图 8.3)：首先，运用压缩感知方法构建了适合鲜食葡萄冷链物流过程的数据级融合算法；再采用时间-空间融合方法，在分批估计权数中引入修正因子，自适应调节不同贮运批次权数，弱化传感信号数据误差对最终融合值的影响，形成了基于时-空的特征级融合算法；最后，集成贮运微环境温度、SO_2 气体浓度等关键参数的系统动力学模型，构建了鲜食葡萄品质预测方法，动态评估传感信号与品质变化关联程度，形成了决策级融合算法，最终使系统实现对采后入库、静态贮藏、动态运输等贮运作业提供科学的基于品质保持原则的生产指导功能。

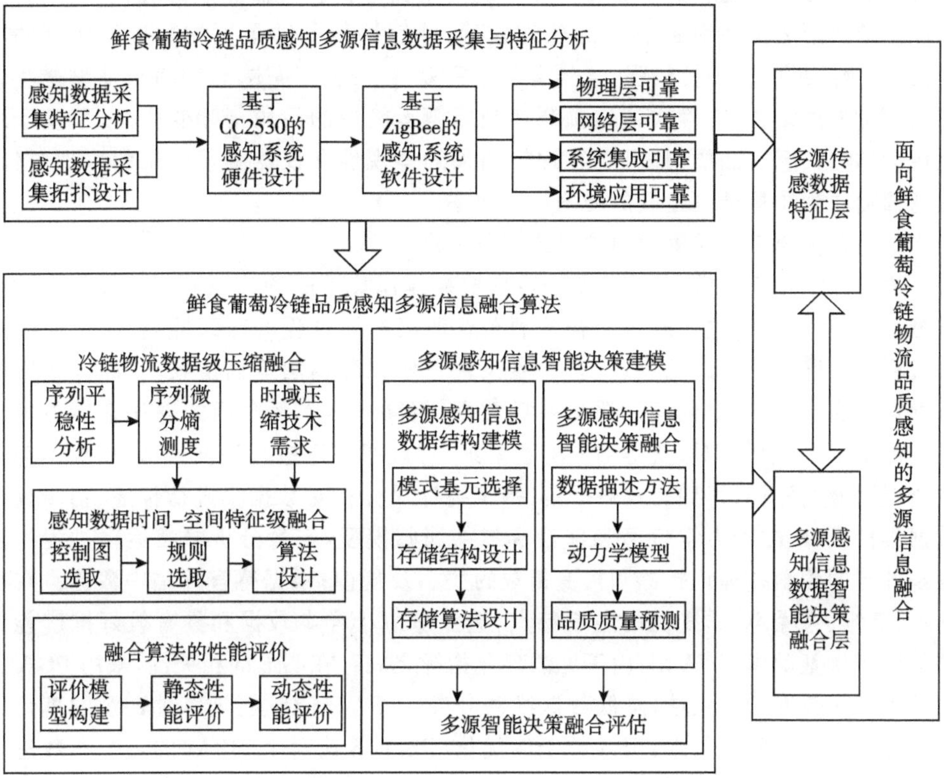

图 8.3 鲜食葡萄冷链物流品质感知多源信息融合机理

8.3 信息系统数据挖掘与分析实例

8.3.1 葡萄原酒运输过程中质量预测数据建模

1. 案例导读

近年来葡萄酒运输方式发生了重要变化，以葡萄原酒即大容量葡萄酒进行运输逐渐成为主流。葡萄酒由于自身的物理、化学、微生物等特性，对于温度、湿度和光照等环境因子有很强的敏感性，运输过程中环境参数的变化会对葡萄酒的质量产生影响。因此，对葡萄原酒运输过程中质量的监测和控制是提升葡萄酒运输水平最关键的问题之一。

葡萄酒的质量是气味、口感、外观等感官品质的综合体现，这导致评价葡萄酒品质和质量时所需要考虑的评价指标众多、复杂并且指标间的重要性存在差异。常用的质量评价方法有主观的感官评价和客观的仪器分析。仪器测量的理化指标精确，但评价结果距离消费者的感受和认知较远；感官评价的结果更加贴近消费者的感受，但评价结果的主观性较强，且具有不可重复性。综上所述，急需将仪器测量法和感官评价方法结合，准确快速地预测葡萄原酒运输中的品质指标变化，以及基于理化指标预测其感官品质，提升感官评价结果的客观性和仪器测量结果的可理解性，提高葡萄原酒质量预测建模的准确性和效率。

2. 葡萄原酒运输质量预测建模流程与方法

通过以上分析，本研究探索基于数据挖掘建模技术的葡萄原酒运输过程中质量监测、评价和预测问题。通过对葡萄酒企业原酒运输过程的跟踪监测，获取原酒运输过程的环境因子基础数据；在实验室条件下模拟葡萄酒运输情景，开展运输实验和感官品质实验，获取葡萄酒质量基础数据；将同一样本葡萄酒的理化指标数据和感官评价结果进行配对，获得待分析数据集；对数据进行检查和预处理，剔除不完整或错误明显的样例，得到有效数据集；基于统计学分析对数据集进行描述，初步提取数据集特征；建立动力学模型和偏最小二乘回归模型，定量分析原酒运输过程中温度条件与葡萄酒各理化指标和褐变指数的关系及规律；根据感官评估中数据具有小样本、高维、大噪声、非线性的主要特点，选择适应小样本数据和具有较好推广能力的数据挖掘基础模型 SVM；由于原酒理化指标之间存在明显的相关性，采用 PCA 方法减少输入数据的相关性，降低数据维数；应用 LSSVM 建模，训练葡萄酒的理化指标与感官品质之间的关系；引入粒子群优化（PSO）算法对 LSSVM 的重要参数进行优化和调整，消除人工选择参数的随机性和不确定性，提高算法的自动化程度和识别精度。以上即为本研究设计的基于 PCA-PSO-LSSVM 的葡萄酒原酒感官品质评价模型，实现了葡萄酒原酒理化指标数据驱动的葡萄酒原酒感官品质评估，为葡萄原酒运输品质管理提供了决策支持。

以上建模过程参见图 8.4。可以看出，图 8.4 是本章 8.1 节所述的数据挖掘建模与分析的一般流程，并且涉及前两种建模类型；在具体数据建模过程中，用到了数据挖掘中的预测方法及支持向量机等具体算法。

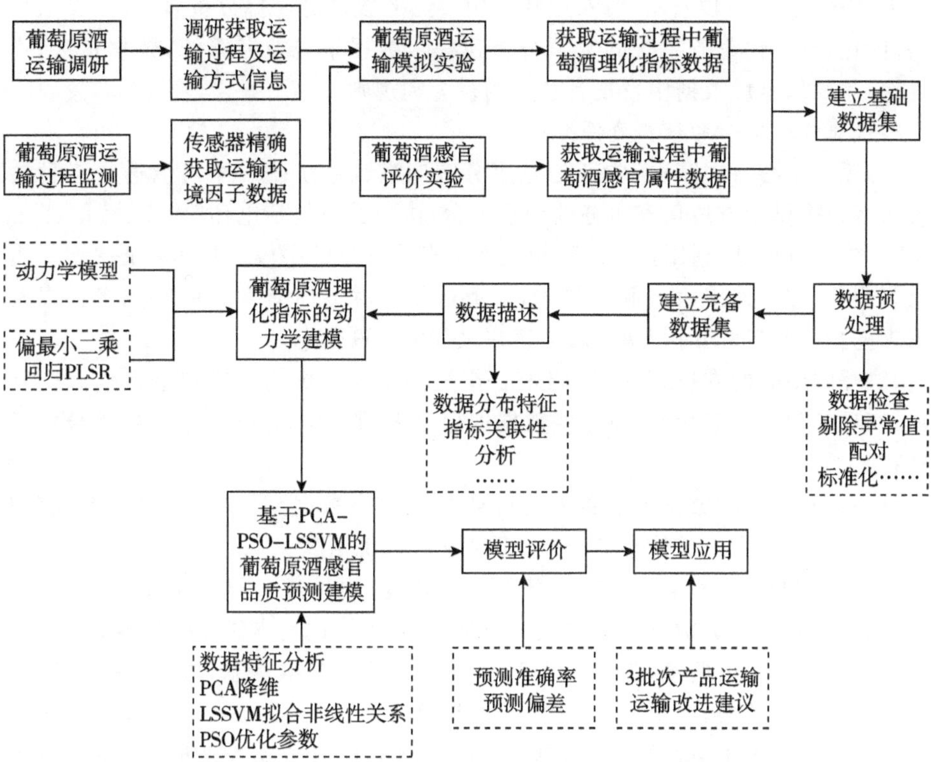

图8.4　数据统计与系统决策建模过程——以葡萄原酒运输过程品质预测为例

8.3.2　农业呼叫中心数据挖掘建模与分析

1. 案例导读

呼叫中心是利用计算机网络和电话通信的集成技术，农业信息服务呼叫中心是高效的信息传递和信息交互通信平台。呼叫中心与信息资源库、信息系统、Web发布系统以及专家系统集成，客户可以通过电话、传真、短信、Web、E-mail等多种通信手段访问呼叫中心，呼叫中心的座席人员或农业专家能对远距离的客户提供多模式的信息咨询服务。

随着呼叫中心业务的开展、用户及呼叫内容等业务数据不断产生和存储，产生了大量的业务数据。但是目前的呼叫中心数据库存在明显的“数据丰富、信息匮乏”问题：一方面规模庞大、纷繁复杂的数据体系让使用者漫无头绪、无从下手；另一方面在这些大量数据背后隐藏着很多具有决策支持意义的有价值的信息，却没有被利用。因此，急需利用数据挖掘技术，自动快速获取有用的决策信息，为呼叫中心的进一步发展提供决策支持。可以看出,对农业呼叫中心业务数据的挖掘分析属于8.1.2节所述的"智能化、自动化业务系统的数据分析建模",数据来自业务系统,数据量大,产生速度快,需要从海量数据中发现有意义的行为和规则。

2.农业呼叫中心的数据资源分析

(1)呼叫中心数据获取:农业信息服务呼叫咨询系统是一个可以通过多种访问手段为客户提供全方位信息服务的综合平台,访问手段包括电话、传真、短信、E-mail和Web等,客户可以利用任何一种形式作为获取信息的手段。呼叫中心平台一方面连接客户,一方面连接信息服务机构,业务数据库存放所有客户的基本资料以及客户需求的相关资料,同时记录座席与客户之间的关联信息。

(2)呼叫中心的数据资源:呼叫中心作为信息服务机构与客户进行信息交互的窗口,实现了数据采集功能,将这些数据进行合理的分类,是呼叫中心决策分析的关键所在。

呼叫中心系统的数据库服务器为呼叫中心提供数据存储服务,这些数据包括:客户信息、人工座席人员信息、Web交互信息和系统信息。

①客户信息,包括客户基本信息(年龄、职业、地址等)、接触信息(历史访问记录、访问次数和客户级别、访问手段、访问时间等)等。这是本研究的主要数据来源。

②人工座席人员信息,包括每个座席服务人员的基本信息(姓名、编号、服务等级等)、每次服务的信息(服务时间、服务种类等)。

③Web交互信息,是客户通过网页访问呼叫中心与Web交互时提交的信息。

④系统信息,包括每个呼叫的数据和系统各个设备的数据。

3.呼叫中心数据挖掘任务及算法

(1)呼叫中心的数据挖掘任务识别:客户关系管理(CRM)是对企业和客户之间的交互活动进行管理的过程,是一种客户关系的新型管理机制。虽然CRM是基于企业营销管理的电子商务平台而提出来的,但是如果把农业呼叫中心系统的使用者,如农民、农技人员等视为客户,把信息系统中提供的服务视为产品,则可以通过概念的平移将CRM的理念与技术融入农业呼叫中心数据挖掘中。CRM中的数据挖掘应用主要是提高企业人员对客户行为的认识水平,更深入的认识能使他们在市场策略的制定中更加精确,更加接近用户的需求和意愿。农业呼叫中心系统中客户群比较庞大且系统不以营利为目的,因此数据挖掘和分析的侧重点在于对信息需求分类和客户细分:通过对各类信息进行分类预测,了解各类信息的需求情况,从而调整各类信息的服务策略;通过对不同客户群体的分析,了解不同客户群体的特征及其需求,以提供不同层次、不同方面的个性化、针对性的服务。

具体来讲,信息需求分类挖掘所要解决的问题是,根据实际情况找出客户职业、地理区域等因素与信息需求量之间的关系并建立模式,以便决策者通过调整服务对策，给予客户更多的帮助。客户细分主要是通过对特定客户背景信息的分析，预测该客户所属的客户类别；分析客户的组成情况（地区差异、接入方式的差异），能更好地了解客户，从而采取相应的服务策略，有效地提高服务质量。据此，确定本研究的数据挖掘任务主要是呼叫中心客户细分和信息需求分类，具体如图 8.5 所示。

(2)数据挖掘模型与算法：在此呼叫中心数据分析中，数据挖掘任务为：①信息需求分类；②客户细分。这两者直接影响呼叫中心的呼叫量，不仅能反映呼叫中心提供服务的水平，也能反映出客户信息需求情况，为呼叫中心改善服务提供帮助。

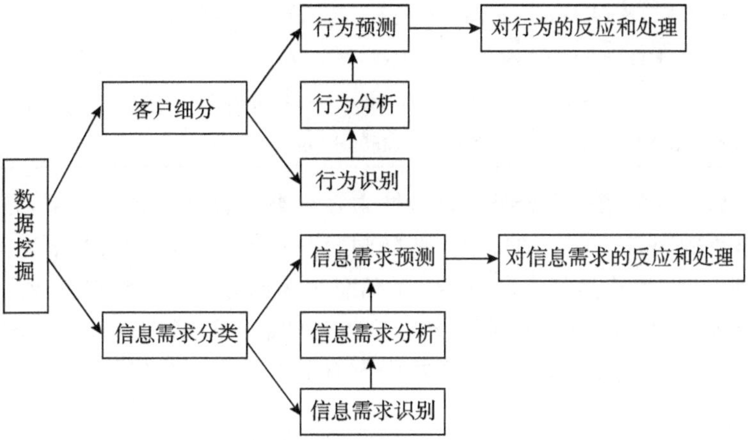

图 8.5　基于 CRM 的农业呼叫中心数据分析体系结构

在分类技术中，决策树分类模型有许多优点，如结构简单、便于理解、效率高、分类精确度高等，因此本研究采用决策树分类算法作为分析呼叫中心数据的主要算法。对于信息需求分类，利用客户呼叫特征和个人背景等要素，通过特定方法，逐层选择对于信息需求分类产生最大影响的要素，然后确定该信息需求特征要素与该信息需求类别之间的关系及其相关概率，这样依次扩展，最后形成一个完整的决策树，决策者可以根据该决策树以及特定呼叫特征信息来判别影响信息需求的相关因素及其相关概率。同理，对于客户细分而言，可以根据客户个人背景数据，发现不同客户类别之间的差别。

4. 呼叫中心数据分析结果应用

以信息需求分类任务为例，展示部分数据挖掘结果。经过数据清洗和数据转换，得到信息需求数据的训练集，该数据集中共有 2 235 条有效的客户访问记录。其中作为输入的解释属性有：所在地区（location）、职业（career）、收入（income）、教育程度（education_level）；目标属性是所访问的信息类别（information），目标属性有 14 类别标号(technology，market，education，enterprise，consult，talent，law，regulation，agriculture，expert，news，science，economy，life)。

经过归纳决策树，决策树剪枝，规则提取，得到有用规则集(表 8.4)。

表 8.4　信息需求规则集

1)If Career=农民 Then Information=market
2)if Career=涉农企业 Then Information=market
3)if Career=政府管理 Then Information=market
4)If Career=农技推广 Then Information=technology
5)If Career=农业科研 Then Information=technology
6)If Career=学生 And Education_level=初中 Then Informaton=education
7)If Career=学生 And Education_level=高中 Then Informaton=economy

该决策树得到的第一个分类测试属性为客户类型，说明“客户类型”是影响信息需求的最重要的因素。在规则集中一些规则容易理解，对应普通、简单的知识，如第1～5 条规则，说明客户类型决定着客户的信息需求偏好，农民、涉农企业人员和政府管理人员最关注的是市场信息，而农技推广人员和农业科研人员最关注的是实用技术，这与实际经验相符。同时，另一类规则没有那么直观，但经过经验分析也易于解释其合理性。

第三篇

信息系统研究写作技巧

第9章 信息系统项目申请书(开题报告)写作

信息系统研究问题提出并完成研究设计之后,慎重起见,为了防止选题中的盲目性,还必须撰写正式的申请书(对于研究生来讲,则是开题报告),进行课题论证。对于那些涉及较多人力、物力的重大选题,更是需要通过同行专家的评议,必要时还须经管理部门批准。因此,申请书有两方面的重要作用:一是能够促使研究人员更全面地、系统地总结和梳理研究理由、目的、内容及技术路线,防止他们徘徊于那些虽然值得研究但与研究目的无关的问题上,为其从事科学研究提供可操作的计划。二是对于评委们来说(如管理人员、提供资金的个人或团体、研究生委员会等),申请书是评委与专家了解科研人员项目计划的必要手段,以便详细审核项目研究目的和做出批准或不批准以及是否提供资金支持、资金支持的额度。

申请书是一个"写-评"的二元体:写的务必清楚、评的务必挑剔。对于科研人员来讲:申请书是成功的关键第一步,要让评委认同你的思想,告诉评委你要做什么、研究什么,为什么要做,根据是什么(立项依据)、如何做(研究方案)、以前做过什么前期工作。这些内容都需要在申请书中有所体现。

本章提出了一般项目申请书(开题报告)的主要内容和撰写方法,特别是关于信息系统类研究的申请书。

9.1 项目申请书的基本结构

项目申请书主要内容包括拟研究项目或课题(以下统一称为"项目")的一般历史背景和同类研究现状描述和评论,理论意义与应用价值;分析研究内容与拟采用的研究方案可行性,预测可能产生的创新点和预期成果。而项目论证,就是根据项目指南或选题原则,由评审专家对申请书人所提出的项目目的、意义、研究内容、可行性等进行全面分析和评价。论证的依据就是申请人所提交的项目研究方案或申请书。

9.1.1 项目申请书的基本构成要素

项目来源和属性不同,申请书的结构也千差万别。

(1)从科学属性来看:自然科学类、社会科学类。

（2）从研究属性来看：基础研究类型、应用推广类型。

（3）从级别属性来看：国际合作、国家级、省部级、地市级。对国际合作项目而言，项目结构还需要写清楚合作研究的必要性（科学意义必要性和合作必要性）、合作研究基础（强强合作）、合作研究任务（工作在国内或国外开展，反映必要性）、经费双方资助并提供完整的合作协议，合作协议包括合作题目、合作任务、合作成果分享、双方签字/盖章。

（4）从目的属性来看：人才类、研究类等。其中人才类项目要求申请人在相对小的范围内，提炼出一个深层次的科学问题，需要写明：解决什么问题，有什么科学意义，被认可程度如何。

（5）还有一些小型的项目：如 URP、大学生创业、开放基金等。

一般而言，不论是何种类型项目，其申请书基本结构是万变不离其宗，包含以下主要内容。

第一部分：立论依据，包括研究问题提出及国内外现状分析。首先应当说明为什么要进行这项研究，要解决什么问题，解决到什么程度，有什么理论或实践价值。对发展当前的理论或指导实践有哪些方面的优势，以往相关研究已经进行到什么程度，哪些方面还有欠缺，项目能做哪些补充，在哪些方面可以实现创新。

第二部分：研究方案，包括以下几个方面。

（1）项目研究内容与目标。根据立项依据，确定项目预计达到的目的，并准备从哪几个方面研究（研究内容）。研究内容是根据总体目标分成若干子课题，重点回答做什么。解决立项依据中所提出的具体科学问题就是项目基本的研究目标。目标具体到什么程度，要根据研究周期、资助强度来确定。然后，依据研究目标与内容就可以制定具体的研究思路和方法。

（2）项目研究方法与技术路线。项目研究内容及目的确定之后，必须运用适当的工具或技术。按特定的次序和结合方式将工具和技术组合在一起以达到研究目标，即研究方法与技术路线：一步步地具体化地描述出将要做什么，如何做以及为什么要这样做。在“如何做”中包括了其中各个步骤的次序，要对数量估计技术、分析方法、将要搜集的数据以及如何获得和处理数据做出详细说明。技术路线重点在回答“怎么做”，即在具体步骤中体现研究内容和研究方法。

（3）项目拟解决的重点问题与创新之处。项目研究内容的关键点及预计与其他研究差异之处，尤其是研究过程中对达到预期目标有重要影响的某些研究内容，为达到预期目标所必须掌握的关键技术或研究手段。一旦这个或几个问题突破了，整个项目基本上就迎刃而解了。

（4）项目可行性分析。指在现有条件下，完成研究内容和实现研究目标的可能性。

（5）项目进度计划与预期成果。研究设计中需要对项目任务和工作进度做出安排,在什么时间进行,需要多长时间完成,达到什么预期成果。不同类型项目有不同的最佳时间和周期。

第三部分:项目组研究基础与条件、研究人员简历。列出项目组所具备的基础与工作条件,以备评审专家评价项目组是否具备承担所提出项目的科研能力。

第四部分:项目研究经费预算。物质手段和研究经费是信息系统研究得以顺利进行的重要条件。研究需要的物质手段主要指调查工具、技术手段、实验费用、分析手段和各种材料等。研究经费与项目重要性和研究方法存在着正相关的关系。

可以说,一份项目申请书主要有3个核心块,即立论依据、研究方案和研究基础。立论依据阐述背景和理由,回答"为什么";研究方案是申请书的核心,回答"怎么做",需要依据研究目标确定研究内容,根据研究内容选择研究方法;研究基础展示积累和实力,建立"信任感"。不同类型的项目申请书有不同的侧重点,如科研类的是3个核心块+经费预算+支撑材料;人才类的是科研成绩+研究计划(3个核心块)+经费预算+支撑材料。

从评审角度出发,有的专家把申请书形象地描述为"五心工程(伤心→痛心→信心→放心→决心)",即:当评审看到问题提出时,觉得这个问题的确十分重要,比较伤心;当看完现状分析之后,觉得如此重要的问题却没有得到关注,感到痛心;当看到研究方案部分,对解决问题有了一些信心;当看到研究基础部分时,觉得完全放心了(如此重要的问题,有这么好的项目组来解决),于是下定决心同意项目资助。

9.1.2 项目申请书结构

从目前而言,国家自然科学基金(NSFC)是研究领域可以自由申请的认可度最高的项目,以下均以国家自然基金面上项目申请书结构为基本样例进行写作的探讨。写作技巧和方法可以应用于其他项目申请书写作和论文写作。

第一部分:基本信息。

(1)申请者信息/申请单位与合作单位信息。

(2)项目信息。

(3)摘要/关键词。

(4)项目组成员。

第二部分:经费预算及说明。

第三部分:报告正文(略,详见国家自然基金网站的模板,以及本章相关描述)。

9.1.3 项目申请书撰写的基本要求

整体而言,项目申请书的基本填写要求是:要让评委或专家认同科研人员的研究思想,让评审人阅读后有一个明确的概念和深刻的印象,甚至发生共鸣。具体要求需从以下 3 个方面展开。

一是内容方面要求：研究内容新，反映有较高学术水平和研究深度，具体包括新命题、新思想、新概念、新构思、新理论、新方法、新学术观点。

二是表达方面要求：层次分明，重点突出，分析说理透彻，结构严谨；文字精练，流畅。论述清晰（why/what/how）：why，立题意义/国内外研究现状及发展趋势；what，重要研究内容/关键科学问题（难题）/主要创新点/预期成果；how，技术路线/研究基础及条件。

三是形式方面要求：整个申请书版面格式整洁一致，干净利落。

对于研究生而言，一份好的开题报告应该能够达到“3 个 1”，即 1 项获资助的项目（或者作为其他大项目中的一部分研究内容）、1 篇高水平的文献综述论文（立项依据部分）、1 项授权发明专利（研究方案部分）。

9.2 信息系统申请书写作(一)：基本信息

项目申请书的基本信息出现在最前面，是评委和专家最先看到的信息。尽管相对比较短，但十分重要。一般情况，这部分内容是在项目申请书核心完成之后，进行提炼总结而填写完成的。

9.2.1 项目名称(题目)

项目名称集中体现项目研究目标、具体内容及特点。具体要求：主题明了，内容清晰、精练、有专指性，使评审人眼睛一亮，愿意和急于深入审读。题目确定首先需要申请者清楚究竟计划研究一个什么样的具体问题，然后围绕问题研究的主线，以某一个小的方面（机理、方法/模型、参数估计/解析等）为核心点提出题目，并精练问题提出（参见第 2 章 2.2 节）。

（1）若题目太宽泛，显得空洞、不具体，科学问题不明确，可围绕实际要研究的内容，给出关于组织结构的特定演化路径对性能产生作用的微观机理；或者选择具有特色的研究对象或内容。例如，题目“南方设施葡萄一年两熟栽培模式的能耗评估与节能路径优化”比“设施葡萄栽培的能源利用效率评估及优化研究”更明确，更具有特色，能够突出研究对象的特殊性“一年两熟”，进而可以联想到研究内容的特殊性：一年两熟模式下能耗评估和节能优化不仅需要考虑年内两熟之间，还涉及年际之间的变化。

（2）若无法判断所申请的项目具体要解决什么科学问题：进一步定位研究问题，小处着手，小问题做大做深。例如，题目“农产品质量安全追溯建模方法”比“农产品质量安全追溯系统”更像是一个应用基础研究课题，而且研究范围更小、更专，可以让专家感觉研究内容聚集与追溯信息的模型构建，包括跟踪和溯源等。

9.2.2　摘要

摘要是对项目的高度浓缩,因为有 400 字的字数限制,要求必须千锤百炼、言简意赅,字数要尽可能填满。摘要主要包括 3 个方面:研究原因或目的(背景＜1 句＋前期工作＜1 句),点出研究的差距及难点;研究内容(体现研究思路);研究目标(＜1 句)与意义(＜1 句,明确具体)。做到让评委不看完整个申请书,就能对项目本身有全面把握。

摘要一般可以用类似以下的语气讲述。

第一,……不能满足实际需要。本研究拟用……方法(手段)进行……研究,探索/证明……问题,对阐明……机制/揭示……规律有重要意义,为……奠定基础/提供……思路。

第二,在……基础上,本项目拟做(内容)……,以论证或探讨(目标)……,为提供或贡献(意义)……。

第三,突出创新:本研究拟以……为数据获取与处理手段,研究……方法,实现……。预计实现什么创新:从学术上,提高了……;从实践上,达到了……。

以下是从国家自然科学基金委批准的项目中提取的项目名称与摘要。

案例 9.1　面向鲜食葡萄冷链物流品质感知的微生物 TTI 响应机理与建模

生鲜农产品冷链物流环境的多源耦合性、品质初始状态的非均质性、剩余货架期的不确定性等特征使得时间温度指示器(TTI)响应动力过程容易产生偏移,无法准确感知冷链物流中产品品质变化(研究原因)。本研究拟以鲜食葡萄和微生物 TTI 为研究对象,辨识微生物 TTI 响应特征参数,构建微生物 TTI 自身的响应动力学模型;分析与优化激活过程控制参数,提出微生物 TTI 响应动力学与产品品质损失动力学耦合模型,实现针对任意品质初始状态与物流环境条件下农产品,均能够根据激活环境求解激活控制参数,提高微生物 TTI 响应过程耦合农产品品质损失过程的同步性和准确性;通过变温实验与实际冷链跟踪进行验证与优化(研究内容)。从理论上,提出适用于生鲜农产品冷链物流品质感知的微生物 TTI 响应机理与建模方法,丰富农产品冷链物流品质感知方法;从实践上,实施最直观的精确品质感知,有助于降低冷链物流过程的质量风险,提高冷链物流透明度与追溯性,为其他农产品领域提供经验借鉴(研究目标与意义)。

案例 9.2　考虑误差校正的水果冷链物流气体信号与品质信号耦合模型

动态耦合模型是水果冷链物流过程品质精准感知关键技术之一。应用传统模型进行冷链微环境气体成分与品质变化动态耦合建模时，存着自变量和因变量参数单一，无法解析多元气体成分抑制、反馈效应与品质响应的互作规律，容易产生漂移和误差等问题，严重影响了冷链品质感知精度(研究原因)。项目拟以2类典型水果为例，辨识和估计水果冷链气体信号与品质表征指标，以传统化学动力学模型为基础，演化出积分形式的深层机理模型，引入气体交换方程、气体抑制因子、反馈因子等重构深层机理模型形成3类动态耦合模型原型，结合情景分析探讨3类模型的适用条件与可用性、模型漂移的不确定性来源，构建误差校正机制，形成“气体信号解析-动态耦合建模-误差校正”系统化建模方法，提高模型精准度和方法适用性，深入解析冷链微环境气体抑制/反馈效应与品质响应互作机理(研究内容)。研究成果能够提高水果冷链气体传感和品质感知精度，为优化冷链技术参数、实现微环境精准控制提供支持(研究意义)。

9.2.3 项目简表

简表中包含两方面内容:学科代码与项目组成员表。

1. 学科代码

申请代码:按照学科领域涵盖原则构成的，不同级别的代码，覆盖的领域大小不同，代码之间会有所交叠。所以，需要谨慎根据学科找代码，学科代码决定了评审专家的潜在来源。需要注意的是:不能简单按字面理解，找到对应代码就一填了之，而是应该在理解代码覆盖范围的基础上，对照项目科学问题和主要研究内容，再选择合适的申请代码。一般来讲，宜选择其内容涉及最多最主要的学科，避免不被评审专家重视而导致落选。需要考虑以下几个问题。

(1)相关学科从不同视角看待同一个问题。例如，管理学部与信息学部均支持信息系统研究，但差异之处在于研究中采用不同方法或研究条件与导向不同。管理学部侧重于信息技术应用中存在的管理问题或信息技术对管理问题的解决。所以，学科交叉内涵并不是其他学科知识在信息系统学科的简单应用或信息系统在其他学科领域中应用，而且项目的研究应对两个学科的发展都有意义。至于最终选择申报哪个学科，一方面要看主要研究内容和突破点所在学科领域;另一方面还要看历年来批准项目的学科分布情况。

(2)注意基础类学科可能分布在不同学部，需要充分分析与把握。例如，信息系统学科的重要支柱学科“系统工程”类的项目，就可能分布在信息学部(系统科学与系统工程)、管理学部(管理系统工程)、生命学部(农业生物系统工程)。

(3)要注意冷门与热门之间的平衡。基金委要考虑平衡，不可能给任何一个学科过多的项目，会有限度;尤其是任何一个前沿、热门的方向或领域，也不可能同时立多个相似的项目。

(4)尽量不填写 2 个学科，根据项目内容，选准学科，具体到三级学科，以便在该学科中找到“知音”。从 2021 年开始，基金委申报系统取消了三级学科代码，而推行包含面更广的二级学科代码。但是，在选择的代码时候，还需要认真思考该二级学科代码所涵盖的具体内容。

2. 项目组成员表

信息系统研究涉及多个领域，仅靠个人的能力肯定无法完成整个项目研究，必须组建一支良好的项目组。在这支队伍组建的时候，需要考虑以下方面。

(1)除了考虑个人的综合素质外，还必须考虑研究人员的专业结构，研究力量配备，不仅涵盖研究的整个内容，而且有时间保证完成工作。例如，项目主题是“基于遥感的近海养殖生态环境评价研究”，至少需要遥感、海水养殖、生态环境经济学、信息系统开发等 4 个方面的科研人员，确保覆盖整个研究内容。2020 年申请项目《面向鱼类无水保活运输的“温-气-振”品控机理及建模研究》，专家评语为“项目申请人本科、硕士为计算机类，博士为农业信息化类，参与者大多为信息背景，研究专长为信息化。然而，无水保活冷链研究需要对不同的鱼类的生物学特性有比较详细的了解，项目组缺乏这样的参与者”。但实际上，项目组已经在相关领域进行长达 5 年以上的研究，掌握了水产动物学研究的基础知识，可还是被认定为项目团队不合理。

(2)项目组人员构成在 7～8 人，每人参加时间 4～8 个月/年为宜。其中，必须有一两位善于把握全局的领导者，要有一些具有实干精神的中坚力量，同时也要有较高水平的若干研究人员和写作人员，既要有对相关科研领域工作比较娴熟的行家，又要有初出茅庐的新手，以取长补短。科研队伍应该老中青结合，以中青年为主比较理想，这样的队伍往往效率最高。

(3)考虑现在国家级、省部级项目对专业人员进行联合限项，项目组需要注意一些形式问题。例如，副高前三名不能同时有 2 个以上的项目、身份证号码的准确性、年龄职称专业搭配等。

(4)需要注意项目分工中应写明承担工作的名称，而不要只填“负责”“参加”或“参与”；高级职称人员不得超项；同时参加 2 个项目(包括在研项目)的成员，其参加月数之和必须小于 12 个月；在读博士、中级职称人员申请时要有 2 名高级职称人员推荐(附推荐信)等细节问题。

9.2.4　经费预算

信息系统研究项目的支出预算包括研究经费、国际合作与交流经费、劳务费和管理费。根据可资助的金额范围以及研究内容深度与广度来确定申请资助总金额数，再按申请书的具体项目认真详细填写，合理分配资助金额。现在，面上项目平均资助强度直接经费在 60 万元左右；间接经费：直接经费减去设备费的 20%；允许少量经费购置小型仪器；购置 5 万元以上设备，必须在报告正文中说明。经费预算要求合规，符合基本的管理条例和特定的项目管理条例，详细且具有柔性(具体可以参考国家自然科学基金财务规定)。实际经费根据项目申请书的具体内容设定。以下提供的比例均为经费管理办法改革之前的比例设定，仅供实际预算时参考，因为按照新的预算管理条例，除了设备费以外，其他费用一般不设置上限。

(1)研究经费是指直接用于科学研究的费用。包括如下 5 项。

①科研业务费：测试、计算、分析费，动力、能源费，差旅费，调研和学术会议费，资料、论文版面费和印刷费，文献检索、网络等信息通信费。

②实验材料费：原材料、试剂、药品等消耗品购置费，实验动物、植物的购置、种植、养殖费，标本、样品的采集加工费和包装运输费。

③仪器设备费：专用仪器设备购置、运输、安装费和修理费，自制专用仪器设备的材料、配件购置费和加工费。

④实验室改装费：为改善资助项目研究的实验条件，对实验室进行改装所开支的费用。不得用于实验室扩建、土建、房屋维修等费用的开支。

⑤协作费：外单位协作承担自然科学基金项目部分研究实验工作的费用。

(2)国际合作与交流经费是指用于与资助项目研究工作有直接关系的国际合作与交流费用，包括项目组人员出访及外国专家来访的部分费用，所需外汇额度由项目依托单位自行解决。其中：面上项目国际合作与交流经费不得超过自然科学基金资助经费的 15%；重点项目、重大项目国际合作与交流经费不得超过自然科学基金资助经费的 10%。

(3)劳务费是指用于直接参加项目研究的研究生、博士后人员的劳务费用。面上项目劳务费不得超过自然科学基金资助经费的 15%；重点项目、重大项目及各类专项的劳务费不得超过自然科学基金资助经费的 10%。

(4)管理费是指项目依托单位为组织和支持项目研究而支出的费用，包括项目执行中公用仪器设备、房屋占用费等。管理费不得超过资助经费的 5%，协作单位不得重复提取。

9.3 信息系统申请书写作(二)：立论依据

立项依据一般分成问题提出和文献综述等 2 个部分，因此，二者如何融合很关键。一般而言，整体写作手法一般是一个 narrow down 的过程(参见第 2 章图 2.1)，具体写作有3种写法(表9.1)。

(1)嵌入式文献综述:边问题提出边文献综述,将二者有机地结合起来。

(2)单独式文献综述:先提出问题,再进行文献综述。

(3)混合式文献综述:在问题提出过程中,为了论证问题必要性,引入大量表明研究发展或背景性的文献;在问题提出之后,用部分文献表明问题的创新性或问题的研究视角。

表9.1　立项依据(问题提出与文献综述综合)

	解释	优点	缺点	适用性
嵌入式文献综述	边问题提出边文献综述,将两者有机地结合起来	申请书开门见山,简洁明了	文献综述往往阐述不清楚,容易被认为是“没有掌握国内外研究现状”	一般只用于探讨不易直接提出的或识别的问题
单独式文献综述	先提出问题,再进行文献综述	可以加强申请书的立论基础	使项目申请书变得冗长,核心内容出现过晚	一般用于探讨容易识别的问题或文献论述过长不便于放在引言
混合式文献综述	在问题提出过程中,为了论证问题必要性,引入大量表明研究发展或背景性的文献;在问题提出之后,再用部分文献表明问题的创新性或问题的研究视角			

在此基础上,还有2种典型的三段论。第一种:第一部分描述领域的国际热点,接下来自然归纳出这方面的研究有意义,最后,自己也准备开展相关研究。第二种:先从各个方面叙述研究的大背景和意义,然后罗列国内外研究现状,最后用几句话说明自己拟开展的研究内容。这种形式的立项依据撰写有一定的代表性,但没有充分阐述自己对具体一个科学问题的理解和提出新的想法及有针对性地进行相关论证,使申请项目的价值打了很大折扣,同行尽管看到申请者了解了很多信息,但申请者本人的思路并不清晰。其实,领域前沿和领域热点都不代表一个具体项目的研究价值。项目研究价值应该是申请者自己提出的问题和另辟蹊径的理解思路。

9.3.1　立项依据(问题提出)的逻辑性分析和撰写方法

一般而言,问题提出部分大致占1页左右,由4～7自然段(4个逻辑段)构成。

(1)第一段:大背景/研究领域(立题)。

(2)第二、三段:问题引出;段段有关联,段段点题(点出题目中的关键字或研究难点)。

(3)第四段：研究意义(最终破题)。

可以看出，第一段“立题”十分关键。尽管等科研人员选题确定后，研究问题本身比较清楚和明确，基本上不再变化。但由于不同学科思维有所差异，研究领域和研究方向并不确定，着笔起始定位也就不一样，每一个立项依据逻辑也不同，所提炼的问题短句也不完全一样。因此，明确研究领域与方向是立项依据(问题提出)逻辑组织的一个关键点。

1. 题目、立项依据的逻辑对应关系(领域和研究方向互换)

正如前述，信息系统研究是利用信息技术解决领域问题的技术方案。因此，领域还是技术处于倒三角形的最顶层(最初的切入点)，对立项依据逻辑的组织和题目影响比较大。

(1)产业领域：产业领域处于立项依据(问题提出)的最顶层。例如从农业或食品产业及其发展中存在的问题出发，这样问题提出的逻辑让评委更容易理解和掌握。

(2)技术领域：可以从偏宏观层面的技术领域(物联网、大数据等)，也可以从偏微观层面的技术领域出发(柔性传感、可穿戴技术、传感响应机理、参数解析等)。

(3)相比较之下，从产业领域出发可能离实际研究的科学问题比较远；而从技术微观场面出发可能最直接，研究问题及研究难点(基本科学问题)更明确。

案例 9.3 (案例 9.1 续)

从图 9.1 中可以看出，2 个题目(3 种描述逻辑)实际上是针对同一个研究问题：应用微生物 TTI 进行鲜食葡萄冷链物流品质感知。

在问题提出定位时，有以下 3 种情况。

第一种，直接定位于鲜食葡萄冷链物流，即可以从鲜食葡萄重要性开始，讲到其易腐特性及冷链物流重要性，然后再讲为什么是质量监测，又为什么选用 TTI 技术(图 9.1a)。

第二种，从宏观技术领域出发，直接讲解品质感知是什么，以及在冷链物流管理中的重要性，进而讲解为什么应用 TTI 技术进行品质感知，研究其响应机理，而鲜食葡萄是应用案例(图 9.1b)。

第三种，从微技术领域出发，直接讲解 TTI 响应机理的重要性，再分析 TTI 响应机理在冷链物流过程出现了什么问题，怎样对其进行校准，而鲜食葡萄和冷链物流是应用情景(图 9.1c)。

基于这 3 种立项依据逻辑，项目名称可以进行变化，强调的重点及关键词也不一样(图 9.1d)。

	研究问题	研究方法
研究领域	冷链物流	响应机理
研究方向	品质感知	微生物TTI
科学问题	利用微生物TTI感知物流品质	
研究对象	鲜食葡萄	

（a）从产业出发

	研究问题	研究方法
研究领域	鲜食葡萄质量管理（品质感知）	传感器监测
研究方向	冷链	微生物TTI
科学问题	利用微生物TTI解决鲜食葡萄冷链质量监测问题	
研究对象	冷链物流	

（b）从宏观技术领域出发

	研究问题	研究方法
研究领域	传感器监测	响应机理
研究方向	微生物TTI	响应动力学
科学问题	解决应用微生物TTI进行农产品品质感知时漂移的问题	
研究对象	冷链物流是其中一个研究环境；鲜食葡萄只是一个具体研究对象	

（c）从微技术领域出发

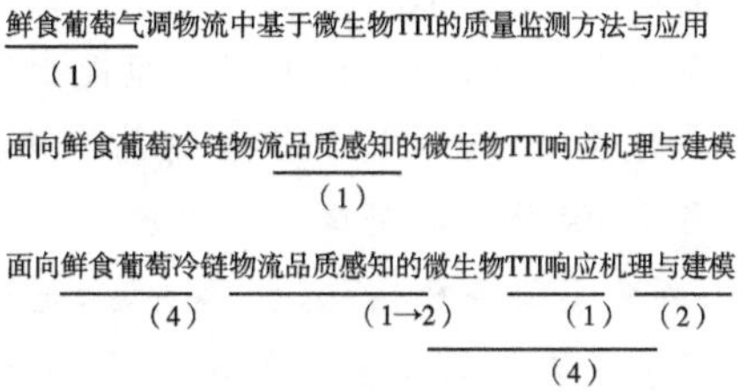

（d）题目/立项依据逻辑关系（数字表示逻辑段顺序）

图 9.1　立项依据(问题提出)的逻辑定位、题目/立项依据逻辑关系

2. 逻辑层次过长，应该减少逻辑层，尽快切入研究重点

当研究领域或研究主题涉及太多层次的时候，避免研究领域解释过多、过深。因此，找好研究领域的切入点，开门见山，尽快导出研究难点，是问题提出逻辑组织的关键点之一。例如，传统从产业领域出发的问题提出逻辑：鲜食葡萄及易腐性→葡萄冷链物流→冷链物流品质感知→TTI 感知→TTI 漂移及校准。也就是说，这个逻辑层至少有 5 层，才能让专家看到研究的重点：TTI 校准。

3. 问题提出中必须突出研究难点(基础科学问题)

难点应该是项目立项依据中最核心的部分，也就是项目申请要解决的科学性问题。难点应该来源于：实践操作和实验(对于应用基础研究，技术应用在特定领域所存在的问题，限制条件等)或文献分析。在写作时，不能把对难点(即核心研究方法)描述仅仅放在文献综述，而应该把方法相关的核心难点前置到问题提出中，形成问题提出中包括“背景阐述-方法难点”解析 2 个层次，然后文献综述中再次对“背景阐述-方法难点”深入解析。如基于图 9.2 分析，为什么冰鲜肉品质感知需要柔性传感(传统传感技术结构大，有源，无法在冰鲜肉小包装中应用)、柔性传感在实际应用

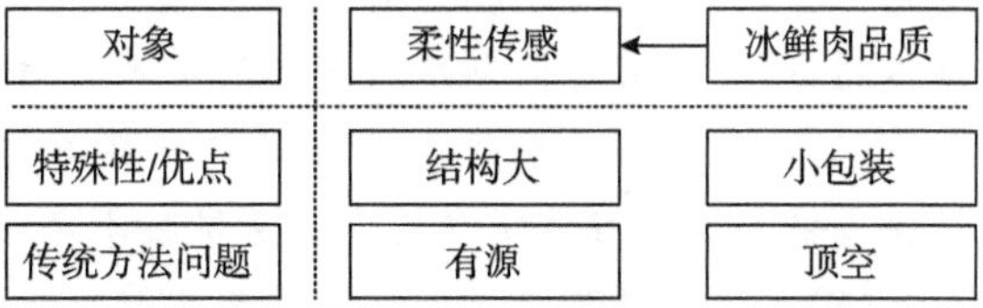

图 9.2　问题提出中研究难点(限制条件)分析框架

中存在的限制条件是什么(低温高湿、气体腐蚀性下安全性、黏附性等)。

案例 9.4 (案例 9.1 续)

微生物 TTI 应用于鲜食葡萄冷链物流品质感知的限制条件是:一般传感技术应用到实际领域都会遇到的漂移、校准等问题。针对 TTI 应用于农产品而言,关键点是:生鲜农产品冷链物流环境的多源耦合性、品质初始状态的非均质性、剩余货架期的不确定性等(图 9.1d)。

综合以上分析,案例 9.1 的问题提出逻辑可以得出以下 3 个版本。

第一种情况(版本 1)从鲜食葡萄入手(产业领域),从监测方法展开,共 5 层。整体可以看出,问题提出逻辑相对平淡,中规中矩,没有指出研究难点所在。

(1)鲜食葡萄香味俱佳,营养丰富,是世界四大水果之一,物流过程损失严重,不仅影响了质量安全与供应链整体效益,还影响了产业竞争力。

(2)生鲜易腐性是威胁葡萄质量安全的关键因素,单纯冷链物流难以有效保证质量安全。

(3)气调保鲜技术与冷链物流相结合而形成的气调物流,可以有效实现针对性的腐败抑制,是实现鲜食葡萄供应链质量安全的有效方法。

(4)由于气调物流的耦合特征,准确监测鲜食葡萄气调物流质量安全,实现货架期预测,单纯应用 RFID(射频识别)、WSN、TTI 等技术难以满足高粒度的要求。

(5)微生物 TTI 技术是一种活性标签,反映生鲜农产品物流过程中的变质过程,实现物流环境信息的可视化实时监测,能够有效满足葡萄气调物流质量监测的需求。

(6)发展鲜食葡萄气调物流中基于微生物 TTI 的质量监测方法,具有前瞻性和紧迫性。

第二种情况(版本 2)从品质感知技术(宏观技术)和响应机理展开,共 4 层。与上一个版本相比较,问题进一步细化和聚焦,开始思考信息技术与领域问题结合的难点所在,但没有清晰描述确切的研究难点是什么,特别是对题目中响应机理的解释不到位,即题目与问题提出逻辑没有严格对立,没有点题和破题。

(1)品质感知技术作为对生鲜农产品冷链物流进行监测与品质控制的基础,是实现冷链物流全程监测与追溯的关键技术之一。

(2)时间温度指示器通过视觉变化直接反映被监测产品的全部或者部分货架期变化的智能标识与感知技术。微生物 TTI 能够通过响应机理直接感知影响农产品品质损失的温度和微生物变化过程,准确感知生鲜农产品品质。

(3)研究微生物 TTI 响应机理及建模方法,能够有效提高微生物 TTI 对具有不同初始状态的监测对象品质损失过程的耦合程度,是品质感知有效实施的关键。

(4)改善鲜食葡萄冷链物流,减少腐烂造成的垃圾处理量,提高环境保护和生态效益;促进葡萄贮运物流产业的发展,提高产业核心竞争力,具有重要的社会效益。

(5)开展鲜食葡萄冷链物流品质感知的微生物TTI响应机理与建模方法研究,具有意义。

第三种情况(版本3),从TTI响应机理(微观技术)展开,共3或4层,但难点更明确。在以上两个版本的基础上,进一步明确了TTI应用于生鲜农产品冷链物流存在的问题:响应机理是什么,匹配或响应漂移的规则是什么,调整的方法有哪些?这样,让研究问题进一步细化。

(1)时间温度指示器是一种能够记录与跟踪物流时间温度历程,并通过机械形变或颜色变化直接反映被监测产品的全部或者部分货架期变化的标识与感知技术。

(2)其响应动力过程正常运行的前提条件是TTI自身与被感知产品之间存在着一定的匹配度与耦合性:①活化能相匹配,②货架期相匹配。

(3)冷链物流环境多源耦合性、品质初始状态非均质性、剩余货架期不确定性等特征使得TTI响应动力过程容易产生偏移,导致无法准确感知冷链物流品质变化。

(4)因此,研究与分析TTI响应动力学过程,辨识动力学的关键影响参数,构建响应模型,通过调整响应动力学参数与激活控制参数,改变响应动力过程,准确感知具有不同初始状态与冷链环境的农产品品质,是TTI应用的关键性基础问题。

(5)考虑到TTI与农产品种类比较多,为明确研究边界,考虑以下两方面:第一,选择微生物TTI作为感知工具。第二,选择鲜食葡萄作为被感知的研究对象。

(6)综上所述,研究微生物TTI响应机理及建模方法,具有前瞻性和紧迫性。

案例9.5 (案例9.2续)

逻辑层次1:气体信号与品质变化动态耦合建模(运用3个自然段阐述了为什么"气体信号-品质变化"动态耦合模型很重要,第三段总结并导出。可以看出,没有直接从冷链物流或从品质感知技术入手,而是把冷链物流品质感知作为一个技术情景,直接点出动态耦合模型的关键性。进而分析为什么需要气体信号与品质变化的动态耦合模型)。

(1)动态耦合模型是水果冷链物流过程品质精准感知关键技术之一。

(2)温控技术耦合物流微环境调控技术,逐渐成为水果物流的主要形态之一。

(3)不同气体成分对品质影响过程以及品质对微环境胁迫和响应机理也不同。构建水果冷链"气体信号-品质变化"动态耦合模型成为当前急需解决的基础性关键科学问题。

逻辑层次2：考虑误差校正(运用了4个自然段阐述为什么需要对传统的耦合模型进行改进，以及为什么要考虑误差校正。这部分先引用了文献分析的结果，即传统的气体-品质耦合都有什么模型，存在的不足是什么。这样，不仅给出了动态耦合模型原型，还给出了原型模型调整的初步思路和方法，同时给出了初步的误差来源，完成最终点题)。

文献分析表明，现有“气体信号-品质变化”模型原型存在着以下问题，导致所构建的实证模型具有一定的误差和漂移：①没有考虑到水果冷链物流其他关键品质表征指标；②没有考虑到关键性特殊气体信号及其对品质影响的效应。因此，分析动态耦合模型不确定性来源，通过建立误差校正机制成为品质感知动态耦合建模研究的关键科学难点之一。

逻辑层次3：应用案例的选择(点出研究难点之后，选择研究对象相对比较简单)。为了明确项目研究边界，水果按其呼吸类型分为非呼吸跃变型和呼吸跃变型，选定2种水果。

综上所述，研究考虑误差校正机制的冷链微环境“气体信号-品质变化”动态耦合建模具有意义。

9.3.2 研究意义

研究意义应该与问题提出有首尾呼应之功效，表明申请人真正从研究现状中找到了突破点，并有能力突破，为该领域的研究做出贡献，从而强化立项的必要性。可以从以下2个方面来描述。

第一方面，理论必要性：包括验证已经被证明的理论。为了检验和说明已经经过验证的理论的正确性，重新按照原先的研究设计进行研究；对某一理论作补充论证，选择新的角度或新的方法，重新验证该理论的正确性；证明某一理论的新的适用范围，证明理论扩展到其他领域的适用性；随着新的情况出现，做出新的理论概括。

第二方面，实际应用需要：掌握信息，了解工作和事物发展的实际情况，求得对事物基本状况或发展变化的了解；对工作进行监督检查以及考核和总结；制定规划和计划，预测事物发展的未来趋势；制定、修改或执行政策；解决某些特殊问题。

写作手法上一般使用语气如“依靠科技进步不断提高人民生活质量；促进国家经济发展模式的转变；为提高综合国力、维护国家安全做出贡献”等。但字里行间不能有刻意拔高，其创新、价值和意义应是一清二楚。因为，并非自我拔得越高，就越能得到评委的认同。相反，只要将成果能用在什么地方，解决什么问题写清楚，评委就会衡量出它的价值。研究意义部分忌讳使用的是“填补……空白”“从新的角度研究了……”“为……提供理论支持和决策参考”，至于说从哪些方面、以什么形式、具有哪些表现具有上述价值和意义则不得而知。

案例 9.6 农产品质量安全可追溯建模方法

通过本项目的研究，从理论上，争取在质量安全可追溯建模集成方法上取得突破性进展，提高可追溯系统的重用性与共享性；从实践上，进一步增强实际可追溯问题模型的求解能力，提高农产品质量安全可追溯快速定位与前向预测的效率与决策水平，推动方法走向实用化，加强消费者对农产品质量安全的信心，提升政府与企业的质量安全监管能力。

9.3.3 国内外研究现状分析(文献综述)

围绕主要研究内容和可能的突破点，展开国内外研究现状分析，论证创新点。从申请人角度讲，需要阐明研究切入点及其切入的合理性。从评审人的角度讲，需要了解作者对研究前沿的把握和对同类研究的突破，以及这种突破是否有价值(具体分析方法参见第 3 章内容)。

撰写手法：要紧紧围绕申请项目的主题，特别是研究难点，结合国内外以往的研究结果、当前现状及今后发展趋势，详细论述和分析这些问题产生的原因，提出该方面的空白点、未知数，以及研究难点、焦点，从而为申请项目确立研究目标奠定充分的立论基础。所以，申请书中的文献不能是简单罗列和堆积，必须与所申请主题紧密相关，且经过分析综合，突出重点，能够有效提出研究该项目的新思路和工作假说。

国内外研究现状所引用的参考文献应该注意以下问题。

(1)新的国内外最有代表性的科技论文(主要是近 5 年的文献，最好是近 3 年的)。

(2)在国内、国际都处于领先水平(被引用的作者或期刊)。

(3)中文、英文文献均衡(但有人提出要以英文文献为主，同时也要引用国内同行知名专家的文献。每个人的见解不一，但建议中英文均衡，并控制在 30 篇左右)。

(4)引用信息要全：文章题目、作者姓名、具体出处(期刊名、年份、卷期、页码等)。

为了表明项目组的研究基础及研究的连续性，文献综述中可以适当地引入申请人及项目组成员所发表的论文，但不要过多，导致文献综述变成了研究基础描述，引起评审专家的反感。

案例 9.7 申请书《基于水质管理的鱼病预警专家系统》

在申请书中将文献综述与问题提出揉在一起，边提问题边文献综述(表 9.2)。

表 9.2　立项依据(问题提出十文献综述)逻辑分析的表格化描述

逻辑结构	逻辑段	自然段	主要内容	与下一段的逻辑关系	点题/研究方法（逻辑层次）	申请题目
总	第一层次	一	点出研究领域，表明鱼病管理的重要性	递进	渔业→鱼病	基于水质管理的鱼病预警专家系统
	第二层次	二	鱼病病理学文献综述	并列	专家系统	
		三	鱼病诊断专家系统文献综述	转折/递进		
分	第三层次	四	鱼病诊断专家系统不足及预警的重要性	递进	预警	整个立项依据逻辑缺点：层次过深，从渔业到最后的水质管理建模有6层之多，创新性出现太晚
	第四层次	五	鱼病预警文献综述	/	水质管理/建模方法	
	第五层次	六	文献评述	递进	创新性	
总	第六层次	七	研究意义	/	研究意义	

第一段：通过背景资料指出“减少或规避水产养殖病害所带来的损失与风险是近年来亟待解决一个关键问题”，表明项目研究所处的领域背景，并点出题目中的“鱼病”字眼。

第二、第三段：从鱼病病理学与信息技术角度等2个子领域出发综述鱼病诊断研究进展，进而从领域过渡到信息系统，并表明项目申请突破方向，点出题目中的“专家系统”字眼。

第四段：通过分析鱼病诊断专家系统的缺点“诊断的滞后性和鱼药休药期、滥用等都加剧了水产品质量安全风险”，表明“建立鱼病预警机制，并将其集成到鱼病诊断专家系统中是非常必要的，是补充与完善”，表明本研究的主要方向，紧扣题目中的“预警”。

第五、第六段：综述了目前关于鱼病预警(农业预警)方面研究的文献，指出本研究主要突破点在基于水质管理的鱼病预警专家系统。

第七段：总结了研究意义。

9.4　信息系统申请书写作(三)：研究方案

项目申请书中研究方案部分主要是让评审人在原理上、方法上而不是具体工艺上了解申请人的研究方案和技术路线，包括：研究内容、研究目标及拟解决的关键问题；拟采取的研究方法及可行性分析;特色与创新之处;年度研究计划及预期研究结果。

9.4.1 研究目标

研究目标是指项目计划所要完成的内容,是项目名称的进一步的具体化,是研究对象、研究方法、成果和应用的高度概括。一般来说,在项目申请书中研究目标陈述常常是最短的部分,要求简明、准确,但它绝对是项目申请书的中心部分,其他部分是为研究目标提供支持和证据。研究目标分成2部分:一个总目标和一组具体目标。其中:①总目标是项目研究的中心目标,陈述项目研究的主要目的,往往直接来自问题提出;②具体目标构成了一组或各种有助于总目标实现的子目标。与研究总目标相比,具体目标确定很少描述是概念上的东西,需要注意更多的细节。

写作要求是:研究总目标的陈述要求简明、准确,最好能用一句话来陈述。每一个具体目标都必须是总目标的有效构成,为实现总目标起到某些作用;通过实现各种具体目标使主要目标在总体上或部分上得以实现。在设定具体目标时,特别要注意避免混淆目标与方法。具体目标指出了为达到总目标所需要做的事情,而没有指出将如何实现这个总目标。

写作方法上,研究目标的第一部分是研究过程:"探索……问题,明确……关系,揭示……规律,阐明……原理(机制),建立……方法等""分析……变化规律,查明……影响因素,探讨……机制,建立……模型,预测……趋势"。第二部分是研究意义,包括理论/学术价值、实践意义等。第三部分:考核的技术指标(论文、专利、培养研究生),这部分可选。

案例9.8 (案例9.2续)

项目所达到的研究目标如下。

(1)实时获取并解析出水果冷链微环境气体传感信号。

(2)辨识和筛选对气体成分胁迫响应敏感的水果品质表征指标。

(3)构建水果冷链"气体信号-品质变化"动态耦合模型。

(4)分析模型漂移的不确定性来源,运用Mahalanobis距离理论和改进的偏最小二乘回归模型建立误差校正机制,通过误差溯源校正提高模型准确性和可靠性。

9.4.2 研究内容

研究内容是具体对研究目标的支持与实现,是准备要做的科研工作,围绕目标逐次展开(相互印证、逐步深入、有理有节)。研究内容分解应以所研究问题的主题及其逻辑罗列为导向。其基本要求是:应紧紧围绕可能的突破点,突出重点,抓住关键，研究内容应尽可能详细。否则就容易出现研究内容过多，重点不突出。研究内容如何分解具体参见第2章研究问题分解部分。

写作手法上：首先给出一个短语，形成一个小标题，概述内容，然后按照下述3种方法展开描述（在写如何开展研究的时候，也可以适当引入公式或图，达到研究内容可视化表达的效果）。

(1)第一种方法：描述如何做。以什么方法，求解什么问题，并描述具体过程。

(2)第二种方法：描述为什么做。讲解为什么设置相应的内容。

(3)第三种方法：为什么做＋如何做。先讲为什么设置相应内容，再讲如何进行。

案例 9.9 （案例 9.2 续）

项目申请书中有3个研究内容，重点采用了“如何做”的方式来组织。

研究内容1 冷链“气体信号-品质变化”动态耦合模型的参数估计方法，包括：冷链微环境气体信号解析与估计方法；品质变化表征参数辨识与估计方法。

研究内容2 冷链“气体信号-品质变化”动态耦合模型的建模方法：以传统的化学动力学模型原型，将其演化为积分形式的深层机理模型，分析3种冷链微环境气体情景，通过引入气体交换模型、考虑不同气体成分对品质变化的抑制效应和反馈效应，通过重构深层机理模型进而形成3类动态耦合模型原型并进行求解，深入解析品质变化对微环境胁迫的响应机理，归纳总结微环境气体抑制/反馈效应-品质响应的途径与调控；基于情景分析，探讨3类模型的适用条件与可用性，为模型误差分析提供基础模型的误差校正。

研究内容3 基于多参数耦合模型的误差校正机制与验证(略)。

案例 9.10 基于时间窗口模型的水果冷链物流微环境传感数据异常建模

随着冷链耦合气调等技术的发展，冷链全过程监测数据量增加，凭主观经验读取数据的直接信息，会忽视数据中隐含信息。而且影响水果冷链物流品质的气体具有多源耦合性、易变性、难控性等特征，且品质变化影响具有动态性、不确定性等特点，容易造成人为判断的失误而做出错误的控制，造成损失。因此，从冷链数据中及时发现环境是否处于可控状态，提高企业管理制定食品质量保障策略的精确度，是解决流通环节食品安全问题的关键。

通过分析上面的文字可以看出，重点描述的是为什么要研究传感数据异常建模，而没有给出研究过程。

为了突出研究内容之间、研究内容与目标之间的逻辑性，也可以增加一幅图表示：即把研究内容分解框架与研究目标对应起来。图9.3来自网络公开的国家973

项目逻辑框架图。

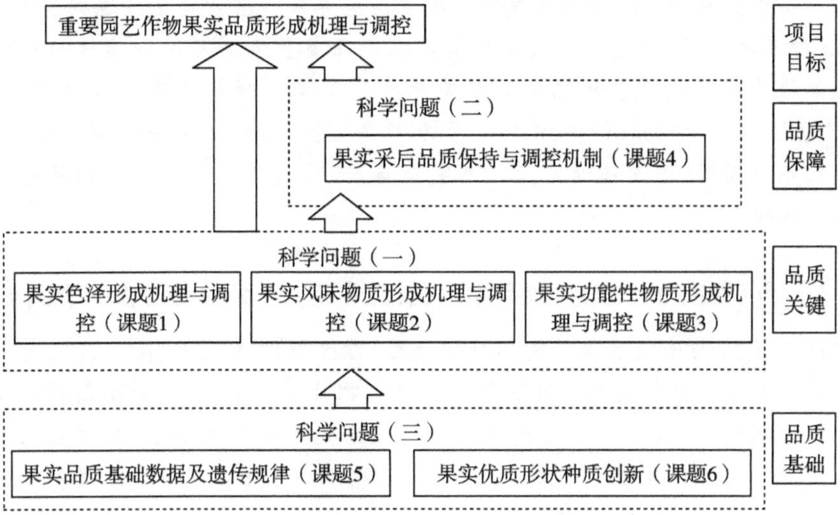

图 9.3 研究内容、研究目标对应的逻辑框架图

9.4.3 拟解决的关键科学问题

关键科学问题是研究需要突破的地方，项目研究内容的关键点及预计与其他研究差异之处，尤其是研究过程中对达到预期目标有重要影响的某些研究内容或因素、研究工作中可能遇到的、最难处理解决的科学问题或科学研究方法或技术难题。一般应该是参数解析、方法构建等细节的问题，是在所申报代码的学科领域中具有明确规律性的问题。请注意：关键科学问题肯定不是简单的工艺、设备、事务问题；也不是研究内容的复述。

一般来讲，关键科学问题不可过多，只解决1～3个科学问题。在写作手法上，可以分成2层：首先用一个短语概括关键问题，然后，第一层用于说明该问题为什么是项目研究的关键问题；第二层用于说明预期如何解决该问题。

案例 9.11 (案例 9.6 续)

农产品质量安全可追溯单元划分与优化。可追溯单元是任何供应链中产品信息的唯一标识，是可追溯系统开发与建模的起点与终点。它的有效划分与优化影响到可追溯问题求解效率与推理准确性(前2句主要点出了农产品质量安全可追溯单元在整个可追溯系统中的重要性)。本研究根据农产品不同生产特点、管理方式、成本及质量参数等因素，从基于单件、时间和批次等方式出发划分可追溯单元，构建优化模型(后一句主要说明拟采用的研究方法及结果)。

农产品质量安全跟踪与溯源建模及冲突消解算法。质量安全可追溯分为2层意思:跟踪与溯源,如何快速、高效、准确实现农产品质量安全可追溯建模与求解是系统开发中的关键问题。本研究拟借鉴工业产品质量诊断与故障识别的算法,集成Petri网、FMECA、证据理论等方法,建立农产品质量安全可追溯的跟踪模型(用于前向预测)、溯源模型(用于快速定位)、冲突消解,实现对质量安全可追溯问题的高效求解与准确推理。

案例9.12 (案例9.1续)关键科学问题:微生物TTI响应动力参数辨识与建模

微生物TTI与冷链物流环境响应敏感性、微生物增长速率、反应终止时间存在着非一致性和异步性等问题。通过辨识和耦合微生物TTI和鲜食葡萄特定腐败菌增殖过程的反应活化能E_a、反应速率k和有效温度T等特征参数,实现应用微生物TTI和鲜食葡萄活化能趋于一致,从理论上能够对鲜食葡萄品质感知是本研究的关键问题之一。

本项目拟通过理化分析、对比实验、正交实验、逐步回归法等多种手段相结合的方法,分析微生物TTI响应参数及其对活化能影响程度,建立时间温度响应值三维模型;通过设定与调整微生物TTI响应动力学参数,从理论上使得微生物TTI响应过程与鲜食葡萄品质损失过程实现耦合,优化微生物TTI响应性能,提高感知精度。

9.4.4 研究方法与技术路线

研究方案(研究方法和技术路线):针对所提的科学问题,围绕相应研究内容,逐条详细写出完成各项内容的主要实验步骤、工作方案和流程,最终达到研究目标。可以说,研究内容和研究目标给出最终研究成果的基本框架,研究方法与技术路线给出具体实现过程。通过阅读研究方案中的活动安排,专家能够审查出申请人是否具有对研究过程的完整思考。如果申请人只能给出一些抽象的方法,而无法说清怎样去做,仅仅表明这是一个不错的选题,但该申请人未必有能力组织和完成。

一般而言,研究方案主要包括以下几个方面。

(1)技术路线:具体进行研究的程序和操作步骤。按研究过程依次择要叙述,每一步骤关键点要讲清楚,要具有可操作性。其中要说明可能遇到的问题和解决办法。

(2)研究方法:应说明本项研究设计采用了哪几种数据来源、处理方法及标准,所使用的统计工具及软件名称。

(3)实验方法(*):数据来源与获取方法。

(4)关键技术(*):涉及的主要技术内容。

1. 技术路线与研究方法的写作技巧

在实际操作中,一项研究内容可能需要1个或几个实验去完成,而每个实验可能包含1个或几个步骤和技术方法。每个实验都出结果,而结果和准确性取决于技术方法的选择和设计,所以,技术路线与研究方法(关键技术)、研究方法(包括实验方法)主要有以下3种方法。

第一种:技术路线与研究方法融合。先是技术路线,然后按照技术路线的步骤展开相应研究方法,包含实验方法。如果实验方法过长或过多,再单独列出来。

第二种:技术路线与研究方法分开。先写技术路线,简单对技术路线步骤进行文字性描述,然后重点写所应用的关键方法,突出所解决的关键问题或研究内容。

第三种:研究内容偏实,研究方法偏虚。研究内容里面已经描述太多了研究方法,研究方法部分简单写了一些虚的内容或方法求解等。

2. 研究方法的撰写技巧

研究方法必须是明确具体、准确可行,注重细节,而不是介绍性的。研究方法要说明其中的每一项如何与研究目标相联系,如何对经验估计进行检验和分析,如何开发和设计模型,模型的数学形式为何具有合理性,以及如何对结果进行解释。涉及的成熟方法要简要介绍,重点阐明可以应用于本研究的依据;新方法要详细介绍其原理,并阐明可以应用于本研究的理论依据和实验依据,以及在实际应用中可能出现的问题要十分清楚,绝不能是一种简单的移植。

要注意的是:第一,在申请书中,重点描述数据获取与处理的方法,必须注意先进性,要采用本领域最新的合适方法,但不能过分追求先进,把现代化分析方法全部用上,但用它们干什么却不明确。第二,研究方法细有节制,要求细,但不能太细,需要自我保护。太细、太具体,容易类似实验指导书,也不要罗列太多方法。例如,专家评语这样写道:在数据分析中罗列了多种数据分析算法,但并未解释为何采用特定方法,以及采用该种方法的获取结果的必要性。

3. 技术路线的撰写技巧

技术路线重点针对研究内容,阐述开展研究的过程和步骤,尽可能用框图表示,即技术路线图。技术路线图要清晰、详细、具有自洽性和逻辑性。可以以时间顺序为主线或以研究内容为主线,按研究过程依次选择重要的叙述来描述,突出逻辑关系;每一步骤关键点要讲清楚,要具有可操作性,其中要说明可能遇到的问题和解决办法。特别要注意,技术路线要避免过于空洞且与研究内容脱节,避免简单使用“从……的高度”“以……为指导”“理论与实践相结合”“定性分析与定量分析相结合”等语言。例如,要运用实证分析的方法,那么,申请人将选取哪些案例作为分析对象?如何获得分析的相关数据?如何对分析结果进行检验?

图9.4给出一个技术路线图:本项目涉及信息获取与处理、食品科学等多学科交

叉领域，通过理论模型与实验分析检测相结合，建立冷链过程中冰晶生长系统动力学模型，并通过不同冷链过程中冰晶对于主要品质参数的影响，得到冰晶和水产品品质的关系，搭建冷链温度与外在品质变化的桥梁，建立货架期预测模型。

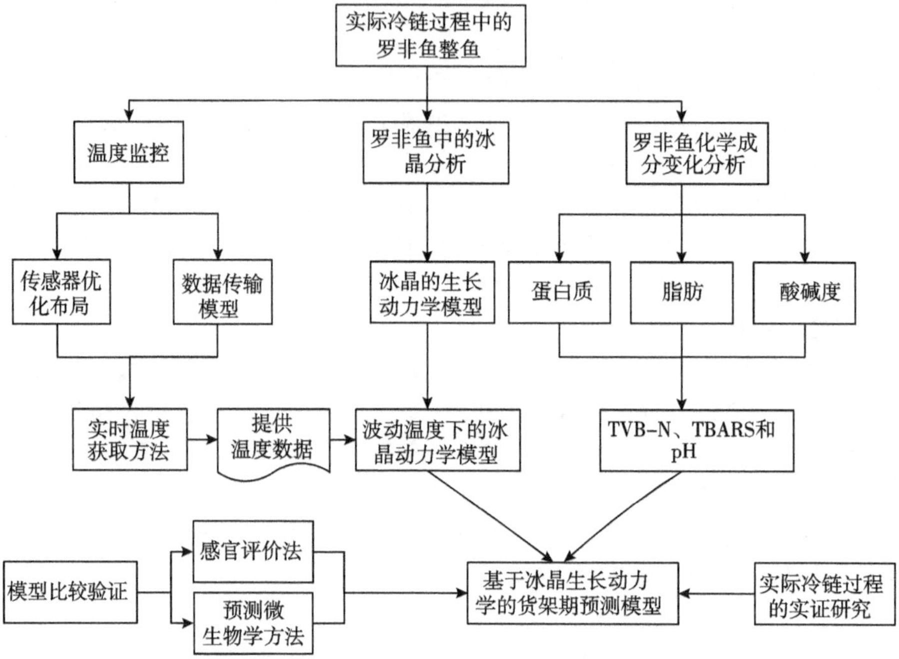

图 9.4　波动温度下冰晶动力学建模技术路线图

4. 实验方案的撰写方法

实验方案一般要用较短的篇幅来说明方案的基本情况，研究过程中，涉及每一个步骤的药剂和材料，关键的数据和参数，重要的仪器和装置等，体现实验设计等。具体实验方案可以参见相关领域的实验设计和统计分析教材。

(1)三大要素(处理因素、受试对象、效应指标)。

(2)三大原则(随机、对照、盲法)。

5. 撰写案例

案例 9.13　案例 9.1 中技术路线与研究方法融合(图 9.5)

第一步，品质感知文献分析与现实需求识别。

第二步，品质损失的特定腐败菌识别与鉴定(详见单独的实验方案，略)。

第三步，建立鲜食葡萄品质损失的微生物生长动力学模型。

第四步,微生物 TTI 响应系统动力学模型构建。

第五步,微生物 TTI 激活控制参数的确定与建模。

第六步,损失生长动力学模型与微生物 TTI 响应系统动力学模型的拟合。

第七步,基于微生物 TTI 的品质感知平台构建。

第八步,微生物 TTI 响应动力学适用性评估与优化(性能验证方案参见单独的实验方案,略)。

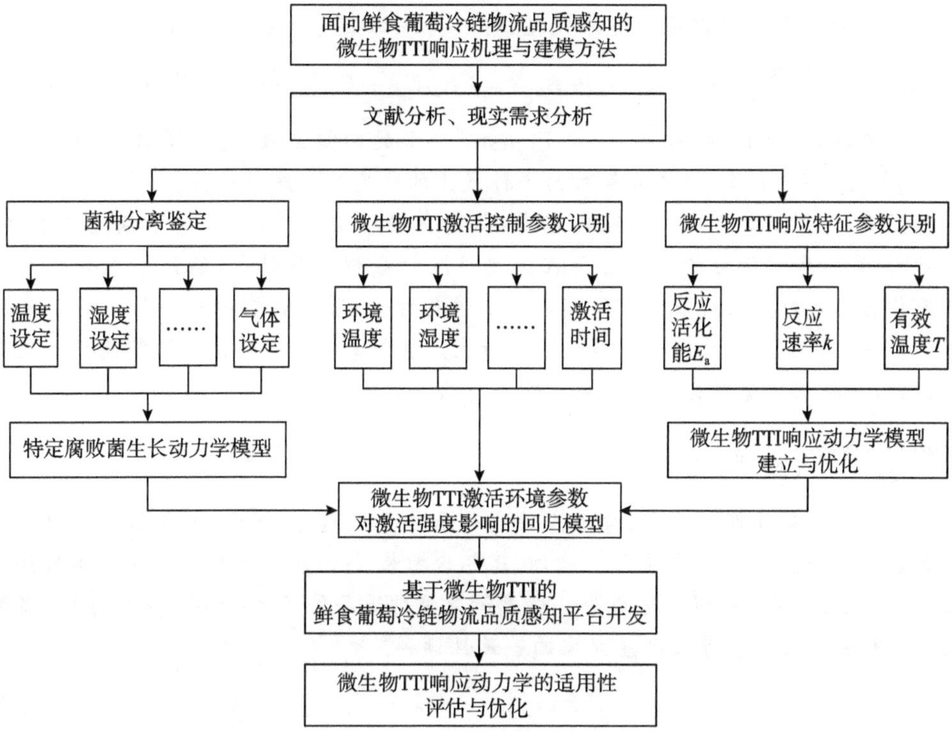

图 9.5 技术路线图案例

6.研究内容与研究方法协调问题

在研究内容描述部分,有时候为了让研究内容显得层次感和视觉效果丰富,可以考虑加入一些图形描述和公式。但此时在研究方法部分,就无法给出更多公式而显得薄弱。这个时候,就需要考虑一下研究内容与研究方法协调问题。有时候,也可以把模型分成模型建立和模型求解两部分,把模型建立放在研究内容部分,而模型求解示意放在研究方法部分。

案例 9.14 申请书“食品农产品标识利益相关者行为建模”

在研究内容“(3)生产经营者农产品标识的实施行为及其影响因素”直接写道：分析生产经营者对实施食用农产品标识规定的认知情况、实施动机和采纳行为。探讨生产经营者自身属性、安全风险概率、市场惩罚成本、成本收益、品牌效应等因素可能对实施农产品标识的影响程度。

本部分拟选用二元 Logistic 回归方法作为回归模型，描述生产经营者实施农产品标识的概率与不实施的概率比值，其模型基本表达形式如式(9.1)所示。

$$\log\left\{\frac{P(event)}{P[1-P(event)]}\right\}=B_0+B_1X_1+B_2X_2+B_3X_3+\cdots+B_nX_n \tag{9.1}$$

式中：B_0 为常数项，$B_1 \sim B_n$ 为 Logistic 模型的回归系数，也就是模型的估计参数，$X_1 \sim X_n$ 为自变量，公式左侧称为事件发生的比率的自然对数值。

因为，计算公式已经在研究内容中描述，在描述研究方法，采用了偏虚的方法：(2)计量分析和案例分析相结合。在描述性统计分析的基础上，运用因子分析法对政府推行食用农产品标识管理的实施情况进行评价，并分析影响整体绩效的主要因素。采用 Logistic 二元回归模型分别分析生产经营者对农产品标识的实施行为及影响因素，分析消费者对标识农产品的购买行为及影响因素。

案例 9.15 (案例 9.2 续)

研究内容建模部分写道：考虑本源气体和内生气体条件下，将演化后的积分形式深层机理模型中加入反馈因子 k_n，构建包含增长-抑制反馈保鲜效果的多参数耦合模型(式 9.2)，探讨冷链气体成分和温度等多重胁迫条件下水果品质响应过程，实现由气体成分参数变化导致品质变化的一致性预测。

$$\frac{\mathrm{d}y}{\mathrm{d}t}=ry\ln\frac{\theta}{y}+k_s-k_n \tag{9.2}$$

在研究方法部分则写道：果蔬品质微生物增长与气体变化的耦合关系符合 Gompertz 和 Logistic 深层机理模型，以这两种模型原型为例，求解微分方程的参数，如图 9.6 所示。

深层机理，解微分方程

$\frac{\mathrm{d}y}{\mathrm{d}t}=ry\ln\frac{\theta}{y}$　　　　$\frac{\mathrm{d}y}{\mathrm{d}t}=rt(1-\frac{\theta}{y})$

假设 $\begin{cases}\theta(\mathrm{t})\\ r(\mathrm{T},\mathrm{SO_2})\end{cases}$　　　　假如 $\begin{cases}\theta(\mathrm{T})\\ r(\mathrm{T},\mathrm{SO_2})\end{cases}$

Gompertz 深层机理模型　　　　Logistic 深层机理模型

解微分方程，用 Matlab ode45 进行仿真调节参数

图 9.6　动态耦合模型求解示意图

9.4.5　研究的可行性分析

研究可行性分析表明了申请人对项目可行性认知情况。一般可从4个角度展开,具体说明自己与众不同的新思路、新方法、新措施:从理论上提出什么观点,能怎样解决别人不能解决的问题;用什么技术手段获得别人无法获得的数据;或者对仪器设备的改进,获得更精确的数据等,最终达到说服评委认可的程度。

(1)研究对象的可行性分析。用于表明研究对象是可研究的和必要的,基本上是继续概括研究问题,尤其是当问题提出是针对一个大领域而不是一个明确的研究对象时,在此,可以论述一个特定案例。

(2)理论与方法可行性分析。用于表明研究方法在实践中是可以掌握与操作的。

(3)项目组基础与结构可行性分析。用于表明项目组成员结构合理,由来自不同领域的人员组成,较长时间从事相关专业研究,熟练掌握多种从事相关研究的技术方法等。

(4)项目组实验条件可行性分析。用于表明项目组依托的实验室具有一定的实验平台。

也可以围绕实验材料和方法等方面展开,如实验材料(体系)的可靠性、实验方法的可行性、预实验结论的可靠性、理论的预见性等。

9.4.6　研究的创新点与特色

项目选题的原则之一就是创新性。在项目申请书中,必须明确表明项目创新点与特色,以供评委进行判断。"特色"与"创新"实际上浑然一体,都是指有别于他人的研究特点,即"创新性"。但特色是特色,创新是创新,两者又稍微有区别。特色主要针对项目整体而言,通常为一段话;而创新是针对项目中的两三个点而言,通常为比较详细的句子。

创新点要概括、提炼并集中反映项目的新颖学术思想,科学和严谨分析创新性内容,包括:新的理论、新的方法、新的体系、新的规律。研究创新点与特色应该是国内外研究现状分析中创新论述的提炼,与项目拟解决的关键问题紧密关联,表明研究特色与创新的形成过程,以及在解决实际问题中达到的效果。需要注意的是,泛泛的"学科交叉""填补国内外空白"并不表明申请人真正把握了项目的要点。

创新点与特色写法一般以2～3条为宜,有2种写作方法。

1. 按照创新来源

(1)内容创新:本项目采用……技术研究保持……硬度的……基础,将在更深的层面上探索……内在因子和外在……条件影响……硬度品质的机理。

(2)方法创新:本项目将沿着“对象系统认识→……→……→模型构建→参数分解→行为优化”的思路展开研究;通过实证、演绎和对比,借鉴……分解模型,解决研究中的技术问题和难点问题(研究思路新颖、逻辑推理独到)。

(3)应用创新:本项目研究面向……的……方法,属于应用基础性研究,能够为……提供深层次建模,而且还能直接应用于生产实际,带动我国现代……方面的前沿研究。

2. 按照解决问题的层次

(1)理论/方法层面:探讨……响应机理,构建……模型,提出……的耦合模型,实现……,提高……同步性和准确性,增强适应性和精确性,丰富……方法。

(2)应用层面:……研究在国外已经广泛进展,但面向……研究则比较缺乏,机理也尚不清晰。本项目将研究重点以……为研究对象,研究与评估……建模,解决……问题,提高应用的准确性和适用性,减少……经济损失与健康危害,提高物流效益和市场流通效率。

案例 9.16 (案例 9.6 续)

目前,国内关于农产品质量安全可追溯的研究主要集中在系统软硬件开发与集成方面,缺乏深层次建模与求解方法研究。本研究具有以下理论创新与应用创新。

(1)集成 Petri 网、FMECA 方法、模糊概率、证据理论等方法,形成一套从可追溯单元划分、优化,质量转移函数,到跟踪与溯源求解、冲突消解等高效、实用的农产品质量安全可追溯建模的综合集成方法,不仅能够描述供应链质量安全的静态结构和静态行为,而且还能够描述质量安全状态随时间演化的动态过程,提高质量安全求解效率与水平。

(2)评价农产品质量安全可追溯求解的可靠性,分析多用户信息情况下可追溯求解的冲突性问题,提出集成基于 D-S 证据理论与 FMECA 方法进行可追溯冲突消解,确保农产品质量安全可追溯求解的正确性与准确性。

9.4.7 年度研究计划及预期研究结果

项目研究的年度计划要具体,符合研究内容,而且包括拟组织的重要学术活动、国际交流;一般可以用甘特图表示。预期研究结果要与研究目标一致,要有力度、有数量、有质量,特别是能够直接考核,可以从理论成果、方法成果、技术成果、人才培养等方面展开(表 9.3)。

表9.3 预期研究成果

项目	成果内容	成果形式	成果数量
理论成果	(内容)	专著	数量
方法成果	(内容)	学术论文	国内外核心期刊论文, 其中SCI、EI收录篇数
人才培养	博士、硕士研究生 骨干老师培养	学位论文	博士论文篇数;硕士论文篇数
学术交流	参加国际会议,提升研究水平与成果深度		

9.5 信息系统申请书写作(四):研究基础及工作条件

9.5.1 研究基础

研究基础是检验申请人及项目组是否具有研究的准备和基础,也是向评委展示申请人所具备的科研实力与条件,让评委确认项目组具有完成项目的科研能力,以同意项目资助。因此,研究基础部分不仅要介绍项目组成员的组成、科研能力,重点是研究工作积累(相关研究工作、数据积累、方法和技术掌握、前期小样本研究、必要的预实验等)及工作成绩(获奖、专利、论文等),并点明已经具有的研究基础是如何与本项目直接或间接相关的。需要注意以下几点。

第一,许多科研新手觉得自己没有基础。实际上,研究基础不仅指论文,还有已经完成的或正在参加的项目,关键需要点明已有的项目对申请项目提供了什么基础。对于论文而言,任何项目组不可能有与申请研究内容100%相关的论文,即使有,也尽可能不要写出来,很有可能会让评委认为项目组已经完成了项目的研究内容,没有新的研究内容可以做。若没有直接研究基础,可尝试找出相关关系,不同的研究对象会用到同一种建模方法;也可给出间接的基础,即概要描述过去曾经做过什么工作、取得过什么结果,提供一种间接证明,起到让专家了解申请者科研能力和素质的作用。例如,项目研究方法中需要神经网络建模方法,而项目组以前发表过相关的论文,都是研究基础,尽管可能一个在经济领域应用,另外一个可能是在农学领域,但它至少表明项目组已经掌握了神经网络建模思路与方法;再广义一点说,如果研究方法侧重于建模方法,那以前做的任何与建模相关的都是研究基础。

第二,列出的文章或项目也不是越多越好。如果从已经发表的文章看不出与申请项目之间相关性,即使列出的成果名单再多,这只代表申请人的研究素质,并不代表其对本项目选题具有良好的把握能力。

写作手法：根据项目研究内容和研究方法，把研究成果分成几类，分别从研究领域背景、理论方法基础等方面描述，最好引用项目组发表的论文或结题项目进行佐证，表明在相关领域的确具有坚实的研究基础。

案例 9.17 **（混合案例 9.1 和案例 9.5）**

研究基础具体写作如下。

第一步：给出与研究内容相关的研究基础分类。

项目组在农产品质量安全可追溯、系统建模、人工智能与算法及其相关领域开展了多年的研究，承担了国际合作、国家级、省部级等多项项目，积累了丰富的研究经验，掌握了多种从事本项目研究的技术方法，具有多综合交叉的优势。近年来主要研究相关成果包括：第一，农产品冷链物流关键技术与质量安全追溯研究；第二，时间温度指示器(TTI)应用及其响应动力学建模研究；第三，农产品保鲜贮藏新技术与品质变化研究。

第二步：在分类的基础上，引用成果为研究基础提供证据，一种是直接通过文献引用方式，另一种是直接引用相关研究数据。

系统建模与算法研究、人工智能应用方向：项目组成员致力于人工智能、领域工程、软计算、系统工程等建模方法的研究与应用，先后建立了基于领域工程思想的鱼病诊断概念模型(参见主要论文索引，略)、鱼病知识库、基于证据理论的猪病诊断推理模型、基于神经网络与遗传算法的水产品短期价格预测模型、水产品预测与风险管理模型。

鲜桃冷链过程品质变化与气体成分关联分析。项目组研究扎达尔—萨格勒布(克罗地亚)的鲜桃在冷链物流过程中的环境变化，并且阶段性检测鲜桃的硬度、可溶性固形物以及 pH 的变化。运用相关性分析的方法，研究冷链物流过程中环境温湿度与气体信号之间的关系、微环境与品质变化之间的关系。如图 9.7 和图 9.8 分别展示了冷链过程中环境温湿度以及气体 CO_2 的变化。

第三步：如果在某个方向没有直接的论文作为基础，尝试描述一些正在进行的工作以弥补缺陷，或者修改研究方向的分类，确保每个方向都有相关论文作为证据。

农产品质量安全与可追溯研究方向：申请人作为中方主持人正在进行×××项目，负责其中的质量风险分析、质量可追溯系统集成与测试，为本项目提供了良好的农产品质重安全风险分析、可追溯研究基础，而且提供与国际同行交流平台；主持完成了“×××”等项目，积累了食品质量安全、可追溯、风险预警的研究经验(这部分用于表明项目组所具有的研究领域和背景知识)。

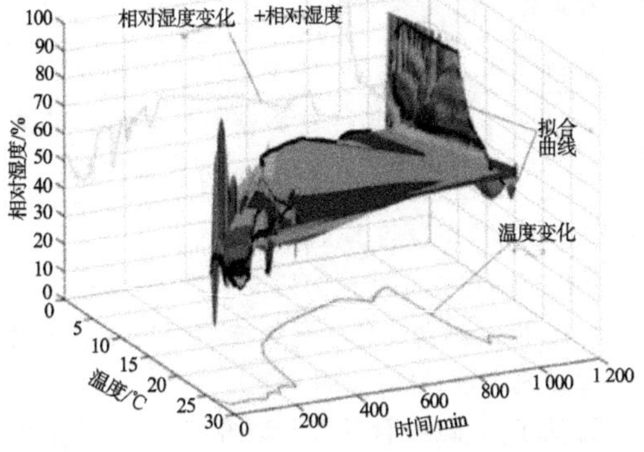

图 9.7　鲜桃冷链物流过程中温湿度变化

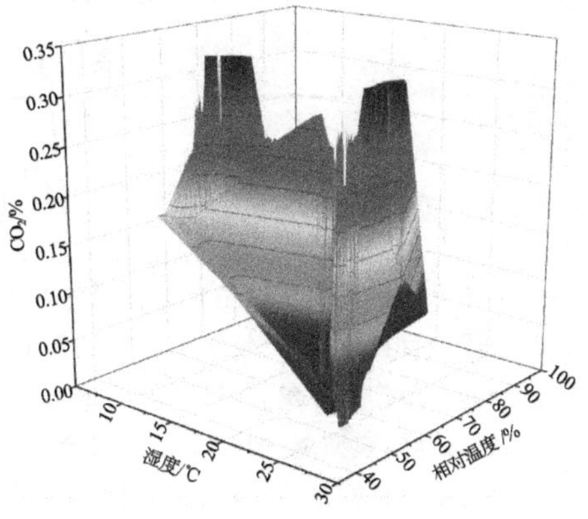

图 9.8　鲜桃冷链物流过程中气体变化

9.5.2　工作条件

工作条件侧重于项目研究所需的“硬件”,主要仪器、设备、试剂及实验室是否已经落实。重点在两方面:一是落实本单位已有、能够租赁到或通过协作解决均可,二是技术方法或平台建设情况,样本资源来源和储备情况。需购置者应慎重,一般基金项目不支持属固定资产、贵重的仪器设备。从园林艺术角度讲,“工作基础”更多写的是实景,而工作条件更多写的是“借景”,关键是这个景必须能够借到,不一定必须是项目组直接拥有的。

写作手法:一般可以从以下几个方面展开。

(1)本项目研究的实验条件。表明项目依托单位实验条件方面的支持。

(2)本项目研究的实践与交流基础。表明已经具备的与项目相关的实践基础。

(3)本项目研究的学科基础。表明项目申请单位从学科基础方面提供的支持。

(4)本项目研究的资料与数据保障。

(5)本项目研究的国际合作交流基础。

9.5.3　申请人简历/科研项目

申请人简历部分主要内容包括申请者与项目组主要成员的学历和研究工作简历,已经有的研究团队,近期已发表与本项目有关的主要论著,获得学术奖励情况;承担科研项目情况,是指项目组成员正在承担项目情况和已完成项目情况。

写作手法:要清晰表明现有项目与申请项目之间的关系,以主要从现有项目或已经完成为申请项目准备了基础和条件;申请项目是如何在原有项目基础上提出的,从具有重要的学术意义和创新点的内容等方面展示,防止评委给出“本项目与申请人正在进行的项目是否重复？重复面有多大？”等疑问，影响评审的结果（表 9.4）。

表 9.4　承担的项目示例

项目来源	项目名称	起止年月	负责或参加	与本申请项目关系
教育部	××××××	2012.1—2014.2	主持	提供了冷链物流监测与信息处理的理论基础、实验方案等
简述正在承担研究项目的主要研究内容及进展情况；与本申请项目的关系、区别。 在研项目目标是：以鲜食葡萄气调保鲜技术耦合冷链物流的情景为研究对象，研究冷链物流监测的多源信息采集技术，开发多传感器集成系统；提出鲜食葡萄冷链物流的质量参数在线估计、状态预报模型，货架期实时预测等智能化信息处理方法；开发监测平台。 申请项目目标是：重点以微生物 TTI 为基本感知工具，以鲜食葡萄为研究对象，探索微生物 TTI 在感知冷链物流中品质时，系统动力学模型与关键激活控制参数、校准方法等。 区别之处在于：在研项目是开发多传感器集成系统，实现对温度、湿度、保鲜气体等多参数监测。而且申请项目仅实现对温度、湿度和微生物等参数监测。前者所研究环境影响了后者动力学建模的难度与精度，可以为后者提供基本知识与背景数据，系统验证经验等。				

9.6　信息系统申请书的评价

9.6.1　国家自然科学基金的评审标准

国家基金一般项目的评审有 3 步：第一步初筛，看是否超项，审核合作单位盖章、申报书版本号、申请代码是否准确，是否超出代码涵盖范围。第二步函评，函评是最关键的一步，根据学科不同，一般会选择 3～5 位同行专家评审。第三步是会评，进行综合评价：看手头项目，看类似项目，看函评评价。其他类项目则会有答辩环节。而且，从 2021 年开始，国家自然基金一般项目评审全面展开分类评审（原创、前沿、交叉、共性）制度，各类项目评审原则略有差别，详情参考自然基金委员会网站。

国家自然科学基金面上项目一般要求评议人从以下 3 方面对项目申请书进行评议，在此基础上给出综合评价等级和是否资助的意见。

第一方面：着重评议申请项目的创新性和研究价值。基础研究类项目，对科学意义、前沿性和探索性进行评述；应用基础研究类项目，在评议学术价值的同时，还要对项目的应用前景进行评述。请明确指出项目的特色和创新之处。

第二方面：对整体研究方案，进行综合评议；同时对研究队伍状况、前期工作基础和项目的经费预算进行评价。如有可能，请对完善研究方案提出建议。

第三方面：评议过程中应特别注意发现和保护创新性强的项目，积极扶持学科交叉的研究项目。对申请青年基金项目的评价，不必过于看重其工作积累，关键看其发展潜力。对于地区科学基金项目,优先支持能结合当地条件和特点开展的研究工作。

最终,综合评价等级参考标准如下。

(1)优:创新性强,具有重要的科学意义或应用前景,研究内容恰当,总体研究方案合理。

(2)良:立意新颖,有较重要的科学意义或应用前景。研究内容和总体研究方案较好。

(3)中:具有一定的科学研究价值或应用前景。研究内容和总体研究方案尚可,但需修改。

(4)差:某些关键方面有明显不足。

专家评语一般要求包括:①研究意义肯定(包括文献综述水平、文献引用情况);②项目研究目标与研究内容的合理性;③研究方案的可行性和逻辑性;④研究创新性;⑤研究基础判断;⑥经费预算的判断;⑦总结。

下面给出一些国家自然科学基金的评语。

例1(正向案例) 农产品质量安全可追溯模型是预测农产品质量安全信息流向、分析农产品质量安全风险的有力工具。建模方法是各种农产品质量安全可追溯系统建立所需要解决的共性关键问题。该项目立项依据充分,研究结果对建立和完善我国农产品质量安全可追溯体系具有促进作用和应用价值。该项目研究目标较明确、研究内容合理且具体、关键问题把握较准确、技术路线明确可行,有望实现预测研究目标。建议资助。

例2(负向案例) 申请项目的立项依据较充分,选题具有一定的应景前景,但理论上的创新性不足。研究内容偏多,3年之内恐难完成。项目的拟构建基于产业链的水产品出口贸易安全机制,由于项目的合作单位都是高校,缺乏相关政府部门及企业的合作,在资料采集上会有一定困难,数据仓库的建立也可能会缺乏相应的数据支持。对于预警决策支持系统设计不具体。研究队伍结构合理,前期工作基础较好,但每年工作12个月的工作计划难以实现。

9.6.2 关于项目申请书落选分析

国家自然基金的基本项目资助率为20%左右。科研人员接到项目获得资助的消息当然是比较好的结果。但更多可能是落选消息。接到落选或不资助的消息,并不表明所申报项目一定是差的项目。申请人需要认真分析落选原因,以总结经验继续申报。一般来讲,落选原因有以下几种。

(1)选题本身存在着重大的学术缺陷,若专家们给出类似“科学思想缺乏创新性”“立论依据不足”等,表明申请人还未发现研究问题的本质,需要进一步在学术层面上提高。

(2)选题研究方案的论证不严谨,若专家给出“研究预期目标不明确”“研究重点不突出”等,表明专家认可研究问题具有重大的意义,但申请人没有给出一个可行的研究方案。

(3)项目组组成不合理,缺乏相应的研究基础,如专家们给出“现有工作基础不扎实”等,表明专家已经认可了研究问题与研究方案,但这只能表明项目的确是个值得研究的项目,但申请人并没有清晰表明具有完成该项目的基础。

(4)管理原因:如专家认为不属于资助范围、经费预算不合理、项目申请内容重复、超项申请、人员工作时间安排有问题等。

(5)政策原因:如满额,暂不资助。这表明有比项目组更优的项目组申请了同样方向的项目,而资助单位只能优中选优。

(6)交叉学科的学科代码选择,具体的学科领域代码选择也会决定项目的成功与否。毕竟真正的交叉学科的评审专家比较少。

第 10 章　信息系统学位论文写作

研究计划执行完成后，整个研究过程的最后阶段是研究报告撰写。一份研究报告除了提供整个研究结果，还包括描述和解释结果是如何获得的，研究结果获得方式的合理性（说明研究过程合理性的含义）等，尤其是区分信息系统工程性事务与创新性研究之间的联系和区别。而且研究报告是课题研究人员撰写的，旨在向上级汇报开展研究工作的情况和成果，反映课题研究过程和结果的书面材料。

信息系统研究报告写作有着不同的目的，研究生毕业为了获取学位，研究人员为了晋升职称和项目验收时的考核等。通过撰写研究报告，取得上级的承认、支持和理解，在同行或同学之间进行交流，在学术刊物上发表研究成果以扩大影响，所以研究报告的写作极其重要。按照研究报告的表达方式，可以分为基本的口头报告与纸质报告。纸质报告又可以分为：期刊论文、专门性研究报告、学位论文或专著等。

本章重点讲解信息系统学位论文要求、格式、写作和修改过程。

10.1　信息系统学位论文通用格式与要求

10.1.1　学位论文的基本目的

学术论文是指在科学研究领域内用来对科学研究成果进行描述、分析和总结并且具有一定创造性的文章。一般来讲，学术论文要求有以下 3 个方面。

(1)作者对自己所研究领域内的某个问题获得的新发现或提出新学说、新构想。

(2)作者对某些学术观点进行深入探讨后提出新的认识。

(3)作者对旧的学说提出不同见解，修正其错误和补充其疏漏。

学位论文是一种特殊形式的学术论文，主要用途是研究生向论文评审者证明自己已经达到相应学位的要求，是对研究生进行科学研究的全面训练与检阅，是培养研究生综合运用所学知识分析问题和解决问题能力的重要环节，也是衡量研究生能否获得学位的重要依据。学位论文的第一读者是评审者(可以假定其具有本领域的丰富知识)，且评审者通常对学位论文有一个预期的规范模式。《中华人民共和国学位条例》对于授予研究生学位做出以下规定。

第五条:高等学校和科学研究机构的研究生,或具有研究生毕业同等学力的人员,通过硕士学位的课程考试和论文答辩,成绩合格,达到下述学术水平者,授予硕士学位。

(1)在本门学科上掌握坚实的基础理论和系统的专门知识。

(2)具有从事科学研究工作或独立担负专门技术工作的能力。

第六条:高等学校和科学研究机构的研究生,或具有研究生毕业同等学力的人员,通过博士学位的课程考试和论文答辩,成绩合格,达到下述学术水平者,授予博士学位。

(1)在本门学科上掌握坚实宽广的基础理论和系统深入的专门知识。

(2)具有独立从事科学研究工作的能力。

(3)在科学或专门技术工作上做出创造性成果。

而对学生学术水平的考核实际上主要依据学位论文。

由此可见,写学位论文不是最终目的,论文只是体现科研能力的一个标准。研究生通过论文写作,能够有效提高科研能力。通过学术论文,可以考核研究生以下五方面的能力。

第一是科研的选题能力(言之有理)。研究生应该具有制定研究计划、分析实验结果的能力。即在研究开始之前,应能够以现阶段的领域发展需求为基础,利用所学知识设计专题研究工作,并进行研究方法、技术路线的修改与优化;在研究完成之后,应能够根据研究成果,抽取核心创新点,并根据创新点组成学术论文和学位论文。

第二是文献的获取能力(言之有物)。研究生必须能够熟练地使用各种检索工具,掌握文献获取的不同渠道,并且熟练应用文献扩充方法,及时获取相关资料。

第三是材料的取舍能力(言之有据)。根据第 3 章描述,研究生往往能够检索并掌握大量文献,但学位论文的写作不是对已有知识的照搬照抄,而是需要根据研究的论点和创新点,从资料中选择合适的材料作为论点的证明,抽取相关有价值的信息用作合适的论据,对论文的论点和创新点进行阐述与论证。

第四是思维的逻辑能力(言之有序)。研究生应能够按照合理的逻辑思路,组织论据对论点进行论证,重点突出,结构紧凑,逻辑性强。

第五是文字的驾驭能力(言之有文)。在保证逻辑性的前提下,研究生在撰写学位论文时应做到用词准确,语句通顺,文字简练,避免语句晦涩难懂。

10.1.2 学位论文的宏观结构

学术论文的宏观结构包括前置部分(封面、封二、题名页、摘要、序或前言、目录)、主体部分(绪论、正文、结论、注释)和附属部分(附录、参考文献、后记、致谢、个人简历)等三部分(图 10.1)。除了封面和相应主管部门要求的内容之外,在实体设计上包括目录、绪论、正文、结论和附属部分。

第一部分:标题。用于表明研究结果的主题。

第二部分:摘要。摘要是对学位论文的一个非常简洁的概述,包括研究目的和意义、研究过程与研究结果。虽然摘要非常简短,但有助于读者对论文进行初步的、整体的了解。

第三部分:目录。学位论文的结构清单或轮廓一般由标题、副标题、其他层次的标题组成。

第四部分:绪论。主要包括问题提出、文献综述与研究内容、技术路线等。目的是为读者领会和理解学位论文做准备,从而使读者能够理解问题和目标。

第五部分:正文部分。一般包括理论框架、研究实证与研究结果。学位论文中的理论框架通常是对研究设计中所提出方案的改进与提高,用于指导整个学位论文的逻辑结构。介绍研究理论分析、实证结果是怎样进行的,为什么要这样分析,是怎么分析的,还需要对这些结果进行分析和解释以发现所包含的信息。

第六部分:结论与讨论。一般由结论与讨论或建议等构成,是对整个研究提供总体的考查和理解,使读者对研究工作有一个准确且简要的全面理解。

第七部分:致谢。向个人或组织的帮助和支持表示敬意,包括在数据收取、写作等方面提供了帮助和做出贡献的人,以及各种组织在财政和其他方面所提供的支持。

第八部分:参考文献。参考文献目录具有与在立项书中的参考文献目录同样的作用,并遵循同样的风格和格式,它是学位论文所有部分使用的参考资料的目录。

第九部分:附录。附录可以提供那些可能只引起部分读者兴趣或可能使报告的思想显得凌乱的材料。包括:正文中过于冗长的公式推导和测试数据;援引他人的原始数据、设备装置等;为方便他人阅读所需要的辅助性工具或表格;重复性数据和图表;程序说明和全文。

第十部分:个人简历。研究生的个人简历,包括发表的主要学术论文及出版的专著、相关的专利以及其他科研成果等,应着重介绍作者的科研经历与科研成果。

第十一部分:独创性声明、保护知识产权声明。

第十二部分:文中的图、表、公式、参考文献、附注、附录等,一律用阿拉伯数字顺序编号。如图 1,表 1,附录 1,公式(1)等。

10.1.3 学位论文整体框架之间的逻辑关系

学位论文基本构成中的第四～六部分组成了学位论文的核心内容和整体框架。

每一部分或成为论文中一章，或根据需要安排成几章；每一章又由不同的节构成；每一节又由不同 3 级子标题构成(图 10.1)。

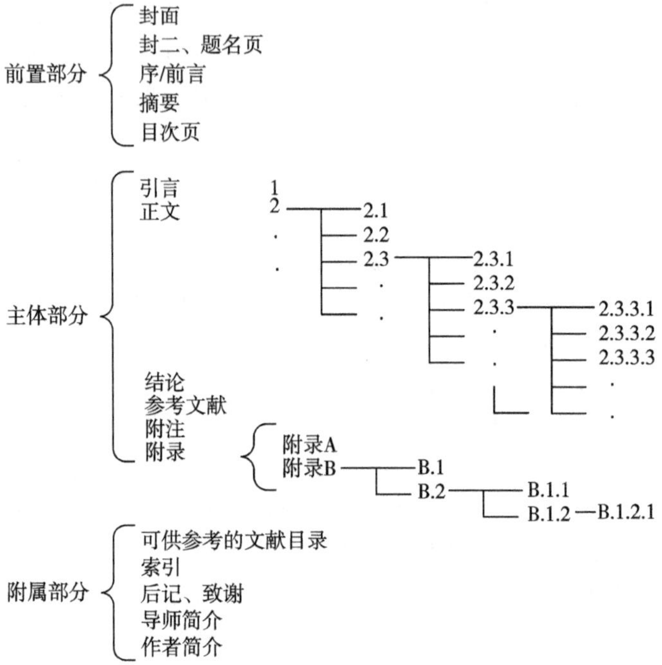

图 10.1　学位论文结构图

学位论文框架或层次结构之间(指除了绪论与结论之外的结构，章与章之间、章内的节与节之间、节内的 3 级子标题之间)要求具有一定的逻辑关系，一般包括以下 3 种。

第一种：总分关系。基本规则是先总后分。论文层次结构是按照“一般→特殊”或“理论→实证”的顺序来展开。其中，总论部分用于描述关于论文的一般性问题、一般理论以及基本原则等内容；分论用于描述特殊问题、特殊理论、具体制度、具体问题、构成条件、实际运用等内容。写作时，通常总论部分在前，分论部分在后，并且应该具有清晰的界限，不能混淆或是颠倒顺序，总论内容写完再安排分论，分论部分不能插入总论的内容。

第二种：并列关系。基本规则是位阶同一。论文层次结构是按照平行关系展开的，各章、节与级的内容应当处在同一层次，是一个问题在不同层面的展开，各章(节、分级)之间不分主要、次要，彼此同样重要。

第三种：递进关系。论文层次结构不是按照平行关系展开的，各章、节与级的内容应不处于同一层次，后一层次表示的意思比前一层次更进一层，有 3 种不同形态。

(1)时间上的递进关系。指在时间上由远到近的递进关系,严格按照时间的先后顺序进行撰写,如果出现时间先后顺序的错乱,就会显得层次不清、逻辑混乱。

(2)空间上的递进关系。这里的“空间”实际上包括两种情形:一是地域上的空间,二是抽象的空间。无论属于地域上的空间或者抽象的空间,都要求“由外到内”,先讨论外部的问题,后讨论内部的问题,其规则是先外后内。

(3)纯粹逻辑上的递进关系。所谓纯粹逻辑上的递进关系,是指在逻辑上由抽象到具体。先从概念、定义说起,然后解释其含义,再探讨其内涵、外延,接着确定其适用范围,并分析适用条件、法律效果。要求符合从抽象到具体的逻辑顺序,越抽象的问题越在前,越具体的问题越在后,否则也会造成层次不清、逻辑混乱的现象。

10.1.4　学位论文的一般要求

根据研究生的层次,学位论文又可以分为硕士学位论文与博士学位论文。从篇幅上看,研究生学位论文篇幅较长、字数更多,主要是为了确保清晰表达所进行的研究和取得的研究成果,不应该只有是什么,而且还要有怎么样和为什么。如果学位论文的完整性和效率性两者不能兼顾,则更应追求完整性而不是效率性。换句话说,在研究生论文中,完整是首要的,而效率则是次要的(与期刊文章相反,特别是学术论文一般要求限制在固定的版面内)。但这也并不代表研究生学位论文可以无限的长,而是要遵循一定的写作规则。

硕士/博士论文具体的页数要求如下:①硕士论文一般在 3 万～5 万字(按 A4 每页 1 000 字处理,正文部分在 50 页左右,再加上其他前置和附属部分,尽量控制在 60 页左右)。②博士论文在 7 万～10 万字(正文在 100 页左右,再加上其他前置和附属部分,尽可能控制在 120 页左右)。

不论学位论文长度或层次如何,学位论文应该表明作者综合运用所学知识进行科学研究、取得创造性的成果产生新的见解,力求在理论上或实际上对国家经济建设、社会发展有一定的意义或实用价值。具体要求如下。

第一方面:独创性(创新性)。学位论文所提出的问题在本学科领域内有一定的理论意义或实际意义,并通过独立研究,提出了自己一定的认知和看法(参见第 1 章的相关讨论)。

第二方面:科学性(实证性)。学位论文应该是建立在实证基础上,依靠可以由实践检验的信息,使不同时间地点的实验运用同样方法可得出一样的结论,研究结果具有重复性。

第三方面:学术性。学位论文研究具有共性,是经过系统、专门的研究获得的,所使用的话语和研究范式为本领域所认可。

第四方面:规范性。研究程序和步骤是有序、清晰和结构化的,具有学位论文所要求的逻辑结构,文字表述应符合专业规范。当所用词汇与通常接受的含义不同时必须予以说明。

第五方面:逻辑性。学位论文应做到论证严密、具有逻辑性,符合客观事物的发展规律;论据应尽量翔实,所用的材料应做到言必有据,准确可靠,精确无误。

第六方面:可读性。学位论文最基本的要求是读者能看懂,因此要追求语言准确、表达简明,做到"想的清,说的明,想的深,说的透"。

10.2 信息系统学位论文结构

与其他工科或管理学科论文写作规范相比,信息系统学科是多领域的交叉学科,其论文结构也呈现多式多样的特点,容易出现问题。常见的问题包括创新点不突出、不明确,以及工程性导向等,尤其是在信息系统开发方向中,经常与计算机应用专业论文相混淆,掩盖了信息系统学科的特色。根据研究设计中理论框架/层次结构和学位论文"宏观结构与框架"逻辑关系,可以将本研究方向硕士论文划分为5章,博士论文则为6章或7章,其中,第一章为结论,最后一章为结论与建议,其他章为正文。

10.2.1 信息系统过程类学位论文结构

这类论文与计算机应用方向论文比较类似,从信息系统开发角度,描述如何应用信息系统解决实际管理中所遇到应用问题。根据第一章相关基础概念,本类论文与计算机应用方向的区别应该在于:学位论文写作重点围绕管理问题,以及信息系统作为一种企业解决问题或各种挑战的解决方案展开,而不应该围绕计算机技术与方法展开。这类结构在章之间采用"递进关系",节与节之间根据需要可能选择一种或几种逻辑关系。其大致结构如下。

第一章 绪论:研究的必要性和可能性,国内外现状,研究思路及将开展的工作。

第二章 系统分析与设计(或仅为系统分析):重点进行所研究领域的分析,建立领域的概念模型,完成核心系统的设计,并为确定系统模型与算法打下基础。

第三章 系统模型与算法(或为系统设计,包括模型与算法):设计解决信息系统中关键问题所需要的模型与算法,并根据系统的不同需求选择合适的模型算法。例如,在管理信息系统与决策支持系统中可能是决策模型,在专家系统中可以是知识表示与推理机制,在测控系统中则是传感模型和控制模型。博士论文可以在第三章或第二章再展开,扩展到3章左右,用于重点描述系统分析、设计与解决问题的模型部分(该部分采用并列关系)。

第四章 系统实现:选择特定的系统解决方案进行系统开发,并重点分析系统应用中用户的反映,以及对领域问题的解决程度。

第五章 结论与展望:分析研究结果并对未来的发展方向做一定的预测。

10.2.2 信息系统方法/技术类学位论文结构

这类论文通常是针对信息系统中某类共性问题提出解决的方法或技术。一般没有特别固定的结构,但总体来说大致由机理与实验方案、方法/技术构建与方法/技术测试这三部分构成。论文的结构以问题为导向,即原有方法与技术在解决现有问题时存在的不足,需要什么样的改进或修正,最后对实证结果进行比较分析。

第一章 绪论:研究的必要性和可能性,国内外现状,研究思路及将开展的工作。

第二章 领域问题分析:分析信息技术在领域内应用遇到的问题,为理论框架打下基础。

第三章 理论框架:在适当的理论指导下,构建解决实际问题的理论框架。

第四章 实证与结果:描述实证数据的采集与处理以及实证方法、结果分析等。

第五章 结论与展望:分析研究结果并对未来的发展方向做一定的预测。

其中,第三章和第四章也可以是对 2 个不同子问题进行实证分析,而博士论文可以在第二章将领域问题分解成 3 个左右相互独立、逻辑上相互关联的子问题,然后将后续的章用于解决每一个子问题。在每一章中的描述又按照理论框架、实证与结果展开,形成递进-并列等多元逻辑结构的论文结构。

案例 10.1 至案例 10.3 引用 2 篇硕士研究生论文和 1 篇博士研究生论文结构,用于解释以上 2 类论文结构,并给出了相应评述。

案例 10.1 某硕士研究生论文基本结构

基于粗集理论和 SVM 的多值分类算法
引言 …2
1 粗糙集 …3
(略)
2 支持向量机 …14
2.1 支持向量机的理论 …14
(略)
2.11 关于 SVM 的改进 …27
3 基于粗集理论和 SVM 的多值分类算

点评:从整体上看,论文分为 5 章,符合基本规范。但结构上存在着很多问题:

(1)论文结构极为不合理,如第 3 章的题目、第 3 节的子标题与论文题目完全一致。如果是这样安排的话,给人的感觉就是只有这一节和 3.4 中的应用举例是作者自己的工作,没有完全解释清楚其他章节的作用是什么。

法 •••27
3.1 一对多二值分类算法 •••28
3.2 一对一(配对)SVM •••28
3.3 基于粗集理论和 SVM 的多值分类算法 •••29
3.4 应用举例 •••29
4 结论 •••35

而且更像是在上课时，学习了一种新的算法然后做一个例题的模式，没能清晰表现出作者的创新之处。

(2)第 2 章中小节长达 11 节，从 SVM 的理论基础一直讲到 SVM 的特点、不足与改进，结构上更像一本教材中的结构安排而非学术论文。而且有些小节仅有半页不到，更没有体现出其具体意义何在。

案例 10.2 某硕士研究生论文结构

第一章 绪论 •••1
1.1 问题的提出与研究意义 •••1
1.2 国内外研究现状 •••2
1.3 研究内容与技术路线 •••12
第二章 系统需求分析与总体架构设计 •••15
2.1 盐湖采卤自动化决策支持系统需求分析 •••15
2.2 液位测量原理与监控流程分析 •••17
2.3 盐湖采卤自动化决策支持系统总体架构设计 •••21
2.4 基于 LoRa 的动态监测信息传输协议设计 •••24
第三章 系统关键模型设计 •••31
3.1 采卤井液位测量模型 •••31
3.2 采卤泵运行状态决策模型 •••36
3.3 采卤过程自动控制模型 •••44
第四章 系统实现与测试评估 •••51
4.1 系统实现与实施方案 •••51
4.2 系统测试与评估方案 •••55
4.3 系统测试与评估结果分析 •••56
第五章 总结与展望 •••63
5.1 研究结论 •••63
5.2 研究展望 •••64

点评：从整体上看，该硕士论文共分为 5 章，符合一篇硕士论文的基本规范，结构在整体上基本合理，并且遵循了一个信息系统研究的整个流程，即系统需求分析→总体结构设计→关键模型设计→系统实现与评估，流程没有明显疏漏。

除此之外，在关键模型设计部分重点论述了参数测量模型(液位)、基于参数测量的动态决策模型、自动控制模型等，着重介绍了信息系统开发过程中学术性问题，重点较为突出。

案例 10.3　博士研究生论文《面向水产品无水保活运输的感知技术与品控建模方法》(限于篇幅,未给出论文结构,请读者自行查阅)

点评:从整体上看,该博士论文分为 8 章,整体结构上大体合理,并在遵循信息系统研究整个流程(系统需求分析→总体结构设计→关键模型设计→系统实现与评估)基础上进行了适当的改变:第二章品质感知与控制建模机理属于系统分析中业务流程和机理分析;第三至第六章的内容以"参数感知→状态评估→决策建模"为思路对系统核心模型进行了设计,属于层层递进;第七章则给出了最终系统集成和评估结果。

10.3　信息系统学位论文写作过程与要求

信息系统学位论文写作一般分为拟定写作提纲、起草论文初稿、论文修改、论文定稿等 4 个阶段。其中论文修改阶段是对论文进行精雕细琢的过程,可以分为 7 个方面,参见章节 10.3.3 和章节 10.4。

10.3.1　第一阶段:拟定写作提纲

在研究生完成科研工作之后、准备学位论文之前,最好首先拟定论文提纲,明确主要层次、论述要点及创新点,使整篇论文写作有一个合理的指导性逻辑结构框架,形成清晰明确的思路。一般情况下,学位论文拟定提纲可以脱胎于研究设计阶段的理论框架/层次结构,按照图 10.1,以创新点为中心,形成一个由略到详的完整结构。

例如,基于第 4 章的图 4.9 中所给出的理论框架和层次结构,研究生可以比较容易地安排论文的核心内容。第二章:机理分析,可以重点讲解动物活性表征、参数辨识、检测方法确定等。第三章:阐述接触式检测方法,即基于鳃部移动的检测方法,由于传感器与鱼体接触,可以考虑其名称其检测方法为接触式检测。第四章:阐述非接触式检测方法,即基于包装内空气变化的检测方法。第五章:活性预测,即如何通过 2 种检测数据对动物活性进行评估和预测。一方面可以对比分析 2 种方式的优缺点;另一方面可以对 2 种数据进行融合处理。最后,如果再加第一章绪论、第六章实证分析或检测系统实现、第七章结论就构成了一份完整的博士学位论文结构。

需要注意的有以下两点。

第一,要区分工程性工作和研究性工作的差异。例如,测控系统方向的研究生在描述系统设计阶段会花很长的篇幅描述硬件的选型,并试图详细介绍每一个硬件的技术参数和基本图片。但这些都是工程性事务,是不能占据学位论文的主要版面。

第二,学位论文毕竟不是科研项目的结题报告,不需要把科研工作中所有的细枝末节或者所有内容都列出和写入。毕竟科研工作是一个系统工程,涉及方方面面,比学位论文涵盖范围更宽泛,学术性相对弱一些。而学位论文一定是围绕所设定的创新点来组织论文结构。所以,必须敢于舍弃与创新点不一致的材料和研究成果,使得学位论文创新点更加突出、明确。

10.3.2 第二阶段:起草论文初稿

初稿写作时可以采取以下 2 种方式。

(1)按论文框架结构先后顺序写作。优点是能够较好地保证论文内容具有逻辑条理性,在与导师交流时可以保证其得到较完整的概念。缺点是写作时需要有充分的积累,缺乏灵活性,不利于发挥作者的主动性,通常难以保证与导师的及时交流。

(2)按情况/资料掌握的程度写作。优点是允许研究生先完成考虑较为成熟或占有资料较多的部分,而将其余部分留在以后完成,并可以就某一重要方面较早地与导师进行深入讨论,以得到改进意见。缺点是在不同时期完成的部分之间在逻辑上可能出现不一致。

不管是哪种方法,论文初稿的目的是要把所有想写的内容全部整理出来,尽量使用脑中第一次想到的词,根据提纲写作,并注意抓住灵感,敞开思路,不必过分注重细节。如果遇到计划有不当之处,最好不要做过多修改,而是等把整个初稿写完之后再制定修改计划。在初稿中,凡是引用文献的地方需写出著者姓氏、刊物名称、年份、卷、期、页数,并用括号括起。凡需加脚注的地方,应紧接正文的相应位置把脚注的全文写出,并加上括号。

写作初稿时,应遵循基本写作要求,不用追求完美。基本要求如下。

1. 题目

题目的字数应尽量在 35 字以内,并要注意以下几点。

(1)题目要新颖,要有自己的独特性。题目要能够揭示论题范围或主要论点,引起读者的注意力,并使读者看到标题后便能知道所要论述的内容和作者的基本态度,但又不过于简单空泛,以致意义不明确。文字中包括被研究对象和被观察的因素,不包括细节和结论,字句的次序适当,重要的字句应尽可能排在前边。

(2)题目与内容相符,要求题目能够涵盖论文的全部内容。研究内容小于题目，或是论文内容超出题目的范围，都是内容与题目不相符的表现。另外，在研究生论文题目中，特别是博士论文题目，尽可能不要出现“及其”“和”等相当于英文中“and”的字眼，这样给读者的印象是本论文要研究两个课题。尽管这样工作量容易达到研究生毕业的要求，但 2 本硕士论文并不等于 1 本博士论文的学术水平与理论深度。

(3)题目大小适当，体现出研究生应有的科研工作量。题目太大，则内容必然空泛，如果选题本身的容量过大，可以采用副标题通过局限其范围，限缩其容量，设计出适当的论文题目。所谓“副标题”，是作者为了调整研究角度，或者限制研究范围，或者突出研究重点，而在论文题目(正题)之下附加上的一个题目。一般来讲，副标题要比正题的涵盖范围更窄。反之，如果选题本身的容量过小，则会产生题目分量不够的问题，即很难通过扩张其范围、增大其容量的方式设计出适当的论文题目。

(4)题目能够扬长避短。在已经选定的课题上，有的内容是自己的长处，另一些内容是自己的短处。就要在题目设计上回避短处，尽可能发挥自己的长处。

2. 摘要

摘要主要由 3 个部分构成，即问题说明、主要内容和研究方法、主要成果及其实用价值。问题说明主要强调论文研究的范围、目的、所涉及学科的地位，令读者意识到研究问题的价值所在；主要内容和研究方法应体现相关研究的改进与创新之处，不必详细叙述具体内容。主要成果及其实用价值要体现相关研究的创新点。每部分的内容控制在 1～3 句话。

英文摘要的内容基本上与中文摘要相同，但在写作时应注意不要逐字逐句直译，而是要按英文科技论文摘要的通用格式和英语习惯重新组织段落和语句。英文摘要普遍存在的问题是容易犯句型及语法错误，且写出的语句中文味浓。提高技巧的途径是模仿优秀的英文文献模板，首选就是英语国家作者的论文(摘要)。其次，还应注意不要使用自己创造的句型。最后，在句型及语法正确的前提下改善修辞。

3. 引言(绪论)

这部分构成与项目申请书基本一致(参见第 9 章)。主要由问题提出、文献综述和论文研究内容和结构、研究特色与创新点等 4 部分构成。

第一部分，问题提出及研究意义：主要是研究背景和目的，应注意点题。一般的学位论文这部分内容会占 1～1.5 页篇幅，由 5～7 段构成，其中，第一段为大背景；第二～四段引出问题，段段之间应相互关联，并最终完成破题。

第二部分，文献综述(具体要求参见第 3 章)。需要注意的是：问题提出、论点论证及文献综述等 3 部分中均涉及文献综述，是对相关文献的总结与评述，但阐明问题部分的文献综述主要目的是交代主题的背景，用来引出论文的主题以及明确主题的创新点，属于假设树的第一层次；而文献综述部分则是支持问题提出及论证的理论；论文后续部分的文献综述内容，论证过程所应用的方法、技术工具，主要目的是衬托第二、第三层次的创新点以及论证技术的创新，也会引用部分文献。因此，研究生还需要更好地分配现有的文献资料，使其相对均衡地嵌入不同章节。

第三部分，论文研究内容与结构。是对研究设计与研究方法结果的描述（参见第4～8章相关内容）。但学术论文是项目完成之后的成果，因此可以对原先研究设计方案进行部分修正，并删除可行性分析部分，作为研究内容部分的结构。

第四部分，研究特色与创新点。要求表明研究的创新点与特色，特别是博士学位论文，必须明确给出不少于3个创新点以供专家审查。有时候也会放在最后一章。

4. 正文

正文是研究生学位论文的主体部分，是研究过程的详细反映。基本要求如下。

第一，结构严谨：正文写作要思路清晰，形式上有头有中有尾（结构完整），前后照应，上下连贯，主次分明；逻辑上线索清晰，层次分明，顺序恰当，段落合理。

第二，研究方法合理：清晰地论述基本理论，交代研究方法（模型）的思路、应用条件、逻辑推导过程，尤其是公式中符号的意义要进行详细说明，并避免为了强调手段的先进性和可靠性，过多地介绍某商业产品（如软件、设备等）。

第三，研究过程逻辑性强：观点与材料的统一，学会用明确的观点来统筹素材；论述的顺序、层次要符合思维规律，顺理成章；注意交代数据获取过程、处理方法，表明数据可靠性；明确的建模过程；数据详尽地观察、分析，尽量用图表等可视化手段展现结果，按照自己的行文逻辑进行组织与堆砌，特别要压缩或删除一些众所周知的议论，突出论证新发现、新观点。

第四，充分解释结果：对所研究得出的数据一定要结合相应的理论进行逐项探讨、解释与分析，一般用表格、曲线、图解、照片等手段来辅助说明；分析讨论部分不能偷工减料，要善于综合运用基础知识提高理论水平，使感性认识上升为理性知识。如果无深入的分析讨论，则只能算是"研究简报"，不算是学位论文。

5. 结论

结论是全文的概括总结和论证分析结果的集中归纳，是研究成功与否的关键性判定因素，是学位论文所有推论的依据与落脚点。这部分尤其要体现结论的提炼性与浓缩性，即结论要逐项探讨、判断分析、由表及里、由此及彼，实现从现象到规律、从感性到理性的提炼升华，并进一步点题，与标题、前言相呼应。可以简单地说，结论由2个方面组成：有理论或应用价值的科学结论，以及恰如其分的自我评价。

结论写作时要避免以下几个错误。

(1)不要简单地罗列成果,要突出论文创新性的结论及其在本领域中的地位和作用(不夸大其词,但也不必过分谦虚)。

(2)要区分本人成果与他人(包括导师)成果的界限。

(3)未经充分证明的见解、设想、推测和假定不能列为结论(结论中不应出现“可能是”“似乎是”等字眼)。

(4)如无扎实的结论,不要勉强杜撰凑数,但当心不要漏过一条真正的结论(否定性的、负面的结论有时也是重要结论)。

从答辩的角度讲,学位论文要经专家鉴定,写出评语。答辩委员会成员也要审读论文,写出评语。考虑到一篇研究生学位论文通常比较长,而且在答辩季节里,每一位专家都需要评阅许多本论文,通常不可能一口气读完或通读论文,或者是经过好多次才断续读完,读到末尾,前面的内容已经模糊不清了。不可否认,有的评审专家因时间关系不可能读完全文,因此在阅读了导论部分,翻阅、选读几个章节后就写下评语。如果有一个结论能够概括本文的研究结果、作者的基本学术见解、研究结果的理论意义和实践价值,对于评审专家做出总的评价有莫大的帮助,对于论文最后能否通过答辩也有极为重大的意义。

6. 附录

一般对于与论文分析联系不十分密切,但对该领域研究感兴趣的人也许需要利用的资料放在附录部分,以减少正文篇幅。这样的内容可能有:①研究地区的背景资料;②数学模型的推导过程;③调查工作中使用的调查表;④详细的分析结果等。

7. 致谢

致谢对象限于在学术上对论文完成有重要帮助的团体和人士,如无此类对象可不写。用词应含蓄、恰当,避免罗列一大堆名单或过分赞美导师,以致庸俗化。

10.3.3　第三阶段:论文修改

不论是申请书还是学术论文都不是一蹴而就的,而是经过多次修改才最终定稿。一般而言,修改的方法有 2 种:第一种为热改法,是指初稿完成后,立即进行修改的方法。优点是对论文内容记忆清晰,印象鲜明,改动及时,避免遗忘。缺点是由于作者处于写作兴奋状态,不易看出文中需要删改的部分,往往对内容难以割舍。第二种为冷改法,即在初稿完成后,搁置一段时间再进行修改的方法。这种方法可以避免热改的过程中作者不够冷静和清醒的弊端。尤其是在经过一段时间之后,作者往往头脑得到了冷静,原来想法也淡薄了,重读初稿时就容易摆脱原来固定思路的束缚。另外,在搁置的这段时间内,作者有可能进一步阅读有关资料,思索有关问题,或者征求了导师或其他专家意见,并产生新的认识,再看初稿就容易发现不完善、不妥当之处,通过删除多余、增补不足,提升论文的水平。

所以,对论文初稿进行反复修改是必须的也是必要的,这是一项非常复杂的工作,涉及的问题是涵盖多方面且多种多样的。当然,论文修改不是一上来就逐行地仔细阅读,看看有没有用错的标点、错别字、使用不当的词语、不通顺的句子等。一般而言,论文修改首先要从整体逻辑结构上进行,且按照以下的基本修改顺序展开(详见章节 10.4,重点讲解了 5 个方面的修改)。

(1)整体逻辑结构的修改。

(2)内容的修改。

(3)段落的修改→句子的修改。

(4)篇幅的修改。

(5)摘要的修改。

(6)题目的修改。

(7)语句语法等修改(措辞→标点符号)。

10.3.4 第四阶段:论文定稿

论文定稿应该在经过多次修改之后,论文已经基本成型时进行。定稿并不是在细节上对文章润色,而是从结构、整体上等对论文进行检验,排除逻辑上的错误。研究生可以通读论文多次,看是否朗朗上口,内容是否平衡,并思考最重要的论点是否强调了,应叙述的基本内容是否遗漏,是否有逻辑错误和拼写错误,每个句子的意义是否清楚准确等问题。

在正式提交论文前,要认真进行一次阅读,排除可能的技术性错误,并对论文中的整体风格进行修订,使论文显得更为美观。以下仅列举一些小技巧。

(1)学位论文各章标题与开始节的标题之间、节与 3 级标题之间最好具有过渡段加以分隔,避免两级标题之间相邻,显得比较突兀。

(2)考虑到现在大部分高校论文都是正反双面打印装订,尽可能控制每个独立单元的页数为偶数,这样装订时,使每个独立单元内容的首页都在正面(单面),以方便专家浏览。而论文摘要、目录等前置部分均单独编码。

(3)除了绪论与结论章外,每一章开始之前,加上“内容提要”,结束时加上一节“本章小结”,让每章都感觉自成一体,形成完整的结构。

(4)节/章占据完整版面。

(5)标题尽量在页面上、中部,尤其是二级标题。

(6)为了保证页面美观和节完整性,可通过调整行间距调整页面。

(7)尽可能调整语句与字数,不出现少于 10 个字的行。

(8)一个自然段不超过 10 行,即一般而言,一页应该至少由 3 段组成。

10.4 信息系统学位论文修改

10.4.1 论文整体结构修改

论文修改一定是在大体确定题目的前提下,进一步明确整体结构,然后再修改细节。首先,需要仔细检查是否有足够的材料来支持论文的论点,论文是否过于简要,所有的材料是否都符合著者的主要目的。如果均回答否,需要进一步补充资料。补充完毕后,再针对论文的框架(章与章之间、节与节之间、3 级子标题之间)逻辑关系是否严谨,次序是否自然,是否便于推理和合乎逻辑;各分标题是否应该属于其主标题之下,或是归列其他主标题之下更为合适;原先的分标题,成文后显得十分重要,是否要改为一个主标题;在一个主标题之下,是否需要增加分标题;每一个标题之下各段的内容是否符合该段的意思,若不太符合可否归到其他段落。通过回答上述问题,就可以逐步理顺结构。

一般来说,章与章之间关系容易确定,难点在于各章中节与节之间,分级标题与分级标题之间的关系(在以下引用为层次关系)。层次关系的基本要求如下。

(1)层次的标题要简短明确,是名词或名词性短语,不能是一个句子;只确定本部分的研究对象,不表达作者观点;应当出现题目中的关键词,与各章内容紧扣。

(2)同一层次的标题应尽可能"排比",相互协调,即词(或词组)类型相同(或相近),意义相关,语气一致。各层次标题一律用阿拉伯数字连续编号;不同层次的数字之间用小圆点"."相隔,末位数字后面不加点号,如"1""2.1""3.1.2"等;各层次的序号均左顶格起排,编号与标题或文字间空一个字的间隙。图 10.2a 是国家颁布的《铁路"十三五"发展规划》,图 10.2b 是引用一篇学术论文中关于鱼病特征的介绍。可以看出两者的共同特点均为同一层次标题之间的排比和对称。尽管不是学位论文,但可以借鉴。

(3)层次不能过深或过浅。层次过深会导致重点淹没在最深层次,无法让评审专家直接抓住重点,尤其是当评审专家时间紧张,仅能通过快速浏览小标题来寻找自己感兴趣的点,进而给出最终评审意见时。一个简易的判断标准是,如果学位论文中多处出现 4 级(类似 1.1.1.1)甚至 5 级标题(类似 1.1.1.1.1 或 1.1.1.1+a,b 之类),就应该意识到论文整体结构安排可能有不合理之处,需要进一步调理。而层次过浅,导致无法判断小节之间的逻辑关系。

如图 10.3a 所示,第四章中二级标题多达 9 个,就导致无法判断小节之间的逻辑关系;图 10.3b 所示,小标题已经到 6 级标题,即四级标题 2.2.2.1 之下还有第一、第二(相当于第五级标题);第五级标题的第二之下还有 1)、2)(相当于第六级标题)。

这样,容易把重点淹没在最深层次,而没有办法让人直接抓住重点。

一、现状与形势……1
（一）发展基础……1
（二）形势要求……3
二、总体思路……4
（一）指导思想……4
（二）基本原则……5
（三）发展目标……6
三、重点任务……8
（一）完善铁路设施网络……8
（二）提升技术装备水平……11
（三）改善铁路运输服务……12
（四）强化安全生产管理……14
（五）推进智能化现代化……16
（六）推动铁路绿色发展……17
（七）加强国际交流合作……18
四、保障措施……20
（一）持续深化……20
（二）加强协同监管……20
（三）防控债务风险……20
（四）加大政策支持……21
（五）健全法规标准……21

（a）国家发展规划

1)鱼病症状的多态性。鱼病可以发生在鱼苗、鱼种、成鱼（含亲鱼)3个生长阶段，春夏秋冬四个季节，主要危害鱼的体表、头部、鳃部、腹部、鳞片、鱼鳍、肌肉、内脏等8个部位。每种病在每个部位的表现由于时间和阶段的差异又表现出不同的症状。

2)鱼病产生的关联性。一种鱼病既可以是某种病因的结果，也可以是另外一种鱼病的病因。比如，鳙鱼由于NS受损等因素导致中毒病，而该病引发鱼的拒食行为，进而导致萎瘪病。此例中中毒病是病因NS受损的结果，又是萎瘪病的直接病因例。在生产实践中，鱼病的暴发往往是以并发症的形式出现的，对并发症的防治难度则更大。

3)鱼病病因的多样性。水生动物与陆地动物区别之一是生活环境的不同。鱼是与水环境紧密相联的。水环境的变化是鱼病产生的重要病因之一。除此之外，鱼自身机体和其他因素

（b）学术论文

图 10.2 同一层次的标题“排比”和对称案例

第四章 水产市场信息系统设计

4.1系统设计原则……
4.2系统功能模块设计……
4.3系统网络结构设计……
4.4系统数据库结构设计……
4.5组件设计……
4.6价格预测模型设计……
4.7系统安全体系设计……
4.8系统查询流程设计……
4.9本章小结……
本章参考文献……

（a）论文层次过浅情况

2.2.2.1 COM（Component Object Model）组件技术

COM组件的主要特点有以下几方面。

第一，无关性。组件无关性是指组件开发与开发工具语言无关，开发人员可以根据自己的实际情况选择特定语言工具或自己所熟悉的语言工具以完成组件开发。

第二，重复利用性。组件重复利用性是指组件通过多种接口有效地实现组件应用的重复性。重复利用性有三方面:

1)COM组件多接口性。在信息系统中，起关键作用的是组件的接口，这样

（b）论文层次过深情况

图 10.3 论文层次过深或过浅的情况

(4)层次标题上,尽可能避免技术导向的写作方法,在语句上表现为“某某方法或技术的概述”等,这表明研究生写作时在潜意识里还是技术导向,试图去介绍知识,或者就是为了凑页数,而没有真正把技术放到解决问题的研究层面上。

(5)上、下级层次标题之间不重复。一般而言,上级标题是涵盖了下级标题的所有内容,是下级标题所有内容的集合。如果出现了上级标题与某一个下级标题完全一样,是否意味着其他下级标题并没有什么存在的必要性?正如案例 10.1 中,第三章的标题与 3.3 的标题完全一样,那 3.1、3.2 和 3.4 内容的意义以及在论文中起到什么作用就值得商榷。

10.4.2　细节修改

在论文整体框架确定之后，就需要进行论文细节修改，分为以下 4 个方面。

(1)段落修改：学位论文中段落太短或太长都不妥当。在一篇论文里，应根据内容的需要，把段子的长短进行恰当的安排。每一个段落都应该有一个明确的中心思想，结构上一般采用“总－分－(总)”的形式，较少采用“分－总”形式。各段落之间的关系应该具有明显的并列、转折或递进等逻辑关系。

(2)句子修改：应恰当地运用连接词、短语或其他的字，把字和句连接起来，以显示句与句之间的连贯性和相互关系。在表达关系复杂的思想时，会不可避免地出现句子的结构较为复杂、长度较长的现象，但尽可能使用简短的句子。

(3)图表修改：具体修改参见第 6 章中数据可视化建模关于图表优化部分。

(4)表达式的修改：表达式主要指数字表达式，也包括文字表达式。表达式需另行起居中排，并用阿拉伯数字分章编号。序号加圆括号，右顶格排。技巧是在页面中放置一个“1 行 2 列”不显示的表格(下面给出了表格形状，是为了示意)，左边放公式，后面是公式的序号，这样编排起来公式容易对齐，并显得页面整洁。如下所示。

定义 2(预测问题求解)预测问题求解是从识别预测需求 U_R 到预测结果 U_{R_s} 的映射，表示为：$U_R \to U_{R_s}$。该映射过程需要通过许多中间状态间接实现，表示为：

$U_F = \{U_j \mid j \in \{R, T, I, O, M_o, R_s\}\}$	(2.2)

10.4.3　论文篇幅修改

学位论文不同于科研项目的总结报告或专著(书)，前者对所有研究过程和涉及的方面都可做较为详细的表述，后者在篇幅无严格限制的条件下可对某一学科或研究课题进行全面、系统的阐述，也可以包括对已有相关成果的复述。学位论文更不同于教科书，后者主要是对已有知识系统进行详细的、深入浅出的解释和表述，目的是传授已有知识。研究生在修改完细节之后，大多数情况下论文会偏长一些。因此，研究生就需要以读者或编辑的身份来对待自己的文稿，要有勇气，敢于取舍，对论文的篇幅进行调整与压缩，以保持论文的简洁性。

学术论文限制篇幅主要可采取以下措施。

(1)进一步提炼研究成果和新见解，表明创新点所在，特别是与已有研究的区别。

(2)进一步优化学术的框架结构，布局严谨，内容精选，语言要简明，避免重复、啰唆或说大话、空话。每一节、每一段都要明确在整个学位论文中所起的作用，是铺垫，是过渡，还是描述。如果觉得某些内容是在凑字数，不对论文论证起到任何支持，可以直接删除。

(3)进一步优化与精选图表，特别要检查图与表、图表与文字叙述是否重复。

(4)进一步检查理论基础部分中一般性知识和原理描述是否简洁。数理推导过程要简化，只表达关键的部分；阐述或推理与已发表的成果确实有关联，则采取引用参考文献的做法。

10.4.4 论文摘要修改

正如前述，摘要是学位论文的缩写版，几百个字把所有内容描述清楚，势必要用最精练、浓缩的语言，对研究生提出了高要求，如果对论文核心内容心中无把握，或思考还不够深刻，提炼不出研究工作的精华，就难以写出符合要求的摘要。一个合格的摘要能开门见山地清晰地告诉评阅专家该论文的创新点及其价值所在，吸引住评阅专家，产生良好的第一印象，这就表示摘要撰写成功。其实这也是对评阅人工作的支持，让他高效地把握论文的要点。

摘要写作中有一些研究生常易出现的问题值得注意。

首先，引导性和支持性的解释词句应尽量少。由于学位论文的读者首先是有相当专业水平的专家，问题提出和解释的起点可以高一点。所谓引导性、支持性的解释内容包括：研究历史回顾、文献综述、概念和名词解释、图表和文献索引等。

其次，摘要不能写成目录式。目录是告诉读者本文的内容，便于总览和查阅，而摘要是告诉读者已做出了什么贡献。如果摘要中按章节介绍每章内容，那就成为对目录的解释。

再次，摘要对于论文的价值描述应采用陈述方式。用学术语言表达清楚创新点及其背景，让评阅人员和专业读者判断它的价值。无论摘要或正文中都不能出现“销售论调”，即摘要撰写是中性的语气，不能带有评价性的语气。如“本文有重大的理论和实用价值”等。

最后，摘要要写自己做出了什么。归纳论文的创新点时，只说“做了”或“研究了”什么，而不说“做出了”“研究出了”什么，一字之差，相距甚远。

10.4.5 论文题目修改

虽然学位论文的题目是评审专家和读者最先接触的，但一般来说，论文题目并不是在开题时一次确定的，在论文撰写时，经常保持“草案”的意识。在整体论文修订完成之后才正式确定。这是因为论文题目是论文的性质与内容的确切概括。通过给学位论文设计一个题目，首先，是要明示作者所研究的对象，使读者(更重要的是答辩委员会成员)一看便知作者所研究的是什么；其次，要确定一个研究的最佳角度，将作者的研究限定在一个适当的范围，选择一个最好的切入点；最后，还要能够引起读者的阅读兴趣。

10.5　信息系统学位论文评阅

研究生学位论文的读者有不同类型，各类读者有不同阅读目的和评论视角，但最基本的读者是评审专家与研究生自己。前者从论文创新性所反映出的学术水平和研究能力来判断论文是否符合毕业要求，以及是否可以提交到正式答辩委员会进行答辩；后者属于阅读并修改。

10.5.1　从评阅专家角度看学位论文

评阅专家阅读研究生学位论文主要是对学位论文创新点、学位论文总体规范性和学术性进行评价，指出学位论文中不足之处，给出是否达到博士/硕士论文水平的意见。这些问题的答案构成了评阅内容，研究生通过琢磨这些思路，便可以自我检测，查看论文写作是否向评阅人提供了满意的答案。具体可以思考以下 4 个方面。

第一方面，论文选题：选题的理论意义和实用价值如何。

第二方面，文献综述：对本领域学术动态是否全面了解，能否准确精练地评述。

第三方面，论文水平：理论上的创造性如何，分析是否严谨可靠；提出的新模型、新算法、新结构、新的解决方案等是否有创造性，或是否有其他重大发现；创新方法在实际中是否可行，实验结果是否具有实际意义等。该部分主要是判别论文有没有研究者自己的实际工作和贡献（knowledge contribution），即是否有创新点，这些创新点的分量如何，是否与研究生论文的要求相称，论文的创新点是否成立等。

第四方面，论文写作：是否条理清晰、层次分明、文笔流畅。

以上 4 个问题，评阅专家看过摘要、结论和阐明问题（绪论）以后就基本上能得出答案，不过评阅专家在进行第一项判断就“卡壳”的情况并不少见。翻阅整篇内容大都是文献和书本上已有的知识，作者自己的创新性工作何在，评阅专家提炼不出来，这是最感到为难之处。

10.5.2　研究生对论文自我评价

研究生在完成学位论文初稿后，需要自我对论文进行阅读，并根据相关要求进行修改，并在整个修改过程中仔细思考如下 3 个问题。

第一方面，论文基本结构：文题相符，重点突出；结构紧凑，逻辑性强；语句通顺简洁（认真思考是否对核心创新点提供了支撑或解释）、文献的出处是否标注清楚。

第二方面，论文研究方法与论证：论文思路、叙述客观；做到实事求是，切忌夸张。

第三方面，论文的层次深度：是否有足够的深度达到研究生学位论文的要求。

第 11 章　信息系统英文论文基本结构和写作技巧

期刊论文是项目的主要研究成果，也是研究报告中最基本的、最主要的形式之一。对于科研人员而言，期刊论文是经过同行评阅程序后而发表的，同行专家已经对论文的质量、适用性、创新性等做出了评价。所以，期刊论文也是最有权威和最“渴望”的研究报告形式。

如果发表的期刊论文进入 SCI、EI 等国际检索系统，可以加大论文传播的力度、速度和广度，吸引读者，拓宽国内外的读者面；推动国际学术交流，促进科学研究工作。相比之下，英文论文更容易进入 SCI 检索系统。因此，了解英文论文格式与写作方法对于信息系统专业尤其重要。

本章主要讲解信息系统英文论文的基本结构(IMRaD)和 SDLC，以及两者之间转换方法、论文准备和投稿过程等。

11.1　信息系统英文论文结构与转化方法

一般情况下，基于信息系统研究的应用性和研究问题类型，信息系统类英文论文以应用型为主，兼顾突破理论型的论文，从以下几方面展开：描述信息系统开发的全过程、某种算法；信息系统建模、仿真与模拟(灰色系统、系统动力学等)；信息系统应用与推广中的问题与对策；信息化过程中的管理问题。这些论文内容应该都适用于英文论文的基本结构(IMRaD)；其中，有的可以适用于基于系统生命周期的形式，尤其是信息系统工程方向(图 11.1 左图)。

因此，作为撰写科技论文的第一步是推敲结构，必须理解信息系统英文论文 2 种类型与方式之间的差异，掌握以基于成果导向，来全面分析“何为材料、何为方法、何为结果”等信息系统类成果转化传统 IMRaD 时存在着的困惑和难点。

11.1.1　信息系统英文论文基本结构：基于 IMRaD

英文论文的基本结构可以用 IMRaD(introduction, materials and methods, result and discussion, conclusion)概括(图 11.1 左图)。

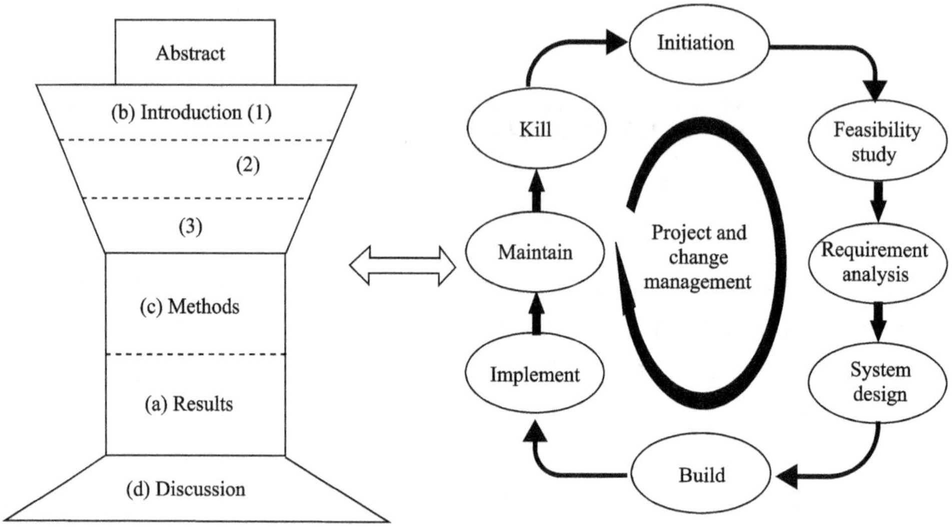

图 11.1 信息系统英文论文基本结构——基于 IMRaD(左图)和 SDLC(右图)

第一部分：Introduction(绪论)，一般又分成研究问题与文献综述两个部分，用于描述研究什么问题？为什么研究这个问题？研究问题提出写作的大致逻辑是：①问题是重要的；②前人的工作；③前人的工作有一些缺陷；④我们提出了方法；⑤新方法的基本特征；⑥已经有实验证明新方法的优越性，但仍有不足；⑦文章的基本结构、大纲。这个与之前研究过程和项目申请书写作技巧的描述一致。

第二部分：Materials and methods(材料与方法)：描述研究问题如何解决的？

整体上描述研究课题的具体内容、方法，研究过程中所使用的设备、仪器、条件。从写作手法上可分成多个部分：①从读者角度阐明定义和表示法；②提供研究内容的理论框架、数据获取和处理方法；③实验方法和思路；④合理地设计实验(简洁的实验和详尽的实验步骤)；⑤涉及复杂的冗长的证明和细节可以放在附录中，这里关键是把问题阐述清楚；⑥特例和例外应该在脚注中给予说明。

第三部分：Results and discussion，conclusion(结果与讨论、结论)主要描述发现了什么(结果)，发现意味着什么(讨论)？进一步总结研究结果是否回答了问题。

结果部分应按照方法顺序一一给出，整个文章结构都应该由结果部分控制，文章中各个部分内容应该与结果部分中的数据和分析联系起来。讨论部分应该以结果部分所表述的重点内容开始阐述，最终以导论部分起点内容相呼应结束。Conclusion 是对全文内容进行的总体性讨论。它具有严密的科学性和客观性，反映了研究课题的价值，同时提出以后的研究方向。

一般来说,除了以上 4 个部分,一篇完整规范的学术论文由以下各部分构成。

(1)Title(标题)是全文内容的缩影。读者通过标题便能够预测论文的主要内容和作者意图,从而决定是否阅读全文。因此,为了使文章赢得有关领域里众多的读者,标题必须用最精练的语言恰如其分地体现全文的主题和核心。

(2)Abstract(摘要)对研究工作及其贡献的总结:①阐述问题;②说明自己的解决方案;③研究的结果。

(3)其他部分:keywords(关键词)、acknowledgement(致谢),references(参考文献),appendix(附录)。

11.1.2 信息系统英文论文基本结构:基于 SDLC

SDLC(系统开发生命周期)是信息系统研究人员最为熟悉的思路,因此基于 SDLC 的英文论文基本结构就是按照系统开发的过程写出来(图 11.1 右图)。

(1)引言部分:问题提出及文献分析。

(2)第一部分:系统分析,重点描述系统需求分析、业务流程及领域基本原理。

(3)第二部分:系统设计,重点描述系统体系结构、软件/硬件结构、模型设计(包括传感测控、知识表示与推理、决策分析等)、数据库设计、安全体系等。

(4)第三部分:系统实现与评估,描述系统实现方案、实地测试结果、系统评估等。

(5)结论部分。

基于这个基本结构,结合信息系统的具体类型,在实际写作中,有以下几种变形结构 (图 11.2)。

Introduction (literature review included) Problem description/system analysis • Domain knowledge/Decision-makers and decisions(for DSS) • User need(performance) • Business flow analysis Key models development • Knowledge representation (for ES) or Decision supports model(for DSS) • Sensing method/Control model • Reasoning mechanism The system design and development • System architecture • System development Discussion and conclusion	Introduction (literature review included) Development process • Identify and understand the problem domain • Make sense of the decision-making process and acquire knowledge • Design, build and evaluate 0 order prototype • Test and expand prototype into full system • Maintain the system and promotion • User's contribution or promotion Discussion and conclusion
(a)	(b)

图 11.2 专家系统/决策支持系统类论文结构(a 和 b)

a 结构中重点突出了专家系统中的领域知识获取、知识表示等,或决策支持系统中决策者及决策需求和模型；b结构则是首先基于系统生命周期法＋原型法描述了信息系统开发和演化过程，然后重点探讨了用户需求在信息系统演化中的作用。

11.1.3 信息系统英文论文基本结构的选择和转化

通过以上2节的介绍与分析，可以看出，信息系统英文论文的2类结构差异不明显：单纯从结构上对比，信息系统开发过程则是IMRaD结构中的“材料和方法”＋“结果和讨论”两部分的混合体。正如图11.3所示的2篇论文：从题目和结构上分析，2篇论文内容相对一致，均是研究水产品无水保活监测系统，左侧a采用了IMRaD结构；右侧b为SDLC结构。

Development and evaluation of an intelligent traceability system for waterless live fish transportation ➢ Introduction ➢ Materials and methods • Experiment scenario and process design • Key models design of traceability system ▪ Oxygen concentration prediction modeling ▪ Optimal stress level modeling ▪ Survival prediction modeling • Key model function in the quality control mechanism • Design of traceability system ➢ Results and discussions • HACCP system for quality control in sturgeon live waterless transportation • Dynamic monitoring and modeling of key points in HACCP system ▪ Ambient data fusion and prediction evaluation ▪ Stress changes and survival prediction evaluation ▪ Key nutrients changes • The implementation and evaluation of the traceability system ➢ Conclusions	Development and evaluation of key ambient factors online monitoring system in live Urechis unicinctus transportation strategies ➢ Introduction ➢ System design and implementation • Field survey for live Urechis unicinctus transportation in cold chain logistics • System architecture design and implementation ▪ Hardware design and implementation ▪ Software design and implementation ➢ System models of OMCAS • Ambient correlation analysis model • Distributed ambient data fusion and compressed harvesting model ➢ System test and evaluation • Experiment scenario • Waterless ambient monitoring during live transportation • Water ambient monitoring during live transportation • Survival result analysis in different transportation strategies • System evaluation ➢ Conclusions
(a)	(b)

图11.3 信息系统英文论文两类结构对比分析(a和b)

但从内容和所发表期刊上分析，左侧a论文重点强调了追溯功能，右侧b论文则重点强调的是微环境因子监测方法；左侧a模型设计为材料部分，发表在*Food Con-*

trol 上，属于自然科学类，不认可 SDLC 结构；而右侧 b 论文的模型设计为其核心部分，发表在 *Computers and Electronics in Agriculture*，属于农业综合交叉学科，相对比较认可 SDLC 结构。实际上，两篇论文在投稿过程中，都出现了因为论文结构不符合期刊要求而初审被拒稿的问题。

因此，信息系统研究人员必须能够熟练地应用这 2 类结构来撰写论文。或者说，在准备论文初稿时，首先从 SDLC 结构入手。但当投稿时，再按照所投期刊要求进行转换为 IMRaD 结构。在这个选择和转化过程中，必须思考的核心问题是："何为材料、何为方法、何为结果"的 3 个难点：IMRaD 论文结构内容集中在材料方法和结果这两部分，用 IMRaD 结构来阐明信息系统 SDLC 时，应该将哪一部分归于材料方法，哪一部分归于结果呢？是否是固定不变的？它们之间选择和转化原则是什么呢？

根据第 1 章信息系统研究成果的分类，以及传统英文论文写作的"成果导向原则"，信息系统英文论文结构选择的基本原则。

(1)情景 1：当研究成果和知识创新均为信息系统本身，更适合于 SDLC 结构。

(2)情景 2：当研究成果为信息系统，知识创新为信息系统应用分析(包括性能评估、成本收益分析等)，更适合于 IMRaD 结构。

(3)情景 3：当研究成果和知识创新为信息系统方法或模型，更适合于 IMRaD 结构。

正如图 11.2 和图 11.3b 所示，其所对应的论文结构属于情景 1，是基于 SDLC 结构来展开，重点强调了系统开发过程，对开发中涉及的关键模型进行设计和分析。

而图 11.4 给出了情景 2 和情景 3 的论文结构。图 11.4a 属于情景 2，重点是如何对应用于水果物流实时监测的无线传感器节点性能评估(可以理解为，作者开发了一种基于无线传感器的冷链物流监测系统，论文本身则关注于节点性能评估)。可以看出，论文选择了 IMRaD 结构：绪论中首先解释了无线传感器节点性能评估的重要性和目前的研究现状，然后在材料与方法部分详细阐述了标准 ZigBee 协议、商业化的 ZigBee 节点、实验设计、数据分析方法等，最后从 4 个方面对性能评估结果进行阐述和分析。

图 11.4b 属于情景 3，重点是研发一种能量有效的冷链物流监测方法(可以理解为，作者开发了一种冷链监测系统，但发现监测中传感器能耗是影响传感效率的关键。因此，论文提出了一种能量有效的监测方法)。可以看出，论文选择了 IMRaD 结构：绪论中首先解释了传感器能耗重要性和目前的研究现状，然后在材料与方法部分详细阐述了压缩感知方法、无线传感器节点、实验设计、数据分析方法等，最后从鲜食葡萄冷链环境性能、压缩传感性能、节点能量消耗评估、传感器网络传输效

率、整体冷链经济性能等方面进行阐述和分析。

通过案例分析可以得出结论：在情景 2 和情景 3 中，首先把解决科学问题的关键点以及通过研究对本领域有新知识贡献的内容作为论文的结果展示，而把实时数据采集、传感器系统开发方法、场景或测试目标在材料和方法部分展示出来。

Performance of ZigBee-Based wireless sensor nodes for real-time monitoring of fruit logistics ➢ 1. Introduction ➢ 2. Materials and methods • 2.1. The standard ZigBee and 802.15.4 characteristics • 2.2. Commercial ZigBee motes • 2.3. Experiments • 2.4. Data analysis • 2.5. Analysis of variance • 2.6. Psychrometric data ➢ 3. Results • 3.1. Battery life • 3.2. Communication reliability • 3.3. Data reliability • 3.4. Psychrometry ➢ 4. Conclusions ➢ Acknowledgements ➢ References	Performance of ZigBee-Based wireless sensor nodes for real-time monitoring of fruit logistics ➢ 1.Introduction ➢ 2.Materials and methods • 2.1. Properties of the table grapes cold chain investigated • 2.2.Compressed sensing • 2.3.Wireless sensor nodes • 2.4.Experimental scheme • 2.5.Data analysis ➢ 3.Results and discussion • 3.1.Environmental performance of the table grapes cold chain • 3.2.CS performance of the table grapes cold Chain • 3.3.Energy consumption assessment in WSN devices • 3.4.Transmission efficiency analysis in WSN • 3.5.Economic performance of the table grapes cold chain ➢ 4.Conclusions ➢ Acknowledgment ➢ References
(a)	(b)

图 11.4 信息系统英文论文结构：情景 2 和情景 3

因此，基于结构选择的“成果导向原则”，信息系统英文论文基本结构转化的整体原则如下。

(1)原则 1：按照研究成果创新性排序，以确保结果创新性、满足目标期刊要求为基准，确定相应研究成果为结果和讨论部分，其他部分则为材料和方法部分。

(2)原则 2：根据所确定研究结果，分析其所能体现的研究深度和广度，以及所确定的论文题目和绪论和匹配度，动态调整研究成果出现的位置。

基于以上 2 个基本原则，最简单的转化就是：直接将系统开发方法、系统调查方法、关键决策模型和数据分析方法、系统测试和评估方法作为“材料和方法”；而将系统功能需求、系统整体结构与开发过程、系统运行和评估作为研究结果。在此基础上,可以进一步详细分析系统需求、业务流程、关键模型、性能评估等研究成果作为"材料和方法"和"结果和讨论"情景和逻辑完整性(表 11.1),以便适应不同层次期刊的稿件准备。当然,这个分析和转化逻辑是基于科研人员自己的立场出发,在实际投稿过程中,可能评审专家还会提出自己的认知和理解,需要科研人员根据评审专家意见进行实际调整。

表 11.1　信息系统英文论文 SDLC 结构-IMRaD 结构转化分析

生命周期	主要成果	结果	材料和方法 a	材料和方法 b
系统分析	需求	需求	需求调研过程	需求调研过程;需求
	业务流程	业务流程及关键参数取值	业务流程调研与实验过程	业务流程调研与实验过程;业务流程及关键参数取值
	领域机理与模型	/	领域机理图,用于实验设计	
系统设计	体系结构	/	体系结构	
	传感模型	传感模型结果	传感建模过程	模型及建模过程
	测控模型	测控模型结果	测控建模过程	
	决策模型	决策模型结果	决策建模过程	
	知识模型	知识模型结果	知识建模过程	
	实施方案		实施方案对比分析	
系统实现	传感器性能	传感器性能	传感器性能评测方法	传感器性能评测方法;传感器性能
	系统整体性能	系统整体性能	系统整体性能评测方法	

第一,系统需求。系统需求是一个信息系统研发的基础所在,是对系统利益相关者和潜在用户的调研基础上挖掘所得出的,是具有一定的知识贡献的,可以作为结果之一。此时,对应的材料与方法就是需求调研过程和方法。当然,也可以将需求分析过程和结果合并作为材料与方法用于论证系统设计的合理性。

第二,系统业务流程。系统业务流程分析和优化是一个信息系统研发的核心。一般需要找出业务流程中哪些过程是正确的,哪些是低效的,需要在信息技术支持下进行优化处理。有哪些过程不适合计算机信息处理的特点,应当取消。因此,这部分内容,尤其是对现有业务流程进行优化与重组的话,是具有创新性,也可以作为研究结果之一。此时,对应的材料与方法就是业务流程调研过程和优化方法。如图 11.3a,鲟鱼无水保活流程关键参数取值是基于无水保活基本原理而经过实验获得的，因此，业务流程作为一个核心成果列入研究成果。当然，在大多数情况下，如果仅仅是调查了现有业务流程，一般只能作为材料与方法，而不列为研究结果之一。

第三，系统核心模型。系统核心模型作为信息系统获取、处理数据的基本创新点。一般而言，模型及构建过程是材料和方法，基于模型所得到的结果是核心结果。如果为了构建模型而获得的中间结果，可以作为材料和方法之一。例如，为了建立基于神经网络的品质预测模型，需要首先对神经网络进行训练。此时，训练神经网络而获得的一些数据则为中间结果，一般只列入材料和方法。

第四，传感器性能。传感器作为测控化信息系统的核心和前提，涉及内容包括需求分析(传感器性能需求分析)、系统设计(传感器响应模型)、系统分析或实现(传感器精度和校准)。这部分内容可以作为材料与方法，当然也可以基于传感器创新性，作为核心成果之一。例如，在论文写作时，3.1“Performance analysis of wearable multi-sensor system”详细地给出可穿戴式多传感器电量消耗、通信性能和数据采集稳定性等。在论文投稿时，将传感器校准和误差分析作为研究成果放在结果部分，用于表明传感器是本研究的一个重点工作。但是，评审专家给出的评审却是意见：“Calibration should not be given in results section”。因此，在修改稿件时，本着尊重评审专家意见的原则(参见章节 11.3.4)，将该部分内容从结果部分调整到材料和方法部分。但这样做的结果，会导致研究结果部分比较弱。因此，论文修改时又主动增加了一些研究数据补充到结果部分。

11.1.4 信息系统英文论文的第三种结构:“理论—实证”

当然，在阅读英文文献时，会发现一些信息系统英文论文并没有遵守以上 2 种基本结构，形成了第三种结构。通过分析这些结构，可以认为该结构继承于传统的信息管理实证研究结构(empirical research):“理论—实证”，首先建立一个理论模型，然后通过调研或案例对其验证分析，以证明理论模型的某些特性(图 11.5)。通过详细分析其理论建模、数据获取处理等部分，也可以将其转化为 2 种标准化结构。

Introduction Conceptual framework or modeling Data collection and processing (survey) Empirical results & analysis Conclusion and/or advice	Introduction Conceptual framework or modeling Case study Conclusion and/or advice
(a)	(b)

图 11.5 信息系统论文结构(a 和 b)——基于 Empirical Research

图 11.6 给出了 2 种典型的结构。图 11.6a 论文(Chung et al., 2017)在绪论之后,描述了系统设计与实现过程,进而设计了一个实验:Tested the packaged seafish at two different temperatures,然后给出了 2 个结果:Quality predication 和 A user interface for the monitoring of the quality of packaged fish was designed。从整体功能结构上,系统设计与开发部分可以直接转化为材料和方法部分;第三部分当作结果和讨论。从整体篇幅看,就会发现整体结构不均衡,材料和方法过多,而结果内容过于简单。因此,可以把第二部分传感器与阅读器设计部分拆分成两部分:一部分为设计方法,另一部分为研究成果。这样,"设计方法+人机交互界面+测试环境"可以构成新的材料和方法;传感器、阅读器、品质预测模型等作为研究结果。这样修改的结果会充实研究成果部分,突出论文的创新性。图 11.6b 论文(Kang et al., 2012)在绪论和文献综述(related work)之后,重点阐述了数据收集和存储模型,仿真器开发,然后基于案例研究方法给出了情景、仿真模型和实验,最后给出了实验结果。同 11.6a 类似,如果仅把 5.3 作为整篇论文的结果,同样,结果部分就显得过于单薄了。感兴趣的读者可以下载相关论文,基于以上转化原则进行分析。

➢ 1. Introduction ➢ 2. System design and implementation • 2.1 Ultralow power sensors for fish freshness monitoring ▪ 2.1.1 Temperature sensor ▪ 2.1.2 Hydrogen sulfide sensor and ammonia gas sensor • 2.2 Smart sensor tag and RFID technology • 2.3 Design of high-Efficiency energy harvester • 2.4 Design of a reader with flexible antenna ➢ 3. Experimental results and discussion ➢ 4. Conclusions	➢ 1. Introduction ➢ 2. Related work • 2.1 Integration of RFID and sensor technologies • 2.2 Applications of RFID and sensor for cold chain management • 2.3 DEVS formalism ➢ 3. Data collection and storage model in SCCS • 3.1 RFID sensor tag • 3.2 Reader and Middleware ➢ 4. Impiementation of the scCS simulator • 4.1 DEVS modeling for SCCS core components • 4.2 Implementation ➢ 5. Case study • 5.1Scenario • 5.2Simulation model and experimental design ▪ 5.2.1Keyperformance indicator of cold-chain system ▪ 5.2.2 Experimental temperature profiles ▪ 5.2.3 Simulation test • 5.3 Simulation results ➢ 6. Concusion
(a)	(b)

图 11.6　信息系统英文论文实证结构案例

11.2 信息系统英文论文写作的基本要求

不论信息系统英文论文采用何种结构，都遵循 5 个基本要求：即 5C：正确(correctness)、清楚(clarity)、简洁(concision)、完整(completion)、一致性(consistency)，也可以理解成绪论的逻辑性、过程的科学性与严谨性、结论的准确性与真实性等 3 个方面。本节重点讲解写作的思路与逻辑性，英语语法等写作技巧可以参见相关教材。

11.2.1 绪论的逻辑性(题目匹配性)

绪论(introduction)的作用是提供足够的研究背景和内容，使读者领悟作者研究工作的构想与设计思路。英文论文绪论要求是非常高的，一个好的绪论就相当于文章成功了一半，体现论文研究动机和创新要素。好绪论最重要的是：第一，保持鲜明的层次感和极强的逻辑性；第二，与题目匹配性；第三，在符合逻辑性的基础上建立层层递进的关系，体现层次感。

绪论的基本结构包括以下 5 个方面。

第一，研究的重要性。叙述研究背景，选择引用经典、重要且说服力强的文献。

第二，前人工作的客观评述(解决了哪些问题)。一方面要尽可能地把该领域内过去和现状全面的概括出来，特别是最新进展的引用。另一方面文献的应用和数据的提供一定要准确。然后，分析过去研究的局限性并且阐明自己研究的创新点，这是整个绪论的亮点所在。

第三，尚待解决的问题(就是本文要解决的问题)。如何指出当前研究的不足并有目的地引导出自己研究的重要性？在叙述前人成果之后，用 however 来引导不足，提出一种新方法或新方向。如：However, little information(little attention/little work/…)(or few studies/few investigations/few researchers…)(or no/none of these studies…)has(have)been done on(focused on/attempted to/)。如：Previous research (studies, records) has (have) failed to consider/ignored… Thus, these previous results are inconclusive, misleading… Uncertainties (discrepancies) still exist…。研究方法和方向与前人一样时，可通过以下方式强调自己工作：However, data is still scarce(rare, less accurate)or there is still dearth of…We need to(aim to, have to) provide more documents(data, …). Further studies are still necessary (essential)…

第四，研究目标和研究范围界定。提出自己的观点：This paper reports on/This paper provides results/This paper extends the method/This paper focus on…The purpose of this paper is to…Moreover, in addition, we will also discuss…。

Introduction 的另一个作用就是告诉读者文章的主要研究内容和研究范围：①时间尺度；②研究区域等。特别是如果涉及较长的时序，可明确提出本文只关心某一特定时间范围的问题。和时间问题一样，研究区域的问题也需明确提出你只关心某一特定区域。还可以总结性地提出“这一研究对其他研究有什么帮助”；或者说 further studies on…will be summarized in our next study (or elsewhere)。

第五，主体中各部分的构成（文章较长时用）。

绪论写作时还需要与题目实现严格的逻辑对应关系如下。

(1)根据第二章的倒三角结构，一般而言，无论自然段有多少，逻辑段为 4～5 段。

(2)每个逻辑段必须与论文题目中的某个关键词对应（点题）。

(3)论文题目中的词应该在绪论中完全得到体现或解释。

案例：文献（Kang，2012）题目有 4 个关键词；而论文有 5 个自然段，可以划分成 5 个逻辑段。如下图所示，除了第五个逻辑段用于描述论文结构之外，前 4 个逻辑的核心关键内容分别是与题目中的关键词一一对应，体现了绪论从“立题—点题—破题”的过程。

A simulation approach for optimal design of RFID sensor tag-based cold chain systems
(4) (3) (2) (1)

Logical paragraphs＜＜＜--------------------5 paragraphs：

(1) Cold chain system(P1)

(2) RFID sensor tag (P2)

(3) Optimal model(P3)

(4) Simulation approach (P4) with the purpose

(5) Paper structure(P5)

案例：文献（Ruiz-Garcia，2008）。与题目对应的绪论自然段有 13 段，但逻辑段可以按照题目关键词划分成如下 5 个逻辑段。

(1)逻辑段 1：fruit logistics，介绍水果物流及其监测的重要性。

(2)逻辑段 2：real time monitoring，介绍实时监测。

(3)逻辑段 3：wireless sensor，介绍无线传感器的优势。

(4)逻辑段 4：ZigBee-based，介绍为什么选择 ZigBee-based。

(5)逻辑段 5：performance，阐述为什么关注性能评估。

Performance of ZigBee-based wireless sensor nodes for real-time monitoring of fruit logistics
(5) (4) (3) (2) (1)

11.2.2 方法的完整性与科学性

材料和方法部分主要用来描述信息系统研究过程所用的材料、实验装置和方法、理论模型、计算方法；即本部分要提供一个清晰的测量方案，让评审或读者理解所涉及的概念是如何被测量、数据是如何获取的、所获得的数据将如何被分析处理的。

这部分写作要求完整性和科学性，提供恰到好处的细节，不要顾此失彼，遗漏重要内容，或过于简单或烦琐(太繁复或不必需的公式、推导可放入附录)。又可以分成如下 4 方面。

(1)实验机理或建模机理：重点描述各个概念之间的关系，以及参数测量方案。

(2)研究对象描述，采样方法、处理方法、实验过程。

(3)实验/数据获取方法。

(4)数据处理方法：对于新方法要介绍是什么，选择的原因；对于常规方法，仅简单介绍即可。

图 11.7 是节选了两篇英文论文“材料和方法”的基本内容。图 11.7b 引自的文章(Ruiz-Garcia，2008)中清楚地描述了无线传感器节点在冷链物流中性能评估的方法，其理论框架图参见第 4 章图 4.5。需要指出的是，该机理图是通过对“材料和方法”部分阅读重新绘制而成，并不完全反映作者的真实意图。通过分析这部分内容，可以推导出材料与方法如下。

➢ Materials and methods • Description of the supply chain • Temperature measurements • Sampling and sample preparation • Microbiological analysis	➢ Materials and methods • The standard ZigBee and 802.15.4 characteristics • Commercial ZigBee motes • Experiments • Data analysis • Analysis of variance • Psychrometric data
(a)	(b)

图 11.7 信息系统英文论文“材料和方法”案例

(1)研究设定(study setting)：实地实验和实验室实验(包括空间满载度、电池类型、温度等)。

(2)时间维度(time horizon)：纵贯研究。

(3)分析单元(unit analysis)：两种传感器原型 Xbow mote，Xbee-pro based mote。研究传感器原型结构：①温度和湿度传感器与 GPS 的位置；②实际空间布局位置。

(4)数据的计算方法:温度和绝对温度;相对湿度和绝对湿度。

(5)数据可靠性: 温度和相对湿度应为相反关系;电池电压与湿度温度有一定的关系。

(6)性能指标:通信可靠性采用丢包率;电池寿命采用电池使用时间和电池电压。

(7)数据分析方法:方差分析(analysis of variance)和差分(derivative)。

Experiment	Description	Mote type	Battery type	Sample rate/sensors	Set point
ERC	Empty-chamber, three positions sampled	Xbow	Alcaline 2* AA	11S T, RH, GPS	0 ℃, 8 ℃, 20 ℃
			Alcaline 2* D	11S T, RH, GPS	0 ℃, 8 ℃, 20 ℃
	Chamber loaded with 720 L of water,	Xbow	Alcaline 2* AA	11S T, RH, GPS	0 ℃
	Sampled inside and outside pallets			with and without GPS	
CWC	Chamber loaded with 13 pallets of chard,	Xbow	Alcaline 2* D	11S T, RH, GPS	3 ℃
	three position sampled				
		Xbee	LEAD 12V 6Ah	10S T, RH	

11.2.3　结果的准确性与真实性以及讨论的广度与深度

结果是指作者通过数据获取方法所得到各种数据。讨论是作者要回答论文所提的问题,评估研究结果所蕴含的意义,用结果去论证问题的答案。结论是在理论分析和实验的基础上,通过作者的概括、总结和推理而对实验结果进行的一种创造性、指导性和经验性的描述。

不少人在写论文的时候会把 results 和 discussion 两部分放在一起写,但是大多数的论文都是分成两个部分。这两种做法的选择,取决于文章的类型。如果结果在分析的同时进行讨论更加合适,并不适合单独拿出来分析(或者是那样做很困难,导致 discussion 成为鸡肋的时候),那么合在一起写是合适的;反之就要分开写。

1. 结果的准确性与真实性

结果的真实性就是要提供最为全面的分析结果,一切从实验当中能够得到的、用于证明所提供问题是或否的结果都应该提供给读者,不要故意隐瞒或者遗漏某些重要的结果。准确就是结果必须是要真实的,不能是伪造和篡改的。从某种意义上来说,结果不够详实并不会导致论文直接被拒稿,但是结果的真实性被人怀疑的话就肯定会被拒稿。

结果部分写作要求如下。

(1)按照研究方法中的时间顺序或重要—次要顺序来组织数据(图 11.8)。

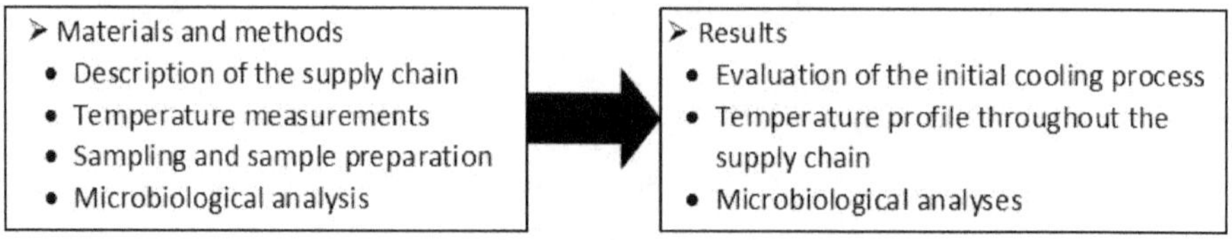

图 11.8　信息系统英文论文结果中数据组织的顺序

(2)在每一个段落中应遵循从最重要的结果到最不重要结果的叙述顺序。

(3)确定数据的最佳表达形式,如文本、图形曲线、表格。

(4)文字应与图表呼应互补,但注意文字、图形、表格不应重复相同的信息。

(5)清楚地描述变量响应或差异的重要性。尽量使用变化的百分数,而不用具体的数据。

(6)确保数据在通篇文章中的准确性和一致性。

(7)注意度量单位与有效数字。采用国际单位制,如果不是,注明并换算。

2. 讨论的广度与深度

讨论显示一个作者研究问题的深度和广度。深度是指论文对于提出问题的研究到了什么样的程度;广度是指能否从多个角度来分析实验中的结果。可以分为 2 个步骤:选择要深入讨论分析的问题,突出自己研究的创新性;对选中的问题按照一定的层次从多个角度来进行讨论,但需要和 results 保持一致,前后呼应。讨论部分包括以下内容。

(1)主要数据及其特征的总结。

(2)主要结论及与前人观点的对比。

(3)本文的不足。对于这点,一般作者看来不可取,但事实上给出文章的不足恰恰是保护自己文章的重要手段。如果刻意隐藏文章的漏洞,觉得别人看不出来,是非常不明智的。所谓不足,包括以下内容:①研究的问题有点片面,讨论时一定要说,It should be noted that this study has examined only / We concentrate (focus) on only / We have to point out that we do not / Some limitations of this study are… ②结论有些不足,The results do not imply / The results can not be used to determine(or be taken as evidence of) / Unfortunately, we can not determine this from this data / Our results are lack of…

(4)研究应用或将来研究。指出研究不足之后,一定要再次加强本文的重要性以及可能采取的手段来解决这些不足,为下一步研究打下伏笔。Not with standing its limitation, this study does suggest / However, these problems could be solved if we consider…用中文来说这是左右逢源，把审稿人想到的问题提前给一个交代，同时表明已经在思考这些问题，但是由于文章长度、实验进度等制约，暂时不能回答这些问题。但这些问题在将来的研究中可能实现。

3. 结论的严谨性与简洁性

结论是论文的总结，基本内容包括以下 4 个方面(图 11.9 为一个经典案例)。

第一，echoing the introduction：首先总结一下本研究的工作，然后给出详细结果，指出本研究结果说明了什么问题，得出了什么规律性的东西，解决了什么理论或实际问题。

第二，tests，amendments：对前人有关本问题的看法做了哪些检验；有什么一致或不一致之处；做了哪些修正、补充、发展或否定。

第三，undergoing work：与本论文相关的研究正在进展情况

第四，looking to the future：本研究的不足或遗留问题或将来的方向。

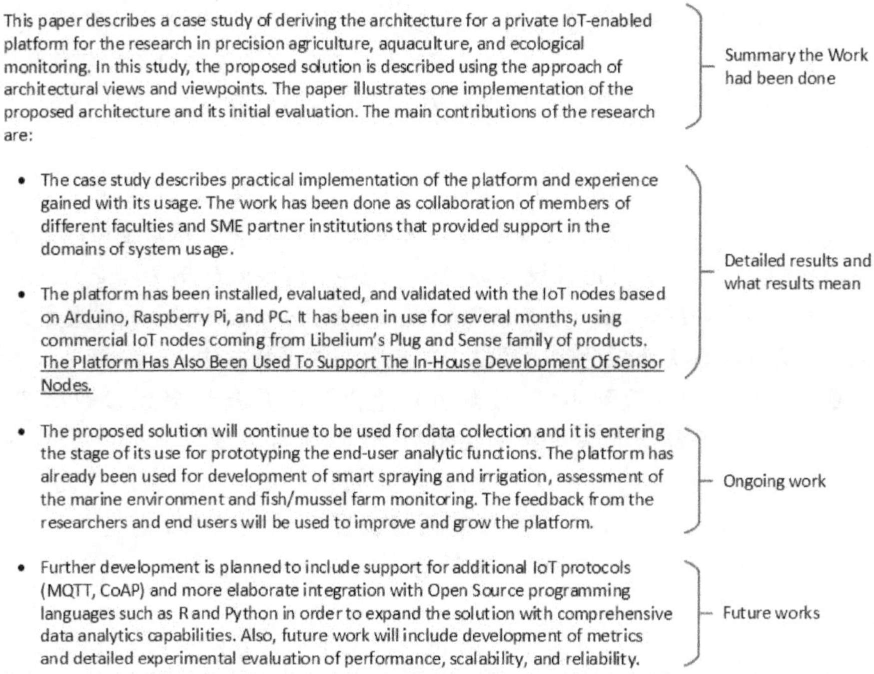
This paper describes a case study of deriving the architecture for a private IoT-enabled platform for the research in precision agriculture, aquaculture, and ecological monitoring. In this study, the proposed solution is described using the approach of architectural views and viewpoints. The paper illustrates one implementation of the proposed architecture and its initial evaluation. The main contributions of the research are:

- The case study describes practical implementation of the platform and experience gained with its usage. The work has been done as collaboration of members of different faculties and SME partner institutions that provided support in the domains of system usage.
- The platform has been installed, evaluated, and validated with the IoT nodes based on Arduino, Raspberry Pi, and PC. It has been in use for several months, using commercial IoT nodes coming from Libelium's Plug and Sense family of products. The Platform Has Also Been Used To Support The In-House Development Of Sensor Nodes.
- The proposed solution will continue to be used for data collection and it is entering the stage of its use for prototyping the end-user analytic functions. The platform has already been used for development of smart spraying and irrigation, assessment of the marine environment and fish/mussel farm monitoring. The feedback from the researchers and end users will be used to improve and grow the platform.
- Further development is planned to include support for additional IoT protocols (MQTT, CoAP) and more elaborate integration with Open Source programming languages such as R and Python in order to expand the solution with comprehensive data analytics capabilities. Also, future work will include development of metrics and detailed experimental evaluation of performance, scalability, and reliability.

图 11.9　一个信息系统论文结论的结构分析案例

结论基本写作要求如下。

(1)结论内容较少，可以不分条写，整个为一段或几段。

(2)结论内容较多，可以分条来写，并给以编号，如①，②，③等，每条成一段。

(3)结论里可以包括必要的数据,但主要用文字表达,不用插图、表格、参考文献。

11.3 信息系统英文论文写作、投稿与修改

11.3.1 第一步:论文写作计划和写作前准备

研究生在写作时,根据自己所做的研究工作,列出相应的成果(创新性)和目标期刊,确定所形成的计划论文数量,形成自己的一个逻辑框架(至关重要)。整体上,根据论文的创新点或研究成果,可以将信息系统类英文论文划分:综述类英文论文、信息系统全过程论文、传感器开发与测试类论文、数据处理与建模类论文、信息系统应用评估类论文和新方法应用和实验分析类论文。第2章图2.2给出一个分析框架。基于分析框架,结合第7章相关模型描述,有以下2条主要思考思路。

第一个计划思路:从信息系统整体研发角度出发,考虑系统模型(直接测量和间接测量)/方法—系统(管理信息系统—决策支持系统—专家系统)—系统评估链条为核心创新点考虑。这样,针对一个信息系统可以从4个方面形成不同层次的论文。

例如,完成了一项水产品无水保活监测系统的研究工作,至少可以考虑以下小论文逻辑。

计划论文1:单一参数预测(直接测量),重点是对传感器或其他测量工具能够直接获取参量的数据处理与分析,也是信息级决策模型(参见第7章);也可以是业务流程或需求建模。例如,论文题目设定为 *An on-line oxygen forecasting system for waterless live transportation of flatfish based on feature clustering*,重点突出基于特征分类方法实现无水保活运输环境中的氧气在线预测方法。

计划论文2:综合参数预测(间接测量),重点突出是基于多元参数所建模的间接测量模型,即产品级和决策级的决策模型(参见第7章),比如论文 *Survival prediction system for waterless live Chinese Sturgeon transportation based on temperature related glucose changes*,重点是通过温度和血糖感知,建立存活率的预测模型。而存活率是一个无法直接测量的参数,必须通过其他可直接测量的参数来获得。

计划论文3:基于WSN的信息系统(更多计算机技术系统),以系统分析—系统设计—系统实现为主线来展开论文,核心要点也是相关信息技术与计算机技术,包括感知和控制模型等。例如,论文 *MW-MTM: A mobile wireless monitoring and traceability management system for water-free live transport of aquatic products*,重点内容是移动式无线监测方法,以及追溯系统中的QR码建模等。

计划论文4:基于WSN的信息系统(模型+知识),重点分析信息系统类型,如果

是决策支持系统，重点讲解决策模型与方法，即合并信息级、产品级和操作级等多决策模型；如果是专家系统，则重点讲解知识获取与表示、推理机理等方面。例如，论文 *Development and evaluation of an intelligent traceability system for waterless live fish transportation*，重点是无水保活中相关决策模型与数据挖掘。

计划论文 5：多品类对比分析，内容还是以上 4 点或某几点，但研究对象是侧重同一方法在不同对象中应用的共性和特性。如论文 *Temperature performance and food shelf-life accuracy in cold food supply chains—Insights from multiple field studies*，研究了不同冷鲜食品供应链中温度性能和货架期精度问题。重点是不同供应链的对比(Göransson et al.，2018)。

计划论文 6：无水保活运输技术综述论文：综述可以从无水保活运输技术（原理、品控技术、信息技术）等方面展开，也可以从某一个小的方面展开。如论文 *Biosensors for the assessment of fish health：a review*，重点综述了应用于活鱼健康监测与评估的生物传感器。

计划论文 7：无水保活传感技术论文，重点描述应用无水保活过程中活鱼活性检测的传感技术，重点创新之处在于感知模型。比如，论文 *Fish stress become visible：A new attempt to use biosensor for real-time monitoring fish stress*，重点描述了一种适用于活鱼应激检测的新型生物传感器开发。

第二个计划思路：从信息系统应用管理角度出发，在第一链条系统开发的基础上，考虑"系统消费者感知—企业采纳—系统成本/收益—系统成败—系统演化与提升"链条为核心创新点。这一链条重点是在信息系统开发完成之后，收集与整理信息系统在解决组织实际问题过程中所遇到的相关管理问题，并进行理论化分析与阐述，最终提升系统效率。

例如，在食品质量可追溯系统中，除了可追溯开发过程，还可以计划以下论文。

计划论文 1：可追溯系统消费者感知—企业采纳层次，这个层次重点是从利益相关者出发探讨其对信息系统（可追溯系统）的认知程度。如，论文 *Adoption of traceability system in Chinese fishery process enterprises difficulties，incentives and performance*，重点从企业角度出发，分析企业采用可追溯系统中的困难、动机和绩效。论文 *Consumers' perception toward quality and safety of fishery products，Beijing，China*，从消费者角度出发，分析消费者对可追溯水产品质量安全的感知程度。

计划论文 2：系统成本/收益—系统成败—系统演化与提升，这个层次重点是对系统应用进行分析和评估，以实现系统可持续发展和应用（参见第 6 章）。例如，论文 *Applying evolutionary prototyping model for eliciting system requirement of meat traceability at agribusiness level*，从形式上是一个系统开发过程中系统需求建模的论文，但从本质上，更多是应用原型法跟踪追溯系统的应用过程，分析其在实际应用过程中的需求，以提升系统成功和效率。论文 *Strengths and limitations on the operating mechanisms of traceability system in agro food，China*，系统分析了食品质量安全可追溯运行的 3 种模式和机制，从设计、数据、成本和运营等 4 个维度对其进行了比较分析，用于阐述食品质量可追溯系统可持续运营。

确定论文计划之后，进行以下几方面准备工作。

(1)第一，经过比较分析可以确定具有可能性的论文或给出优先顺序(重点考虑论文中的创新点、亮点；论文层次与数量；论文与论文之间的逻辑关联)。

(2)第二，收集和寻找创建模板的论文(特别是初次写英文论文)。例如：发表于国际知名期刊、最近 3～5 年内、作者母语为英语。一般而言，收集 15 篇以上，通读 10 篇，精读 5 篇。

(3)第三，选择研究思路与写作内容紧密相关的论文，创建论文基本模板，包括句子的结构、长度、句式变化；怎样开始和结束；如何承认他人的贡献；等等。

(4)第四，模仿 2～3 篇论文搭建和完善论文框架(概念图法)，仔细修改，补充相应文献，再通读再修改，使论点和论据最大限度地明确(sharpening)。

在准备期间，需要注意的问题是：尽量不要先写出中文对照论文，然后直接翻译，尤其是一对一的逐句甚至逐词强行翻译，最好是寻找英文为母语的人写的与此相类似的话去套。写出地道英语论文的窍门：多读，多记，多背一些句子甚至段落，英文不怕模仿(copy)，但注意标注出处。只有能用英语思维的人才能写出好的英文。

11.3.2 第二步：写作过程中学生与导师互动

导师和学生讨论论文的基本构思、框架、插图；学生说明实验结果的创新点；决定投寄何种杂志。学生向导师提供与该课题有关的文献(20～30 篇)。由学生撰写论文初稿，送交导师；导师对初稿做出评论；学生补充实验数据并提出修改意见，但通常并不立即修改(具体修改过程可以借鉴第 10 章关于学位论文的修改)。

论文修改和定稿过程中，还可以借鉴以下原则进行自我审核。

(1)文、题相符，重点突出。

(2)论文层次结构紧凑，逻辑性强(枯)。

(3)论文是否冗余重点不突出：篇幅太长，已知的一些基本原理说得太多。

(4)论文思路、提法是否客观。

(5)论文描述是否客观、贴切？叙述客观，实事求是，切忌夸张。

(6)论文有足够的深度吗？(涩)根据论文的目的，深度有所不同。

(7)论文是否通俗易懂?(润)谁能看懂文章?

(8)英文缩写别人是否能够正确理解?

(9)公式中的符号是否定义?

(10)文献的出处是否标注清楚等。

(11)图、文不符;图太小,图中的文字、符号看不清。

11.3.3　第三步:投稿(核心信件:投稿信)

一篇论文能否被录用:论文学术水平是基础,编排格式是条件,投稿方向是关键,投稿策略是保障。在投稿策略上,战略上藐视,战术上重视。根据创新程度,选择适合刊物投稿,从期刊主页(homepage)下载作者须知(instruction for author),按投稿要求,如论文体例、参考文献引法、配图说明(figure legends)等,逐条遵循。论文的最后一稿准备好后,就可以进行投稿,然后等待评审意见。图 11.10 给出投稿之后作者—编辑—评审三者之间论文流转过程及核心信件。

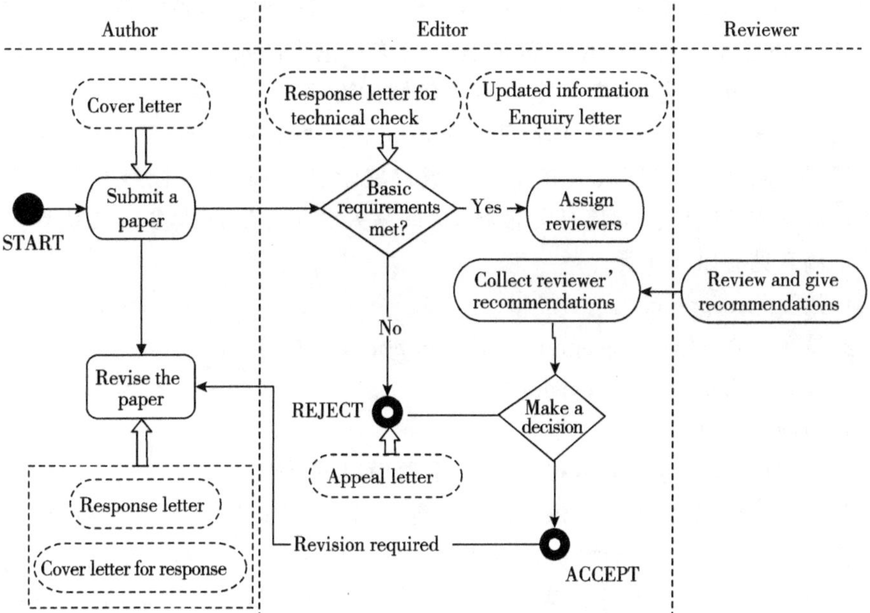

图 11.10　作者—编辑—评审三者之间的论文流转和核心信件

投稿时除了手稿(manuscript),重点就是准备投稿信(cover letter)。投稿信应包括以下几方面的内容:文题和作者的姓名;稿件适宜的栏目;此论文适合于在该刊上发表的理由;关于重复或部分发表或已投他刊的说明;建议审稿人及因竞争关系不宜作为审稿人的名单;通信作者(corresponding author)的姓名、地址、电话和传真号码、E-mail。参见图 11.11。

Dear ××,
The submission entitled "..." is the original work of authors. It has never been published anywhere.
All the authors have agreed Dr. ... is the corresponding author of this work.
The selected subject classification is "..." in "..."
The novelty in results of this work include:
Recommended potential reviewers or not be considered(Due to a direct competition and conflict of interest, we request that Drs. ... of ... Univ. not be considered as reviewers.)
Looking forward to your decision,
Sincerely yours,
××

图 11.11 初次投稿时的 cover letter 样稿

11.3.4 第四步:修改(核心信件:回复信、申诉信)

基于图 11.10,一般来说,投送的稿件至少要经过一次技术性审查。这种审查通常是由期刊的编辑进行的。编辑部的责任是统一论文的格式、审查文字、处理审稿意见。经过技术审查之后,期刊邀请相关领域的专家作为审稿人,责任是对论文的创新性和正确性进行审查,审稿意见一般应包括为提高稿件质量而应做修改的建议。国际核心刊物的审稿人大多是各领域权威学者,期刊出版社经常征询编委意见,选择最佳审稿队伍。审稿是无报酬的,审稿人的工作态度大多极其认真。一般而言,审稿意见有以下 4 类。

(1)接受(acceptance)。

(2)接受,少量修改(acceptance with minor revision)。

(3)修改后再审(major revision)。

(4)拒绝(rejection)。

当作者收到编辑返回的审查意见时,需要做以下处理。

第一,应很重视,仔细分析每一条评审意见,思考评审专家为什么要提出这些建议,并据此修改论文。俗话说"旁观者清",审稿人作为一个旁观者,意见总有一定道理。有的作者觉得审稿人没有读懂文章,对其意见就不认真考虑,这是不对的。审稿人是论文的第一读者,如果他没有读懂,作者必须思考论文有什么地方难以理解,否则如何面对更多的读者?

第二,对待前 3 类评审意见,主要需要对论文进行修改和完善。在回复评审意见时,需要遵守以下 3 个黄金原则(golden rules)。

Rule 1,answer completely。修回不要仓促,要反复阅读、理解审稿人的问题。

对每位审稿人提出的意见要逐条回答;过长的审稿意见可以人为拆成小条目,然后逐条回答;对修回稿中已修改的地方要具体标明(page, lines)。即使是一些建议是类似赞美的话,也需要回复一段类似"We thank the referee for these comments"的语句。未做修改的地方要说明理由(尽可能不存在这种现象)。

Rule 2,answer politely。无论评审意见内容如何,都是审稿专家花费了一定个人时间提出的。因此,避免使用类似"we totally disagree"或"the referee obviously does not know this field"的语句进行回复。相反,试着找出一些共同点,使用以下面单词开头的短语,如"we agreed with the comment about , but… ""although we agreed , it is true that…, but…"。

Rule 3,answer with evidence。回答审查意见,尤其是反驳时,一定要有明确的证据支持,而不是简单说"不同意",参见下条分析。

修改完成之后,认真仔细审查论文,对于评审专家没有提意见的地方,如果认为不合适也可以主动进行修改,并在 response letter 中说明。然后 response cover letter,response letter,manuscript 一起提交返回编辑部。其中 response letter 的格式主要包括如下。

(1)General response:在开始,总体回复一下,感谢编辑和审稿人对文章提出的宝贵意见,同时对 response letter 的格式进行简单说明(主要用于第二部分回复)。

(2)Point-to-point response:将审稿人的意见(斜体)逐一编号,然后一一回复(正常的字体),回复时以 author reply 或者 response 等字眼开头。这一部分非常重要的是清晰的格式和排版,要让编辑和审稿专家看得省心,很容易区分问题和答案。回答时针对具体问题具体分析,并按照 3 个黄金原则一一回答。

(3)结束语。表达愿意在必要的情况下进行更多修改的意愿。

图 11.12 给出一个评审意见及答复样稿。

其中,评审意见认为论文所采用的方法没有创新性,创新性仅仅体现在区域应用。在回复时,更多是解释了采用已有方法的好处,例如,能够为不同区域的特征比较提供可能性。一般来讲,修改之后的论文还会返回给原评审专家进行二次或多次评审。如果见到所提出的意见没有被修改,大概率会建议拒绝。

第三,对待第四类评审意见,是作者犯难的问题。

论文被拒稿不一定与论文水平相关,有很多因素都决定了论文被采纳与否,如审稿人的水平、期刊办刊宗旨与范围、论文本身缺陷等。因此,必须分析具体理由:第一类拒绝是"完全的拒绝"。主编通常会表达个意见,对这类文章永远不愿再看到,再寄送这类文章是没有意义的。第二类是文章包含某些有用数据和信息,主编拒绝是因数据或分析有严重缺陷,这类文章不妨先放一放,等找到更广泛的证据支持或有了更明晰的结论后,再将经过修改的"新"文章投给同一期刊,主编通常会考虑重新受理该文。

Reviewer #1: The paper is not showing substantial amount of novelty except that is one of the first article from China. However is good illustration... If this is considered with editorial board sufficient added value than it is suitable for publication. But if they look for substantial methodological novelty than this article does not heave methodologically new approach and also not data/results which can add some novelty to the field of food safety or traceability.
4. Line 64, Materials and methods, please provide the statistical analyses and enough information to explain how the chosen methods have been applied to the data in this paper.

Response letter

Dear Editor,
Thank you very much for considering our paper (Manuscript Number: * * *) "* * *". We are also very thankful to the constructive comments from the reviewers. We have revised the manuscript according to the comments. Please find our responses to the reviewer comments listed one by one at the following and you also can find the indicated revisions in our updated manuscript.
Reviewer 1:
We think the reviewer is correct. The original purpose of the paper prefers to provide some information about the fishery traceability system. So we followed by the methods adopted by other researcher not select the novelty. Further, the results can be easier to compare with other results provided by the other authors at home and abroad.
1. *Line 64, Materials and methods, please provide the statistical analyses and enough information to explain how the chosen methods have been applied to the data in this paper.*
Answer: some supplemented word had been added at line 106, 108—110 to methods selection. One separate section is added to explain the analysis methods.
2. ...

图 11.12 论文评审意见和 response letter 样稿

总之,只要论文具有一点创新性,都是有价值发表的,被拒稿不要灰心。如果认为自己的工作有价值,主要是审稿人在这方面的知识不足造成的,强烈建议详细修改补充论文后和编辑争辩,毕竟科学的东西只支持正义和真理。

对待 rejection,具体处理方式有以下 2 种。

第一种:根据评审意见,遵循前面的 3 个原则认真修改论文,并准备 response letter 和 cover letter 仔细回答审稿专家提出的问题,然后作为新的稿件再次投到原期刊(而非原稿件的修改版,区别体现在论文编号和后续处理流程),并解释为什么继续投到原期刊,如 this journal is a more appropriate journal; the manuscript has been improved as a result of its previous review 等,期待再次审核。也就是说,直接把 rejection 当作 major revision 情况处理。一般情况下,编辑会认真阅读 cover letter,然后决定是否继续送审以及是否送到原评审专家手里。

第二种:写申诉信(appeal letter)(图 11.13),认真修改论文,并准备 response letter 和 cover letter,回答审稿专家提出的其他非致命问题或其他审稿专家意见后,再次投到原期刊。此时,编辑有可能直接接受申诉选择 acceptance,也有可能按照原先稿件编号继续送审。

Dear Editor, Thank you for your kind attention to consider our work in… I am terribly sorry for such a terrible conclusion made by the reviewer. So, I should give a rebuttal against the comments of the reviewer(类似的句子可以更多,以显示愤怒情绪), I doubt whether he has read our manuscript carefully and completely or not. (具体地针对评审人所提出的问题的驳斥) As an eligible reviewer, he should assess the manuscript from any authors righteously and carefully. He should give reasonable and convictive evidences for his comments. The reviewer should show his understanding to the work that he is reviewing. In short, we could not accept the comments given by the reviewer #1, and hope that he can withdraw his unjustified conclusions for our present and future work. We are pleased if the editor can justify our rebuttals. Thank you for your patience and kind attention.

图 11.13　论文被拒绝时,appeal letter 样稿

可以看出,申诉信核心部分应该是:针对评审人所提出的问题进行驳斥。其他内容是跟之前的投稿信基本上是一个思路。下面给出了一个简单的申诉信核心部分。案例是一篇写智能决策支持系统的论文在投稿《*Expert Systems with Applications*》时被直接拒绝,评审意见认为:"Review point 2: They felt your paper may be better suited perhaps for a decision support systems-focused journal。"针对这个评审意见,可以从以下几个方面进行反驳和解释。

(1)The paper has 20 pages, excluding the reference. 10 pages (almost half of the paper) describe how the intelligent technologies apply into the decision support system.

(2)And we also discuss the problem and difficult during the intelligent technologies application into the system in conclusion and discussion part.

(3)So we think the paper content meet the journal aim and scope.

11.3.5　第五步:论文接受、修订和发表

论文被接受之后的事务是①版权转让;②样稿校对;③开放获取期刊还要支付版面费。

论文发表和写作过程避免以下几种 deadly sins。

(1)一稿多投(Multiple submissions)。

(2)重复发表(Redundant publications)。

(3)剽窃(Plagiarism)。

(4)数据篡改和造假(Data fabrication and falsification)。

(5)不适宜地使用人类或动物(Improper use of human subjects and animals in research)。

(6)不适宜的作者贡献(Improper author contribution)。

第12章 信息系统发明专利答复和基于答复导向的写作技巧

我国专利法规定可以获得专利保护的发明创造有发明专利、实用新型专利和外观设计专利3种，其中发明专利是最主要的一种。发明专利的作用对于个人而言，能够保护自身科研成果，促进职业发展，实现成果转化，学业或职称晋升条件等；对于单位而言，可以提高企业的研发水平，申请国家地方政策性补贴、奖励和科研项目，增加企业融资机会等。

信息系统类发明专利内容中包含了更多的算法、商业规则和方法等面向信息系统领域的特定方法，技术特性并不是十分明显。因此，如果答复环节不仔细分析对比文件及审查意见而简单回答，就往往不得要领而导致驳回率比较高。

本章在分析发明专利审查流程基础上，分析了信息系统类发明专利被驳回的原因，讲解了发明专利答复技巧和基于答复导向的写作技巧。

12.1 发明专利审查和答复基本原则

12.1.1 发明专利审查流程与方法

我国专利法规定的专利类型有3类：发明专利、实用新型专利及外观设计专利，一项产品发明可同时申请多种专利，一项技术方案也可以同时申请实用新型和发明专利。国家知识产权局对实用新型和外观设计专利不进行实质审查；而发明专利，则需要进行实质审查。专利审查的流程如图12.1所示：提出申请—受理通知—缴申请费—初步审查—合格通知—申请日起18个月公开—提出实审请求，缴实审费—实质审查（意见通知—意见陈述，可能有多次来回。一通答复期限：发文日起4个月；N通答复期限：发文日起2个月）—授权通知或驳回通知—如果授权，缴费—发放证书。一般而言，实用新型专利由于没有实质审查，批复比较快，可尽快获得相应保护，通常需1年左右；发明专利则需1～3年审查批准时间。

专利审查通常使用三步法来判断发明或实用新型相对于现有技术是否显而易见，即：先确定最接近的现有技术；之后确定发明或实用新型相对于最接近的现有技

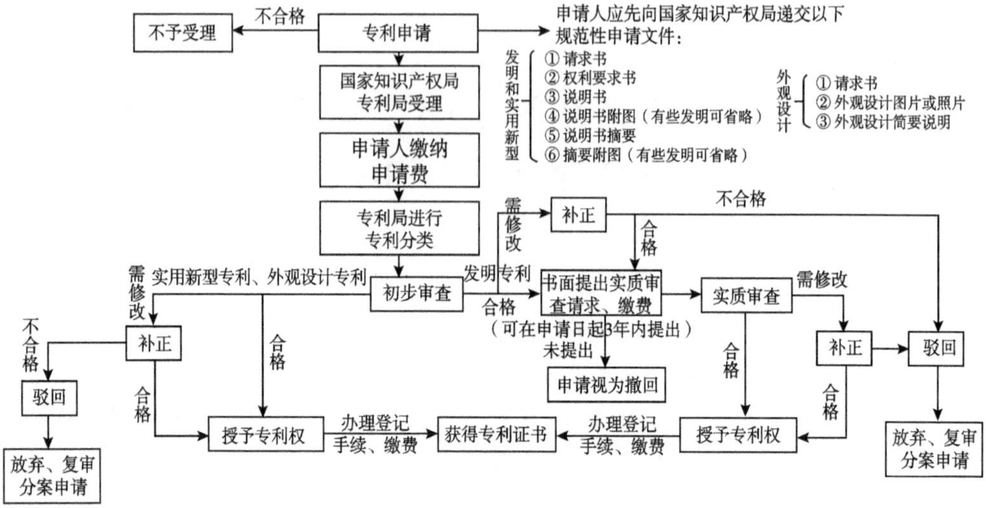

图 12.1 专利审查的流程

术的区别技术特征及其实际解决的技术问题；最后判断要求保护的发明或实用新型对本领域技术人员来说是否显而易见。也就是说，专利审查人员首先进行检索，获取与申请专利相关联的文件作为对比文件，用来支持或驳回专利申请。

第一步，审查员检索一个或几个与申请专利接近的专利或文献，形成所谓的区别技术特征点，一一列出。当检索到多个相关文件时，一般会经过初步分析，将最接近的现有技术或申请专利的对比文件列为1号。然后对比分析申请专利与对比文件1的解决方案，形成区别技术特征点，进一步判断技术特征点在功能上是否紧密结合、共同构成了解决某一技术问题的技术手段，并且能够获得相应的技术效果，之后认定本申请专利所要解决的技术问题。

第二步，引用已经发表的文献或授权的专利，或者以可想而知、本领域常规技术，对所提出的区别技术特征点进行逐一反驳（通过指出是技术启示和技术组合），得出每一个技术特征点的创造性都不成立。在这个过程中，审查员一般情况很少考虑申请专利的特殊情景及技术叠加（不是技术启示）所形成的整体效果，更多的是直接忽略这些特征或者将其技术特征割裂，从基础或原理等高度抽象化的角度出发进行逻辑推导，有时也会断章取义，导致无法客观评价发明的实质贡献。例如，在人、动物、植物、机械等领域应用的同种传感技术，所涉及的装置和方法是一样的。再比如，申请专利写道："基于上述可以得知：本发明中采用全氟磺酸高分子膜和葡萄糖氧化酶层之间具有优良的导电性能，可以提高血糖传感器检测效率。"其中，"基于上述"是指申请专利所提出的制备工艺，之后基于工艺所制造的材料，产生了"结构决定功能"的效果。但审查员却断章取义，从冒号之后的"结构决定功能"开始截取，断定全氪磺酸高分子膜和葡萄糖氧化酶层之间具有优良的导电性能，可以提高血糖传感器检测效率，是材料本身的性能，与工艺无关，从而得出这种制备方式变化难以产生预料不到的技术效果的结论。

第三步，推导出来申请专利无创新性或创造性。这个判断步骤相对于前两个步骤而言，存在更多的个人主观性，也是争议最多的。所以当申请人看到对比文件时，就会发现很多对比文件及其中所包含的技术是想不到的。但审查意见却是可想而知、技术启示等。而且，《审查指南》也没有一个统一的标准来指引如何使用多个对比文件来评述专利的显而易见性。

案例 12.1 从专利审查文件和所引用对比文件，来分析说明专利审查思路(图 12.2)。

案例 12.1　申请专利"面向无水贮藏环境下的氧气含量动态预测方法及装置"

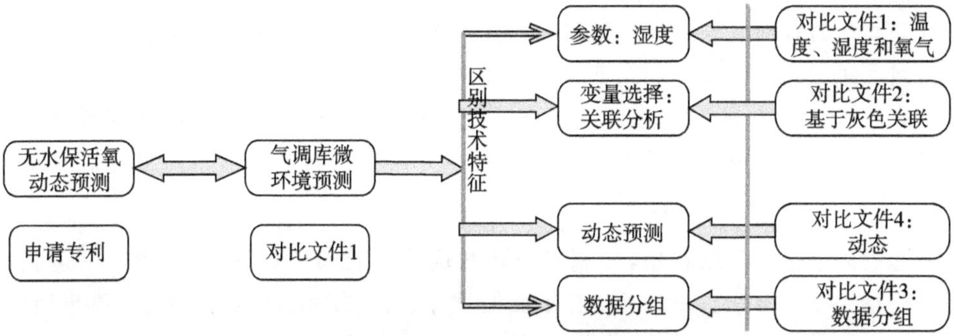

图 12.2　基于区别技术特征的专利审查文件分析

(1)对比文件 1：基于灰色系统理论的气调库环境预测模型。

(2)对比文件 2：一种基于灰色关联的海洋混凝土耐久性能预测模型参数确定方法。

(3)对比文件 3：温度、湿度和氧气对海湾扇贝无水保活的影响。

(4)对比文件 4：基于灰色理论的短期电力负荷预测方法。

专利审查员认为："权利要求 1 与对比文件 1 公开的内容相比，区别特征在于：本申请还包括湿度的时间序列；计算每组样本在无水贮藏环境下二氧化碳、温度以及湿度的时间序列与氧气的时间序列之间的关联系数；基于所述关联系数，获取两个相邻时间节点间二氧化碳、温度以及湿度与氧气之间的关联度；基于氧气的时间序列和上述关联度中的最大关联度所对应的参数的时间序列，建立氧气含量动态预测模型。"基于上述区别特征，本申请要解决的问题是：如何实现对氧含量进行准确预测，避免单一获取方法的误差。

之后，专利审查员总结和分析对比文件的技术特点，得出结论：对比文件 2 公开了通过采用与预测变量相关的变量，根据多个变量的序列计算相关系数及相关度，根据相关度最大的变量建立预测模型进行预测……在此基础上，本领域技术人员可以将该预测方法用于氧气预测中，以解决对氧气的准确预测，即对比文件 2 给出了将其用于对比文件 1 以解决准确预测氧气含量的技术启示。实际上，对比文件 2 是“海洋混凝土耐久性能预测模型参数确定方法”。海洋混凝土耐久性能与保活运输是两个不同的领域和研究对象，但审查员给出的意见却是有技术启示。

对于区别技术特征之一的数据分组，专利审查员给出的回复是：对于区别技术特征(2)，对比文件 3 公开了在无水保活环境中，温度、湿度和氧气会影响海湾扇贝无水保活，在建立环境预测模型时，根据不同活体的身体特征，利用模型控制模型分组并设置具体的时间节点采样，这是本领域的常规技术手段。但实际上，通过对比文件 3 检索，可以发现文中没有提到根据不同活体的身体特征，利用模型控制模型分组并设置具体的时间节点采样。控制字眼仅出现了 2 处：第 1 处，“在实际生产中，将温度控制在 4 ℃比较容易……”；第 2 处，“要严格控制临界温度比较困难……”。检索分组采样(取样)模型字眼，根本没有检索到，更别提组合说法。且在其实验设计中明确说挑选个体大小均匀的鲜活海湾扇贝不可能会根据不同活体的身体特征进行分组，与审查员的说法矛盾。

通过以上分析可以看出，专利审查擅长的思路：断章取义—以偏概全—逻辑推理—化整为零—各个击破。落实在纸面的具体理由，使用：①公知、常识、可想而知；常规技术和无技术进步；②技术启示和组合；非技术问题。

12.1.2 发明专利审查结果分析

在发明专利审查意见通知书中，审查员会提供对比文件、权利要求驳回理由、倾向性意见、联系方式和审查内容等资料。在经过审查之后，会出现两种情况。理想情况如图 12.3 专利 n 次审查结果 a 所示，至少有一条权利要求没有被驳回。然而，多数情况如图 12.3 专利 n 次审查结果 b 和 c 所示，所有的权利要求均被驳回。

□权利要求______不具备专利法第 22 条第 2 款规定的新颖性。
☒权利要求 1-4 不具备专利法第 22 条第 3 款规定的创造性。
□权利要求______不具备专利法第 22 条第 4 款规定的实用性。
□权利要求______属于专利法第 25 条规定的不授予专利权的范围。
☒权利要求 5、10 不符合专利法第 26 条第 4 款规定。

(a)

□权利要求_____不具备专利法第 22 条第 2 款规定的新颖性。
☒权利要求 1-8 不具备专利法第 22 条第 3 款规定的创造性。
□权利要求_____不具备专利法第 22 条第 4 款规定的实用性。

(b)

☒权利要求 6 不具备专利法第 22 条第 2 款规定的新颖性。
☒权利要求 1-5、7-10 不具备专利法第 22 条第 3 款规定的创造性

(c)

图 12.3 专利 n 次审查结果的两种情况

12.1.3　信息系统发明专利答复的总则

发明专利答复更像是一个“思辨”的文字游戏过程(辩论比赛)。审查方企图一棍子将专利申请打死,专利申请人却不能直接简单答复,必须将审查意见拆开了揉碎了进行一一反驳。信息系统研究专利答复的基本原则:强调问题+方法。以问题为主,方法则是如何根据问题进行改进或创新,并且形成整体效应。

总则:6 个层次 18 个字(差异化、抽象化、逻辑化、及时化、务必做、避免做)。

(1)差异化:找出与对比文件的不同点(考虑感知机理、结构功能、信息处理、材料选择等),寻找时,不用考虑对比文件之外的其他任何文件;不同点即差别、不同之处(先不管实质是否一样,罗列出表面说法不一致的内容)。

(2)抽象化:抽象和高度概括出专利创新(问题和方法)的本质,使得差异化对比更明显,从基础的理论和概念出发,用简短的词组或句子,最好形成鲜明的排比结构;可以提炼出专利中所涉及的业务或方法流程或过程,尤其是与对比文件相比有改进的流程;进一步明确申请专利与对比文件相比的最核心创新点是什么。

(3)逻辑化:通过多种推理或阐述方式论证差异化,最好从正、反两个方向证明创新性,可不局限于当初写专利时的想法,适当结合审查时的资料进行外延式阐述。

(4)及时化:要积极主动,及时联系代理完成文件以缩短等待时间。

(5)务必做:务必修改专利权利要求书。

(6)避免做:避免跟着专利审查人员的思路跑;避免对专利代理盲从。

基于以上总则,答复包括以下 6 个步骤。

第一步,通过差异化,找到本申请专利与对比文件不同之处,特别是本质区别。这步需要结合专利审查员的说法,提出反驳的方向和要领。需要注意的是:①专利审查员引用的所有对比文件都要分析;②任何不同之处都不要放过,但要明确哪些是本质创新点。

第二步,通过抽象化,进一步明确差异化,形成从文字方面定性的、直观的区别,从形式上进行反驳。可以列出一个对比分析表格(可参考第 3 章文献综述分析方法),列入这 2 步找出来的差异,在随后反驳中引用。

第三步,通过逻辑化,对第二步所形成的定性的、直观化的差异通过“引经据典、旁征博引”再进行逻辑推导,从更严谨的角度证明所申请专利的创新性。建议:推导过程中尽可能从申请专利和对比文件直接引用原话,并标明其页码和段落所在;从正向、反向单方面或正反结合进行推导。

第四步,修改发明权利要求。通过合并权利要求;从说明书提取信息补充原有的权利要求或形成新的权利要求。并最好能够进行详细的解释以证明其创新性。

第五步,要适当断章取义,形成有利的反驳证据,对反驳不利的信息可以选择性忽略。还可以结合当前情况组织材料，对原有技术方案进行新的阐释和分析。

第六步，基于以上分析，申请人列出答复要点和补充材料，准备好回复初稿，及时联系代理写回复，并交互完成。代理更熟悉专利审查法或总则、专利回复套路。提交之后，在再次审查之前，还可以主动联系审查员进行主动补充和修改。

案例 12.2 申请专利"一种车厢内环境的测控系统和方法"

申请专利重点是针对成年商品活体动物，需要考虑动物死活、健康及屠宰后品质；同时，运输环境是非封闭环境，需要考虑动物生理活动产生的气体(硫化氢、氨气、甲烷)、汽车发动机所产生的气体(一氧化碳)。而专利审查员给出的对比文件1是智能雏禽专用运输车及其实现方法，是对雏禽运输进行监测。雏禽体型小，仅需要考虑死活；为了保证雏禽存活，根据氧气浓度，对封闭的恒温车厢进行送风和排风。可以说，区别点十分明确。但答复时如果单纯讲"两种运输由于对象不同，对车厢环境的控制需求并不相同，相应地进行环境监测和控制的模块的作用也不相同"，就不能很好地回答"技术启示"。所以，必须提炼出申请文件和对比文件的本质区别。例如，申请专利中，车厢用于活体农畜产品运输，为栅栏车厢，属于非封闭环境，考虑的气体不仅有本源气体(硫化氢、氨气、甲烷)，还有外源气体(一氧化碳)。而对比文件1是封闭车厢，仅仅需要考虑本源气体。经过提炼之后，申请专利和对比文件的差异更明显，由于控制情景完全不一样，不可能存在技术启示。

案例 12.3 无差异化和抽象化导致专利答复没有力度，不起任何作用

在专利回复初稿中：对比文件3不涉及网络模型进行数据分析的方法，其具体利用的是主成分分析方法来对电子鼻的响应值进行分析。其进行数据分析的方法，与本申请的基于核神经网络模型的方法是不同的两个领域。

点评：答复初稿中提到了不同的两个领域。但怎么不同，具体什么领域？这种回复不明确、无力度，没有明确说清楚两种方法本质区别是什么。回复并不能反驳专利审查员所提出存在"技术启示或可想而知"的质疑，反而证明了申请专利与对比文件之间存在着一定的技术启示。实际上，通过分析和提炼，可以明确看出两种方法的本质区别：有损VS. 无损+增益。即主成分分析法是一种降维方法，用少量数据代替总体数据，肯定会产生信息损失。而核神经网络模型不降维，直接进行数据挖掘，在不损失信息的前提下还能够挖掘隐含信息。因此，只有在答复中明确指出本质区别，才能有效反驳"技术启示"。

再比如，专利审查意见为："由对比文件1公开的二元变量模型推导出三元变量模型，是本领域的公知常识""对比文件2中标幺响应曲线的公式不同，并且对比文件2未明确采集初始的稳定状态值，然而对于标幺响应公式和参考值的选取是本领

域的公知常识”。

而专利答复时：对于第一个公知回复，由于实际中存在涉及“温度、湿度、气体浓度”的问题，所以，才会去解决这些问题，故本申请根据采集到的温度、湿度和气体浓度因素的数据信息获得温度、湿度和气体浓度的响应曲线，以及根据所述相应曲线转化后的标幺响应曲线，才会具有针对性，而不会因为不同领域及变量多少等因素而容易想到。因此，对比文件 1 所涉及的领域及变量个数并不能说明本申请的参数获取步骤是常规手段。对于第二个公知回复，虽两者均涉及了“响应曲线及标幺响应曲线”，但两者所涉及的应用场景不同。申请人认为，在不同的领域中，涉及相同算法，应该从所涉及的场景、领域和具体操作步骤出发，并非因算法相同，便认为容易想到应用到该场景中(这就是技术启示本质)。

点评：通过仔细分析，可以看出，这两个答复均没有能够本质上明确地反驳区别技术特征是公知，而且更加印证了公知或技术启示。实际上，对于第一问题，二参数肯定不可能直接推导到三参数，因为三参数就会有两两相关带来的多重共线性，而二参数就不会存在这个问题。因此，申请专利通过标幺响应函数处理和改进 PID 模型等手段解决了多重共线性问题。对于第二个问题，对比文件 1 解决的是温室条件下农作物更好地生长。就控制对象而言，其生长趋势是上升曲线；而申请专利是如何有效抑制冷链过程农产品生理活动，控制对象是衰变的下降曲线。因此，标幺响应公式和参考值的选取不仅要解决冷链中衰变下降曲线控制，还需要兼顾消除三参数多重共线性，并不是领域公知或常规技术。

案例 12.4 (案例 12.1 续)

通过分析所有文件，按照“研究对象—数据获取—数据预处理—数据建模过程及建模方法—集成装置”逻辑链条，找出了申请专利与 4 个对比文件的所有差异，并进行了详细分析，提取其差异点，进行抽象化分析，寻找其本质区别，形成表 12.1。

在分析过程中，尤其是针对一通和二通审查意见中，审查员认为由于含氧量预测涉及时间序列，即各个因素的变化是一个随着时间连续进行的过程，因此，在考虑各因素的相关系数时，根据相邻时间节点的相关系数，选择关联度最大的参数(说明其对含氧量影响程度更大)建立预测模型，为本领域的常规技术手段。而在一通回复时并没有对此关键点进行有效回复。二通答复时，通过仔细分析申请专利和对比文件中数据关联的特性：申请专利中数据关联是具有因果关系的多时间序列数据关联建模；对比文件 4 中数据关联是仅仅对单一时间序列分解成不同子集进行序列自相关关联建模；而对比文件 2 中数据关联是多序列(无因果关系，不是时间序列)相关分析。这样，就能够明确表示多时间序列数据关联建模不是一项常规技术。

表 12.1　面向无水贮藏环境下的氧气含量动态预测方法及装置相关对比文件分析

项目	对比文件 1	对比文件 2	对比文件 3	对比文件 4	申请权利要求
研究对象及解决问题	气调库环境预测	海洋混凝土耐久性能预测	温度、湿度和氧气对海湾扇贝无水保活的影响	短期电力负荷预测	氧气含量动态预测方法及装置
	环境预测建模	耐久性能预测建模	研究规律，没有建模，无预测	电力负荷预测建模	氧气含量预测建模及装置
研究情景	基于真实气调库运行	基于文献资料的研究	基于实验室，非实际运输过程	基于实际电力运行	基于实际无水保活运输情景
研究对象特征	果蔬 植物源性	混凝土 非生命体	海湾扇贝，个体大小均匀，无体征差异	电力负荷 非生命体	水产品，个体差异明显
数据获取方法及采样时间	动态监测获取	文献资料查找	实验方法，人工获取	仅提到 96 点/d，无数据获取方法与采样时间描述	动态监测获取
	固定时间 （每 1 h）	无采样时间描述	固定时间 （每 24 h）		基于生物体差异、贮藏时间长短和贮藏密度，动态调整
建模基本方法	采集后离线预测与分析	资料查找完成再预测建模分析	没有建模	采集后离线预测分析	边采集边在线预测边分析
数据预处理	无预处理，原始数据直接累加	无预处理	无预处理，直接比较	辨识缺陷数据，并缺损、突变数据补齐和修正	运用模糊控制对数据进行分组处理
建模过程	原始数据累加—准光滑性检验—准指数规律—紧邻均值—最小二乘建模—残差检验	关联程度—关联值—权重—排序—神经网络建模	没有建模，仅仅是显著性检验和表格对比	修正数据—修正模型中参数—预测日分段均值—选取最大—后验差校验法提高精度	模糊控制分组—关联系数—关联度—关联度最大—建模—装置—预警
关联性分析的区别	无关联性分析	数据特征关联分析，无因果关系	/	序列自相关关联	因果逻辑关联
集成装置	无	无	无	无	有

12.2　信息系统发明专利答复技巧

如果专利审查确实是由于上述的质疑而得出驳回结论，请不要气馁。这很大程度上表明专利审查员并没有找到与所申请专利真正类似或接近的文件。所以申请人需要针对以上原因进行有针对性的回答，同时对权利要求进行适当修改与补充。

12.2.1　对公知、常识和可想而知等问题的答复

在对专利审查意见中的公知、常识和可想而知等进行答复之前，一定要理解公知、常识具体的内容和含义，才能进行对比分析进而实现答复和反驳的目的。

(1)情景 1：以对比文件所提供说法为公知(审查员只是简单说根据公知，并不明确给出具体什么是公知)。

(2)情景 2：审查员给出了公知说法(审查员明确给出一段话，指出这就是公知)。

因此，公知和常识是指发明专利所在领域的基础理论或基本常识，也可能是通过对比文件总结而给出的技术内容。无论何种公知，答复时需要明确的一点是：运用公知解决特定问题的思路和方法并不一定是公知。一定要明确技术方案所解决的特定问题，进而阐述如何在解决特定问题的同时，形成区别于公知的创新点。

案例 12.5　申请专利“乙烯气体含量监测装置及方法”

给出的对比文件有 3 个。

(1)对比文件 1：面向水果冷链物流的气体记录装置及方法。

(2)对比文件 2：一种冷链运输温度监测与预警的方法及系统。

(3)对比文件 3：擦除终端数据的方法及终端设备。

在专利审查过程中，第二次审查意见通知书的一部分内容如下。

在对比文件 1 基础上，当存储模块存满之后，对存储空间进行管理显然是本领域公知常识，因而本领域技术人员自然容易想到存储模块存满之后，通过系统发送提示消息，让终端用户选择管理存储空间，即发送存储模式集合以供选择，同时，这也是关于各种智能装置中数据存储空间管理的常规技术。

当存储空间达到容量时，本领域技术人员自然会想到通过控制模块删除存储模块中的部分旧信息或全部旧信息，也即预先设置存储单元的存储模式；具体地，对比文件 3 公开了一种擦除终端数据的方法(参见权利要求 1、2、5)。

通过分析审查意见通知书可以发现：这里面的公知有 3 个层面含义：第一，存储空间满之后管理是公知；第二，存储空间满之后进行删除是公知；第三，指令下达之后执行删除是公知(即什么条件下执行)。

而申请专利的核心方案也是存储空间管理，是存储满之后如何删除。也就是说，专利审查员所找到的点是十分准确的：3个文件核心共同点都是存储空间管理。这个时候，就应该仔细寻找对比文件与申请专利之间的区别，以便组织有效的回复。

通过仔细分析，可以发现：

第一，对比文件1技术方案是：通过采集过程采用压缩感知的方法，减少数据量，以便有效节省存储容量，实现有效利用存储空间的目的。

第二，对比文件3技术方案是：等手机存储空间不足时，对手机里面保存的文件进行删除。但这个删除有前提条件：必须接收到用户或服务器发出指令（公知）。

进一步分析，对比文件3和申请专利都有核心功能点：删除功能。

(1)申请专利：传感器动态采集过程中存储空间满之后删除，即边采集边删除。

(2)对比文件：手机存储满空间中数据删除，即不考虑动态采集，是常规的删除。

因此，可以再深入分析被删除对象的差异性。

(1)申请专利：数据集是动态生成，数据顺序无法调整，仅按照存储时间进行擦除。

(2)对比文件：数据集不是动态生成，是基于用户选择生成，是可变换的，按预擦除数据的预擦除时间先后进行擦除。

通过分析公知、核心创新点，可以形成答复意见陈述书如下。

第一，虽然存储模式是根据实际需要可预期设置和选择，但是在现有技术中，以对比文件3为例，需要在存储空间不足、用户或服务器发出指令的前提下才会对数据进行实际删除，这与区别技术特征3的方案并不相同。本领域技术人员在知晓对比文件3中公开的方案后，容易想到一种默认的存储模式是持续进行存储，而无论发生什么情况，只有在存储空间不足、用户或服务器发出指令这两种情况下才会选择删除。

第二，根据本申请说明书第[0104]～[0108]段中记载的内容可知，本申请中采用了设置默认的存储模式为第一模式，即当获取所述终端选择的存储模式的时间与向终端发送所述存储单元的存储模式集合的时间之间的间隔大于预设时段，或未获取到所述终端选择的存储模式时，控制存储单元采用第一模式进行存储。此时并不需要其他触发条件，不需要考虑存储空间是否存满，是否收到用户或服务器的指令。

案例12.6 申请专利"一种羊的生理行为监测系统及方法"

给出的对比文件有4个。

(1)对比文件1：一种奶牛发情监测装置。

(2)对比文件 2:一种仿生学母羊查情/诱情装置。

(3)对比文件 3:智慧养殖管理系统。

(4)对比文件 4:牲畜体征监测装置及系统。

专利审查过程中,审查员给出一段话:羊在发情期间会出现高频率的摆尾。食欲降低,体重减轻是本领域的公知常识,在此基础上,测量动物的摇尾频率以及动物体重是本领域技术人员的监测羊发情的常用方式。总结一下,专利审查员给出的公知是:发情期间体重下降、高频摆尾、监测体重下降和高频摆尾用于表达发情。

首先,列出了差异分析(表 12.2)。然后,划分公知层次进行以下思考和推理。

表 12.2　一种羊的生理行为监测系统及方法相关对比文件分析

	对比文件 1	对比文件 2	对比文件 3	对比文件 4	申请权利要求
判断对象	奶牛 自然状态	羊,诱导状态, 非自然状态	肉牛 自然状态	动物 自然状态	羊 自然状态
判断对象特征	无	无	无	无	有(年轻/成熟)
判断依据	爬跨、活动量	尾巴摆动频率	体重	生理(体重)	体重、尾巴摆动频率、爬跨、活动量
监测方法	无	外置式,装置开启期连续; 无法实现个体监测	外置式,通道式,不能全程连续; 无法实现个体连续监测	外置式,通道式,不能全程连续; 无法实现个体连续监测	贴体式,个体连续监测
具体判断方法	无,根据爬跨行为持续时间	有,尾巴摆动	无	无	多规则适用于多情景
过程	自然发情过程	诱导下发情	养殖过程,不涉及发情	无,仅说可以应用发情	发情+配种

(1)监测体重下降用于表达发情是公知,但用什么方法或传感器监测体重下降并不是公知。通过分析对比文件,表明应用固定式通道式体重计监测体重是本领域的常规技术和公知。但应用固定式通道式体重计无法实现 24 h 连续监测。

(2)即使监测到体重下降,如何能够准确断定动物是否发情并不是公知。通过分析对比文件,可以推导出来现有的公知和常规技术是仅通过单一参数规则来判断动物发情。

反证法:如果监测到体重下降,有可能是因为动物吃饱了又消化了,绝对不是发情;如果监测到动物摆尾,有可能是蚊虫叮咬所致,绝对不是发情。

总结：使用传感器动态监测动物，并应用多参数多规则准确判断动物发情并不是公知。

12.2.2 对常规技术和无技术进步等答复

对于常规技术和无技术进步的答复主要有3种思路和方法。

方法1：最为理想的状况是，申请专利说明书中已经给出了预实验的结果，这些结果能够完全表明申请专利所提出技术方案的进步性和创新性。通过对比分析，直接引用相关数据即可。

方法2：根据12.2.1节的思路，通过对比分析找差异，适当引入新的文献（已经授权的发明专利）表明不是常规技术（即对比文件所提供的技术是常规技术），案例12.5和案例12.6均有所体现。但是，这种回答作为无技术进步的答复就偏弱。

方法3：主要应用正向和反向逻辑推理法。

第一步，基于对比文件逻辑，适当导入本领域的公知或常识（非审查意见书所提供的，而是领域中真正的公知），推理出来对比文件存在着严重的技术缺陷，并不能解决本专利申请所提出的问题。

第二步，申请人的技术方案是如何解决所提出的问题。

第三步，得出不是常规技术，肯定有技术进步。

第四步，可以提供补充的实验数据用于证明技术进步。

案例12.7 （案例12.6续）

根据对比分析表格，从对象上分析，对比文件2与申请专利内容更为接近，因为两者均是研究羊的生理行为监测。

根据对比文件2说明第[008]段记载：该装置试情/诱情完毕，行至下一工作点，表明该装置无法对个体进行持续监测，也意味着可能存在以下漏检问题。

(1)在给定的监测时间内，如果某只羊试情/诱情时没有表现出来摇尾特征，在监测装置移走后出现摇尾特征则不能被及时准确监测到，导致漏检。

(2)如果试图通过延长试情/诱情时间直到被监测的羊只(群)表现出来摇尾特征，被认定为发情，则有可能导致其他没有被监测的羊只(群)出现了发情情况没有被及时监测到，错过最佳配种时机。同时，由于羊群特征差异，延长的具体时间变化过大，无法事前进行有效设定，所以，延长时间的确定需要装置使用人员具有一定的经验，反而最终导致装置易用性差。

而权利要求1技术方案中，频率传感器安装于羊尾巴上，属于贴体式检测，能够实现长期、持续、稳定、实时检测个体羊的摇尾频率，解决了对比文件2技术方案所出现的漏检问题。

案例 12.8　申请专利“一种植于活鱼眼球巩膜组织间液内的血糖传感器”

申请专利和对比文件均是应用植入式传感器监测局部血糖水平。申请专利提供了信号处理方法，但对比文件没有。在答复时，引入领域公知，从原理上找技术缺陷。

根据本领域公知（测量原理）：先感知植入部位的血糖水平，获得传感信号，计算传感信号与植入部位血糖水平相关性，再通过植入部位血糖水平与血液血糖水平的相关公式，推导出传感信号与血液血糖水平关系。换句话说，测量眼睛血糖的目的并不是测量眼睛本身，而是通过眼睛血糖水平推断动物身体的血糖水平，即“局部推断整体”。在这个测量过程，传感信号稳定性和精度是第一步，而“局部与整体”关系模型是第二步，也是关键的环节。

但是，通过分析对比文件 2，其技术方案仅提供了在葡萄糖溶液测试环境的传感器性能，传感器信号与血糖相关系数为 0.97～0.99，并没有提供实际环境测试精度，更没有提供植入部位与身体整体血液血糖水平的关系模型。因此，可以明确地推定：对比文件 2 并不能真正地精准感知动物身体整体血液血糖水平，存在着严重技术缺陷。而申请专利则提供了真实情景测试，传感器信号与鱼眼血糖的相关系数 0.994，精度与对比文件 2 基本一样；还提供了植入部位与血液血糖水平的关系模型。因此，申请专利技术方案能够真正测量被检测对象整体血液血糖水平，解决了对比文件 2 中存在的技术缺陷，具有技术创新性和进步性。

12.2.3　对技术启示和组合等答复

简单地讲，技术启示是指：现有技术会给本领域技术人员一些启示，来促进其进行技术改进，如果改进的技术方案和申请专利技术方案相同，则申请专利就不具有创造性，无法获得专利权。最简单的技术启示就是把同一技术应用在不同领域。因此，专利答复时，不能只简单回答说，这是同一技术在两个不同领域应用（参见案例 12.2 和案例 12.3 的相关描述）。

技术组合则是类似以下情景：对比文件 1 公开了权利要求 1 的大部分特征（如特征 A、B），而没有公开权利要求 1 的特征 C 和 D，而对比文件 2 公开了特征 C，对比文件 3 公开了特征 D。因此，通过对比文件 1～3 的组合推导出申请专利。但实际上，发明专利并不是通过简单的叠加实现的，更多的是通过组合或改进后的各项技术特征，实现在功能上彼此相互支持，并且组合和改进的难易程度也各不相同。

因此，技术启示和技术组合的答复思路主要有以下两种。每种都需要：有理有据证明，严谨逻辑推导，避免泛泛而谈。

第一种思路，缺陷法，主要应用反证法。

(1)对比文件技术组合或启示出来的应该是什么样的方案。

(2)这个启示或组合来的方案有严重的技术缺陷，解决不了申请专利所提出的问题。

(3)申请专利的技术方案是如何解决所提出的问题。

(4)通过以上推出，申请专利无法从对比文件中获得技术启示。

第二种思路，对比法-正向推导，通过抽象寻找技术或方法本质。

(1)针对对比文件中关键核心技术方法寻找其本质，最好列出来对比表格。

(2)通过抽象得到的本质，运用逻辑推导，形成与现实相反的结论，进一步点明技术原理或特征等方面的差异性。

(3)这些差异性不是技术启示得到。

案例 12.9 (案例 12.8 续)

审查意见："对比文件 1 公开了可植入传感器，能够植入动物体脑部，而对比文件 2 公开了可植入传感器可以用于眼部的情况下，具体到鱼类而言，本领域技术人员容易想到将其用于巩膜组织间液内。"即对比文件给出了植入部位的技术启示。

答复初稿：根据对比文件 2 说明书第[0022]段的记载，对比文件 2 中的传感器可以佩戴在上眼睑或下眼睑下方以方便地允许自监控泪液中的葡萄糖水平。由此可知，对比文件 2 所感知的是眼内眼泪与传感器响应，但鱼本身并没有眼泪，对于本领域技术人员而言没有任何提示，是不同监测的特定领域应用。此外，眼泪中的葡萄糖和血液中的葡萄糖其含量和测量精度是完全不一样的。

点评：答复过于简单，力度不够，没有明确逻辑推导过程；而且跟着审查员的思路，点到点回复，没有能够跳出审查人员的思路逻辑，从更高更宽的角度回复。

因此，经过重新组织，形成上述文本的逻辑推导过程如下。

第一步，总结事实。根据对比文件 2 说明书第[0022]段的记载，对比文件 2 中的传感器可以佩戴在上眼睑或下眼睑下方以方便地自监控泪液中的葡萄糖水平。事实总结：对比文件 2 明确提到传感器可以应用到眼部，其感知机理是眼内眼泪与传感器响应(从表象应用部位到感知机理)。

第二步，引入领域公知。在生命科学(水产)领域的公知是：鱼眼内并没有眼泪(体液)，并不存在对比文件 1 和对比文件 2 测量感知所需要的一个水性环境。

第三步，顺着审查人员启示思路进行推理。如果审查人员坚持认为对比文件 2 对本申请具有启示的话，那启示的结果应该是鱼眼不能植入相应传感器进行血糖监测。

第四步，指出推理的结果不符合当前方案。恰恰相反，本申请技术方案是植于鱼眼，并通过实验验证具有同样的高精度（参见案例12.8的分析）。

第五步，总结并拔高，跳出审查思路：从单纯的植入部位启示到传感原理的区别。进一步表明，本技术方案所提供的信号采集功能并不需要一个水性环境。这一点不是简单的讨论“对植入部位的启示问题”，而是表明本申请所采用的信号采集感知机理与对比文件完全不同。

案例12.10 （案例12.5续）分析申请专利和对比文件的核心要点

申请专利核心要点是：自动采集（2种采集模式＋预设时间间隔）＋自动存储/删除（3种模式＋触发自动保护）＋数据处理和展示（预测＋App＋云端），形成系统化乙烯含量监测装置。

对比文件1解决的是自动采集＋记录（当存储空间满之后，则停止记录）。

对比文件2解决的是温度监测与预警，不考虑存储问题，没有2种采集模式，更没有考虑采集中预设时间间隔对存储空间的影响。

对比文件3解决的是已经存储满空间中静态数据删除，不考虑动态采集中存储空间管理。

之后，列出对比表格12.3。基于对比表格，可以推断出申请专利的独创性。

通过表格分析，可以明显看出，保护功能是申请专利独有的权利要求，对比文件里面均没有提到保护情景。因此，以此权利要求点为核心，证明申请专利并不能通过对比文件技术组合得出的。

表12.3 乙烯气体含量监测装置及方法相关对比文件分析

所述文件	采集	存储管理			数据处理
		记录	删除	保护	
申请专利	有	有	有	有	有
对比文件1	有	有	无	无	无
对比文件2	无	无	无	无	有
对比文件3	无	无	有	无	无

除了案例12.5中对核心创新点的分析，还可以在数据处理方面再深入分析：对比文件2和申请专利均有数据处理功能（预测）。但申请专利中，主要是乙烯含量预测。乙烯是果蔬自主呼吸产生的，在没有经过特殊处理的情况下，是持续增长的。

而第二种采集模式，针对连续相同乙烯，环境温度可能稳定。但温度稳定不一定能够推导出乙烯稳定。对比文件2采用的是BP神经网络，但其预测的是肉制品冷链温度，与外部微环境调控有密切关系，与申请专利中乙烯数据构成和预测结构是完全不同的。当然，预测并不是申请专利的核心要点。

案例12.11 申请专利“一种动物血压智能监测系统及其监测方法”

对比文件有4个，核心审查意见：技术组合、常规技术(尤其是血压计算公式)。参考之前分析方法，列出所有差异和关键核心区别点，整体分析表格参见表12.4。基于表格可以看出。

第一方面，针对技术组合从整体上先进行分析与反驳。

申请专利重点是实现动物血压的智能化监测。具体技术方案是：通过“多部位多点式+微创(刮毛)/敷贴式传感器+血压测量值挖掘+监测频率动态调整”，形成了从“传感器布局—功能实现—自动调整”完整的智能化监测装置，并且这些智能化监测功能体现在：所设计的一体化扫描组件能够提供即时计算和显示，不需其他终端。很明显，申请专利在多部位多点式、微创(刮毛)/敷贴式传感器、血压测量值挖掘、监测频率动态调整和扫描组件多功能化等方面形成了独有的技术方案，能够有效提高血压监测的智能化。本领域的技术人员也难以结合对比文件1～4及本领域的公知常识而获得相应的技术启示，以得到本申请所示的方案。

第二方面，针对审查意见“血压公式是公知”，进行了如下答复。

尽管血压计算原理是公知，但是，对比文件2明确指出，如何根据实际需求对其进行修正或校准并不是公知，其所做的创新工作就是进行“修正”。从修正思路上讲，对比文件2只是试图通过改变测量参数取值方法，提高模型计算的准确性，即仅仅改变了输入值的测量方法，没有修改模型参数本身，即模型参数不变法。对比文件4为了摆脱传统模型(即对比文件2中的模型)对多普勒超声血流检测仪器的依赖，利用脉搏波的波形参数来代替模型中原有的两个物理参数，即模型参数替代法。而本申请则是根据不同动物血管特性，对原模型中血管特性值 c 及对线性拟合模型中的相关系数 h 进行修正，以适用于动物领域血压监测，并通过与信息库实现动态对接，确保了测量精确度，即模型参数修正法。

综合分析本申请专利与对比文件2和对比文件4，本申请充分证明了“如何对给定的血压计算公式进行校准或修正以提高血压测量的精度”，并不是公知常识，这对于本领域的技术人员而言，是非显而易见的，是需要相关技术人员根据实际情况通过实验分析得出的。

表 12.4　一种动物血压智能监测系统及其监测方法相关对比文件分析

项目	对比文件 1	对比文件 2	对比文件 3	对比文件 4	本发明要求
解决问题	母猪健康智能监控	人类血压测量校准方法	动物行为分析方法	人类穿戴式多生理参数记录	动物血压智能化监测
血压测量相关参数	心率	心电 脉搏波(不明确)	无明确参数	脉搏波(光电式感知)血氧、心电	心电、脉搏波(非光电式感知)
视频信息采集	无	无	有	无	有
测量装置	自主研发	自主研发	传统血压计	自主研发	自主研发
参数测量激活条件及相关功能	RFID 读卡器激活，数据处理与传输；数据展示只能在移动终端	袖带压力传感器输入的信号(即放气压力袖带)	/	不需要使用压力袖带	扫描检测组件激活、处理、计算和显示(一体化、多功能)
测量部位、数量	耳朵单点式	胳膊单点式	/	指端单点式	多部位多点式
传感器使用方式	有创(打孔)，挂戴式，无法实现多点测量	无创，佩戴式 无法实现多点测量		无创，佩戴式 无法实现多点测量	微创(刮毛)，敷贴式，可以实现多点测量
血压计算公式	无	1 种计算模型：仅根据脉搏波传播时间，计算收缩压	/	2 种计算模型：根据脉搏波传导时间计算收缩压；根据血管的单弹性腔计算舒张压	3 种计算模型：根据脉搏波传播时间计算收缩压；根据脉搏波传导速度、血管弹性、血管特性等参数计算收缩压；根据血管弹性腔模型得到舒张压
血压计算校准	无	参数不变，改变测量取值方法	/	参数替代：利用脉搏波的波形参数来代替传统参数，摆脱对多普勒超声血流检测仪器的依赖	参数修正：根据不同动物血管特性，对模型中血管特性值 c 和关系性 h 进行修正
血压测量值的应用	直接对比正常值，健康诊断和发情行为识别	无	行为分析，从血压等特征推导行为	直接对比正常值，进行异常健康诊断，但没有提供不同类别的阈值规则	直接对比正常值，进行异常诊断，有不同动物、不同大小等阈值规则
血压测量值的挖掘分析	无	无	无	无	构建血压波动率，实现差分处理和统计分析
血压测量时间调整	无	无	/	无	基于所构建的指标，自动调整，并提供调整规则

12.2.4 对非技术问题答复

对于非技术问题的答复，由于专利审查并没有引用对比文件，直接以"所申请发明专利非技术问题"给予驳回。如果仅仅从文字上阐述所申请的专利是技术问题，而没有引用相关证明材料，是不被专利审查员所采纳的，或者并不能从根本上反驳"非技术性问题"。但一般而言，如果审查员是以非技术问题质疑申请发明专利的话，如何回答也只能是等待驳回之后重组专利内容进行分案申请。以下是一个针对非技术问题的答复思路，以供借鉴。

(1)检索与申请专利相关的已经授权发明专利(首选是授权发明专利，如果没有相关授权发明专利检索实用新型。在检索不到任何专利的情况下，只能从期刊或其他文献角度出发)，证明所申请的问题是技术问题。

(2)通过对比所检索的发明专利，形成区别技术特征(即充当专利审查员角色)。

(3)转入之前的逻辑，证明与对比文件相比，所申请专利具有创新之处。

案例 12.12 申请专利"一种活羊运输应激程度评估方法及装置"

审查意见通知书中指出，权利要求1所要解决的是运输过程中，如何防止羊只死亡，以降低运输损失的问题，其不是技术问题；……利用该数学模型获得最终结果的分析过程不属于利用了自然规律的技术手段；所达到的效果是降低活羊运输的损失，不是技术效果。

根据以上答复思路，通过检索引入授权发明专利，形成对比文件。

第一步，检索已经授权的发明专利，可以发现，如何评价动物运输应激，并通过不同的方式减缓运输应激、保护动物健康是一个技术问题，并且不同的技术方案以及其相关设备已经得到了发明专利授权保护(检索所获得的相应专利列表略)。

第二步，分析这些对比分析，找出区别技术特征。

①方法方面：授权发明专利仅仅考虑单一因素，从饲喂或药物方法上解决运输应激，没有提出如何评估运输过程的应激水平，在实际运输中不能达到预期目的，难以形成最优方案。

②装备方面：与本专利相对比，检索获得的专利开发的装置，是直接应用于运输过程环境控制或进行模拟分析，进而缓解动物应激，保证动物健康。而本专利提出的是一种基于运输应激评估的装置，可以通过与物联网集成，实现活羊运输过程应激的实时评估与动态优化。

第三步，总结。通过已经授权的发明专利分析，可以证明评价运输应激反应、减缓运输应激反应确保动物健康是一个技术问题。

12.2.5　补充和完善权利要求，增加新的要求

在以上分析的基础上，重点补充和完善权利要求 1(即独立权利要求。一般而言，一项发明专利只有 1 项独立权利要求。这取决于申请人的决策，这样会缩小专利保护范围)以达到效果：对比文件 X 没有公开上述区别技术特征，对比文件 Y 也没有给出相应的技术启示，上述区别技术特征也不是本领域常规技术手段。

(1)删除已有的权利要求。

(2)合并现有权利要求。

(3)从申请专利说明中提取相关内容，补充、完善现有的权利要求。

(4)从申请专利说明中提取相关内容，形成一条全新的权利要求，可以包括以下方面：装置结构、信息获取方法、频率调整、关键参数取值和设定、方法优化等。

(5)对新增加权利要求的创新性论述(最好增加)。

案例 12.13　发明专利"食品冷链质量监控系统以及方法"

针对专利审查员认为食品冷链质量控制是公知，原先权利要求中核心创新点 CCP 动态调整不充分，对权利要求做如下调整。

(1)原权利要求 2 中的附加技术特征添加至原权利要求 1 中。

(2)根据本申请说明书第[0050]段中记载的内容，将技术特征所述无线传感网络模块还用于根据获取的连续环境信息，动态调整 HACCP 控制计划，以及进一步识别出其他关键控制点 CCP 添加至原权利要求 1 中。

(3)根据本申请说明书第[0038]段中记载的内容，将技术特征"所述控制模块，用于控制信息获取模块、信息表示模块、信息关系确定模块以及信息关系解析模块执行相应的动作以实现相应的功能"添加至原权利要求 1 中；

(4)根据本申请说明书第[0088]～[0094]段中记载的内容，将原权利要求 6 中的附加技术特征以及技术特征添加至原权利要求 1 中，形成修改后的权利要求 1。

案例 12.14　申请专利"三文鱼新鲜度检测系统及方法"

专利审查员认为利用电子鼻＋神经网络或支持向量机(SVM)的质量检测方法和装置都是公知，只是并没有应用到三文鱼检测领域。因此，为了强化三文鱼品质检测的特殊性，从说明书中提取了检测系统的特定设置方法和技术特征，补充为新的权利要求，使得申请专利技术区别特征点从 1 个方面(建模方法)扩展到 3 个方面。具体调整如下。

(1)将技术特征在冷藏温度和气体传感器阵列响应特征值组成包含 7 个特征量

的特征矩阵,利用所述该机器学习模型对三文鱼冷藏天数进行模式识别添加至原权利要求1和8。

(2)将技术特征在所述气体传感器阵列敏感元件的外部设置有滤网防护罩;所述密闭检测气室的选用耐热、无挥发性气味且不会与三文鱼挥发性气体产生反应的材料制成添加至原权利要求1和原权利要求8中(这个技术特征的补充一方面是针对三文鱼检测的特性而言;另一方面是针对所有对比文件中并没有明确提出传感器本身是否有保护以及保护材料特性。即该技术特征并不是基于对比文件导出的本领域公知或常规技术。但实际上,从本领域来看,气体传感器应用需要一些特殊防护是真正公知)。

(3)将原权利要求2的全部附加技术特征以及技术特征"所述样本槽选用不锈钢大孔滤网制成"添加至原权利要求1和原权利要求8中。

12.2.6 三个避免

第一个避免:避免跟着专利审查思路一对一答复审查意见。通过抽象化和差异化,找准专利审查人员的出发点。如果发现其审查思路/出发点与申请专利不一致,要及时纠偏。同时,可以考虑避开或放弃一些不太好回答或者效果不明显的问题。例如,以申请专利一种植于活鱼眼球巩膜组织间液内的血糖传感器为例,仔细研究申请文件、对比文件、一通、二通、驳回、复审一通,发现长时间没有授权的原因是申请人没有特别用心,导致被动回复专利审查员的问题。申请专利要点是:解决运输中植入式血糖信号的稳定监测问题。对比文件要点是植入式血液传感器实现问题。专利审查出发点植入式血糖传感器已经被公开,不新鲜。但申请人在多次答复过程中,均没有解释如何实现信号稳定性,而更多是纠结于植入鱼眼是否具有创新、如何实现血糖测量等问题。需要注意以下几点。

(1)专利审查员考虑的更多的是通用方法,而申请人更多是面向特定问题的方法。由于信息系统研究的应用特性,更多申请专利是面向特定问题。正如前面所述,公知和常识是明确的。但如何利用公知和常识解决特定领域的问题,是具有创新性或创造性的。案例12.6和案例12.7分析表明:动物发情,食欲下降,体重下降是本领域公知。但是如何通过传感器监测体重下降并不是公知。因此,一方面需要明确如何获取体重信息并分析出其下降趋势;另一方面体重下降并不一定都是动物发情所导致的,必须进行有效区别。

(2)专利审查时倾向于化整为零式的审查,割裂了申请专利技术方案的相互联系和相互支持。因而答复时也容易陷入针对审查意见"1对1回复"的陷阱,没有能够从技术方案整体效应上答复。简单来说,申请专利技术方案本质上是为了证明

"1+1>2"。但专利审查把 2 个 1 拆分之后，只能证明"1+1=2"，然后给出驳回的结论。大多数申请人更多也是纠结于 2 个 1 的拆分、等于 2 或大于 2 之间的关系，没有从整体上给出"1+1>2"的真正原因。

(3)专利审查员有资格自说自话，申请人答复时必须拿出证据。专利审查员根据对比文件或所谓的公知和常识，形成一个推导逻辑来驳回申请专利。申请人在答复时没有资格自说自话，必须"言之有据、言之有序"。正如案例 12.1 中分析的，尽管对比文件 3 并没有涉及控制问题，但专利审查员还是基于公知给出对比文件 3 具有"根据不同活体的身体特征，利用模型控制模型分组并设置具体的时间节点采样"的结论。如果申请人在答复时，仅仅说专利审查意见不对，则没有什么力度和效果。

第二个避免：避免不修改专利权利要求部分。无论如何回复，都必须修改申请专利的权利要求部分。这就像论文审查，当评委看到没有回答评审意见，论文也没有进行任何修改便返回时，会直接选择拒绝。千万不要只顾着写答复而没有修改权利要求，特别是主权利要求 1，哪怕是微小的修改也是必须要做的，这至少表明对专利审查员的尊重。但申请专利的权利要求修改不能扩大原专利的保护范围，不得超出原说明书和权利要求书记载的范围。

第三个避免：避免答复过程中完全盲从专利代理的意见。特别是在权利要求的修改和补充、核心创新点的答复等方面需要尽量避免。例如，一般情况下，专利代理会建议如果这样修改权利要求会缩小专利的保护范围。但如果一项专利没有授权，也就无所谓保护范围大小问题。因此，权利要求的修改应该更多以最大限度获得授权为首要目的。再例如，案例 12.11 答复中，代理建议"申请专利所示的血压计算公式在对比文件中有不同程度公开，之前答复中作为创新点论述，审查员并不给予认同，本次答复公式这块区别性不再论述"。但实际上，申请专利的核心点之一就是血压计算。因此，需要通过详细分析，寻找到与对比文件本质差异之后重新组织文字进行阐述。具体阐述参见案例 12.11 分析。

12.3　信息系统发明专利审查答复稿的模板

12.3.1　信息系统发表专利答复模板

根据专利审查指南，基本答复模板如下。

1. 前言

一般描述是："尊敬的审查员：您好！以下意见陈述是针对审查员××年××月××日发出的第 n 次审查意见通知书所做出的。申请人仔细研究了审查意见通知书与审查员提供的对比文件 1-m，针对审查员所指出的缺陷，申请人对申请文件进行修改，附上修改的权利要求书替换页，并意见陈述如下。”

2. 专利权利要求修改（重点是权利要求 1）

写作格式如下。

（1）增加了权利要求 1 的技术特征，将……增加到权利要求 1 中，修改依据来源于说明书和实施例×。说明书第××段有相应的描述……

（2）删除了原权利要求 n。

（3）补充完善了权利要求 n。

以上修改均未超出原权利要求书和原说明书的范围，符合专利法第 33 条和实施细则第 51 条第 3 款的有关规定。

3. 答复部分（重点也是对主权利要求 1 的阐述）

重点是针对修改后的权利要求与对比文件分析，论证新的权利要求具有新颖性或创造性，基本结构可以如下。

给出一个大的分析表格，列出申请专利与对比文件的差异，特别是核心创新点的本质差异，并首先从整体上总结申请专利所具备的技术特征，然后对审查意见进行一一反驳。

整体区别技术特征点阐述：基于对比文件的差异，给出核心的区别技术特征点，并对其创新性或创造性进行阐述。

针对所有区别特征点逐一论证：论证过程，要结合审查意见、对比文件、申请文件三者的原话，相互引用和印证，提高答复的力度和效度。

总结：再次表达申请专利在特定领域上的创新性和创造性。

也可以按照专利审查所采用的经典方法，进行答复。

（1）权利要求 1 的创造性如下。

①对比文件 1 公开了一种……权利要求 1 公开了××技术特征，权利要求 1 与对比文件 1 相比，区别如下：××××。因此，本申请实际解决的技术问题是……

②对于此区别特征：对比文件 2 中并没有公开这个区别特征，也没有任何暗示（或者对比文件 2 虽然公开了这个特征，但是作用不同），此区别特征也不是公知常识。

本申请还取得有益效果，具体……

综上所述，权利要求 1 相对于对比文件 1、对比文件 2 或者两者的结合具有突出的实质性特点和显著性进步，具有专利法第 22 条第 3 款规定的创造性。

（2）权利要求 2～5 的创造性如下。

在独立权利要求 1 有创造性的基础上，从属权利要求 2～5 也具有专利法第 22 条第 3 款规定的创造性。

4. 总结

总结基本上是范式，基本内容：修改后的权利要求书，已经克服了审查意见通知书中指出的不清楚问题（针对具体不清楚的问题，需要再描述一下），符合专利法第 26 条第 4 款的规定。申请人相信，经过修改，已经完全克服了审查意见通知书中关于新颖性、创造性及不清楚的问题，并克服了形式缺陷，符合专利法、实施细则以及审查指南的相关规定，请审查员在修改文本的基础上授权本发明的专利权。上述修改如有不妥之处，敬请指正。申请人愿意以最大的诚意积极配合审查员工作，以加快审查进程。最后，申请人和代理人对审查员认真细致的工作再次表示由衷的感谢。

代理人：×××，联系电话：××××××

12.3.2　信息系统发明专利答复案例

案例 12.15　专利“植于活鱼眼球巩膜组织间液内的血糖传感器及制备方法”答复

尊敬的审查专家：

您好！

首先，感谢您对本专利申请审查所付出的辛勤工作。

以下意见陈述是针对××年××月××日发出的第 n 次审查意见通知书所做出的。申请人认真细致地研究了关于审查意见。针对该审查意见，申请人做出如下修改说明和意见陈述。

一、修改说明

针对原权利要求 1 的修改

(1)将原从属权利要求 5 中的附加技术特征增加至原权利要求 1 中，形成修改后的权利要求 1，删除原权利要求 5，并适应性调整其他权利要求的序号和引用关系。

(2)将说明书第[0019]和[0020]段中的“将覆有全氟磺酸高分子膜的工作电极浸泡在含有 2.5～3 mg 葡萄糖氧化酶和 5～7 mg 牛血清白蛋白的 0.1 mol/L 0.25～3 mL 的磷酸盐缓冲液中 10～15 min 后，在空气中风干，该过程重复至少 2 次；将工作电极感应腔浸入 25%～30%戊二醛溶液中浸泡 5～6 h”增加至原权利要求 1 中，形成修改后的权利要求 1。

上述修改没有超出原说明书和权利要求书记载的范围，且是针对审查意见通知书指出的缺陷进行的修改，因而符合《专利法》第 33 条的规定和《专利法实施细则》第 51 条第 3 款的规定。

二、意见陈述

1. 申请人认为修改后的权利要求 1 具有专利法规定的创造性

(1)本申请要解决的问题是：解决现有技术中将血糖传感器植入鱼体很难稳定、实时测量活鱼体内血糖浓度的问题。

因此，本申请与对比文件1～2(由于对比文件3仅仅是一个综述论文，分析当前研究现状，并不是研究性论文，没有提出什么问题及解决方案，因此，不做分析)具有以下的特征或区别，这些区别是需要通过实验或研究积累所提出的，不是常规技术，也不是可想而知的。

分析表12.5可以发现，如果集成或基于对比文件1和对比文件2技术启示而得出来的技术方案，所获得的植入式传感器是一种“水性环境(即不能植于鱼眼)＋生物相容性材料＋信号不稳定＋外接式信号放大＋分散式结构”，且具有潜在伦理问题的技术方案。很明显，这个方案不能解决活鱼运输过程中血糖稳定性测量，也不能应用于鱼眼。这恰恰是本申请的核心优势所在。

表12.5　植于活鱼眼球巩膜组织间液内的血糖传感器及制备方法相关对比文件分析

	对比文件1	对比文件2	本申请权利要求
解决问题	植入式生物传感器制作	植入式糖尿病监测生物传感器	植入式血糖传感器稳定测定问题
适用对象及植入部位	健康移动的动物(老鼠)大脑，胎儿头皮等水性环境(无明确状态描述)	生病状态的人类(糖尿病患者体内)，必须植入含有生物标志物的水性环境，如腹内、关节内、囊内或眼内(有眼泪)	运输过程中动物(健康鱼体)，植于鱼眼球巩膜组织间液内(无眼泪)
待测量的目标参数	谷氨酸盐、胆碱、乳酸	血液中葡萄糖水平(即血糖)	血液中葡萄糖水平(即血糖)
信息采集感知机理	直接测量 (电流信号 * 正比例系统)	间接测量(感知植入部位的血糖水平，获得传感信号，计算信号与植入部位真实血糖水平相关性，再通过植入部位真实血糖水平与血液血糖水平的相关公式，推导出传感信号与血液中血糖水平关系)	
感知环境与材料特性	水性环境＋生物相容性	水性环境＋生物相容性	非水性环境＋非生物相容性
传感器结构	分散式	分散式	集成式
信号放大功能	外接式；一次性前置放大器(单一器件实现)	外接式 后置放大器(单一器件实现)	内置式 放大器 (联合方式实现)

同时，可以看出，对比文件 1 所监测的对象是谷氨酸盐、胆碱和乳酸，选择的传感机理是直接测量，即传感信号能够直接表示待检测物质水平，而且并不是血糖，与本申请不是同类传感器；对比文件 2 和本申请选择的传感机理是间接测量，但对比文件 2 监测的是人体患病状态下血糖水平，其血糖测量的精度和量程与本申请中运输中健康鱼体完全不一样；同时，并没有提供间接测量所必要的测量公式，即从传感信号如何推测到真正被检测物质的水平。可以认为，对比文件 2 和本申请是具有不同性能和适用条件的同类产品，且本申请具有更强的技术可实施性和高精度。

(2)基于分析表格，本申请区别技术特征描述如下。

①所述工作电极是通过如下步骤制备的(下略)。

②所述无线传输装置包括电化学信号放大器、无线传输模块以及板载天线……

③一种植于活鱼眼球巩膜组织间液内的血糖传感器。

(3)对于区别技术特征 1，需要明确的是本区别技术特征重点是传感器制作的工艺流程及参数取值。在审查意见中多次指出“基于葡萄糖氧化酶作用生产血糖传感器已是本领域的常规技术手段”“具体选择合适的覆盖方式、溶液浓度、浸泡顺序以及次数，这都是本领域技术人员可以根据实际需要而做出的常规技术选择”。申请人表示不能认同，理由如下。

第一，利用葡萄糖氧化酶制作血糖传感器是公知，但是如何利用葡萄糖氧化酶制作植于鱼眼且信号稳定的高性能血糖传感器并不是公知，这个跟工艺有密切关系。而且工艺流程及参数取值是本申请专利创新的核心保护点。

通过检索授权发明专利，相同材料制作同类传感器，其材料组成、工艺流程及参数取值是区别产品性能和适用条件的关键所在，不是常规技术，也不是可想而知。举例如下(略)。

具体到本申请可以表述为：尽管利用葡萄糖氧化酶制作血糖传感器是公知，本申请修改后的权利要求 1 中的技术方案对“材料选择、工作电极制备、传感器结构等工艺流程与参数取值”进行了创新性改进，制作出了能够“植于鱼眼且信号稳定的高性能”血糖传感器，能够解决活鱼运输过程中的监测问题，具有创新之处：(具体分析创新之处)。

第二，关于本申请所补充提交的实验数据，已经证明了本申请所述方案的先进性。据审查指南第二部分第十章 3.5 的规定，对于申请日之后补交的实验数据，审查员应当予以审查。申请人补充的实验数据仅是为了补充说明修改后的权利要求 1 中所能实现的技术效果，补交实验数据所证明的技术效果是所属技术领域的技术人员能够从本申请公开的内容中得到的(具体对实验数据分析)。总结，申请人提出的制备方法不需要付出巨大的硬件改进成本，没有带来生产成本的增加却实现了检测效果的提升，是本领域技术人员所不容易想到的。

（以下其他区别技术特征点分析略）。

综上所述，对比文件 1 和对比文件 2 没有公开上述区别技术特征(1)(2)和(3)，上述区别技术特征也不是本领域的常用技术手段。

（再从整体上对申请专利的创造性进行阐述）。

综上所述，修改后的权利要求 1 具有突出的实质性特点和显著的进步，具有专利法规定的创造性。

12.4 基于答复导向的信息系统发明专利写作技巧

根据发明专利撰写的基本要求，需要注意 5 个方面的写作：发明名称、背景技术、发明内容、有效效果、实施方式，并重视以下写作原则。

(1)发明专利的名称应当清楚简明地反映出其主题和类型，不得超过 25 个字。

(2)说明现有技术的结构、原理，并分析其缺点以及产生该缺点的原因。

(3)应当清楚、完整地描述本发明的构造、结构、组织、形状、作用关系、原理等，公开到使本专业技术领域中的普通技术人员能够实施本发明为准。描述技术方案，不同类型的发明有不同的描述方式。例如，设备或有形的产品发明：具体说明其零部件的结构及其连接关系、作用关系、动作过程。方法发明：说明为达到发明目的所必须实施的工艺方法、工艺流程和条件（如时间、压力、温度、浓度）。

(4)应结合结构、工作过程或数据等来说明取得的技术效果。

(5)说明书附图应以电子制图或流程图的标准绘制。

(6)对前面发明内容的进一步解释说明，可以列举多种实施方式。

为了提高发明专利的授权率，申请人在撰写的时候，可以提前理解专利审查的流程、原则和答复技巧，以为后续答复铺垫。

以下 5 个技巧是针对信息系统类发明专利所提出的。

第一，整体逻辑上，尽可能以“方法＋装置”（系统、制备工艺等）为主，次之“装置（系统）＋方法”，避免单纯装置，尤其是简单组装式装置，考虑结构功能布局与优化。

第二，方法要本质化和原子化，尽可能着重从原理或需求出发上直接描述发明专利技术方案的求解过程，而不是描述现有方法的基本流程。

第三，方法流程或过程动态化，在专利说明书实施例描述中，要重点考虑流程在不同应用情景下的反馈、容灾和保护机制，特别是传统的方法流程一般是直线型而没有反馈或保护。

第四，专利说明书啰唆化和多情景化，专利说明书要尽可能给出技术方案的多情景应用并细化其具体求解过程和验证结果，为将来提取相关信息到权利要求部分打下基础。

第五，专利说明书最好能够提供部分实验数据，以表明所提出的技术方案具有一定的创新性，以应对将来的关于“技术进步性”的答复。

12.4.1　“方法＋装置”为主，关注装置创新性

与机械领域相比，信息系统领域，尤其是基于测控的信息系统，其装置结构相对比较简单，功能比较固定。正如第 6 章信息系统建模中所述一样，其装置一般是由感知层、传输层、控制层、显示层等构成。因此，在专利审查过程中，很容易以装置结构是常规技术对权利要求直接驳回。如果装置结构是主权利要求 1，那也会导致整个申请专利被驳回。

案例 12.16　申请专利“面向果蔬冷链物流呼吸速率的监测装置及方法”

图 12.4 为该发明实施例的一种面向果蔬冷链物流呼吸速率的监测装置的框图。专利说明书描述，该装置包括：微控制模块、时钟模块、传感器模块、数据传输模块及存储模块；微控制模块分别与时钟模块、传感器模块、数据传输模块及存储模块连接。

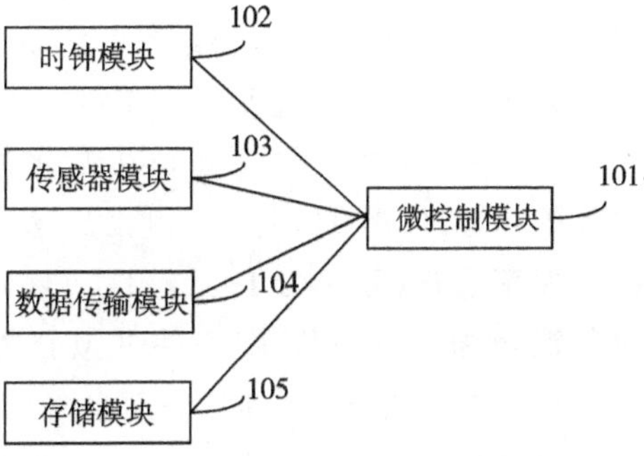

图 12.4　面向果蔬冷链物流呼吸速率的监测装置

专利审查员经过分析对比文件之后认为，权利要求 1 与对比文件 1 相比，区别技术特征在于：权利要求 1 监测呼吸速率，采集的参数还包括温度和湿度；权利要求 1 的装置还包括数据传输模块，用于根据所述微控制模块的发送指令，发送所述时间信息以及所述参数信息。基于该区别可知本发明实际解决的技术问题在于：如何便于获取果蔬的呼吸速率信息。再加上对比文件 1 和对比文件 2 的技术组合在该对比文件 2 的技术教导下，结合温度和湿度也是影响果蔬呼吸速率的常规环境因素，本领域技术人员有动机同时监测温度与湿度参数；以及有动机也设置数据传输模块，用于根据微控制模块的发送指令，发送所述时间信息以及所述参数信息。可以明确地得出结论，这种装置是没有办法得到授权的，其技术特征点是很容易被比对文件否定的。好在，原申请发明专利呼吸速率监测方法部分（这一部分专利审查员没有找到对比文件直接通过）最终确保了授权。

因此，在写撰写发明专利时，尤其想以装置为主时，必须考虑装置的创新性。申请人在后续的“果蔬采后生理参数监测装置”发明专利申请中，重点加强了装置的设

计部分:设计了一种“基于开路/闭路且可切换的、双入双出通道多传感器检测组”采后果蔬生理参数测定装置,其基本计量单位为 g/min 或 kg/min,能够获取采后待测果蔬呼吸作用、成熟与衰老作用、蒸腾作用等的生理参数,以实现果蔬采后生理作用的全面监测。这个装置结构与传统的生理参数测定装置的单入单出通道单传感器(单一结构)具有明显的进步性。

12.4.2 方法描述本质化和原子化

简单来说,在撰写发明专利中方法时,尤其是数据处理方法,尽可能从问题求解所需要的数据处理和计算等最原始本质层面出发,将其数学描述定义还原成为最原始的或最初始的含义,完成对方法的描述,或者基于特定领域的需求定义一种新型说法,而尽可能不直接写是基于某种算法的求解方法。例如,在应用冷链物流模糊控制算法时,尽管是应用了模糊控制方法,但在撰写时可以考虑还原为最本质的说法:模糊控制中的基本论域、实际论域就是被控制对象的基本区间或上下限。撰写时直接还原为最原始的说法,即控制的基本区间或上下限,而不是基本论域。隶属度是模糊控制里面的最重要的概念之一,但其本质是某个元素属于某个集合或定义的归属程度。在经典集合里面,取值是 0 或 1。但在模糊数学领域,取值是一个非二值逻辑。撰写时,也可以将隶属度还原为最原始的含义:参数对集合的归属程度。

方法描述的原子化则是直接将方法按照计算步骤一步步展开,从最简单的算法形态进行说明,达到了“不好好说话”的效果。例如,以下为某专利 6 个温度梯度对应参数的表述:计算 T_1、T_2、T_3、T_4、T_5 及 T_6 条件下果蔬的呼入 O_2 速率值 r_x 及呼出 CO_2 速率值 r_y;分别在 T_1、T_2、T_3、T_4、T_5 及 T_6 条件下对所述 r 随时间变化的曲线进行拟合,得到 6 个温度条件下拟合方程的斜率分别为 K_{11}、K_{12}、K_{13}、K_{14}、K_{15} 及 K_{16},且对应的拟合度为 R_1^2,分别在 T_1、T_2、T_3、T_4、T_5 及 T_6 条件下对所述 r_y 随时间变化的曲线进行拟合,得到 6 个温度条件下拟合方程的斜率分别为 K_{21}、K_{22}、K_{23}、K_{24}、K_{25} 及 K_{26},且对应的拟合度为 R_2^2。

如果在撰写方法过程中提出自己的概念或定义,最好能够解释清楚并得到本领域的广泛认可。例如,申请专利中提到“计算所述水产品个体的应激校正因子……输入至无水保活运输个体应微水平无损动态测模型,确定所述水产品个体的应激水平”。审查员指出:“应激校正因子”及“无水保活运输个体应激水平无动态预测模型”均不具有所属技术领域通常具有的含义,且该权利要求中并未指明“应激校正因子”和“无水保活运输个体应激水平无损动态预测模型”的特定含义,也未进行具体清楚的限定,因此,本领域技术人员无法明确上述用词的明确含义,从而导致该权利要求的保护范围不清楚,不符合专利法第 26 条第 4 款的规定。

12.4.3 方法过程动态化(反馈和容灾)

正如第 6 章信息系统流程建模描述一样,大多数情况下,方法或业务流程过程建模时更多是直线型,没有考虑到实际情况可能出现的问题。因此,在专利说明书写作时,尽可能多从应用情景对方法进行分析和描述,让方法或过程具有反馈或容灾功能,而非单纯的直线型。

案例 12.17 申请专利"食品冷链质量监控系统以及方法"

图 12.5 为申请专利中所提供的 HACCP 流程图。从图中可以看出,如果不考虑最后一步,整个流程就是一个基于传统 HACCP 和 WSN 的冷链监测图,是一个直线型流程,无反馈无调整,确定 CCP 之后不会在线自动调整。因此,申请人在撰写专利的时候,基于 WSN 监测数据分析,分析 CCP 和非 CCP 点的动态变化特性。如果非 CCP 变化异常,可能会对冷链质量产生影响,可以自动调整为 CCP 点,实行高频次监控(也就是在传统的直线型 HACCP 流程中增加了在线自动调整功能,形成了具有反馈和容灾功能的 HACCP 体系)。

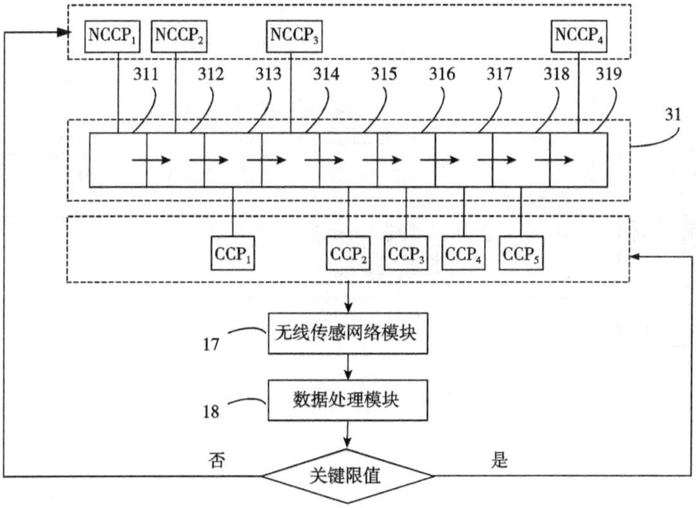

图 12.5 基于 WSN+HACCP 的食品冷链物流监测流程示意图

专利审查过程中,审查员首先肯定了这个核心创新点:权利要求 1 中新增了特征"所述无线传感网络模块还用于根据获取的连续环境信息,动态调整 HACCP 控制计划,以及进一步识别出其他关键控制点"。假定申请人将上述新增的特征删除,以克服其不符合专利法第 33 条的规定(增加技术特征时没有加入足够信息,导致审查员认为该修改超出了原权利要求书与说明书记载的范围),其修改后的权利要求1～8仍不具备创造性。通过这个审查意见,可以明确看出,审查员认为之所以该申请专利具有一定的创造性,就是在于提出了动态调整HACCP控制计划。如果没有这个技术特征点的话,其他权利要求均不具备创造性。

案例12.18 (案例12.5和案例12.10续)

图12.6为乙烯气体含量监测方法的流程图。

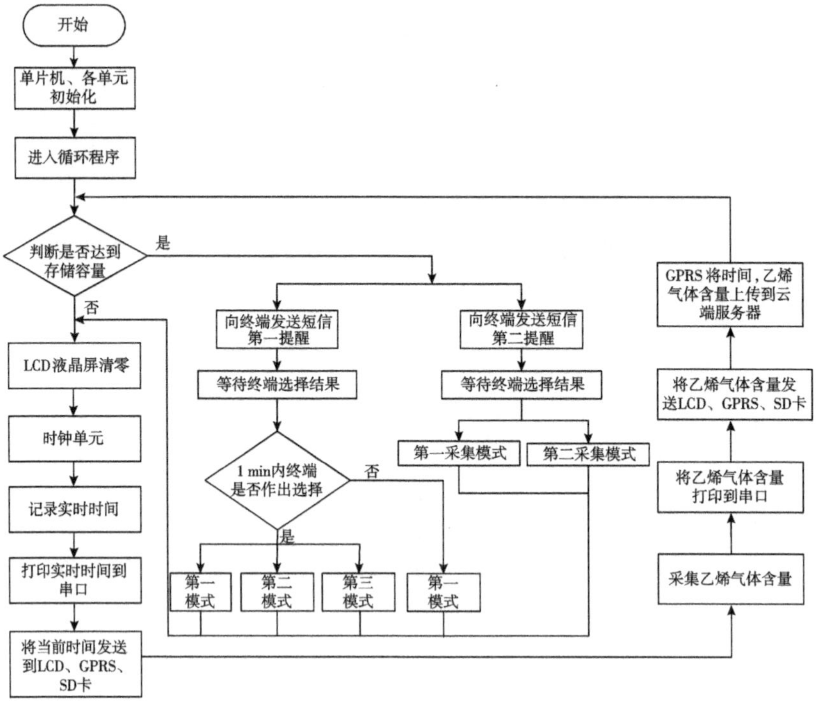

图12.6 一种乙烯气体含量监测方法的流程示意图

点评:正如前面分析所述,申请专利的核心点是传感器动态采集过程中存储容量满管理。而图中的3种处理模式来源软件工程中数组存储满载时的处理模式,从教科书中可以找到,被引入传感器数据存储处理算是一种应用创新(即技术启示)。在审查过程中,审查员认定这是一个“公知”或“可以推定”。通过分析实际应用情景“动态采集过程中经常会存在着通信不稳定等”,为了保证流程可靠性,增加了删除模式决策的“是/否判定”和“采集模式的选择”。这样,就形成了与对比文件不同的区别技术特征点,最终获得授权。

12.4.4　专利说明书详细化和多情景化

一般而言，申请专利的权利要求写 10 条就可以了，整体权利要求书页数在 2～4 页。但是，专利说明书不限页数和字数（如果是申请国际发明专利，其翻译费是按照字数收费，需要精简文字），可以通过多情景下技术方案的不同实施例，提供更多的辅助信息，起到以下作用。

(1)充分公开申请的发明，使所属领域的技术人员能够实施。

(2)公开足够的技术信息，支持权利要求书要求保护的范围。

(3)作为审查程序中修改的依据和侵权诉讼解释权利要求的辅助手段，在适当的时候可以提到权利要求中形成新的权利要求。

(4)作为可检索的信息源，提供技术信息。

所以，专利说明书要尽可能详细，从多情景描述方法与装备应用。一定要避免：说明书中发明内容、具体实施例和权利要求的内容基本相同（三位一体）。

案例 12.19　申请专利“一种可自供电的水质监测预警装置及方法”

专利的最初想法来源于养殖水质的微生物处理，考虑直接平移到有水保活运输的情景。因为没有实验数据支撑，整体发明内容均为理论推导和设想。专利说明书撰写时阐述菌种选择的时候，考虑到活鱼有水运输时也是处于低温冷链状态，增加了关于“该菌需要在 4 ℃培养一段时间”等相关描述。最后，专利答复过程中把这一描述作为新的技术特征点提取到主权利要求 1 中，形成了差异（对比文件均是基于水产养殖或大面积水域处理，菌种是在常温状态下培养），顺利授权。

案例 12.20　申请专利“一种柔性无源氨气传感器及制备方法”

在最初的权利要求 1 中仅仅提到：“一种柔性无源氨气传感器，其特征在于，包括：柔性基板，所述柔性基板上设置……所述弯折偶极子天线的另一端设置有氨气敏感材料层”等，后续附属权利要求仅仅对材料和制备方法做了限定，并没有对结构和传感机理进行限定。而专利审查员在一通和二通过程均认为材料和制备方法并没有创造性；并且针对一通答复“至于申请人所述的本申请敏感层相当于增加了一个电容，等效电路由于并不属于权利要求限定的技术内容，因此不作为创造性评价依据”等。因此，申请人在答复时，必须从说明书中提取传感器结构和传感机理等信息对权利要求 1 进行补充和完善。修改如下。

(1)根据说明书[0022]段和[0063]段的记载，将“所述氨气敏感层作为末端加载电容与所述弯折偶极子天线两端连接为一体，等效为电容 Cr；其中所述小环天线等效为所述小环天线电阻 Rr1 与电感 Ls1 的串联组合，所述弯折偶极子天线等效为所述弯折偶极子天线电阻 Rr2 与电感 Ls2 及作为敏感层的电容 Cr 的串联组合”；技术特征补入权利要求 1 中，实现对等效电路限定，形成新的权利要求 1。

(2)根据说明书[0063]段和附图 1、附图 2 的记载，将“所述小环天线在所述馈电口处断开，M 值的大小随着弯折偶极子与小环天线连接处与小环天线馈电口处的距离成正比。从而可以改变连接点的位置影响耦合天线的阻抗与匹配性能”技术特征及公式(9)(实现 M 值的计算功能)补入权利要求 1 中，形成新的权利要求 1。

12.4.5 提供计算公式和辅助实验数据，以备审查和答复

尽管大多数发明专利在申请时，可以只是一个想法、思路，不需要实验数据或推导过程作为依据。但是，如果能够在专利说明书中增加相应公式和实验数据，一方面可以将技术方案特征表达的更为清楚；另一方面还可以有效证明技术效果和创新性。这里不需要太复杂的数据和图示，只要能够呈现技术改进的数据就可以。这样，可以避免在审查过程中，审查员对再补充提交的实验数据不给予认可；同时，在答复时，特别是驳斥技术进步、技术启示等质疑时，可以有效地引用相关公式或数据用于证明申请专利中的技术方案具有创新性。

所提供的辅助实验数据可以通过图示的方式表达出来。

(1)简单的柱状图、曲线图。柱状图至少给出了 a 和 b 两类数值，一类表示为常规技术，另一类为申请专利中所提供的技术方案。曲线图用于描述不同应用情景的实验或传真所表达出的变化规律。

(2)能够清晰表达创新思路与方法的机理图和流程图。

案例 12.21 发明专利“一种基于环境监测的果蔬应用动态决策方法及系统”

在该专利申请中，有一个核心创新点：基于多环境参数感知和果蔬多品质数据，建立“环境-品质”多参数耦合模型，实现果蔬冷链过程品质的多维预测。但在专利权利要求部分和说明书部分，却没有提供任何相关公式和实验数据用于证明该技术方案的创新性和有效性。审查员则以一篇重点在于计算果蔬货架期的实用新型专利作为对比文件，成功将申请专利驳回。通过分析一通和二通文件，可以明显看出，审查员直接把货架期模型等同于多参数耦合模型，并没有考虑 2 个模型在输入和输出方面的巨大差异。申请人在答复时，由于专利说明书中也没有相关公式和数据，只能通过文字解释来指出两者之间的区别以及申请专利技术方案的优势。但这种解释没有太大的力度和效率，最终导致专利被驳回。

第 13 章　信息系统学术报告与答辩

科学研究过程中，开题报告、项目立项和鉴定、论文答辩等需要进行口头表述，以接受同行评价、获得认可等，即答辩，一种最常见的演讲方式。演讲是一门综合性的艺术，是语言的一种高级表现形式，是艺术地表达出语言的基本意思，是一种有计划、有目的、有主题、有系统的视听两方面信息的传播。它是演讲者在公众场合就某个问题发表见解，向听众说明事理，借助于有声语言和态势语言表达思想的综合性口语形式，可以使见解一致的听众更坚定其原有的信念，同时，力争不同见解的听众动摇、放弃、改变其原有的思想观点，心悦诚服地接受演讲者的意见。

可以说，演讲既是一门学问，更是一门艺术。但是，“演讲”二字，可以说分为两部分，即演和讲，重“演”或“讲”或并重。但演讲不等于讲话加上表演。在演讲过程中，常使用幻灯片播放加以理解，因而，幻灯片制作、演讲过程与幻灯片的配合也成为演讲准备的主要部分。

本章主要以学术报告与学位答辩为应用情景，介绍演讲的基本要求以及如何制作学术型幻灯片。

13.1　学术报告

13.1.1　学术报告的基本要素

学术报告是学术交流的一种重要方式，帮助科研人员了解最新动态，也让同行了解演讲者的工作。尤其是在研究生阶段，面临着各种各样的学术报告：文献报告、综述报告、研究进展报告、开题报告、中期检查、学位论文答辩；国内、外会议报告；研究室范围、课题组范围、会议交流范围的报告等。因此，掌握做学术报告的方法也是研究生素质培养的基本要求之一。

从信息传播角度来看，可以把学术报告活动从演讲者萌发演讲动机开始至演讲产生一定影响或达到一定的目的为止，看成一个信息活动的完整过程。这个过程可归纳为以下 5 个环节。

(1)信息：由演讲者传递给听众的主要内容。说服型、培训型、信息指示型等不同类型报告所传递信息差别比较大。例如,开题报告或项目申请答辩,就是一种典型的说服型报告,需要让听众确信所提出的方案至少从理论上已经得到论证,以决定通过或给予资助。

(2)传播者:演讲者,这是演讲活动的主体。演讲中信息的发出者,主要以言语传递信息,也以动作、手势、姿势、表情等非言语方式传递辅助信息。

(3)媒介:口语和相应的体态语言。

(4)受传者:听众,学术报告信息的接收者。

(5)效果:学术报告的成效。学术报告是一个信息循环流通的过程,演讲者通过口语和体态语言的媒介将演讲信息传达给听众,听众必然会受到一定的影响。

13.1.2 学术报告准备和演讲过程

与一般演讲不同之处在于,学术报告形式比较严谨,内容上比较规范,听众范围特定。学术报告包括以下 3 方面:第一,告诉听众打算告诉他们什么(tell people what you want to tell them),即问题是什么;第二,告诉他们问题解决情况;第三,告诉听众已经告诉了他们什么(tell people what you have told them),让大家意识到什么。所以,在准备学术报告时,需要从以下环节着手。

第一,确定学术报告目标。在本次学术报告中要达到的目标是什么?想要让听众知道什么?相信什么?或者去做什么?通过这次学术报告,希望听众对演讲者的形象有怎样的认识?学术报告对某个特殊的人或群体将产生怎样的影响?

第二,明确学术报告观众。学术报告想要向听众施加影响、告知信息或传授知识,必须明确听众是什么人,如上司、客户、意见相左的人、外国人。通过预判听众的知识背景,进而思考听众来听学术报告的目的,了解和利用听众的心理特点。尤其注意科学研究往往分成小领域,一项研究往往涉及多学科交叉,需要判断听众是否具备同样的知识背景和科研经历。因此,明确的听众需求和知识背景,是决定学术报告内容、格式、语言、形式等的重要先决条件。只有这样,所做的演讲报告才更容易让对方理解,跟上节奏,传递信息,并在报告完成之后收获反馈和意见。

第三,界定学术报告内容。考虑到学术报告的时间限制、潜在听众的需求,必须明确所要演讲的中心思想是什么?用哪些资料或素材来说明哪种问题(图 13.1)?所有要讲的内容都是有必要讲的吗?一般来讲,学术报告素材可以分成以下 3 种。

(1)核心素材:学术报告时所必须提出的素材。

(2)可任意处理的素材:因时间或其他原因可以省略,且不会对整个报告造成伤害的素材。

(3)辅助素材:如果时间足够的话就不妨把这类素材发表出来,这样做一定是有益无害,或者在回答别人问题时也不妨运用这些素材。

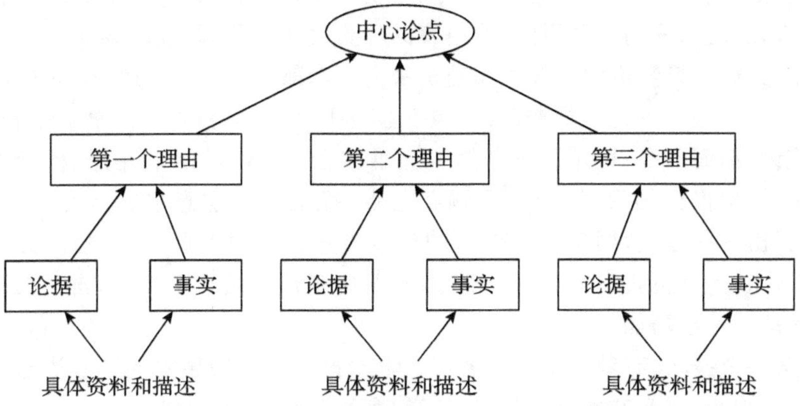

图 13.1　学术报告的主要内容与资料之间的逻辑关系

第四，制作学术报告所用的 PPT。幻灯片能够实现图片、文字、音频、视频等元素于一体展示。一般都以 PPT(PowerPoint)来代指幻灯片。学术报告所用的 PPT 一方面需要展示出重点、要点；另一方面力求适用、美观。本章 13.3 节将具体讲述 PPT 的制作过程。

PPT 制作时，需要明确幻灯片的长度，然后再根据 PPT 预计长度调整其结构和逻辑。PPT 长度与报告规定时间和地点(线上或线下)相关联。一般的经验估计是：有实质内容的 PPT 页数应等于现场报告的分钟数，也就是平均一页幻灯片用 1 min 时间来讲。例如，一个 30 min 的报告，做 30 页就差不多了(一般指没有动画构图的页数)。如果包括开始页、结束页、中间转换页，最多也就 35 页。页数太多，讲不完或者讲得太快都不好。如果是在线报告，考虑到受众的注意力，可以考虑每分钟 2～3 页 PPT。这样，保证在演讲过程中，受众面对的屏幕是变化的。

一般而言，学术报告 PPT 结构可以有以下 3 种。

(1)线性结构：演讲者可以顺序地讲解主要学术内容。

(2)分支结构：演讲者沿着一个树状分支展开主要学术内容。

(3)网状结构：演讲者可在内容单元(模块)间自由选择，没有预置路径的约束。

PPT 制作完成之后，可以采用 PPT 盲抽演讲实验方法提高 PPT 信息传达功能，即当 PPT 制作完成之后，先让同行准备一段时间，应用做好的 PPT 进行同等时间长度的试讲，从而发现 PPT 中存在的问题，然后以全新的角度审视该份 PPT 的适用性和逻辑性。在试讲过程中，如果 PPT 没有足够的逻辑性，演讲者只能硬着头皮读内容，无法做到心中有数。而一份有逻辑性的 PPT，足以让同行掌握核心内容。

第五，学术报告的内容组织与版面润色。选择恰当词汇，用实在而非抽象的词汇;简明扼要,运用事例、类比、比较等方法;视觉上,层次清楚、层标新颖、可视化、编号化、图表化(能用图的尽量用图,能用表的尽量用表)、形象化;信息上,每一页都在传递有用信息,信息量适中。最忌讳的是密密麻麻都是字或者公式,且条理不清。

第六,学术报告过程中把控时间,真正演讲而非念稿和背书。学术报告整个过程依纲演讲,活而不乱;运用逻辑和结构起承转合,丝丝入扣、利用悬念、简明扼要、重点突出;学术报告结束时,简短回顾各要点,提醒听众注意主题与各项内容的联系,也可提出一些建议,明确一下今后的步骤。一般时间上要求是:准时开讲,准时结束。演讲首先是自我介绍与导入部分,需要向观众介绍自己是谁,自己要做什么。演讲过程的主要技巧如下。

(1)第一个技巧:有效运用身体语言。学术报告者一般稳定的站立姿势,但能以手势来表达内容;语音准确,合理运用嗓音;表达流畅,节奏起伏。

(2)第二个技巧:口气自然。学术报告真谛是自然,需要注意的是,持稿学术报告≠读书,脱稿≠背书,不能一个语调从头讲到尾,在关键的地方语气要加重强调。

(3)第三个技巧:用目光来控制,让听众感觉到"我在对你说"。在报告中要让眼睛有光、有神、有情,并通过点视、对视、环视、扫视、虚视、凝视等方法,杜绝不看听众、左右流转过快、频繁瞥视、闭眼时间过长等情况。

第七,学术报告结束后的提问与答疑。多数学术报告结束之后都有提问环节,回答问题往往比做报告还难,考验演讲者的真才实学,可以按照以下思路准备。

(1)和所演讲内容无关的、不是重点且讲不清楚的内容尽量不要放在报告中。

(2)针对难点和容易被提问的点提前准备几页 PPT 放在致谢后以备不时之需。

(3)确保所有讲到的信息点和概念都可以有几句话解释和补充。

(4)回答提问前先重复一遍问题,保证理解正确且能够组织语言。

在听众提问题的时候,要注意倾听。在回答问题时,应该实事求是,充满信心,尽量简洁明了。如果没有听清,就让提问者再说一遍,若不明白意思,可私下讨论。

13.2 学位论文答辩

学位论文答辩是学术报告的一种特殊形式,用于对各级学位申请人的学位论文审查中。对于学位申请人来说,学位论文只有通过了答辩,才能获得相应的学位证书。一般来讲,只有答辩前已取得评阅人的认可才能组织答辩。答辩会上不予通过的概率很小。然而,答辩会也是研究生显示才能、得到锻炼的一生难忘的机会。答辩得好,答辩委员能从中获得新知识,喜看学术人才的成长,很愉快,研究生也能得到鼓励;答辩不好,虽可获通过,但气氛沉闷,双方都会感到一种负担。答辩成功与否,根本上取决于学位论文工作的质量,创新点明确,有价值,论证充分,这是基础。

然而,从答辩技术角度,也有研究生值得注意之处。

学位论文答辩在答辩委员会组织下进行。答辩委员会一般由同行专家学者组成,其任务是对参加答辩的论文进行审查和评价。答辩时,先由学位申请人对其论文核心创新点进行汇报,然后,同行专家进行提问,学位申请人进行答复和辩说。与学术报告不同之处是,答辩更多是问题导向与应对性,用于反映学位申请人的理论功底、心理素质和交流技能。

13.2.1　答辩前的准备

学位申请人在答辩前的准备主要包括两个方面的内容。

第一方面：围绕创新点,重组学位论文,准备答辩 PPT。就学位论文答辩而言,根据学位申请级别的不同,所规定的自述时间一般在 20～50 min。学位申请人一定要有这样的概念:我是在答辩,不是在讲学术报告,不是为了让听众懂得我论文的内容,而是让他们认同和赞许论文中的创新工作及其价值。因此,答辩 PPT 不需要按照学位论文章节一章一章展开讲解,也不需要讲解论文所有内容,而是应该按照论文创新点来重点组织,主要包括:创新点定位;创新点的主体内容;新在何处;能解释或解决哪些问题。这样,每个创新点讲解七八分钟,加上开始研究背景和总体框架以及最后的结束语的时间,演讲时间很容易控制。若是简单将论文拷贝制成 PPT,然后逐字照念一遍,时间不允许,叙述也不清楚,答辩委员也会感到索然无味。

第二方面：围绕评审专家提出的意见,准备可能的问题。答辩过程有"问"有"答",也可以"辩"。对于论文中阐述得不清楚、不详细、不确切、不完善的地方,答辩委员们可提出问题,让学位申请人回答,从而考查其对专业知识的掌握情况、研究能力和写作过程的真实性等。从总的原则上讲,答辩委员提出的问题一般仅限于论文所涉及的学术范围,而不是针对整个学科或专业的全面知识进行考查。具体地讲,答辩委员的提问可能来自以下 4 个方面。

(1)论文研究的关键内容。答辩委员对论文关键内容的考查主要包括:在文献综述基础上,作者本人的创新在哪里;对已有定论的学术问题,是否有新的材料进行论述,是否有新的补充;对同类研究成果和研究现状,是否有较全面的了解,能否进行公允的评述;研究的难点及其解决方法;论题是否具有积极的现实意义等。

(2)论文本身的薄弱环节。如针对论文中某些论点模糊不清,论据片面不全,论证过程不严密、考虑问题不周全等情况提问。这些问题可能是作者无力深入研究下去而有意回避了的,但更多的可能是作者自己还没有意识到的不足之处。若是有意回避了的,或是自己在答辩前已经检查出来了的,可以在自述报告的最后一部分内容中加以主动说明。

(3)论文中涉及的有关基础知识和基本理论方面的问题。这些内容又分两类情况：一类是论文作者应该了解、熟悉、掌握，但在论文中没有必要展开论述的，如与论文有一定相关性的基本概念、基础知识和基本理论、研究方法等；另一类是作者在论文中没有阐述清楚的，如对概念或术语的混淆使用，理论错误，数据或材料的来源不清，研究方法使用不当等。对这部分内容的问答最能检查出作者研究态度的严谨性和写作过程的真实性。

(4)“拔高题”。这是指答辩委员围绕论文而提出的较有深度的问题，其目的在于进一步探测论文作者的水平高低和知识结构上的深度与广度。

13.2.2 答辩讲述与回答原则

在讲述方式上，需要有准备地脱稿讲。为能有效控制自述时间和保证讲述的流畅性，必须试讲多次并对 PPT 进行完善。在答辩讲述中，还需要注意时间控制原则，可以将答辩 PPT 分段，设定每段的大致时间，在时间检查点上判断进度快慢。幻灯片切换要有快有慢，重点慢讲慢切，快切的部分要图文并茂，给人以内容充实的感觉。

由于论文是答辩人深入研究与思考的结果，在研究与写作过程中已经对论文论题、材料、方法，以及同类研究情况有了相当深入的了解，比别人甚至答辩委员都钻研得更为深入，所以不必对答辩产生畏惧感。因此，回答问题时，要充满自信，从容应对，首先聚精会神地听取答辩委员的提问，做到边听、边记，防止遗漏；再次积极思考，理解提问者的题意，扣住本质进行回答。对于没听清楚的问题，应有礼貌地请提问者复述一次，而不要贸然作答。应该遵守以下原则。

(1)紧扣问题原则：需要怎么回答，就怎么回答，不能随意扩大或缩小问题的内容或范围。

(2)实事求是原则：所谓实事求是，是指老老实实地回答问题，一就是一，二就是二，既不缩小，也不夸大，更不能说假话。对拿不准的问题，可不进行辩解，而实事求是地回答，态度要谦虚。只有这样，才能显示答辩者诚实的品格。

(3)简明扼要原则：答辩在时间上有严格的规定性，在内容上有严格的限定性。因此，答辩一定要简洁，否则既浪费时间，又会使评委产生厌烦的情绪。这样必然会影响答辩的效果。

(4)文明礼貌原则：在答辩中要充分地尊重评委和听众。语言要谦和，遇到难以回答的问题要不急不躁，不要有怨恨情绪，更不能出现恶语伤人的现象。否则，就有可能引起评委反感。

(5)审时度势原则：做任何事情，都既要坚持原则，又要头脑灵活，还需审时度势。绝妙的答辩过程，不仅是答辩者灵感的迸发和知识的展示，也是其智慧与才能的生动体现。

(6)自圆其说原则：面对答辩委员近乎“苛刻”的提问，答辩人不能不作答，但怎样回答比较好答辩人并没把握。所以，越是这个时候，越要鲜明地亮出自己的观点，自圆其说。只要能有理有据、自圆其说，那么观点就能站得住脚，就能被答辩委员接受。

总之，尽管答辩场面十分严肃，但并不可怕。答辩委员所提的问题一般都在答辩人应掌握的知识范围以内，不会超过论文相关领域。只要论文是自己做的，做得扎实，事前对有关问题又有充分准备，就一定能够顺利通过答辩。

13.2.3　论文和答辩情况的评判标准

根据答辩决议书要求及答辩过程，一般答辩委员会从以下方面对论文和答辩情况进行评判：学科理论知识的掌握程度；所选研究方法的适用性；研究中所使用数据资料的质量；口头表述是否清楚和具有逻辑性；表述时是否有不良习惯；能否有效利用做报告的技术手段；给出的说明材料是否适当；能否准确理解和迅速地回答问题；答辩准备工作的好坏。

13.3　学术型 PPT 制作

一般而言，幻灯片可以分为两大类：一类是为了配合演讲使用的演讲型 PPT，此时，演讲人是主体，如产品发布会上使用的幻灯片。这类演讲型幻灯片强调字少多动画，富有情感表达力。另一类是为了满足阅读需要的阅读型 PPT。学术型 PPT 属于阅读型幻灯片，此时，PPT 内容是主体，演讲人要做的是将 PPT 内容清晰准确、有条理地表达出来，能够让观众高效率地吸收信息，快速抓到重点。学术型 PPT 不同于演讲型 PPT：演讲型 PPT 强调的是创意，而学术型 PPT 强调的是目标导向，效用为先，达到目标是第一要务。PPT 的主题、结构、选材、排版、配色、动画设计都是和目标息息相关的。因此，需要根据实际的应用场合，制作出合理的 PPT。

一份优秀的 PPT，不仅需要有精美的设计能力，还需要从思考到表达的能力：鲜明的观点、逻辑的串联、亮点环节的穿插、情绪的酝酿、吸引人的视觉表达、动人的演讲技巧。需要指出的是，学术内容大于 PPT 形式，做好 PPT 是达到目的的手段，而不是目的本身，只需要将科研工作完整准确地表达出来，辅以版式舒适、内容规范的 PPT 即可，无须将过多的时间用于 PPT 制作。

13.3.1　学术报告型 PPT 的基本逻辑结构

演讲者在准备 PPT 之前，一定要首先明确：以什么样的方式组织材料？顺序安排是否有逻辑性？起承转合是否恰当？各部分的详略安排是否得当？明确之后，可以画出逻辑结构框架，该框架应能体现学术演讲内容概要、各个部分内容的连接关系以及整体呈现形式。也就是说，实际上在准备 PPT 结构的过程中，演讲者已经在心里把报告演说了一遍，只要逻辑安排得清楚，甚至不用进行任何排练就可以把PPT演讲的十分流畅。

一份完整的幻灯片通常包含封面、目录、提示页、内容页以及结束页这5部分；封面页展示PPT的标题，主要包括事项抬头，如会议名称、×××大学学位论文答辩；目录页告知观众汇报的整体架构是什么；提示页即转场页，给观众一个心里预期，展示分论点；内容页则展示支持分论点的小论据；结束页致谢。此外，还可以在封面页与目录页之间增加摘要页，告知主要观点；在内容页与结束页之间增加总结页，对整体内容进行总结陈述(图13.2)。硕士学术论文答辩PPT核心内容可以包括如下(以答辩时间20～30 min为例)。

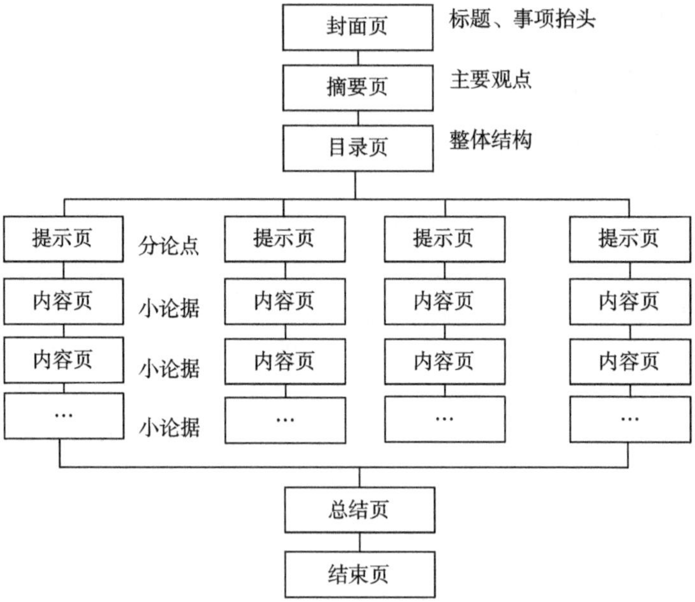

图13.2　学术报告PPT的逻辑组成

(1)首页和列表页(2页)。

(2)问题提出及研究意义：重点讲问题提出(2～3页)。

(3)文献综述：重点讲以前研究不足之处，以便对创新进行衬托(2～3页)。

(4)技术路线(1页)。

(5)特色与创新(核心部分，根据时间和内容控制在20～30页)。

(6)结论和建议(2页)。

(7)结论(1页)。

13.3.2　PPT 制作步骤

PPT 制作是学术报告准备过程的必要工作，需要在明确主题和观众的基础上，进行文字提炼与梳理，确定整体风格，做出初稿，通过试演讲进行多次修改检查直到完全定稿。基本步骤如下。

第一步，明确主题。明确主题方法与前文所述的确定学术报告目标方法一致，但更需要考虑该份 PPT 是用于什么场景。如果是学术型会议上所做的报告，需要学术型会议报告的风格模板。如果是学位答辩的 PPT，那么需要考虑到该份 PPT 是否有官方模板。在这一步就需要做到定基调，看准要求，以避免做完之后再推倒重来。

第二步，分析观众，确定 PPT 风格与重点。例如，若观众对该领域了解较深，深层机理图可放到 PPT 上；若了解少，则可以摘取更通俗易懂的图放于 PPT。

第三步，文字提炼与梳理、信息展现的四化(参见章节 13.3.3)。该部分对应前文的界定学术报告内容。在学术报告和学位论文答辩的 PPT 制作前，已经有一定的文字版材料，并将其划分为核心素材、可任意处理的素材、辅助素材。可以先将这些素材复制到 PPT 上，然后通过文字提炼与梳理让这些素材内容变得可视化起来，确定内容与层级，为下一步风格化展示做好铺垫。

第四步，确定风格并做出初稿。确定风格是指确定演讲风格与设计风格。演讲风格需要根据具体场合和演讲者的身份和性格来确定，包括激情澎湃、风趣幽默、平实直白和专业严谨。很明显，如果是学位论文答辩，日常再幽默的人，演讲风格也不能是风趣幽默。设计风格不能仅凭演讲者自己的主观臆断，需要多和周围人沟通，寻求意见。在确定了风格的基础上，将第三步的文字层次等内容呈现出来。

第五步，修改检查并保存。建议将文件保存为 ppt、pptx 和 pdf 格式各一份，防止出现播放过程中 PPT 版本不兼容的情况。PPT 也可以保存到云端备份。

13.3.3　学术型 PPT 信息展现的四化原则

一份学术型 PPT 涵盖信息纷繁复杂，信息展现有四化原则，即文字概念化、概念层次化、层次图形化、图形动态化(图 13.3)。具体如下。

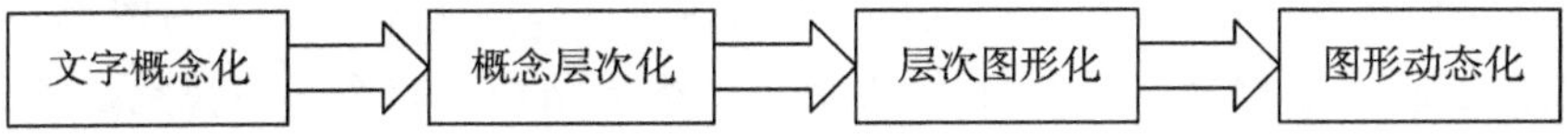

图 13.3　PPT 信息展现

第一步文字概念化，即将文字提炼、去除、合并、简化为关键信息，仅把文字汇总的纲要内容进行呈现，将每一行的核心内容用颜色和加粗加以强调，使得重点突出，同时对于非关键部分直接删除。概念化提炼能够让观点自动“跳”出来，把观众的注意力吸引到关键词上。具体操作：拆分段落—提取概括内容—删除并优化文字。其中：①提取概括内容，包含关键词和关键句。关键词常包括数字、特点和主语等。关键句常包括中心句、结论，常出现在句首或句尾。概括词句需自行理解并概括出的词句，分为概括词和概括句。概括词可以从逻辑或结构层面入手，概括句是阅读理解文章后所得出的结论。②删除文字，删除写作中为了连贯性和严谨性所用的重复性文字，“因为”“由于”等原因性文字，“截止”“已经”等辅助性文字，以及用冒号引出的、用括号括起来的解释性文字。

第二步概念层次化，基于金字塔原理，包含层次逻辑关系的段落，需要进一步利用小图标或序号标出层次，使得层次更加清晰，富有逻辑。“金字塔原理”强调，任何事情都可以归纳出一个中心论点，而此中心论点可由 3～7 个论据支持，这些一级论据本身也可以是个论点，被二级的 3～7 个论据支持，如此延伸，状如金字塔。金字塔型结构能找到帮助记忆重新组织信息的方式——“分层”，并通过 PPT 将其逻辑体现出来。如图 13.4 中，图左边传感器有 6 个之多，可以将其按工作原理划分为电阻式传感器和电化学式传感器。原来是“传感器”一个级别，现在变成 2 个级别。在这种情况下，排版时需要将二级文本缩进，以便能够与一级文本进行区分。复杂的层次化结构可以借助思维导图工具(Mindmanager、XMind 等)思考与绘制。

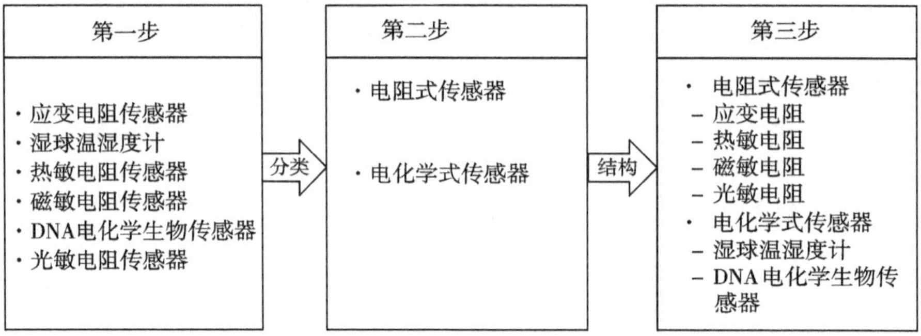

图 13.4　传感器分类的层次化过程

第三步层次图形化，将富有层次的文字变成图形，运用不同形式的图形将文字层级具象化，一目了然地展示 PPT 核心观点和逻辑结构。图像诉诸视觉是具象的，大脑无须再加工，而文字确实抽象的，需要在脑海中二次加工。所以，图片能够让信息传达更高效。具体要有以下思路。

(1)用带表情或肢体语言的图片表达语气语调和情感。

(2)将抽象的信息具象化，如以图标的形式来表达。

(3)强调关键文字信息，如加粗、颜色深浅、字体修改。

(4)找出材料间逻辑关系，然后用图表达。例如，信息系统的各个阶段，可以用一定的时间轴模板表达。可用的逻辑有并列、递进、层次、包含对比、循环、因果等。

(5)反映事实真相的照片。

第四步图形动态化，运用视觉效果更好的立体图形。

13.3.4　PPT 制作的排版布局和美化

“美即适用”效指的是一种心理感应现象，人们认为美好的设计更适用，美的设计会与使用者建立正面的关系。学术型 PPT 的美化主要体现在 PPT 的排版、字体、配色、图表质量 4 个方面。排版可以为风格搭建框架，通过编排布局，突出主要内容，制造焦点，从而引导观众的视线，更科学地获取信息。排版有以下技巧与方法。

第一，学术型 PPT 中的排版主要以逻辑为主进行排版，并列、时间轴、循环及层级等逻辑关系是版面的重要组成部分。排版有四大原则：分组、对比、对齐和重复。

(1)分组是指将画面中有相同属性的元素进行归类呈现，增加内容之间的条理性。当多个相关元素放在一起的时候，大脑就会形成一种反应：这已经是一个单元而非个体。分组可以以留白(从空间形成分组的概念)、线条、色块、图片、颜色、项目符号表示出来。

(2)对比是通过大小、颜色、远近、虚实、字体等元素对比，构建设计的层次，告诉观众什么才是最重要的部分。例如衬底对比，可以突出展示信息。

(3)对齐会给人一种平静、安全的感觉，是让设计专业、有序的重要手段。除了常见的左对齐、右对齐、居中对齐、两端对齐外，还可以是沿线对齐、文字段落与图片的对齐形式。

(4)重复不是简单的复制，而是作品整体上按照统一元素或者规律进行设计。重复让画面看起来更加鲜明，给人的感觉是统一的、整体的、相互关联的。字号、图形、颜色、项目编号。段落间距、形状样式等都可以重复，但不要简单复制，使用“母版”，让每页都有固定的“面孔”，PPT 重复的元素多了，才会有风格。

第二，选择字体。字体的选择和使用应该不超过 3 种。在幻灯片中尽量不要使用笔画纤细的宋体以及其他笔画纤细的字体，该类字体看起来费劲，便于在数字屏幕端阅读，字体应该选择与 PPT 主题风格相符合的字体。黑体系列的字体能够给观众带来更好的阅读体验，例如微软雅黑、冬青黑体或思源黑体等。另外，还可以将字体行间距修改为 1.5 倍，阅读会更轻松。英文字体通常用 Arial，也可用 Times New Roman，不宜用其他太花哨的字体；字号一般要用 16 号或更大，这样观众才能看见；特殊情况可用小字号，如引用的文献的出处因为不希望它喧宾夺主；大标题小标题正文的字号要依次减小;同一层次的字号要相同。

第三,巧妙配色。颜色会表现出不同的情感、特质和趋向。蓝色是最百搭的颜色,传达公正感和可信赖感,在科技报告中使用较多。在实际操作中,可使用 PPT 中的“取色”功能,学习优秀模板中的配色,也可以试试组织 logo、校徽配色。背景与字体颜色的选用:一般来讲,底色跟字必须有足够的对比度。在同一张幻灯片上用不同的色彩可达到强调重点增强层次感的效果,但是色彩不宜太多太杂(一般最多为 3 种),否则令人眼花缭乱。

第四,利用图标。图标有两个作用:一是概括主题,图标是有较高符号特征的元素,是文字的视觉体现,能通过意象属性传达含义;二是装饰点缀,图标也是 PPT 中可视化的表现,因为它本身具有基本形状和审美倾向,能很好地为画面增色。图标选用有两个标准:一是符合主题,图标必须与文字内容相匹配,否则容易产生歧义;二是风格统一,图标有不同的特征,包括复杂度、形状和线条粗细等,图标风格选用不当,会破坏整个画面的统一性。

第五,选对图表。图能表达有倾向性的结论,而表格更客观中立地展示数据。需要根据要表达的观点,选择合适的图表类型,避免造成歧义。如表 13.1 所示,也可以参考第 6 章相关内容。

表 13.1 图表使用类型参考表

要表达的数据和信息	饼形图	柱形图	条形图	折线图	面积图
成分(整体的一部分)	√	√	√		
排序(数据间比较)		√	√		
时间序列(走势、趋势)		√		√	√
频率分布(数据频次)		√	√		
相关性(数据间关系)		√	√		

第六,克制使用 PPT 动画功能。PPT 动画的使用可以更具有逻辑性,恰当使用可以激起观众的好奇心。学术型 PPT 中的动画主要有两种作用:①当需要分点叙述时,一个页面只能有一个主角,但有时候页面上会有三四个要点,这个时候就需要用动画,来按照要求顺序一个一个展示出重点。如果一下子将对应的原因全都显示出来,观众就可能不会跟随你讲解的节奏来听,使其逐部分出现,让 PPT 上内容出现的顺序与讲解的过程相吻合,可引导观众思考。②过程再现,该方法在展示复杂的流程的时候特别有用。科研中的操作步骤本身就是由一组动作组成,描述这组动作的最好的方法就是通过动画再现这组动作。

PPT 动画添加要注意以下几点:滥用动画、过分炫技、拖沓冗长等问题。使用过多的动画效果,不仅会延长整个演讲的时间,而且会很大程度上分散掉观众对内容的注意力。另外,做动画的时候,一定要考虑静态画面的效果,不能动画展示图片后,图片遮挡了文字。

13.3.5　相关软件应用技巧

一般是使用 PowerPoint 软件进行 PPT 制作,以下是一些注意事项。

(1)初稿不编号。为了便利地删减前后调整,初稿不宜给图表标题条目等编号。

(2)页面标题要夺目。每页 PPT 中,最值得精练的莫过于页面标题。人们在浏览 PPT 的时候习惯先看标题。页面标题需要让观众明白,此页 PPT 讲什么内容。

(3)页面文字简短。PPT 正文尽量做到一句话就一行,写简单完整句,语言要有节奏。此处可以采用上文提到的文字提炼与梳理法。

(4)可用 Visio 画流程图。学术型 PPT 中常用到流程图,绘制流程图的关键是要做到横平竖直,相关的图框对齐,关键节点可以用不同的颜色标识出来。另外,流程图本身应该尽量画成一个矩形或其他视觉上稳定的图形。

(5)善用 SmartArt。如果套用现成的模板,很难将模板里的每个文本框用文本占位符来代替,结果调整这些文本框的字体字号会很麻烦。通常,可以在幻灯片中插入 SmartArt 后编辑文字来制作图形,还可以先编辑文字,再转换为图形。这样可以用 SmartArt 将一个简单的文本框快速变成一个漂亮的概念图,并可以在不同的概念图之间转换。另外,在文字段排版或者图片排版时,可以直接套用 SmartArt 现成的版式,就会很方便。

(6)用"设计"—"颜色"来定义 PPT 颜色。用此功能可以使这些颜色被 PPT 用到各种系统设置里面,如果后期需要修改某个颜色,也可以一次性将所有用到这个颜色的地方都调整到。在该功能中,PPT 自带一整套从浅到深的色系,不需要自己选择颜色搭配。颜色选择需要考虑与主题的契合度,具有学术风格的幻灯片,最好选择一些严肃点的色彩,如深蓝色。要注意背景色与内容的颜色要有一定的反差,深浅搭配使用。确定了一整套的配色方案后,最好一直沿用这些色彩,让每一页的配色方案看起来是一致的。

(7)巧用母版。母版可以达到"一次更改,全体换新"的效果。例如,一些细节性的文字的项目编号、页面的边距、文字的段落间距、行间距、标题的位置等都可以通过母版来解决。

(8)考虑用栅格法排版:在纵横两个方向上,将整个页面六等分。例如标题就可以从最上面左边第二个栅格开始写。可以在"视图"选项中勾选"参考线"功能,调出页面里两条相互垂直的中轴线,用以辅助对齐。还可以在"视图"选项中,单击显示右下角的箭头,在出现的设置框中,勾选"形状对齐时显示智能向导",这样,在页面挪动任一图文时,软件就会自动出现参考线,来表明元素之间的位置关系以及间距是否均等。

(9)图文混排需要确定主角。一幅图一段话的排版包括全图遮罩型、全图色块型、上下分割、左右分割、居中分割、弧形分割。多图的画，可以先用裁剪功能将图片裁剪成一样大，再套上和主题模板颜色相同的边框，为图片加上阴影，使得整个画面统一。若文字是主角，图片是陪衬，则可以让文字占据独立的大空间，图片采用边缘柔化或渐变蒙版的方式，淡图片的边缘，使图片融入背景中去。

(10)演示者视图模式。演讲过程中，F5 可以启动幻灯片放映，而 Alt+F5 组合键，可以进入演示者视图模式，此时投影仪左边显示的是 PPT 界面，而演讲稿和下一页幻灯片缩略图只有演讲者才能看到。

(11)一秒黑白屏。键盘上的 B 键和 W 键分别对应黑屏(black)和白屏(white)，在 PPT 投影模式下，按下对应的键即可切换黑白屏视图，可以快速隐藏 PPT 内容。

(12)选择适合投影屏幕的页面尺寸。16∶9 和 4∶3 是两种常用尺寸。在制作幻灯片前，需要了解清楚幻灯片是在电脑上供人观看，还是在投影幕布上演示使用。除了主流的两个比例外，近几年各种发布会、行业峰会等，放映场合多被定在酒店或者剧院等，这些场所中，屏幕尺寸比较特殊，甚至有 2.35∶1，此时在“设计”中单击“自定义幻灯片大小”，可以自定义尺寸。在“设计—幻灯片大小”里，可以进行 16∶9 与 4∶3 的幻灯片尺寸互换。

(13)进行播放测试。按“F5”键进入播放状态，检查错别字、多余动画、多余超链接。如果需要将 PPT 转移到别的电脑上播放，则需要注意外部链接的文件和字体一同打包并测试。

(14)二维码的自扫检查。联系方式页的电话号码建议用空格或连字符隔断，便于阅读。现今个人联系方式多采用二维码，此时二维码需要进行自扫检查。

13.4 如何听学术报告

“取人之长，补己之短”“他山之石，可以攻玉”等，都说明了一个道理：借鉴是最有效的学习。研究人员通过参加各类学术会议，聆听各类学术报告，从而提高自己的业务水平。不仅有助于开拓研究视野，学习和借鉴他人的研究经验，掌握学科领域的前沿和热点问题，促进不同研究领域的学术交流。但是，对于学术报告，有些研究人员开始往往会感到束手无策，因为既听不懂也看不懂，不知道怎么办好。因此，怎样聆听学术报告？聆听学术报告听什么？如何提高聆听学术报告的效率等仍是一个值得探讨的问题。一般要求做到 5 个基本原则：①聆听学术报告态度要端正，②聆听学术报告要有计划，③聆听学术报告要有准备，④聆听学术报告记录要详略得当，⑤聆听学术报告思考和整理。

13.4.1 聆听学术报告的角度定位

一场学术报告,报告者是经过相当长时间、花费相当的人力和物力,经过艰苦努力攻关后才得以完成的。一般听众或读者很难一下子听懂,研究人员积极性不够高,把听报告当成一个任务,而不是主动地吸取知识、为今后的发展积蓄能量。所以,聆听报告首先有一个积极的定位。

第一,以审美的心态去聆听学术报告。聆听学术报告时的最佳角色应该是审美者,而不是批评家。要多学习报告演讲者的长处,多体会其特有的风格、闪光点;要用欣赏的目光去感受他们学术报告过程中一举一动的仪态美、抑扬顿挫的语言美,领悟他们独具匠心的学术报告设计的结构美,以及他们是如何通过严密的推理、精巧的思维、合理的实证来充分展示出科学的理性美。

第二,以参与者、研究者的心态去聆听学术报告。当听众走入学术报告大厅,就不应该再把自己当作一个旁观者,而应该把自己定位于一个参与者、研究者,要时时把自己的研究内容、预先设想与听到的内容相比较,把感悟之处及时记录下来。

总之,看似平平常常的聆听学术报告,要听有所获,想提高效率,还是有一定的讲究,博取众家之长,然后形成自我风格,逐步成长为名家。

13.4.2 聆听报告的基本过程

在摆正好心态之后,需要了解聆听学术报告的基本过程。

第一步,学术报告的选择。并不是所有的学术报告都必须听。①聆听相同研究领域的学术报告。对于科研新手而言,聆听学术报告首选相同研究领域的学术报告,这是最直接、最有效的借鉴。②聆听相同学科的学术报告。相同学科具有相同的理论基础与研究方法。科研人员多聆听相同学科的学术报告,容易使知识结构横纵结合,丰富完整,达到各科综合,融会贯通。③聆听不同学科的学术报告。不同专业学科的知识、逻辑可以教会人用不同的方法进行思维。因此,科研人员在可能的情况下,应该多听其他的学术报告,触类旁通。

第二步,聆听学术报告前要做足准备工作。在聆听学术报告之前,听众至少应预先熟悉学术报告的主要内容。首先可以了解或者钻研学术报告的背景知识或相关学术理论,同时再设想一下:假如是自己做这个学术报告,要如何做,选择哪些内容,如何组织?最好拿出一份简单的学术报告方案,以便聆听时对比,把他人的优秀之处吸纳到自己的研究工作中,使研究更充分、更完善。

第三步,聆听学术报告中要认真观察、记录,并思考。在聆听的过程中,听众应该学会带着问题聆听,眼、耳、手、脑配合,注意力集中到听和思考上,简明扼要地记录如下内容。

(1)从形式上看与听:聆听学术报告的整体设计;聆听演说者阐述问题的技巧与思路:同一个问题,不同演说者会从不同的角度,用不同的语言进行阐述。有的简洁明快、重点突出、深得要领;有的啰里啰唆、云山雾罩、漫无边际;学习整个演讲过程中宏观把握技巧与能力。

(2)从学术形式上:①要明确研究问题提出的角度,把握报告人在理论研究中体现出的学术思维特征,对开拓学术研究视野具有重要的借鉴意义。②考察报告人对研究问题的导入方法。③注重研究学术报告所体现出的系统性与科学性,即对学术报告中所体现出的理论目标、理论方法、理论任务等做出归纳总结,比较全面了解研究学术报告主题在特定学科领域中的理论地位与价值。④善于发现报告所涉及的研究内容中可深化、可拓展的突破之处,甚至不足之处。一项阶段性的研究必有其研究重点,不能面面俱到,会有其局限性或欠完善之处或忽略的问题。这些局限或欠完善之处就是对报告内容感兴趣者可继续介入的切入点或深入思考的问题。

听完学术报告,应该达到 3 种效应:第一是完成对预习内容的再认识,加深印象,加强理解和增强记忆的效应。第二是完成对预习中存疑内容的释疑,达到提高认识,释疑解惑的效应。第三是完成所学知识的把握贯通,达到感悟、自得的效应。

第四步,聆听学术报告后提问与交流。学术报告之后,经常会给听众预留 5～10 min 的时间,以供提问,这是一个很好的交流机会。交换意见时应抓住重点,多谈优点和经验。做到明确的问题不含糊,吃不准的问题不急于下结论,学术上的问题不武断,有创新的要肯定与鼓励,存在的问题不回避,但要注意可接受性,切忌信口开河,切忌滔滔不绝和夸夸其谈。需要注意的是,此时提问题不是为了表现自己,也不是为了难倒别人,应该有思考,问最想知道的重要问题,同时尽量帮助对方找到解决问题的更好思路,这是令问答双方都有收获的好方法。

第五步,聆听学术报告后要思考和整理。听完学术报告之后不能一听了之,应进行一番思考和整理。在这一过程中要善于进行分析、比较,注意吸收他人的长处,学习报告人的思维方式、报告策略、学术报告风格。

第四篇

信息系统研究案例

第 14 章　信息系统研究案例(一)——可穿戴建模

应激反应是动物机体在养殖或运输途中受到有害刺激(如挤压、惊吓、创伤、饥饿、感染、缺氧等)时,经常表现出的非特异性紧张状态。应激反应会严重影响家畜生长繁殖性能、畜牧养殖场的经济效益以及屠宰后的肉产品品质。但是在具体研究问题中,传统的应激反应检测方法主要采用静态采血化验法,动物机体应激信号变化平缓,监测连续性差,且检测设备功耗高、不易携带。因此,亟待解决的科学问题是:如何实现活羊保活运输微环境参数监测与优化,以及探究活羊应激反应与运输微环境变化之间的深层联系。

本案例以"应激检测—量化评估—分级预测"为研究思路,对运输环境下的活羊应激健康管理与控制策略开展研究,应用易用的、经济的传感器技术作为生物感知工具,构建基于生物感知与环境监测的关键因素的活羊运输评估模型。

14.1　案例背景与描述

活羊运输是活羊产业链中较为重要的环节,而运输应激严重威胁了活羊机体健康以及羊肉品质。在运输过程中,路途颠簸、活羊站立不稳、踩踏等现象诱发活羊产生应激,引发生理和心理反应,导致活羊体内含水率降低,甚至出现严重脱水,体重减轻 10%,进而导致活羊免疫力下降,引发机体免疫能力减弱,抗病力降低、容易感染慢性应激、急性应激综合征甚至突毙综合征。当羊群运输超过 50 km,应激率高达 30%～98.3%,伴随着心率和乳酸的升高,产热量、耗氧量上升,并改变活羊的生理机能,导致羊肉品质降低,肉色变异甚至出现白肌肉现象,屠宰后品质下降。因此,如何有效地动态监测活羊运输过程,提取应激特征参数,建立应激状态预测模型,保持活羊健康,降低流通成本,确保屠宰后的品质安全,成为活羊保活物流的关键问题。

传统的活体动物运输应激检测方法主要是静态采血化验法,检测设备功耗高且不易携带,无法做到实时且连续地检测。现有的动态检测方法更多是基于环境信号的方法,且更多关注的是温度和湿度,无法直接对活羊生理状态进行实时检测。可穿戴生理感知技术采用生物传感器获取生理参数,如心率、血压、体温、呼吸频率和血糖等,为活羊运输实时生理信息反馈提供了技术支持,具有低功耗、操作简便、可移动、持续性监测、无线传输和异常生理状况报警等优势。

因此，本研究选取绵羊为研究对象，设计面向活羊运输过程的可穿戴生物感知装置，动态获取活羊运输过程关键参数心率和体温，提取应激特征参数，构建应激状态预测模型，形成一套系统化"参数监测—特征提取—状态预测"的活羊运输应激动态检测方法。

14.2 活羊运输应激的信号检测与建模方法

14.2.1 活羊运输应激机理

活羊运输应激机理动态关系如图 14.1 所示，活羊运输应激由应激源产生生物信号从而影响活羊的生理状态，活羊运输应激源产生的关键信号主要包括环境产生微环境信号、运输振动拥挤等产生的物理信号和由活羊自身的心率、血糖和血压产生

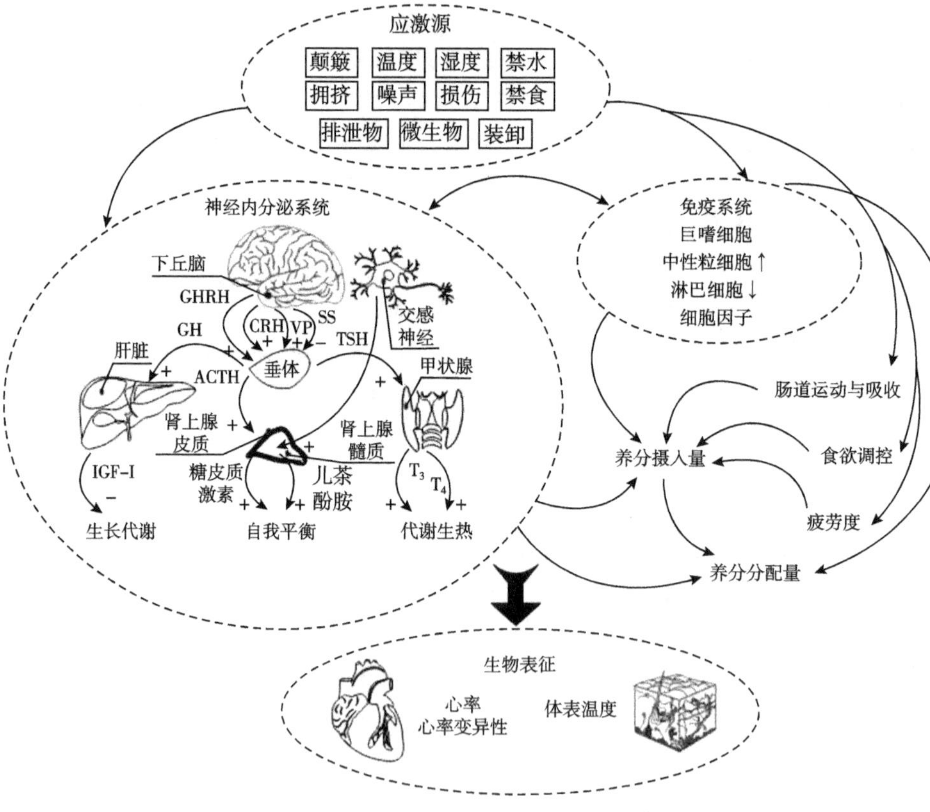

图 14.1 活羊运输应激机理动态关系图

的生理信号等。本研究主要通过选取活羊运输时的体温和心率参数表征活羊应激状态。

传统测量心率的心电图测量方法存在一定的局限性,通常需要三个电极附着在特定的身体部位,限制了被测活体动物的活动,使被测者感到不适。光电容积脉搏波描记法(photo plethysmo graphy, PPG)通过血管脉动引起的羊组织的不同透光率来测量脉搏和血氧饱和度,是制作成本较低的光学测量脉搏波信号技术,是一种非侵入、无创式的心率检测方法,可以应用于任何含有动脉血组织部位。该光电传感器由光源和光电变换器两部分组成,通过捆绑带或夹子固定在活羊脖子下面裸露的皮肤上。光源通常使用特定波长的发光二极管,这些发光二极管对动脉血中的氧合血红蛋白(HbO_2)和血红蛋白(Hb)具有选择性。当光束通过羊体表皮外周血管时,光束的透光率由于动脉搏动充血体积的变化而发生变化。此时,活羊皮肤组织反射的光被光电转换器接收转换成电信号,放大并传送到控制器中。脉冲是随着心脏跳动周期性变化的信号,动脉血管的体积也周期性变化,所以光电传感器的电信号变化周期是脉率。通过测量血液中血红蛋白随心跳的吸氧变化来测量活羊脉搏波参数。该方法具有响应速度快、性能稳定、适应性强等特点。

14.2.2　生物信号检测与参数估计方法

这里所说的信号检测指的是生物数据采集过程中,在复杂噪声以及干扰条件下对传感器感知信号进行生物生理信号波形的提取过程,如基于光电容积的脉搏波传感模型、基于远红外的体温传感模型是生物信号波形提取方法。波形抽取为根据采集到的信号波形,从中判断并且剥离出所需要的目标信号波形。而所谓的特征参数估计指的是通过信号估计、统计机器学习方法从携带干扰以及噪声的信号中找出特征变量参数。生物信号检测与参数估计的总体流程以及生理应激监测传感器的部署方式如图 14.2 所示。

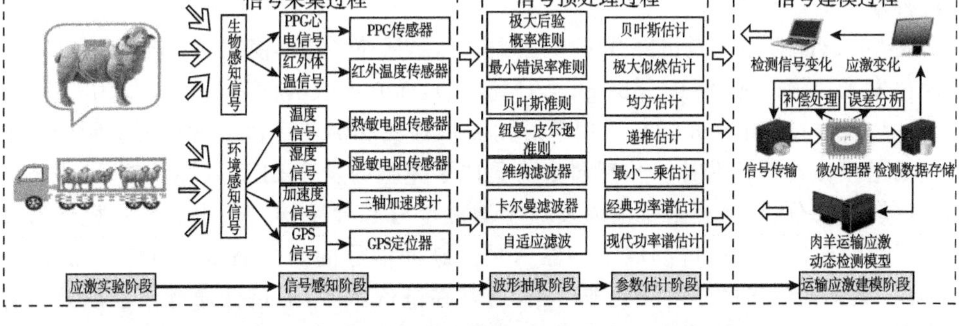

图 14.2　肉羊运输关键参数的生物信号获取和建模过程

从生物传感信号中提取特征信息来计算心率和体温的前提是信号信噪比高，即足够纯净且质量足够好。根据电子构件自身的电阻电容特性、内外部复杂环境因素干扰以及生物信号采集导致的不规律信号波形变化，传感器终端采集到的生物信号普遍含有高频跟低频噪声。为提高后续心率与体温计算的准确性，必须抑制这些噪声和干扰，可采用 QRS 波形抽取方法、小波阈值消噪法、伪迹消除法和现代谱估计提取特征法。

生物感知信号一般为非平稳信号。非平稳随机信号的统计特征是时间的函数，例如，收集的信号具有时变均值、时变方差，其相关函数与时间起始点相关等。对于生物感知信号来讲，生物心电图是由心肌周期性去极化和复极产生的，具有显著的周期性。脉搏信号具有时变平均值，其自相关函数不仅与时间起点的时间差有关，还与起点的值有关。因此，心电图信号是动态信号。

自回归综合移动平均模型估计方法（ARIMA 模型）是典型的现代谱估计方法之一，采用 D 阶差分法将非平稳时间序列转换成平稳时间序列，然后对转换后的平稳时间序列进行建模。最后，通过逆变换获得原始时间序列，可以根据该序列的过去观测值进行外推和预测。

14.2.3 检测装置设计与开发

活羊运输关键参数检测装置包括主传感器节点和从传感器节点，从传感器节点包含一个 8 位 AVR 微控制器-ATmega328P（Microchip Technology Inc.，USA）、射频收发器 CC2540、脉搏波传感器和红外温度传感器，布置在羊的脖颈内侧并固定（图 14.3）。主传感器节点包括 AVR 微控制器-ATmega2560P（Microchip Technology Inc.，USA）、射频收发器 CC2540、Micro SD 卡、GPS、三轴加速度，环境温度和湿度传感器，安置并固定在羊背部。实地运输时，从属端传感器节点实时感知活羊生命体征信号的动态波动，而主端传感器节点汇聚接收来自从属端传感器节点连续实时获取的生命体征信号，结合自身获取到的环境传感信号一起本地保存并发送到远程监控端。

图 14.3(b)显示的是可穿戴传感检测机理，脉搏波传感器使用峰值波长为 515 nm 的绿色发光二极管芯片（Kingbright，AM2520），而光接收器使用峰值波长为 565 nm 的芯片（Avago，APDS-9008），适用于脉搏波形检测和活羊运输应激特征参数分析的光电反射模拟传感器芯片。传感器本身集成了完整的发光 LED 及驱动部分、光感应和 AD 转换部分、环境光干扰消除及数字滤波部分和数字接口输出。单片机通过硬件 I^2C 或者模拟 I^2C 接口读取传感器信号。脉冲信号的频带通常在 0.05～200 Hz 范围内，其感知信号的幅度变化非常小，通常在毫伏水平，通过低通滤波器以及运算放大器 MCP6001 将脉搏波信号放大 330 倍，通过分压电阻设计将 DC 偏置电压调整

为电源输入电压的 1/2,使得单片机能够更好地采集放大后的脉搏波信号。它戴在羊的后脖子、耳垂和其他与皮肤接触的部位。通过有线通信连接,可以将脉搏模拟信号发送到 AVR 微控制器内,经过模数转换成数字信号。

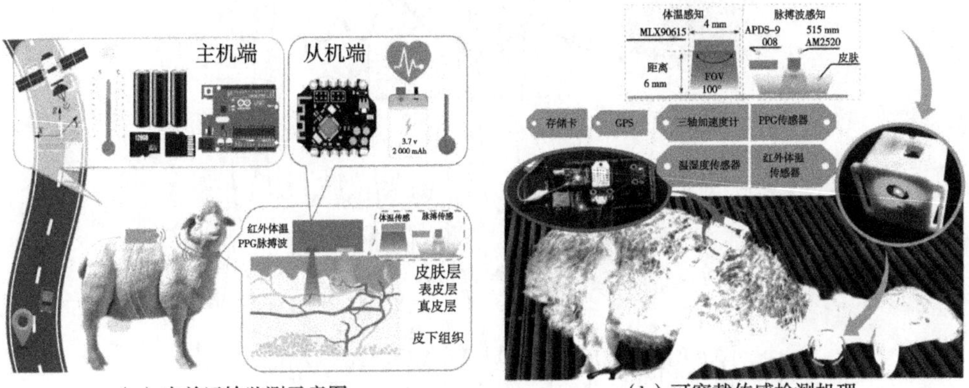

(a) 肉羊运输监测示意图　　　　(b) 可穿戴传感检测机理

图 14.3　肉羊运输可穿戴监测示意图

14.2.4　活羊运输过程应激特征参数提取方法

对于活羊运输应激特征参数的研究首先从心脏结构以及心脏跳动规律入手。正常活羊脉搏波(PPG)信号波形如图 14.4 所示,其中 PPG 为由于心脏跳动而产生的脉搏波信号,每个心动周期包括 P、QRS 和 T 波。QRS 波群中的 R 波形陡峭且具有高振幅,通常用作脉搏波特征检测的标记特征。连续心跳之间的 RR 间隔的小变化代表活羊运输应激特征参数。活羊运输应激特征参数的分析方法基于 RR 间隔测量。两个相邻 R 波之间的时间间隔定义为 RR 间隔,用于指示心脏连续心跳的时间间隔。VPG(velocity plethysmograph)为脉搏波的一次微分波形,APG(accelerated plethysmograph)是脉搏波的二次微分波形。本研究利用时域特征参数提取法,提取了 5 个典型的时域活羊运输应激特征参数。第一个是平均值 MR,这是最明显的衡量标准。第二个是标准偏差 SDNN,这意味着最短和最长 RR 间隔之间的差异。第三个是相邻 RR 间隔之间的差的平方和的均方根 RMSSD。第四个是相差 RR 间隔的数量,其差值超过 50 ms 除以 RR 间隔的总数。第五个是变异系数(CV),它是 MR 除以 SDNN。假设活羊每 10 min 刷新一次压力水平,按如下公式(14.1～14.5)提取特征参数。5 个指标反映了活羊运输应激的不同特征。

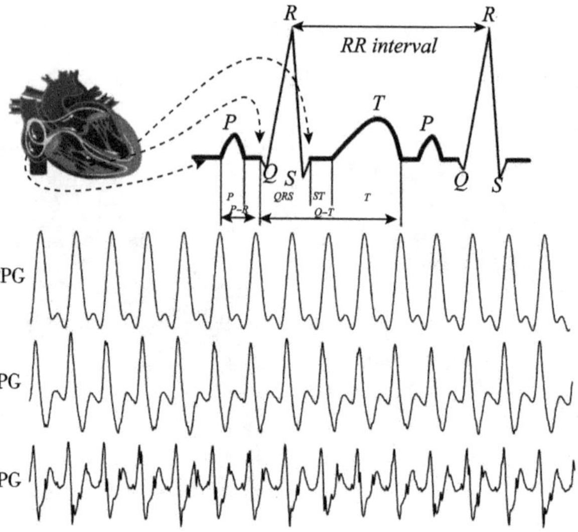

图 14.4　PPG 脉搏波检测波形图

$$MR = \frac{1}{N}\sum_{i=1}^{N} RR_i \tag{14.1}$$

$$SDNN = \sqrt{\frac{1}{N-1}\sum_{i=1}^{N}(RR_i - \overline{RR})^2} \tag{14.2}$$

$$RMSSD = \sqrt{\frac{1}{N-1}\sum_{i=1}^{N-1}(RR_{i+1} - RR_i)^2} \tag{14.3}$$

$$pNN50 = \frac{NN50}{N-1} \times 100\% \tag{14.4}$$

$$CV = \frac{MR}{SDNN} \times 100\% \tag{14.5}$$

其中，RR_i 表示第 i 个 RR 间隔的值，N 是连续 RR 间隔的总数。$\overline{RR}$是 RR 间隔的平均值。$NN50$ 是相差 RR 间隔的数量，其差异超过 50 ms。$SDNN$ 用于评估活羊运输应激特征的整体变化。$RMSSD$ 反映了活羊运输应激特征参数的快速变化分量，它与频谱中的高频分量有关。$pNN50$ 反映了心跳周期的心跳变化。变异系数 CV 标志着活羊运输应激特征变异程度。

14.2.5　活羊运输应激状态预测模型

针对羊肉运输应激检测的多元性、非线性、强关联性和耦合等特性，提出了基于专家经验的肉羊运输应激量化评估方法，探求多元过程应激状态诊断及处理方法。对肉羊运输过程中的关键信息源实施状态量化评估，不但对肉羊应激状态的整体状况有全局认识，还能结合状态评估处理机制对已经发生或者可能发生的异常状态进行诊断、评估，调节运输可控制参数最大限度维护肉羊良好的运输状态。因此，首先提出了建立应激状态的知识规则库，设计关联及处理方案；构建了基于专家经验与有监督机器学习的定性、定量、定态并且由浅入深、由表及里的肉羊运输应激量化评估模型，分别通过生物表观信息、运输环境信息以及生物感知信息等 3 种信息源，实现了肉羊运输应激评估与调控参数的最优选取与设置。肉羊运输应激量化评估模型框架图，如图 14.5 所示。

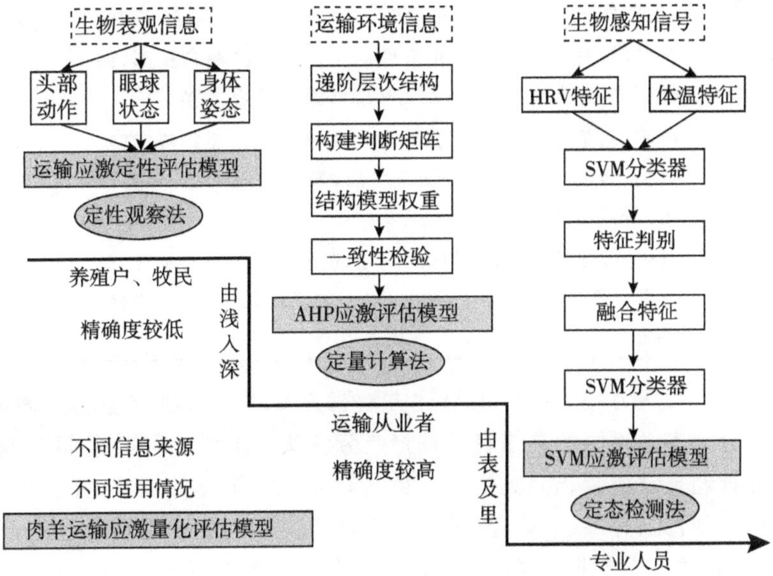

图 14.5　肉羊运输应激量化评估模型框架图

1. 活羊运输应激状态等级量化

通过在内蒙古、青海、辽宁以及河南进行的多次实地调研，总结并获得了活羊在运输过程中的外在表观应激状态信息。参照卡罗林斯卡嗜睡量表(Karolinska sleepiness scale)的评分方法，整体压力水平共分为 7 个等级：非常警觉、比较警觉、有点警觉、无影响、有点疲劳、相对疲劳、非常疲劳，每个等级的相应得分如下：－3、－2、－1、0、1、2、3，而各个应激状态等级相应的外在生物表观特征如表 14.1 所示。养殖户或牧民可以根据活羊在运输过程中表现的应激状态，结合各应激等级的外在生物表观特征，初筛较为相符的总体应激程度，若要准确判断再由专业工具检测的结果综合得出每个时段的总体应激程度等级。

表 14.1　活羊运输应激状态特征表

应激等级	分值	应激状态特征	应激状态水平
非常警觉	−3	嚎叫、咆哮，意识非常清晰，精神振奋，愉悦，动作迅速，姿势畏缩蹲伏，注意力高度集中，害怕，进攻性强，乱挤	应激 2 级
比较警觉	−2	短促尖叫、长声尖叫，意识清晰，眼球状态更加活跃，注意力更加集中，动作完成更快，姿势放松，反复站起躺下、转圈	
有点警觉	−1	呻吟声，意识清晰，精神可以集中，姿势开始倾斜，躲藏	中间态 3 级
无影响	0	安静、偶尔有叫声，保持注意力，无疲劳症状，无睡意，蹲伏	舒适 1 级
有点疲劳	1	吱吱叫、开始出现头部和手部动作，打哈欠，摆动头部，调整姿势，感觉有点困，但是仍然能够保持清醒，站立	中间态 3 级
比较疲劳	2	呜咽声，眼睛活动较少，眼睑开始出现一点闭眼趋势，打哈欠变得频繁，调整姿势频率增加，肩颈腰酸增加，感觉困倦，需要尽量保持清醒	应激 2 级
非常疲劳	3	呼噜声，眼睑表现出明显的闭眼趋势，困倦，目光呆滞，耐疲劳动作如点头、摇头，非常困，努力克服困倦，甚至失神，躺卧	

本表格中有关压力相关症状的描述方法来自日本疲劳研究协会发表的大岛正树疲劳症状分类表。不同的是该表只是将疲劳症状初步划分为 3 类：即为身体疲劳、精神疲劳和神经感觉疲劳。而其中每一类具有 6～10 个具体症状，并且每个症状又划分为 5 个级别：无、轻微、中等、严重和非常严重。其生物表观相对应的分数是：0、1、2、3 和 4。受试者与专业医师可以根据其在每个阶段的感受和疲劳症状进行记录分析。通过研究表明，该表在活羊运输过程中的外在生物表观评估中依然具有不错的信度和效度。

参照专家经验的知识规则库中对于运输应激状态的划分，结合实验中的应激检测结果，将活羊的应激状态为 3 个水平，即舒适 1 级、应激 2 级和中间态 3 级，分别对应类别标签 1、2 和 3。对照表 14.2 具体说来，舒适 1 级对应分值为 0 的无影响应激等级；而应激 2 级则对应分值为−3、−2 与 2、3 的应激等级；中间态 3 级则对应分值为−1、1 的应激等级。

2. 基于专家经验的定量应激评估方法

在之前的应激评估研究中多是对肉羊运输应激程度进行定性的描述，如上一节提出的定性观察法可以简单直观地评估肉羊的应激程度，但是无法科学地定量分析与统计比较。为了进一步对肉羊运输应激进行定量分析,本节提出了基于专家经验的定量应激评估法。本节所采用的层次分析法（analytic hierarchy process,AHP）是一种将多目标、多准则、多因素、复杂大系统的定性和定量分析相结合的系统分析方法,它可以将抽象的过程以具体数量的形式表达出来,从而为肉羊运输应激评估的研究和应用提供一种新的解决方法与思考方向。

参考国内外学者对肉羊运输应激程度的研究以及通过实地对养殖户和养殖专家的问卷调研,根据建立评价指标的基本原则,解析了肉羊运输应激程度评价指标的基本性质、指标间的相关联性和层次隶属关系。采用德尔菲法征求相关专家意见,将肉羊运输应激程度的评价分为 6 个大方面($B_1 \sim B_6$):从运输时间、运输密度、运输隔离、运输防护、运输装卸、运输其他等,其中具体包括总计 18 项判断指标($C_1 \sim C_{18}$),包含了国标中要求的每个肉羊运输过程中的细节要求,并据此建立如图 14.6 所示的肉羊运输应激程度评估结构模型。

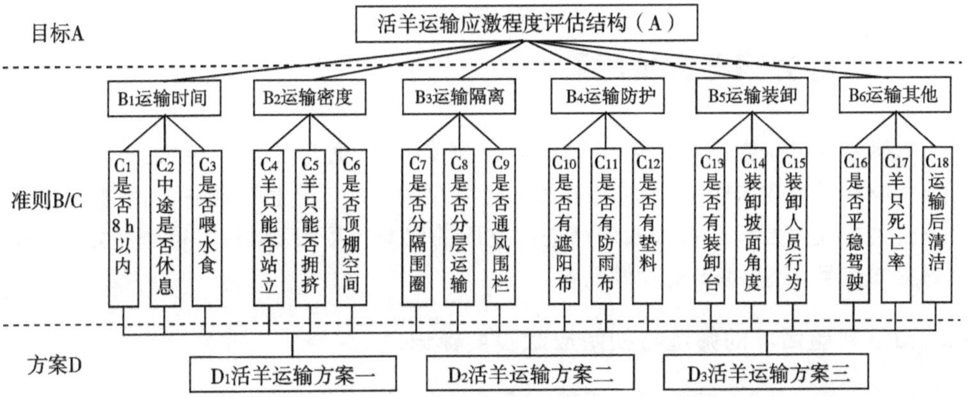

图 14.6　肉羊运输应激程度评估结构模型

3. 基于支持向量机的活羊运输应激状态预测模型

基于支持向量机原理建立活羊运输应激状态预测模型的过程包括 3 个典型步骤:①算法模型输入变量的选取阶段,将脉搏波信号、活羊运输应激特征参数和体温特征参数共同作为输入集,并将 300 组数据按照 7∶3 的比例分为 211 组训练集与 89 组测试集;②模型训练阶段,根据需求调整核函数,采用不同算法来优化模型运行所需的模型调优参数,经过 211 组数据的算法模型训练即可得到相应的运输应激状态预测模型;③模型测试阶段,使用余下的 89 组测试集对建立的运输应激状态预测模型进行准确性测试。

将提取特征处理后的 PPG 信号和体温信号结合运输应激的专家定性评价,得到了活羊 7 h 运输过程中的 PPG 和体温信号有效数据样本 300 组。其中训练集 211 组、测试集 89 组。

部分特征参数由于量纲不同导致数据差异性过大，如参数 MR 在 400～700，而参数 RMSSD 一般在 1～9，两者在数量级上差别很大。并且量级大的特征参数会凸显自身的作用和贡献，导致量级小的特征参数被忽视，除此之外，还会消耗更多的算力。所以在模型参数输入前需要对特征参数的取值进行归一化(normalization)，采用式公式(14.6)对活羊运输应激生物感知特征参数归一化目的是将映射到[0,1]范围之内，这样在使用梯度下降的方法求解最优化问题时，可以加快梯度下降的求解速度，即提升模型的收敛速度使得应激预测模型状态分类准确率显著提高。

$$x_i=\frac{x-x_{\min}}{x_{\max}-x_{\min}} \quad (i=1,2,\cdots,n) \tag{14.6}$$

式中，x 为模型原始特征参数；x_i 为归一化后的模型特征参数，其范围在[0,1]之间；$x_{\max}$，$x_{\min}$ 为模型原始特征参数中的最大值与最小值；n 为模型特征参数的总数目。

14.3 实验方案与实地跟踪

本研究针对应激感知的可穿戴生物感知传感器，通过无损安装方式，依据不可见光感应材料与皮肤中的应激因子发生光学反射，反应产生的微弱电信号，并通过信号放大器放大处理后将有效信息进行波形抽取与特征参数估计，得到稳定准确的生物感知信号，为进一步实验做准备。

14.3.1 实验活羊的筛选与初始应激程度标记

为了全面、准确地掌握羊肉运输过程中生理特性的变化规律，应避免活羊对实验结果的影响(包括性别、年龄、体重、健康和运输经验)。挑选 60 只同期发情并且生物机体条件(年龄、大小、品种和毛密度)几乎相同的雄性羊作为实验对象。选择 10 只雄性羊(占总数的 16.7%)作为活羊运输应激测试的实验用羊。每只实验活羊之前都没有用卡车运输过。考虑到疾病等外部条件对活羊运输应激特征参数的干扰影响，所有实验活羊皆通过兽医全面诊断确认为机体健康且没有心血管和脑血管等疾病。在测试前需要实验活羊保持充足的睡眠。更重要的是，活羊不能疲劳并且保持情绪稳定。近期不允许喂食含有咖啡因、酒精和其他影响血压和心率的饲料或药物。在专业兽医的协助下，成功标记了 500 组实验数据的应激程度标签。

14.3.2 检测装置安装与供应链跟踪

实地跟踪国内短途活羊供应链，在现场运输前把研制的主从端传感节点按计划安置好，从属端传感节点部署在羊的脖颈内侧并固定，主端传感器节点安置在羊背部并固定；实地运输时，从属端传感器节点实时感知活羊生命体征信号的动态波动，而主端传感器节点汇聚接收来自从属端传感器节点连续实时获取的生命体征信号，结合自身获取到的环境传感信号一起本地保存并发送到远程监控端。

14.4　结果讨论与分析

14.4.1　活羊运输应激特征参数数据特征分析

活羊运输过程中心率和体温的变化曲线如图 14.7 所示。活羊在运输过程中的心率变化与温度变化呈一定程度的相关关系：在初始阶段，活羊心率和温度整体呈现上升趋势，在中期活羊心率和体温整体呈现稳定状态，到末期，活羊心率仍然显著增高，但体温呈不再继续增高缓慢波动的趋势。

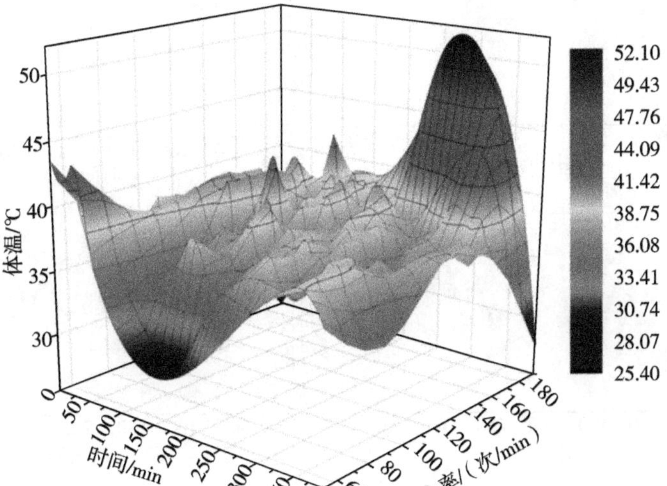

图 14.7　体温和心率随时间的变化曲线

为了更详细地分析活羊运输过程应激反应，选择活羊运输应激特征参数 5 个时域特征(MR、SDNN、RMSSD、pNN50 和 CV)来描述活羊在运输过程中的应激状态。在运输前，测试羊全部得到正常休息与喂养，并且提前经过化验没有明显的应激症状并发。经过 120 min 的运输，活羊出现应激反应，经常出现眼睑闭合、眼睛用力挤压、摇头等应激现象。根据运输前后比较均值和标准差的配对 t 检验结果，均值和标准差在运输前后有显著性差异($P<0.05$)。

将 380 min 的 PPG 数据分成 38 段，每段 10 min，记录为第 1，第 2，…，第 38 期。根据计算公式(14.1)～(14.5)，获得每个时间段的 MR、SDNN、RMSSD、pNN50 和 CV 值。使用 Kolmogorov-Smirnov 方法测试了第 0～38 期 5 个指标的正态性检验。在 0.05 的显著概率下，5 个特征都显著地来自正态分布群体($P>0.05$)。

从图 14.8 可以看出，时域分析指标 MR、RMSSD、pNN50 在运输过程中随运输时间的增加逐渐上升，说明在运输过程中活羊 RR 间期的均值与心跳的变化逐渐增加。与初始时刻相比，活羊在载羊货车运输时因路况环境复杂，外部刺激负荷较大，心跳频率加快，因此平均曲线在时间间隔 1 内减小。之后活羊逐渐适应了运输条件。随着速度加快和斜率增大，RR 间期的平均值增大。随着运输过程变得稳定，MR 的变化幅度放缓，由于应激反应的出现，RR 间期的均值逐渐增加。

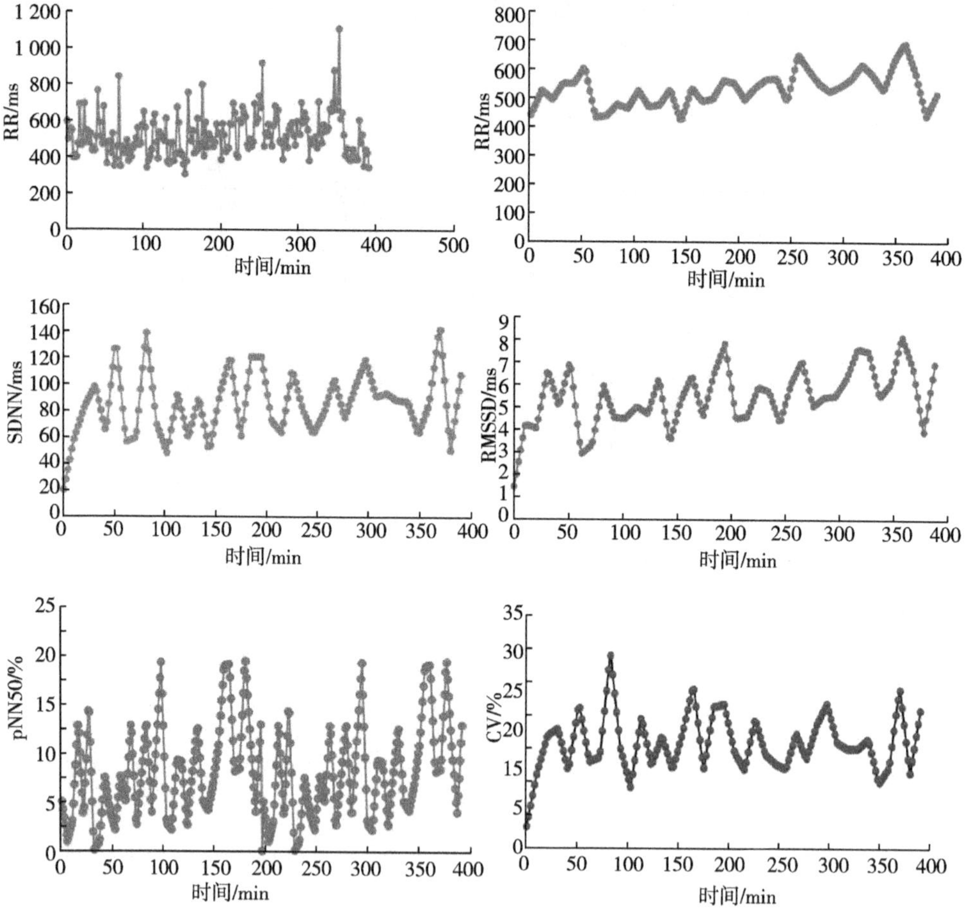

图 14.8　时域指数变化趋势图

相较于其他时域指标，RMSSD 可以清楚地表现出活羊运输应激程度的渐变过程，二者成正比。RMSSD 在运输过程中逐渐上升，说明活羊在羊车上的应激程度正在加深变化。RMSSD 在运输初期的波动很大，主要可能因为羊只刚经过装载上车的过程会导致活羊心理紧张，导致 RMSSD 曲线不稳定；后续运输过程中活羊对运输条件逐渐适应，心理紧张逐渐缓解，RMSSD 信号逐渐稳步上升，说明活羊开始表现出运输应激反应，并逐渐累积加深。在运输中后期 RMSSD 的变化逐渐平缓，说明活羊运输应激程度正在减缓，而活羊机体则逐渐显现出抗应激性。所有时域分析指标 MR、SDNN、RMSSD、pNN50 和 CV 都显现出一定的线性趋势，且与时间高度相关。RMSSD 曲线的斜率大于 SDNN 曲线斜率的绝对值，说明 RMSSD 增速更快，变化更明显。

从图 14.8 和图 14.9 可以看出，5 个时域特征的趋势是明显的：MR、SDNN、RMSSD、pNN50 和 CV 随着运输时间的延长呈增加趋势，并且由于道路的变化而具有随机性。随着运输过程中时间的增加，时域 MR 一般表现出向上但不稳定的趋势。这意味着活羊的 MR 在活羊运输的过程中缓慢上升，并且心跳放缓。跟未运输时相比较，当人工装载到卡车上时，活羊心跳增加并且感到恐慌。因此，MR 值曲线在第 1 和第 2 周期减小。由于适应运输环境，MR 在第 3～5 期间增加。当适应运输时，它显示出缓慢增加的趋势。然而，由于运输环境和道路条件，MR 值没有显著波动且不稳定。SDNN 可以反映活羊的应激加深过程，SDNN 在运输过程中显著上升，表明活羊的应激水平在增加，与 RMSSD 相同。对于 pNN50 和 CV，它反映了活羊运输应激特征参数的整体变化。总的来说，通过对 5 个时域特征的分析，得到了活羊在运输过程中的活羊运输应激特征参数变化，从而显示了运输应激的变化。

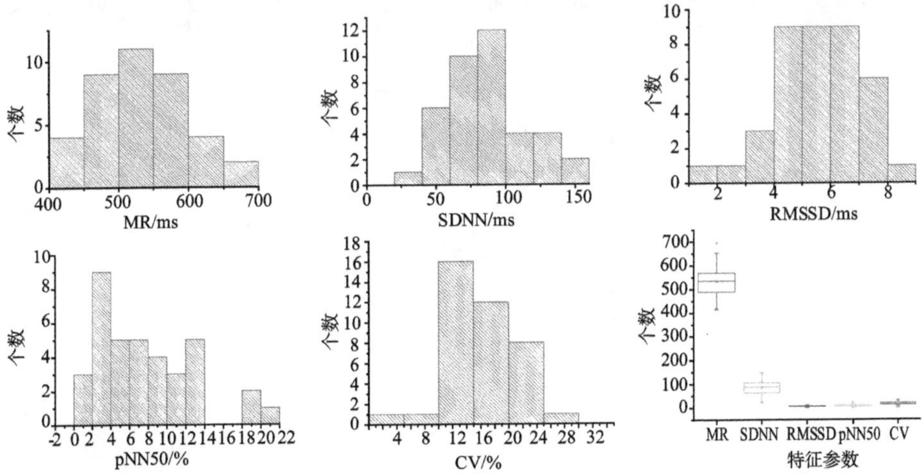

图 14.9　时域特征正态性检验分布图

根据图 14.10 的线性回归分析结果，MR 指数值与时间的皮尔逊相关系数为 0.432，表明 MR 指数与时间呈正相关，相关度中等。SDNN 指数值与时间的相关系

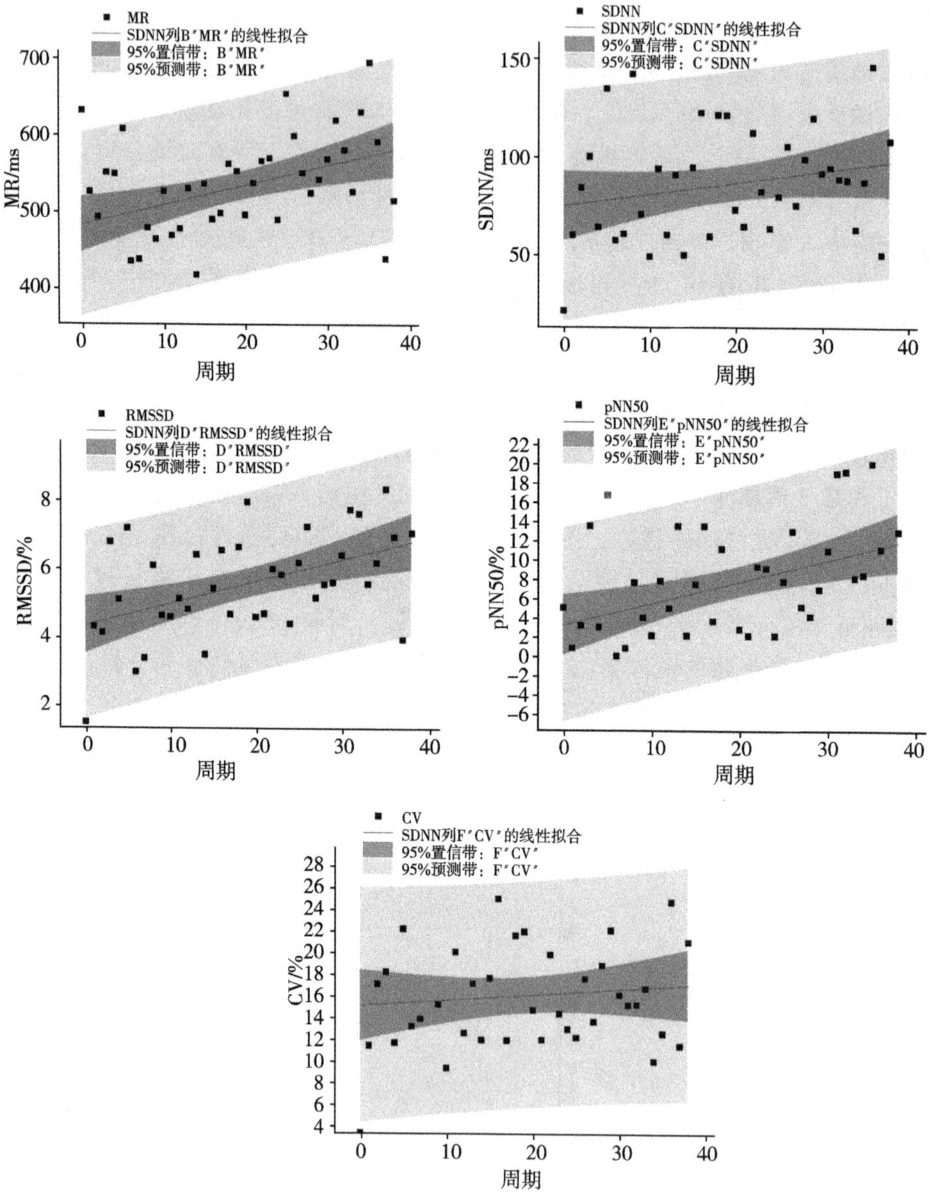

图 14.10　活羊运输应激特征参数线性拟合分析结果

数为 0.338，表明 SDNN 指数与时间的相关程度略低。RMSSD 指数值与时间的皮尔逊相关系数为 0.595，表明 RMSSD 指数与时间呈正相关，相关度较强。pNN50 指数值与时间的皮尔逊相关系数为 0.585，表明 pNN50 指数与时间呈正相关，相关度较强。而 CV 指数值与时间的皮尔逊相关系数为 0.114，表明 CV 指数与时间呈正相关，相关度较弱。5 个时域指标呈现不明显的线性趋势，其线性回归分析的显著性分析结果皆为 $P<0.01$，这说明拟合方程具有一定的线性关系。该拟合回归模型可以在一定程度上定量表征 5 个时域指标的线性变化趋势。

14.4.2　活羊运输过程定态应激预测模型

基于支持向量机的活羊运输过程定态应激预测模型的输入特征参数是心率(HR)，MR、SDNN、RMSSD、pNN50 和 CV 以及体温，输出变量是活羊的应激预测状态。参照上节专家经验的知识规则库中对于运输应激状态的划分，结合实验中的应激检测结果，将活羊的应激状态分为 3 个水平，即舒适 1 级、应激 2 级和中间态 3 级，分别对应类别标签 1、2 和 3。对照表 2 具体说来，舒适 1 级对应分值为 0 的无影响应激状态；而应激 2 级则对应分值为－3、－2 与 2、3 的应激等级；中间态 3 级则对应分值为－1、1 的应激等级。如图 14.11 所示，采用遗传算法 GA 和粒子群算法 PSO 对 c 与 g 参数进行优化，得到遗传算法 GA 优化的最优参数解为 $c=38.856\ 5$ 和 $g=0.777\ 05$，分类准确率(accuracy)＝95.283%，优于粒子群算法 PSO 优化的最优解。

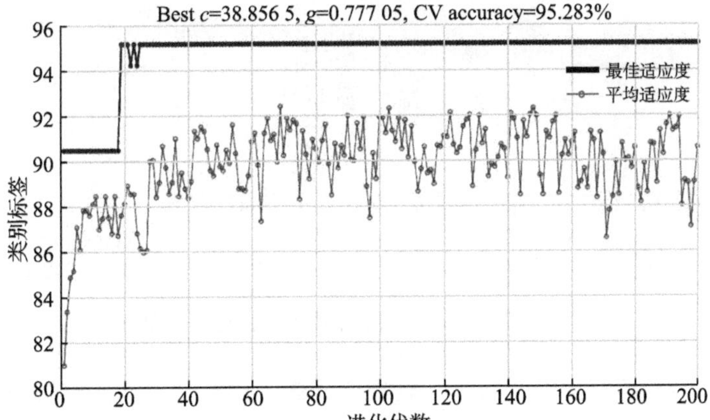

(a) GA优化适应度曲线

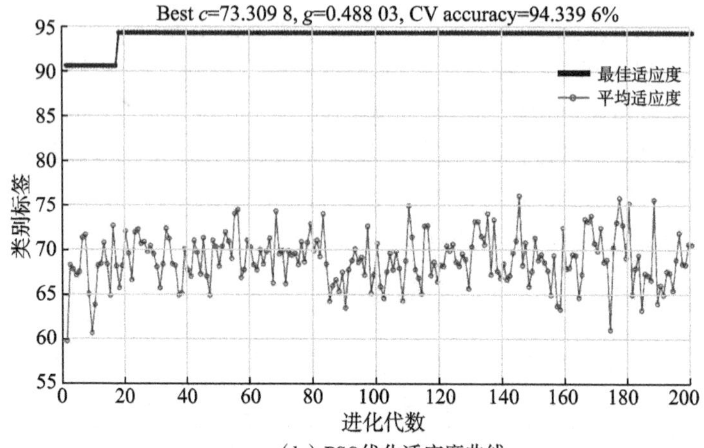

（b）PSO优化适应度曲线

图 14.11　GA 和 PSO 优化适应度曲线

为了检测已训练好模型的准确度，将测试集 89 组数据采用最优的惩罚参数 c 和核函数参数 g，分别对活羊运输应激状态预测模型进行整体性能测试。测试集的分类测试结果如图 14.12 所示。

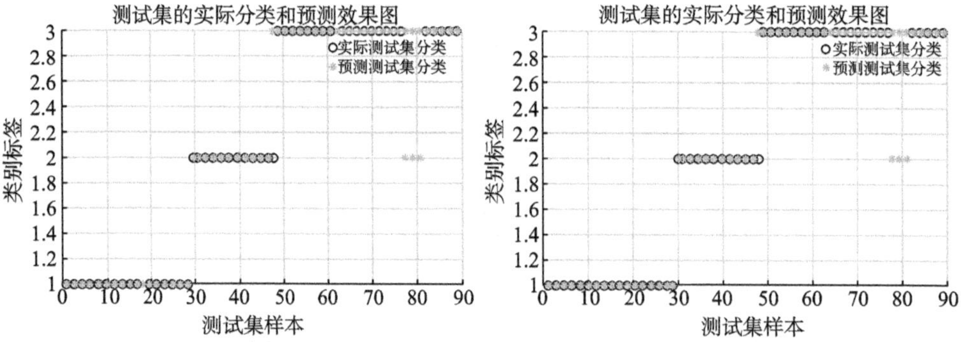

（a）无参数优化　　（b）GA优化参数

图 14.12　参数优化前后的测试集分类结果

利用上一步训练好的 4 个活羊运输应激状态预测模型对测试集数据进行应激模型的性能评估。根据模型测试结果，所得参数优化前后的不同状态分类的准确率如表 14.2 所示，选取 GA 算法优化应激状态 1 级、2 级和 3 级的识别率分别为 100%、97.14%和 80%，总体分类准确率达到 93.26%。

表 14.2　不同算法优化支持向量机状态分类准确率比较表

算法优化	应激等级	预测准确/测试集	状态准确率/%	总准确率/%	运行时间/s
	1	28/29	96.55		
无优化	2	34/35	97.14	92.13	4.16
	3	20/25	80.00		
	1	29/29	100.00		
GA	2	34/35	97.14	93.26↑	14.72
	3	20/25	80.00		

从表中数据可以看出，1 级和 2 级的模型分类准确率较高，而 3 级存在一定概率的误判结果，并且其模型准确率也较低。结合活羊运输过程的实际情况进行分析，可以总结 1 级和 2 级为活羊的两个相对较为极端的状态，即舒适状态和确定应激状态。由于处理这两种状态的活羊的脉搏波和体温信号特征容易识别，所以该应激模型的识别准确率很高；但是若活羊处于轻微应激的状态时，此时脉搏波和体温信号特征变化不明显或者说所占权重较低，所以整体模型的识别率也略低。并且该实验设计无法排除实验羊体之间因体质或神经差异而导致的模型误判。

通过使用单独的脉搏波特征、单独的体温特征以及融合特征等 3 种单变量输入分别构建运输应激状态分类模型，用以验证生物感知信息融合技术的使用是否会改善模型对活羊运输应激的状态预测结果，其分类结果如表 14.3 所示。

表 14.3　单独特征和融合特征分类准确率

特征类型	测试总样本量	预测准确总样本量	总体准确率/%
PPG 特征	89	78	87.64
体温特征	89	69	77.53
融合特征	89	83	93.26

由表 14-3 单独特征与融合特征分类准确率的比较可知，生物感知信号的融合特征模型识别效果比单独采用特征要好得多。具体来讲，在活羊运输过程中的生物感知信号 PPG 和体温特征融合后的应激状态预测模型的识别准确率要明显高于单独生物感知特征 PPG 或者是温度的模型识别准确率。多元特征相融合后的活羊应激预测模型的总体准确率为 93.26%，这足以表明多元耦合的生物感知信号可以更为准确地表现出活羊运输应激的状态并进行状态预测。从模型准确率发现 PPG 特征识别的准确率比体温特征识别准确率要高出 10.1%，这说明心脏的脉搏波感知信号可以表征活羊的运输应激状态，而体温信号表征的应激状态准确性稍弱，但是也可以作为辅助特征参数与 PPG 信号综合进行活羊运输应激的状态预测。

在运输应激 PPG 和体温信号特征参数提取的基础上，建立了基于信息融合和支持向量机理论的运输应激状态评价模型。将活羊运输应激 PPG 信号特征参数(如 HR、MR、SDNN、RMSSD、pNN50 和 CV)和体温信号特征参数(体温特征信号 ST)作为支持向量机的输入参数，运输应激状态舒适 1 级、应激 2 级和中间态 3 级作为支持向量机的输出参数。通过模型分类测试预测后的 3 个参数优化后的活羊运输应激状态的预测准确率分别为 100%、97.14% 和 80%，总体模型的分类准确率达到 93.26%；在活羊运输过程中的生物感知信号 PPG 和体温特征融合后的应激状态预测模型的识别准确率比单独生物感知特征 PPG 或者是温度的模型识别准确率要高，融合后的总体准确率为 93.26%；PPG 特征识别的准确率比体温特征识别准确率要高出 10.1%。心脏的脉搏波感知信号可以表征活羊的运输应激状态，而体温信号也可以作为辅助特征参数与 PPG 信号综合进行活羊运输应激的状态预测。通过生物感知信号 PPG 和体温的融合特征参数能够高效分辨活羊运输应激状态预测状态，说明通过支持向量机模型训练所构建的活羊运输应激状态预测模型性能良好，且识别正确率较高。

14.5 结论

(1)传统的应激反应检测方法集中在静态采血化验法，在动物养殖运输过程中无法做到实时且连续的检测，本文设计和开发适用于活羊运输过程中的可穿戴生物与环境信号的动态检测的装置，实现了对活羊运输过程中影响应激反应的活羊运输应激特征参数、体温、环境温湿度和加速度等信息的数据实时获取。

(2)利用时域分析方法提取了活羊运输应激特征参数中 5 个典型的特征参数，并对其进行特征分析活羊运输过程中的应激状态。MR、RMSSD、pNN50 在运输过程中随运输时间的增加逐渐上升，运输初期波动较大，后续运输过程中活羊对运输条件逐渐适应，心里紧张环节，上升趋势平缓，SDNN 在运输过程中显著上升，表明活羊的应激水平在增加，与 RMSSD 相同，pNN50 和 CV 反映了活羊运输应激特征参数的整体变化。

(3)构建了基于支持向量机的活羊运输过程定态应激预测模型，3 个应激状态的识别率分别为 100%、97.14%和 80%，表明通过脉搏波和体温融合特征参数能够有效地识别出运输应激状态的 3 个状态，实现了基于专家经验与有监督机器学习的定性、定量、定态并且由浅入深、由表及里的活羊运输应激状态预测。

第 15 章　信息系统研究案例(二)——可持续建模

可持续、绿色发展是当前和未来全球的发展趋势。“可持续发展”概念最早于1972 年在斯德哥尔摩举行的联合国人类环境研讨会上正式提出,现在学术界和产业界普遍认为可持续发展是一个兼有生态、经济、社会和科技含义的概念。但是在具体研究情景中,依然存在可持续性概念模糊、内涵丰富、衡量指标差异化大的问题,且进行可持续性量化评估时,一般通过问卷、访谈等传统手段获取数据,数据采集和计算效率偏低、误差较大,使得可持续性的量化衡量指标有限、评价结果的可比性降低。因而,需要从信息系统建模的视角探索可持续性评估的研究范式。

15.1　案例导读:农业生产系统可持续性评价及信息化的难点

农业是可持续发展理念运用成熟的领域之一,现有研究多侧重于农业全产业链可持续性评价指标体系构建、评价方法优化、研究结果量化分析等。

虽然学术界和产业界对可持续发展的本质和内涵基本达成了共识,但是当面对不同尺度区域、行业以及农业产业链的不同环节评价等时,可持续性建模则一直处于探索研究中。关键难点在于不同学者基于不同理论建立了差异化的可持续性评价指标体系:一方面这些个性化的指标体系不确定能全面衡量农业产业链的可持续特性;另一方面导致评价结果不具有普遍的可比性。此外,基于实证视角的可持续性评价研究,一般要经过研究框架设计—指标筛选—指标赋权—指标测量—数据清洗—数量转换—定量评价—结果分析等多个步骤,尤其当面临繁复的指标体系和庞大的待评估样本时,数据采集、数据处理与计算、结果可视化等工作量大且重复,过程枯燥易出错。因而,可持续性评估的信息化具有重大的现实意义。将信息技术和信息系统应用于可持续性评估过程,集成评估指标体系和模型算法到信息系统中,使得评估对象及数据可以实时获取与传输,继而实现智能和高效评估,并将评估结果实时地可视化呈现,提高评估的时效性与准确性,更好地辅助生产和经营决策。

生产环节的可持续发展水平是影响农业产业链可持续性的重要节点。新型种植、养殖模式的出现可能带来产量的增加、成本的下降、品质的提升、经济效益的提高等积极效果,但如果只对技术进行单纯的经济分析,而忽视其生态因素和环境成本，明显是片面的。以设施葡萄生产为例，我国是世界最大的设施葡萄生产国（包括温室大棚、塑料大棚、避雨棚等多种类型）。目前，设施葡萄已经成为露地栽培模式的有益补充，通过人为创造适宜葡萄生长的温度、湿度、光照等环境条件，突破了季节性、地域性条件对葡萄栽培的制约，在传统不适宜栽培的区域实现了葡萄鲜果的生产，有效提高了水果供应的时空均衡性，对于丰富葡萄市场供应、提高果品质量、调整农业结构、增加农民收入发挥了重要作用。

设施农业是一种资金、劳动力、技术高度密集的栽培形式，具有高投入、高产出的特点，具有较高的经济效益，这也是各地争相发展葡萄设施栽培的主要原因。然而，我国幅员辽阔，地区间发展差异大，在不同的区域设施栽培的适应性有所不同，各地发展设施栽培的资源禀赋各异，一些地区没有考虑自身实际情况盲目发展设施栽培，导致在设施栽培过程中出现了一些问题：资源投入结构不合理、投入产出比偏低等经济问题；能源消耗过多、能源投入不经济等能源问题；土壤肥力下降、盐渍化、酸化等环境问题。以上种种问题已经逐渐暴露出来，威胁着设施葡萄产业健康与可持续发展，也与我国目前倡导的发展资源节约、环境友好、节能减排、节本增效的绿色农业发展理念不相符。因此对葡萄设施栽培从经济、生态、环境方面进行生产系统可持续性的科学评价变得尤为迫切。

下文将以设施葡萄种植环节为例，阐述可持续评估信息系统研究设计、测量方案、数据获取、研究实施等可操作性的研究过程。

15.2 设施葡萄种植可持续性评价的概念化建模

全面地评价一个生产系统需要两方面工作：一是深入系统内部，探究清楚系统业务流程、系统结构构成、内部运行机制等，二是跳出系统本身，从宏观视角分析系统功能、系统与外部的交互与反馈等，即清晰界定系统内涵和外延，明确系统输入和输出，然后基于选定的相关评价模型或理论对生产系统进行图示化抽象和分析，并开展概念化建模工作。

15.2.1 设施葡萄生产过程分析

设施葡萄栽培是一种典型的劳动密集型生产方式。生产周期中需要复杂而多样的农业作业管理，例如：葡萄的每个生长阶段都需要开展设施环境调控和土、肥、水管理，以便为葡萄植株提供适宜的生长环境；关键物候期和生长期还需要进行抹芽、疏花、疏果、枝条修剪等操作。此外，为了保证葡萄品质，还要有品质管理措施，如果穗套袋、有害生物防控等。

栽培类型、设施结构、产区等因素的不同会导致各设施葡萄园生产过程存在一定差异，本研究以我国北方塑料大棚设施葡萄园为例，将设施葡萄生产过程以月历图形式展示如图 15.1a 所示。

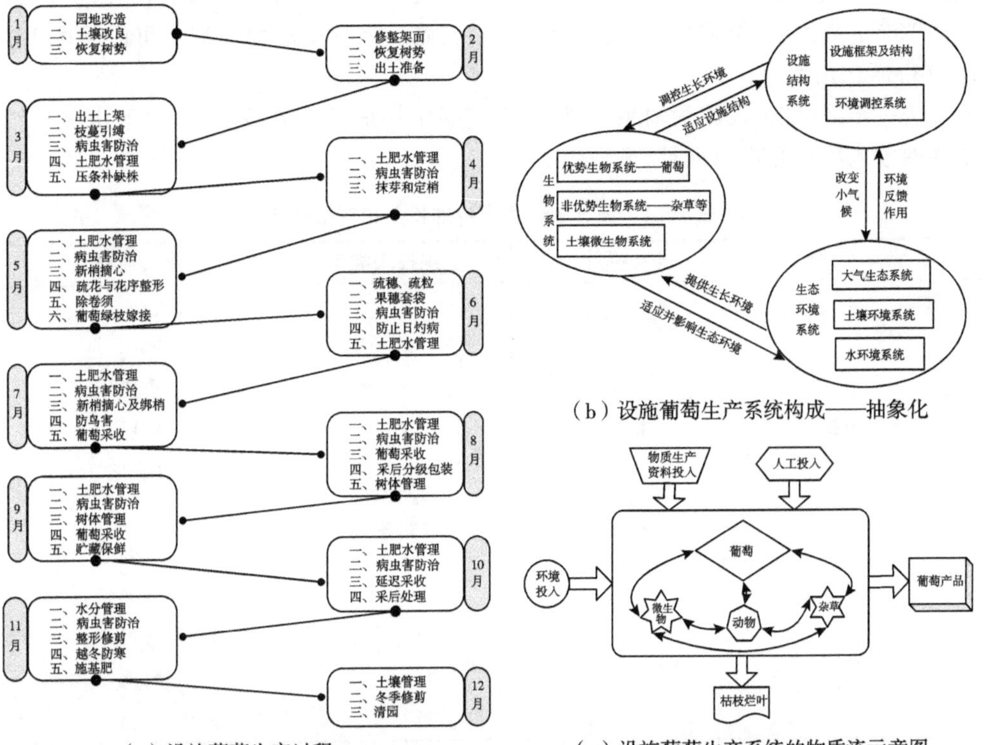

（a）设施葡萄生产过程

（b）设施葡萄生产系统构成——抽象化

（c）设施葡萄生产系统的物质流示意图

图 15.1　设施葡萄生产系统的生产过程、系统构成及物质流分析

15.2.2　设施葡萄生产系统构成和投入产出分析

设施葡萄生产系统是自然生产系统和社会经济生产系统复合的特殊农业系统，与外界不断进行物质和能量交换以维持自身运转，系统自我调节和保持生态平衡的反馈机制较弱，对人类管理活动的依赖性较强，需要人类辅助实施设施内温度、湿度等环境条件的调控，并管理葡萄植株的生长以获取更高的期望产出。

从系统组成和功能差异的角度，可以将该系统分为生物系统、设施结构系统和生态环境系统 3 个子系统(图 15.1b)，各子系统之间存在各种控制与被控制、依赖、反馈等关系，而人类通过辅助能投入、农业管理操作等途径调控这三个子系统的运行，对生物系统施加直接或间接的调控影响，使其最终朝有益方向发展，即产出更多优势生物(葡萄)。

该系统可以简化抽象为一个输入/输出系统。系统的输入(投入品)可以简化归为 3 类:自然环境投入、物质生产资料投入和人工投入,系统的主要产出为葡萄产品。虽然生产系统中也有修剪葡萄植株产生的废弃枝条、植物新陈代谢的枯枝落叶,以及其他非优势生物,但数量均较少,可以予以忽略。系统中的物质流动可以用图 15.1c 进行概念化表示。

进一步地,结合设施葡萄生产过程、生产系统构成及物质流分析,提取出该系统主要的投入项目和产出项目,见表 15.1。

表 15.1 设施葡萄生产中的投入和产出分析

系统投入类型	投入项目	系统投入类型	投入项目
	太阳能		苗木
			氮肥
	土壤		磷肥
自然资源投入	雨水		钾肥
	风		复合肥
	地热	物质生产资料投入	有机肥
			农药
			设施架材
人工投入	劳动力		水泥
			塑料薄膜
			电力
系统产出	葡萄产品		

15.2.3 设施葡萄生产系统的概念化能值分析图解

能值(emergy)理论是美国著名生态学家 H. T. Odum 于 20 世纪 80 年代创立的,为生态系统和生态经济系统的定量化研究提供了新的思路。能值是指一种流动或储存的能量所包含的另一种类别能量的数量,即产品或劳务形成过程中直接或间接投入应用的一种有效能的量(Odum,1996)。在实际应用中,由于地球上的能量都来自太阳能,因而以"太阳能值"来衡量某一能量的能值,单位为太阳能焦耳(sej)。应用能值概念及能值转换率,可将生态经济系统内流动和储存的各种不同类别的能量和物质转换为同一标准的能值,从而将物流、能流、货币流综合,形成了一个反映生态与经济效率的综合指标体系。

能值理论综合考虑了生态效益和经济效益,以环境和经济的可持续发展为目标,自提出以来在生态学界和经济学界引起强烈反响,被认为是连接生态学和经济学的桥梁,并被多名学者应用到农业、工业、林业等领域的可持续评估研究中。目前,能值分析方法已经逐渐成熟,众多研究表明能值理论是一种评估生产系统的经济和生态效率及可持续发展水平的有效方法。因此,基于能值分析开展设施葡萄生产的可持续性具有理论的可行性和合理性。

按照标准的能值综合系统图要求,建立设施葡萄园生产系统的能值概念图解,如图 15.2 所示,各种符号含义解释如下。

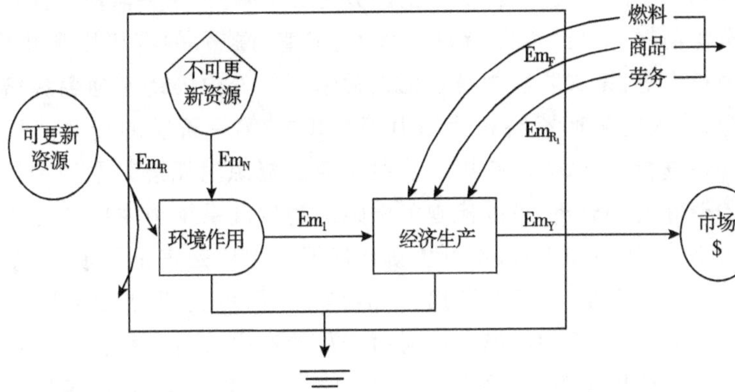

图 15.2　生产系统能值概念图解(蓝盛芳等,2002)

Em_R(简写 R):自然环境投入的可更新资源能值,一般包括太阳能、雨水能、风能等。

Em_N(简写 N):自然环境投入的不可更新资源能值,种植业一般指表土层损失,因为农业生产系统中单位能值产出对应着一定数量的土壤损失。

Em_{R_1}(简写 R_1):人类社会反馈投入的可更新资源能值,包括果苗、有机肥、灌溉水、劳动力等。

Em_F(简写 F):人类社会反馈投入的不可更新资源能值,包括化肥、农药、生长调节剂、燃油、电力等。

Em_Y(简写 Y):系统的能值产出。

I:环境资源总投入,R+N。

F:总购入能值,$F+R_1$。

U:能值总投入,$R+N+F+R_1$。

15.3　设施葡萄种植可持续性评价的研究设计与测量方案

完成概念化的能值分析图解,还不能直接开展生产系统的能值分析和评估工作，因为无法将概念图中指标直接量化和比较，需要开展研究设计，通过可操作化的测量手段和途径将概念图中的指标细化和量化，从而得到定量评估所需的数据。

15.3.1 设施葡萄生产系统的能值图

图 15.2 中的能值分析概念图解是一个概念化的、通用性的系统能值分析框架，对于具体生态系统必须根据系统的输入、输出情况，对其进行细化。

对于设施葡萄生产系统而言，资源消耗分为 2 个阶段：第一阶段是建造设施大棚时的一次性资源消耗，如砖、水泥、钢材、苗木、定植时施入的有机肥和化肥，以及建造设施的人力投入等；第二阶段则是葡萄正常生长年份中围绕着葡萄栽培所消耗的各项自然资源、购入的生产资料和劳动力等。其中，第一阶段的资源消耗需要按照设施的使用年限进行分摊，以便与第二阶段每年的资源消耗进行累加和计算。通过以上两阶段的资源消耗分析，可以梳理出设施葡萄生产系统中主要消耗的可更新自然资源包括太阳能、风力和雨水；不可更新自然资源主要是表土层损失；不可更新购入能值有化肥、农药、农膜、生长调节剂、燃油、电力等；可更新购入能值有苗木、有机肥、灌溉水、劳动力；本系统的产出专指葡萄产品的产出（注：一些投入项目在我国当前设施葡萄生产中应用不普遍，在生产投入中所占比例太低，而且各葡萄园差异较大，因此予以忽略）。

基于以上分析，将能值概念图解进一步细化，绘制出设施葡萄生产系统能值图，如图 15.3 所示，清晰地反映了以设施葡萄种植生态系统为核心的生产系统的能值投

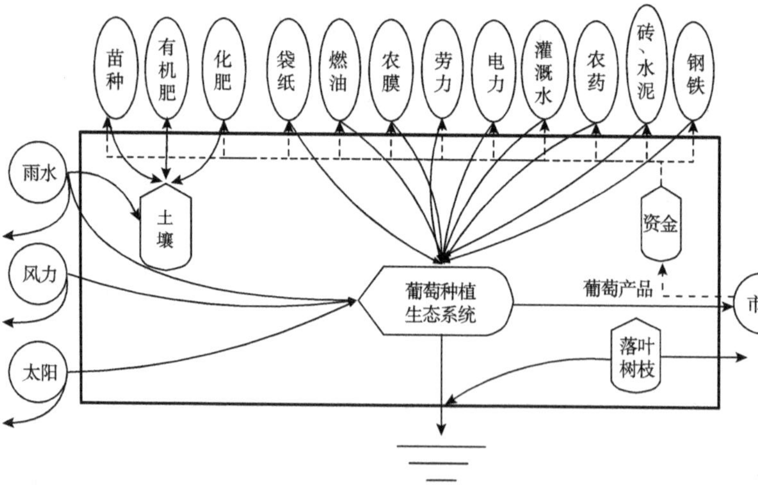

图 15.3 葡萄设施栽培系统能值图

注：实线表示能值流动路线，虚线表示货币流通路线

入和产出情况，以及各种物质和能源之间的转换、流动、循环关系，也可表现系统和环境之间的关系。实际生产中，由于不同的设施类型，如促早栽培、延迟栽培、避雨栽培等，以及不同产区具有的不同自然资源，各个设施葡萄园对各类能值资源的消耗数量有一定差异，因而实证研究中需要在完成设施葡萄生产总体能值分析及可持续性评价之后，分设施类型、分产区进一步开展能值分析和可持续性评价，并进行比较和讨论，以期获得更有价值的研究发现。

15.3.2 设施葡萄生产系统的能值评价指标体系

能值分析有一套庞大的指标体系，这些指标可以反映生态经济系统的结构、功能与效率，反映环境与经济、人类与自然的关系，因而是系统综合分析和制定系统发展决策建议的重要依据。对于一个生态经济系统而言，可持续性评估主要包括两方面：社会经济效益和生态环境效益。从能值的角度来看，前者要求系统能值产出收益要高，即系统能值产出给人类带来的利益要大；后者则要求对环境负反馈要小。综合考虑设施葡萄生产的特点和能值分析的需求，选取了 4 个比较成熟、常用的指标作为设施葡萄可持续性评估参数，指标及解释来自参考文献（蓝盛芳等，2002；王坤等，2009）。

(1)环境负载率(ELR)：不可更新能源投入能值总量与可更新资源能值投入总量之比，即：

$$ELR=(Em_F+Em_N)/(Em_R+Em_{R_1}) \tag{15.1}$$

环境负载率通常反映农业生态系统在生产过程中对自然环境系统的压力大小。系统的环境负载率越高意味着对不可更新资源的过度开发，将导致系统功能的退化。

(2)能值产出率(EYR)，是系统总产出能值与社会经济投入能值之比，即：

$$EYR=Em_Y/(Em_F+Em_{R_1}) \tag{15.2}$$

在同等经济投入的前提下，系统能值产出率越高意味着系统总产出越高，经济效益越好，具备较高的经济回报效益。

(3)能值投资率(EIR)，是经济输入能值与自然资源输入能值之比，即：

$$EIR=(Em_F+Em_{R_1})/(Em_R+Em_N) \tag{15.3}$$

能值投资率反映系统对本地资源和外界资源的依赖程度。过低的能值投资率说明系统过于依赖本地资源的使用，外界经济投入太少，不利于提高系统的总产出。而过高的能值投资率说明系统的自然环境需要承受大量的经济活动，不利于自然资源的可持续利用。因此将该指标保持在一个恰当的比值方可使系统更具竞争力。

(4)系统可持续发展指数(ESI)，是系统能值产出率与环境负载率之比，即：

$$ESI=EYR/ELR \tag{15.4}$$

能值产出率越大，环境负荷率越小，ESI 值就越高，该系统的可持续发展程度就越高。显然，若系统的能值产出率高而环境负荷率又相对较低，则它是可持续的，反之是不可持续的。但并不是ESI值越高，可持续性就越高。当1＜ESI＜10时表明经济系统富有活力和发展潜力；ESI＞10则表明该经济系统不发达；当ESI＜1时，为消费型经济系统（蓝盛芳等，2002）。

15.3.3 设施葡萄生产系统能值评价指标的量化计算

要对生产系统进行基于能值分析的可持续性评估，需要将能值图中的各项能值投入和产出项目进行量化，计算各个能值指标，涉及能值项目及指标的量化计算。

一般投入项目的太阳能值计算方法为：

$$\text{太阳能值}=\text{原始数据}\times\text{太阳能值转换率} \tag{15.5}$$

其他主要能值计算方法如下（蓝盛芳等，2002；Wei等，2009；王金照等，2010）：

太阳能＝设施葡萄栽培面积×葡萄生育期内单位面积太阳平均辐射量×太阳辐射吸收率（其中，设施栽培的太阳能吸收率设定为0.6） (15.6)

雨水化学能＝葡萄栽培面积×平均降雨量×水的密度×雨水的吉布斯自由能 (15.7)

雨水势能＝葡萄栽培面积×平均海拔×平均降雨量×水的密度×重力加速度 (15.8)

风能＝葡萄栽培面积×大气层厚度×空气密度×风速^2/2 (15.9)

表土损失＝栽培面积×表土层损失速率×土壤有机质含量×单位土壤有机质所含能量 (15.10)

劳动力＝劳动力人数×人均劳动天数×标准能值×劳动力太阳能值转换率 (15.11)

15.3.4 能值量化计算的数据获取

如前所述，葡萄是多年生藤本植物，葡萄园建成之后也会使用多年，因而对部分一次投入多年消耗的资源项目要进行逐年分摊。建造设施葡萄园的砖、钢材、铁、水泥、苗木等一次性投入数据，可以按照平均使用寿命进行折算和分摊。其他数据均是在一个完整的葡萄生长周期内，从生产季节开始到本季生产管理活动结束记录的所有投入和产出数据。能值计算以每公顷每年葡萄园的能值投入和产出为基准。

要完成以上能值项目和指标的量化计算，需要获取以下几方面的数据。

第一类是式（15.6）至式（15.10）中的各项自然资源投入量，衡量的是生产系统从自然环境中摄取的资源投入。具体来说，包括待评估的样本葡萄园所在地的太阳辐射量、降雨量、海拔、风速、土壤性质等数据，可以通过国家或专业部门的统计或监测口径获得。

(1)太阳辐射量、降雨量、海拔、风速数据主要参考中国气象局网站数据,可以网络爬取。

(2)土壤性质相关的数据可以从中国水土保持监测网、中国水土保持生态建设网、中国科学院南京土壤研究所的中国土壤数据库查找。

(3)水的密度、雨水的吉布斯自由能、大气层厚度、空气密度等从相关文献和标准中查询。

(4)太阳辐射吸收率等经验数据可以借鉴相关学术文献的结论。

第二类是式(15.5)中的太阳能值转换率,指单位某种能量或物质所含太阳能值的量,其实质是每单位某种能量或者每单位某种物质相当于由多少单位(sej)的太阳能值转化而来,单位为太阳能焦耳/焦耳(sej/J)或太阳能焦耳/克(sej/g)。能值转换率的确定可以通过查阅国内外能值分析领域的成果,对于广泛使用的能值转换率,选择使用频率最高的数据;对比较少见的能值转换率,遵循“先国内后国外、先近期后远期”的原则,尽量选择代表性强的、能最大限度地反映当前我国生产水平的能值转换率,具体数据可参考骆世明(2001)。

有了能值转换率,则可以计算各种物质和能量的能值;对于一些投入项目,可以从原始数据通过能值转换率直接转换为能值数据;而对于其他一些生产资料及产品,则需要利用现成的折能系数转换为普通能量,再转换为太阳能值,本研究主要涉及的折能系数见表 15.2。

表 15.2 本研究所需的折能系数

名称	单位	折能系数	文献来源
葡萄	kJ/kg	2 205.8	骆世明(2001),p447
劳力	kJ/d	12 600	Wei 等(2009)
农膜	kJ/kg	51 931.81	骆世明(2001),p447
农机产品	kJ/kg	209 200.00	骆世明(2001),p168

第三类是式(15.5)中的“原始数据”及式(15.11)中的劳动力投入数据,即设施葡萄生产系统所消耗的各种生产资料的原始数量,一般用重量单位、体积单位、能量单位等表示。这部分是数据采集工作量最大、不同生产系统数据差异最大的部分,需要花费大量研究资源开展数据采集工作。具体来说,这类数据主要涉及葡萄园建造和葡萄栽培过程中的生产资料投入量和葡萄产出量,例如,建造葡萄园的各项物质和人力的投入数据,葡萄生长期间的各项物质和能源投入与产出数据等。这部分数据可以通过实验或调研途径获取:如果待评估葡萄园数量很少,则可以通过开展栽培实验、详细记录实验周期中各类物质和劳动力投入的数量获取;如果待评估葡

萄园数量较多或栽培实验条件不具备，则可以通过生产调研获取。

本研究通过对样本葡萄园的跟踪调研取得这部分数据，即研究团队首先选定参与评估的样本葡萄园，对葡萄园生产者进行数据上报培训，然后由生产者按照研究团队事先设计好的生产日志，如实记录设施葡萄大棚(温室)建造之初的一次性投入数据和以调研年为基准的一个完整的葡萄生长周期内从生产季节开始到本季生产活动结束所有的投入产出数据。生产日志的部分主要内容见图 15.4。

固定观测点的基本情况：

填表人姓名：					
出生日期： 年 月			性 别： 男□ 女□		
受教育水平：小学□ 初中□ 高中□ 大专□ 本科及以上□					
联系电话：			电子邮箱：		
种植的主要葡萄品种、面积及用途					
葡萄品种	种植面积（亩）	葡萄用途（鲜食、酿酒等）	葡萄品种	种植面积（亩）	葡萄用途（鲜食、酿酒等）
跟踪的葡萄园面积总计： 亩					
是否有观光、采摘葡萄的业务： 是□ 否□					

栽培类型：露地栽培□ 设施栽培□
如果是"设施栽培"，请写出设施类型：
按设施的功能分：促早栽培□ 避雨栽培□ 延迟栽培□
按设施的结构分：简易避雨棚□ 塑料大棚□
日光温室□ 加温温室□

种植者类型：承包企业种植基地者 □ 合作社成员 □
合作社负责人 □ 其他农户 □

葡萄种植是否为主要经济来源：是□ 否□

当地平均用工价格：______元/人/天
自家投入葡萄园生产的劳动力：______人/年

葡萄园是否有其他副产品（间作其他经济作物）？是□ 否□
如果选择"是"，请填写是什么____________？
副产品年净收入______元

葡萄园建园投入记录

建园时间：	预计葡萄园可使用年限：	
您的葡萄园土地来源：自家土地 □ 租用土地 □		
当地农用土地流转的租金一般是： 元/（亩·年）		
建园物质成本（元）		指建园时花费的所有物质费用，包括购买水泥柱、钢架、铁丝、棚膜、地膜、基础灌溉设施等
建园人工成本（元）		指建园时花费的所有人工成本，包括平整土地、搭建葡萄架、挖排水沟、定植苗木等所有人工开支
灌溉方式：漫灌□ 沟灌□ 滴灌□ 微灌□ 其他（请填写）：		
修建葡萄园时，主要消耗的物质材料清单 注：请按实际情况填写；如果没有使用清单列表中某些项目，则不填写； 如果使用了列表中没有包括的项目，请补充填写。		

修建葡萄园时，主要消耗的物质材料清单
注：请按实际情况填写；如果没有使用清单列表中某些项目，则不填写；
如果使用了列表中没有包括的项目，请补充填写。

材料名称	数量［斤（升）等］	花费资金（元）	材料名称	数量［斤（升）等］	花费资金（元）
葡萄苗木			棚膜		
水泥柱			地膜		
钢管			竹片（竹竿）		
铁丝			砖		
灌溉设施			水泥		

葡萄园生产投入记录

日期	作业活动：如涂破眠剂、冬剪、下架、灌封冻水、埋土防寒、出土上架、抹芽、定梢、绑蔓（梢）、修剪、摘心、花穗整形（疏花）、疏果、套袋、副梢处理、摘袋、采摘、包装、打药、浇水、施肥等	劳动力及生产资料投入情况：如：水、电、农药名称、化肥名称、有机肥、叶面肥、农家肥、果袋、生长调节剂名称、塑料薄膜、防鸟材料、机具租赁、包装袋、其他（请注明）、劳动力（含自家）	用量（个，克斤，人，其他注明）	单价（元/升，元/斤，元/个；元/人/天；等）其他注明；	总金额（元）

葡萄销售情况

日期	销售品种	销售数量（斤）	销售单位（元/斤）	葡萄去向（写明省份）	销售途径 1.合作社介绍 2.经纪人介绍 3.自主销售 4.其他（请注明）

图 15.4 设施葡萄生产日志内容节选(用于获取生产季生产资料投入数据)

在一般研究中,通过种植户记录的生产日志可获取到设施葡萄生产系统周年的生产资料投入产出原始数据,然后经过数据清洗和预处理,即可进行后续的能值分析计算;如果希望通过信息系统辅助进行能值分析和可持续性评估,则可在信息系统中设置数据采集和数据录入模块,供研究人员采集以上数据。一般来说,第一类、第二类数据可由研究人员置入和调整,而第三类数据由于依托于大量的生产跟踪调研,可以将图 15.4 中的生产日志内容电子化为一个数据采集系统,由经过培训的生产者或相关人员在线上报数据。

15.3.5　原始数据的预处理

从各种途经获得的原始数据集难免会存在无效数据,如录入人员的疏忽导致的错误数据,或生产者出于某些目的而刻意隐瞒或制造的数据等,通常无效数据包括异常值和空缺值这两类情况。异常值的存在会造成指标计算和指标评价结果的偏差、甚至错误,需要进行数据预处理;对于空缺值,如果直接删除则会造成浪费,并且会使样本产生偏差而弱化分析结果的可信度,但如果对空缺值填充不正确则又会产生新的噪声,因而保证数据质量是对指标计算和评价的关键环节,异常值检测和空缺值填充则成为其中的关键。

异常值和空缺值的识别、检测与处理是提高数据质量的重要途径,在数据清洗领域也有很多非常成熟和新的方法可供参考,在具体研究中可根据数据质量要求的严格程度合理确定数据预处理的方法与数据清洗程度。本例研究中,异常值检测主要包括物理判别和模型判别两种方法,见图 15.5a;空缺值的处理方案为首先区分缺失数据的类型,然后分 3 种情况进行处理;针对需要填充的空缺值,采取常量填补、均值填补或最大期望填补等方法进行填补,见图 15.5b。

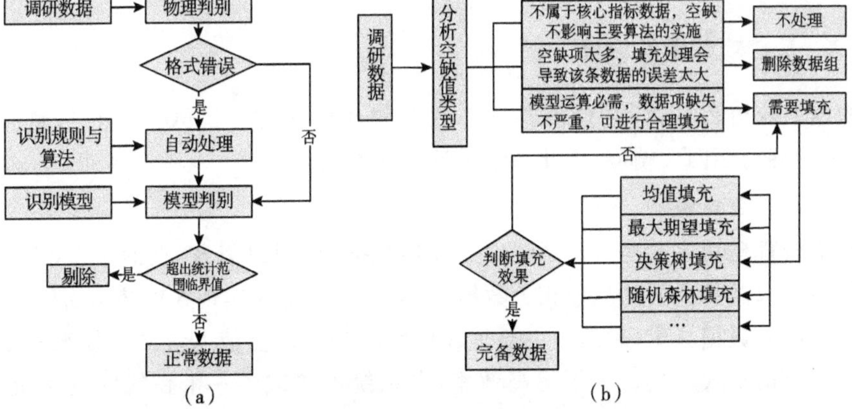

图 15.5　异常值和空缺值预处理方法

至此，完成了传统能值分析及评价的研究设计工作，按照相应的途径获取数据，进行原始数据的预处理、转换、计算，可以得到相应的能值评价结果。如第 15.1 节所述，能值计算的数据量大而繁复，因而拟设计和开发设施葡萄生产能值分析和可持续性评估系统，提高评估工作的效果和效率。篇幅所限，仅显示可持续性评估系统研发的部分主要内容。

15.4 设施葡萄生产可持续性评估系统设计

15.4.1 生产系统可持续评价建模流程：从概念化到可操作化

第 15.2 节和第 15.3 节详细介绍了针对设施葡萄生产系统的可持续评价建模工作是如何一步步地从理论概念到具有可操作性，以上研究的概念化、可操作化过程可用图 15.6 加以表示。

图 15.6 不仅高度概括了针对设施葡萄生产系统开展可持续性评估建模的研究设计过程，而且对于针对具体生产系统的能值分析和可持续性评价建模均具有参考价值，并为可持续性评估系统研发奠定了业务流程基础。

15.4.2 系统业务流程分析

根据前文分析可以看出，能值分析是一个数据逐级细化处理的过程。从大量的无规律的原始数据开始，经过多个步骤的处理，最终形成高度抽象化的指标，这是一个信息流动的过程。因此，评估系统最基本的业务就是能值分析过程的自动化，将传统需要人工计算完成的环节全部由计算机来进行，主要业务包括数据输入、数据整理入库、运算、生成评估结果、图形化展示。

15.4.3 系统功能模块设计

根据系统流程分析，系统需要具备数据管理功能、能值分析功能、信息管理功能、系统管理功能四大功能，因此系统设计了四大模块。

1. 数据管理模块

数据管理模块主要是管理系统中的各种数据，如用户信息、页面文章、系统运行产生的数据以及最主要的能值相关数据，所以该子系统应实现 3 项基本功能：数据收集、数据存储、数据导出，后两项主要是数据库的功能。能值系统的数据采集功能通过在线调研的形式实现。为了提高效率，在系统里集成了一个在线问卷系统，主要完成原来纸质版生产日志填报的任务，以及其他问卷调研任务。问卷系统具备问卷

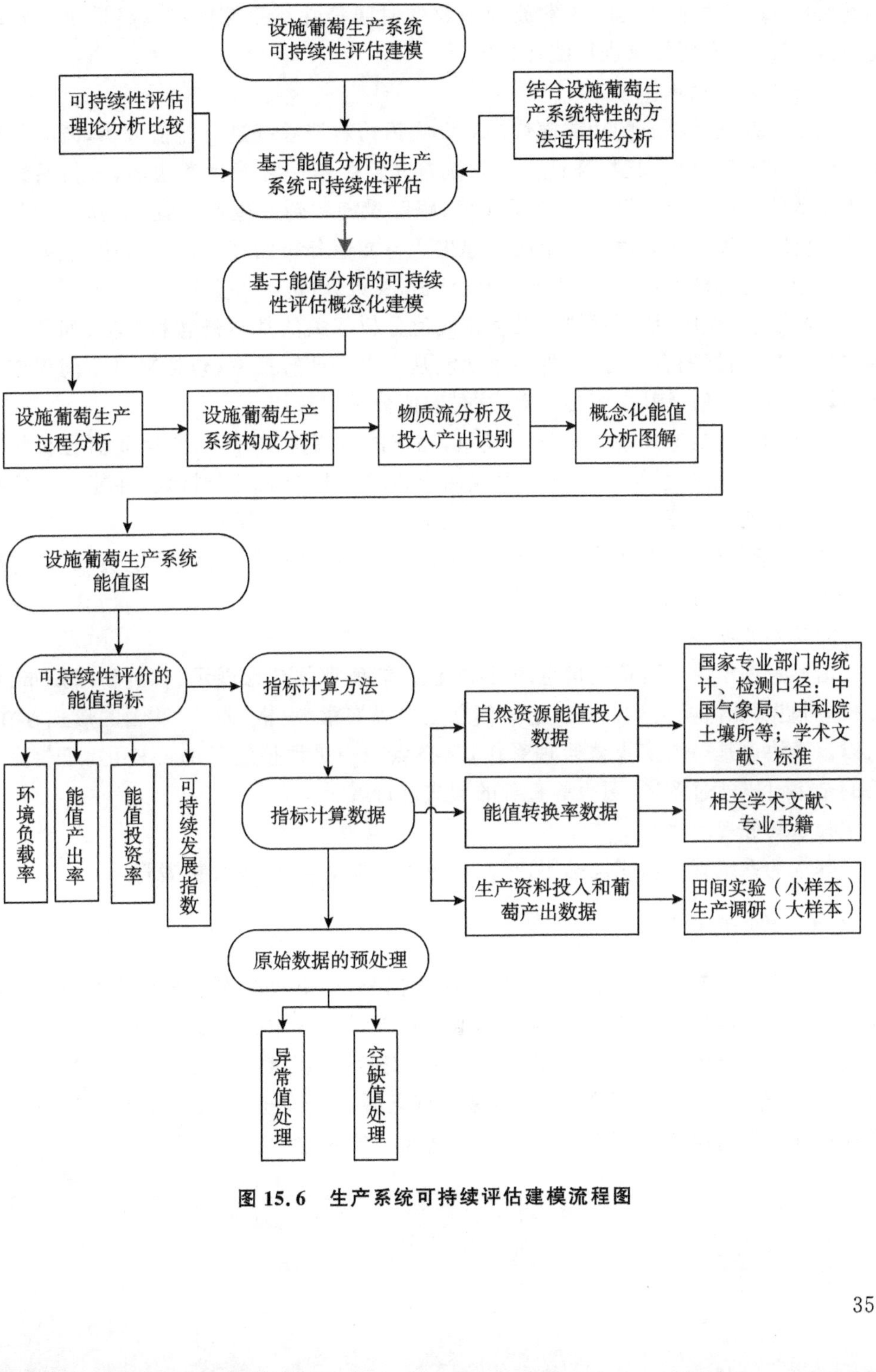

图 15.6　生产系统可持续评估建模流程图

创建、问卷发布以及问卷数据分析等功能，可以随时创建和发布问卷，通过网络进行问卷调研，减少原来纸质问卷发放和回收的时间消耗。系统同时具备数据统计功能，可以实时对调研结果进行统计分析。

2.能值分析模块

这是本系统最核心的功能模块。对设施葡萄栽培系统进行能值分析，既有能值分析的普遍规律，也有其特殊性。本系统首先需要考虑葡萄生态边界，分析系统从外界获取的自然资源及购入的资源能值，跟踪设施葡萄的生产流程，把其中的各种能流、物流、货币流在能值尺度上统一起来。与能值分析的基本流程对应，该模块设计了 3 个子功能模块：基础知识库、能值评估、决策分析。

(1)基础知识库：该子模块一是存储能值分析相关的基本概念和指标，如各能值种类的定义、指标的含义等，另外一个功能是定义能值转换率，包括来自不同渠道的能值转换率的数值及其文献出处等，这是能值分析的基础。

(2)能值评估：这是系统的核心模块，完成能值指标的计算、获得能值分析的结果。通过这个模块，系统可以自动生成用户指定对象的能值分析表，并能对能值投入进行分类统计和分析。所有的能值指标均由系统自动计算。

(3)决策分析：根据能值评估结果，对不同葡萄园的能源投入、环境负载、可持续水平进行分析，并提供调整和优化建议。

3.信息管理模块

信息管理模块主要负责信息的发布，包括能值评估结果展示、首页新闻发布、葡萄相关知识、能值相关知识等。这些信息主要以文章、表格、图片、动画的形式存在，所以该模块也是一个多媒体管理系统，其亮点之一是评估结果的可视化，即能值评估的结果可以通过图形、图表等直观的形式进行展示。

4.系统管理模块

基本的系统管理功能包括用户管理、应用与模块管理、系统扩展管理。

15.4.4 数据库设计

数据库包括系统数据库和业务数据库两部分：系统数据库存储系统本身运行所必需的信息与数据，业务数据库存储能值信息系统业务相关的数据、评估结果等，业务数据库模型见图 15.7。为了提高数据库运行效率以及数据可靠性，并尽量减少数据冗余，数据库设计了 4 层结构：综合基本信息层，生产管理信息层，能值分析信息层和能值评估信息层，数据由下至上是一个逐渐抽象的过程。

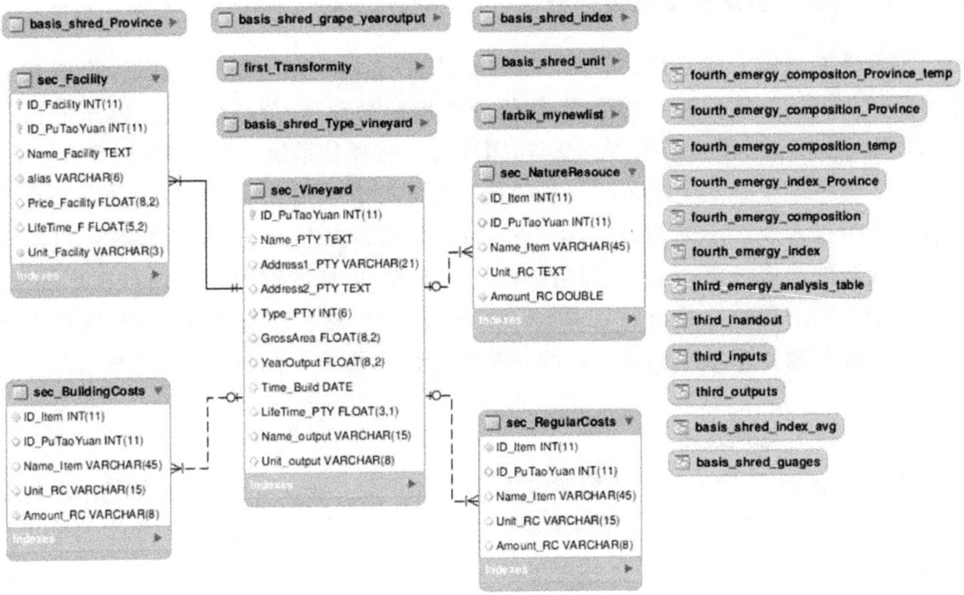

图 15.7 业务数据库模型

15.5 系统开发及应用

15.5.1 系统开发环境

本系统在开源平台下进行开发。系统开发环境主要包括 3 台计算机,分别为一台台式机、一台笔记本和一台服务器。3 台计算机的配置各有特点,依据各自的性能承担不同的工作。服务器采用 LAMP 架构搭建,即 Linux(Ubuntu)操作系统,Apache 服务器,MySQL 数据库管理系统,PHP 脚本语言。能值信息系统基于 CMS(Joomla!)系统实现。

15.5.2 系统技术性能测试

系统开发完成之后,从功能、性能、可用性、兼容性和安全性 5 个方面对系统进行了全面测试,系统测试按照标准的软件测试流程进行,每一个测试都有相应的测试用例和结果分析。测试结果表明,系统实现了设计的主体功能,可以投入使用;系统对标准浏览器兼容性良好,不同平台都可以无障碍使用;系统设计了比较完备的安全机制,有一定的安全防范能力。

15.5.3 系统业务测试及结果分析

技术性能测试完成之后，对系统各功能模块的业务功能进行了测试，表明系统能够完成预期的能值分析数据管理、能值分析指标管理、能值指标计算、基于能值分析的可持续性评价、评价结果可视化等，因而可以将评估系统应用于实践。

以实际生产中266个葡萄园样本的数据为例对本系统进行了应用。采集了生产中各项能值投入及产出的原始数据之后，结合系统的能值分析相关功能，可以实现基于葡萄园的能值分析表呈现、能值指标自动计算、可持续评价结果的可视化展示。将基于葡萄园的评价结果进行汇总、平均、按省份/设施类型等筛选处理，则可以得到关于设施葡萄生产系统能值分析的一些结论性和规律性的结论，以下节选部分代表性结果。

1. 能值投入结构分析

图15.8显示了设施葡萄栽培能值投入结构特征。可以看出，设施葡萄生产的能值投入结构中占比例最大的是购入的不可更新资源能值，占比高达80%以上，其次是购入的可更新资源能值，而自然可更新资源能值和自然不可更新资源能值所占的比例都不高，均不足2%。可见设施葡萄栽培系统对购入资源能值的依赖显著强于自然资源能值，对不可更新资源能值的依赖明显强于可更新资源能值。在水果生产系统中，自然资源虽然是生产的必要条件，但是现代水果生产普遍对自然资源能值依赖较弱，对购入资源依赖很强，表明现代果业生产系统具有很强的人类参与生态经济系统的特性。

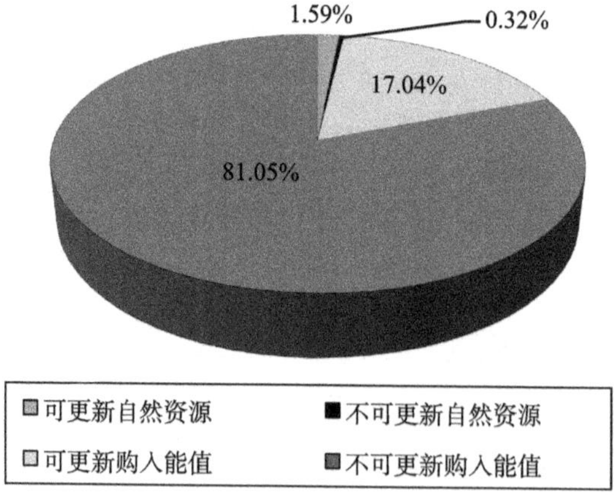

图15.8 设施栽培葡萄生产系统的能值投入结构

2. 能值指标评价结果及分析

表 15.3 为设施葡萄生产能值分析及可持续性评价结果,表 15.4 给出了国内外学者关于其他水果生产系统的能值指标评价结果,用于与本研究的结果进行比较和讨论。

表 15.3 设施葡萄栽培系统能值指标体系

能值评价指标	能值指标结果
能值产出率(EYR)	1.02
能值投资率(EIR)	51.33
环境负载率(ELR)	4.37
系统可持续发展指数(ESI)	0.23

表 15.4 水果生产系统能值指标

能值评价指标	设施桃(Wei 等,2009)	苹果(王红红等,2008)	香蕉(Lu 等,2009)	橙子(Rosa,2008)	葡萄柚(王坤等,2009)
能值产出率(EYR)	0.72	2.69	1.04	1.5	1.34
能值投资率(EIR)	—	3.40	—	—	2.93
环境负载率(ELR)	0.48	4.83	10.01	43	2.56
系统可持续发展指数(ESI)	1.50	—	0.10	0.03	0.52

能值产出率(EYR)。葡萄设施栽培系统的能值产出率为 1.02,与其他水果生产系统相比,高于设施桃,而低于其他露地水果系统。能值产出率衡量的是系统资源投资的效率,设施栽培系统的能值产出率低于露地水果系统,表明设施农业生产系统单位经济资源能值投入换取的产品能值偏低,系统的生产效率较低,主要是由于对自然资源的利用程度不高,经济资源投入过多所致。

能值投资率(EIR)。设施葡萄栽培系统的能值投资率为 51.33,高于苹果和葡萄柚生产系统。可见我国葡萄生产系统的能值投资率太高,一方面表明生产系统的经济发展程度较高;另一方面说明葡萄生产系统的外界经济投入偏多,对本地自然资源的开发能力偏低。

环境负载率(ELR)。葡萄设施栽培系统的环境负载率为 4.37,与其他水果生产系统相比,设施葡萄的环境负载率低于苹果、香蕉、橙子,而高于设施桃和葡萄柚。与露地栽培相比,设施葡萄栽培系统主要依赖于购入的不可更新资源能值,其比重高达 81.05%,导致其环境压力较大,系统自然资源进一步开发利用的潜力降低。而设施葡萄系统由于投入了大量的劳动力、有机肥等可更新经济资源，因此对化肥、农药等不可更新经济资源的投入占比降低，因而对其环境压力有一定的改善，环境压力小于苹果、香蕉和橙子生产系统。

系统可持续发展指数(ESI)。系统可持续发展指数从经济产出和环境压力两方面反映系统的可持续发展能力。我国设施葡萄栽培系统的可持续发展指数为 0.23，明显低于设施桃和葡萄柚系统，但高于香蕉和橙子生产系统。除设施桃之外，其他水果生产系统的 ESI 都小于 1，表明这些水果生产系统都为高消耗驱动的系统。

总体来看，设施葡萄栽培系统由于对购入性能值有太强的依赖，同时又以购入性不可更新资源为主，导致其能值产出率低于露地葡萄栽培系统，而且能值投资率和环境负载率均高于露地葡萄栽培系统，因而其可持续发展能力低于露地葡萄栽培系统。与其他水果生产系统相比，设施葡萄的可持续发展能力处于中等。

15.5.4 结论与展望

本章提供了信息系统可持续建模从概念化到可操作化的研究案例。首先分析了设施葡萄生产过程和生产系统的结构、物质流，基于能值分析方法的核心思想绘制了设施葡萄生产系统的概念化能值分析图解；然后结合设施葡萄生产系统的能值消耗种类，绘制了规范化的生产系统能值图，选取环境负载率(ELR)、能值投资率(EIR)、能值产出率(EYR)和系统可持续发展指数(ESI)4 个指标作为衡量设施葡萄可持续性的指标，构建了设施葡萄能值评估模型，并细化了各指标的量化计算方法、数据来源、数据预处理方法。

为了提高可持续性评估的效果和效率，将信息技术应用于评估过程，设计开发设施葡萄可持续性评估系统：基于能值分析方法及流程，厘清了系统的业务流程，明确了系统的框架结构和主要功能，包括 4 个功能模块：数据管理模块、能值评估模块、信息管理模块、系统管理模块；系统基于 LAMP 架构和 CMS(Joomla!)开发实现，技术性能测试显示可以将能值分析评估的指标体系和模型算法嵌入系统中，实现智能和实时评估，并将评估结果实时地可视化呈现，提高了评估时效性与准确性。

应用该系统对部分设施葡萄园的可持续性进行了评估，主要结果显示：设施葡萄栽培对购入性资源能值和不可更新资源能值的投入比重高，系统的能值产出率偏低、环境负载率高、可持续发展能力不高。未来可以探索建立综合(复合)生产系统促进系统内部资源循环和反馈，进而提高系统的产出和可持续发展水平，或者通过发展有机栽培等方式降低环境压力，提高可持续发展水平。

参 考 文 献

[1] 陈杰. 基于遥感数据的银川平原农作物种植结构变化研究. 北京:中国农业大学，2021.

[2] 程学旗，靳小龙，王元卓，等. 大数据系统和分析技术综述. 软件学报，2014(9):1889-1908.

[3] 冯注龙. PPT之光：三个维度打造完美PPT. 北京：电子工业出版社，2019.

[4] 高建松. 基于Web系统的我国牧草机械信息管理系统的研究. 北京：中国农业大学，2014.

[5] 蓝盛芳，钦佩，陆宏芳. 生态经济系统能值分析. 北京:化学工业出版社，2002.

[6] 李浩. 葡萄酒原酒运输过程质量预测建模及系统研究. 北京:中国农业大学，2020.

[7] 李鑫. 基于支持向量回归建模的鲜食葡萄运输感官品质评价与预测. 北京:中国农业大学，2021.

[8] 李鑫星，周婧，唐红，等. 基于紫外光谱的水产养殖水质总氮含量快速检测研究. 光谱学与光谱分析，2020，40(1):195-201.

[9] 刘红松，遥感技术在现代农业工程中的应用. 农业工程技术，2020，40(18):49-50.

[10] 刘兴家，基于Web服务器架构的温室环境信息监测系统设计. 北京：中国农业大学，2021.

[11] 骆瑾，王昕. 科技论文表格编辑优化五要素. 出版广角，2019(6):55-57.

[12] 骆世明. 农业生态学. 北京：中国农业出版社，2001.

[13] 牟鑫. 鲜食葡萄市场细分方法与应用研究. 北京:中国农业大学，2019.

[14] 钱晓红，谢素萍. 高校科研管理信息系统构建与完善路径研究. 高等工程教育研究，2015(1):107-112.

[15] 邵云蛟. PPT设计思维：教你又好又快搞定幻灯片. 北京：电子工业出版社，2016.

[16] 史益芳，王志平，李娇，等. 管理信息系统. 北京：人民邮电出版社，2013.

[17] 舒浩杰. 基于Stacking模型融合的葡萄酒推荐方法研究. 北京:中国农业大学，2020.

[18] 司景萍，马继昌，牛家骅，等. 基于模糊神经网络的智能故障诊断专家系统. 振动与冲击，2017，36(4):164-171.

[19] 宋春阳，金可音. Web搜索引擎技术综述. 现代计算机(专业版)，2008(5):82-85.

[20] 田东，韦鑫化，王悦，等. 基于MA-ARIMA-GASVR的食用菌温室温度预测. 农业工程学报，2020(3):190-197.

[21] 王红红，吴发启，李荣标. 黄土高原沟壑区农户果业生态系统的能值分析. 西北农林科技大学学报(自然科学版)，2008，36(7)：64-70.

[22] 王金照，尚宗元，王忠贤，等. 陕北和关中农户苹果产业生态系统能值分析. 林业经济，2010(3)：94-98.

[23] 王坤，陆宏芳，谭耀文，等. 四种岭南水果种植系统的能值、经济与土壤整合分析. 生态环境学报，2009，18(6)：2230-2236.

[24] 王想. 面向水果冷链物流品质感知的气体传感技术与建模方法. 北京：中国农业大学，2018.

[25] 王彦炜. 认知学习理论在网上学习中的应用研究. 北京：中国农业大学，2005.

[26] 闫泓序，余顺坤，林依青. 我国工业电力用户价值画像模型构建与应用研究. 中国管理科学. 2021，29(10)：224-235.

[27] 杨伟志，孙道宗，刘建梅，等. 基于物联网和人工智能的柑橘灌溉专家系统. 节水灌溉，2019(9)：116-120，124.

[28] 游龙勇. 基于数据仓库的农业呼叫中心数据分析系统研究. 北京：中国农业大学，2005.

[29] 原变鱼. 鲜食葡萄可持续供应链风险评价的神经网络模型优化及系统. 北京：中国农业大学，2021.

[30] 曾镜源，洪添胜，杨洲，等. 果园灌溉物联网实时监控系统的研制与试验. 华南农业大学学报，2020，41(6)：149-157.

[31] 张虎. 面向品质的葡萄冷链物流技术效率评价系统研究. 北京：中国农业大学，2017.

[32] 张敏. 基于 Agent 的菇农技术采纳行为建模与仿真. 北京：中国农业大学，2019.

[33] 张文彤，邝春伟. SPSS 统计分析基础教程. 2 版. 北京：高等教育出版社，2011.

[34] 张志，刘俊，包翔，工作型 PPT 该这样做. 北京：人民邮电出版社，2011.

[35] 中科幻彩. 科研论文配图的设计与制作从入门到精通. 北京：人民邮电出版社，2017：66-83.

[36] 钟礼珍. 葡萄与葡萄酒产业集群信息分析系统开发与实证研究. 北京：中国农业大学，2011.

[37] 周云. 基于案例推理的鱼病诊断专家系统研究. 北京：中国农业大学，2005.

[38] ABBA S，WADUMI NAMKUSONG J，LEE J-A，et al. Design and performance evaluation of a low-cost autonomous sensor interface for a smart IoT-based irrigation monitoring and control system. Sensors，2019，19(17)：3643.

[39] ALFARO J A，RÁBADE L A. Traceability as a strategic tool to improve inventory management：A case study in the food industry. International Journal of Production Economics，2008，118(1)：104-110.

[40] CANAVARI M，CENTONZE R，HINGLEY M，et al. Traceability as part of competitive strategy in the fruit supply chain. British Food Journal，2006，112(2)：171-186.

[41] CHIEOCHAN O，SAOKAEW A，BOONCHIENG E，Internet of things (IoT) for smart solar energy：A case study of the smart farm at Maejo University//2017 International Conference on Control，Automation and Information Sciences (ICCAIS). 2017：262-267.

[42] CHUNG W Y，LE G T，TRAN T V，et al. Novel proximal fish freshness monitoring using batteryless smart sensor tag. Sensors & Actuators B Chemical，2017，248：910-916.

[43] CLARKE S. Information Systems Strategic Management：An Integrated Approach. London：Taylor and Francis，2012.

[44] DUAN Y, EDWARDS J S, XU M X. Web-based expert systems: benefits and challenges. Information & Management, 2005, 42(6):799-811.

[45] FENG H, WANG W, CHEN B, et al. Evaluation on frozen shellfish quality by blockchain based multi-sensors monitoring and SVM algorithm during cold storage. IEEE Access, 2020 (99):1-1.

[46] FENG H, WANG X, DUAN Y, et al. Applying blockchain technology to improve agri-food traceability: a review of development methods, benefits and challenges. Journal of Cleaner Production, 2020, 260(1):121031.

[47] GORANSSON M, NILSSON F, JEVINGER A. Temperature performance and food shelf-life accuracy in cold food supply chains-Insights from multiple field studies. Food Control, 2018, 86:332-341.

[48] HAN S, PENG H, SUN Q, et al. An overview of the development of flexible sensors. Advanced Materials, 2017, 29(33): 1700375.

[49] FENG H, CHEN J, WEI Z, et al. Modeling and evaluation on WSN-enabled and knowledge-based HACCP quality control for frozen shellfish cold chain. Food Control, 2019, 98: 348-358.

[50] HUANG H Y. Flexible wireless antenna sensor: a review. IEEE Sensors Journal. 2013, 13 (10):3865-3872.

[51] KANG Y S, JIN H, RYOU O, et al. A simulation approach for optimal design of RFID sensor tag-based cold chain systems. Journal of Food Engineering, 2012, 113(1):1-10.

[52] LEE J, KAO H A, YANG S H. Service innovation and smart analytics for Industry 4.0 and big data environment. Product Services Systems and Value Creation: Proceedings of The 6th Crip. 2014, 16:3-8.

[53] LI M, ZhANG Z Q, HU Z Q. Big data-driven technology innovation: concept and key problems. Sixteenth Wuhan International Cconference On E-Business. 2017, 490.

[54] LIM S, ANTONY J, ALBLIWI S. Statisticalprocess control (SPC) in the food industry-a systematic review and future research agenda. Trends in Food Science & Technology, 2014, 37(2):137-151.

[55] LOWE S A, ÓLAIGHIN G. Monitoring human health behaviour in one's living environment: a technological review. Medical Engineering & Physics, 2014, 36(2):147-168.

[56] LU H F, KANG W L, CAMPBELL DANIEL E, et al. Emergy and economic evaluations of four fruit production systems on reclaimed wetlands surrounding the Pearl River Estuary, China. Ecological Engineering, 2009, 35: 1743-1757.

[57] MOK J S, SHIM K B, KWON J Y, et al. Bacterial quality evaluation on the shellfish-producing area along the south coast of Korea and suitability for the consumption of shellfish products therein. Fisheries and Aquatic Sciences, 2018, 21:36.

[58] NASIRI S, KHOSRAVANI M R. Progress and challenges in fabrication of wearable sensors

for health monitoring. Sensors and Actuators A Physical, 2020, 312:112105.

[59] OBI J C, IMIANVAN A A. Intelligent neuro fuzzy expert system for autism recognition. International Journal of Natural and Applied Sciences, 2011, 7(3):312-319.

[60] ODUM H T. Environmental accounting: Emergy and environmental decision making. New York: Wiley, 1996.

[61] PANE S F, AWANGGA R M, AZHARI B R. Qualitative evaluation of RFID implementation on warehouse management system. TELKOMNIKA (Telecommunication Computing Electronics and Control),2018,16(3):1303-1308.

[62] ROSA L A, A D, SIRACUSA G, CAVALLARO R. Emergy evaluation of Sicilian red orange production, A comparison between organic and conventional farming. Journal of Cleaner Production, 2008, 16: 1907-1914.

[63] RUIZ-GARCIA L, BARREIRO P, ROBLA J I. Performance of ZigBee-based wireless sensor nodes for real-time monitoring of fruit logistics. Journal of Food Engineering, 2008, 87(3): 405-415.

[64] SHAN W M, ARIF F, SHAHRIN A A, et al. The Implementation of an IoT-Based Flood Alert System. International Journal of Advanced Computer Science and Applications (IJACSA), 2018, 9:620-623.

[65] WANG F, ZHANG J, MU W S, et al. Consumers' perception toward quality and safety of fishery products, Beijing, China. Food Control, 2009, 20(10):918-922.

[66] WANG X, HE Q, MATETIC'M, et al. Development and evaluation on a wireless multi-gas-sensors system for improving traceability and transparency of table grape cold chain. Computers & Electronics in Agriculture, 2017, 135:195-207.

[67] WANG Y C, GIANG T L, THANG V T, et al. Novel proximal fish freshness monitoring using batteryless smart sensor tag. Sensors & Actuators B Chemical, 2017:910-916.

[68] Wei X M, Chen B, Qu Y H, et al. Emergy analysis for 'Four in One' peach production system in Beijing[J]. Commun Nonlinear Sci, 2009, 14: 946-958

[69] XIAO X, LI Z, MATETIC M, et al. Energy-efficient sensing method for table grapes cold chain management. Journal of Cleaner Production, 2017, 152:77-87.

[70] XU J. Essential topics of managing information systems. World Scientific Publishing Company, 2019.

[71] YOUSEFI H, SU H M, IMANI S M, et al. Intelligent food packaging: a review of smart sensing technologies for monitoring food quality. Acs Sensors, 2019, 4(4):808-821.

[72] ZHANG M, FENG H, LUO H, et al. Comfort and health evaluation of live mutton sheep during the transportation based on wearable multi-sensor system. Computers and Electronics in Agriculture, 2020, 176:105632.

[73] ZHANG M, FENG H, LUO H, et al. Comfort and health evaluation of live mutton sheep during the transportation based on wearable multi-sensor system. Computers and Electronics

in Agriculture, 2020, 176:105632.

[74] ZHANG X, FU Z, CAI W, et al. Applying evolutionary prototyping model in developing FIDSS: An intelligent decision support system for fish disease/health management. Expert Systems with Applications, 2009, 36(2):3901-3913.

[75] ZHANG X, JIAN Z, LIU F, et al. Strengths and limitations on the operating mechanisms of traceability system in agro food, China. Food Control, 2010, 21(6):825-829.

[76] ZHANG Y, FU Z, XIAO X, et al. MW-MTM: A mobile wireless monitoring and traceability management system for water-free live transport of aquatic products. Journal of Food Process Engineering, 2017, 40(3):1-10.

[77] ZHANG Y, WANG C, LIU Y, et al. An on-line oxygen forecasting system for waterless live transportation of flatfish based on feature clustering. Applied Sciences, 2017, 7(9):957.

[78] ZHANG Y, WANG W, LIU Y, et al. Development and evaluation of an intelligent traceability system for waterless live fish transportation. Food Control, 2019, 95:283-297.

[79] ZHANG Y, XIAO X, YAN L, et al. Survival prediction system for waterless live Chinese Sturgeon transportation based on temperature related glucose changes. Journal of Food Process Engineering, 2017: e12646.

[80] ZHANG Y, ZHANG X, MAI T, et al. Development and evaluation of key ambient factors online monitoring system in live Urechis unicinctus transportation strategies. Computers and Electronics in Agriculture, 2018, 145:43-52.